INTERNATIONAL BUSINESS CLASSICS

国际商务经典译丛

跨文化商务沟通

【美】莉莲·钱尼（Lillian H. Chaney）
【美】珍妮特·马丁（Jeanette S. Martin） 著
张莉
王丹

张莉
王丹 译

INTERCULTURAL BUSINESS COMMUNICATION

第6版
·中国版·

SIXTH EDITION

中国人民大学出版社
·北京·

出版说明

随着经济全球化的深入发展，国际贸易、投资和商务活动日益频繁，企业不可避免地要应对来自全球范围的更加激烈的竞争。与许多跨国公司相比，我国企业在国际化环境下成功运作的经验不足，国际化经营水平还比较低。更重要的是，我国国际商务专门人才相对短缺。

适应经济发展的要求，加速国际商务专门人才的培养和培训已成为我国高等学校面临的紧迫任务。2010 年，经国务院学位委员会批准，部分高校设立国际商务硕士专业学位；2012 年，教育部颁布《普通高等学校本科专业目录（2012 年）》，将国际商务专业从目录外专业调整为基本专业。

顺应这一教育发展趋势，中国人民大学出版社在成功出版“工商管理经典译丛”的基础上，精心策划并适时推出了“国际商务经典译丛”（翻译版）和“国际商务经典丛书”（英文版）。丛书所选书目，都是国际知名教授的经典著作，经过长期教学实践检验，多次再版且畅销不衰，在许多国家采用，包括查尔斯·希尔的《国际商务》、托马斯·普格尔的《国际贸易》和《国际金融》、沃伦·基根的《全球营销》等。在引进和出版这两套丛书的过程中，我们力求基于目前国际商务专业的核心课程，既帮助高校建立自己的课程体系，又兼顾企业国际化经营的实际需要。同时，我们在编辑出版的过程中，对引进版图书的内容严格把关，取其精华，对不严谨或不当之处进行删改，确保图书质量。

我们希望，这两套丛书的出版能对我国国际商务专门人才的培养及我国企业国际竞争力的提升有所帮助。真诚期待广大读者提出宝贵的意见和建议。

中国人民大学出版社

序言

随着世界经济的全球化发展，保持对跨文化沟通中差异的敏感性对于当今和未来的管理人员都非常重要。莉莲·钱尼教授和珍妮特·马丁教授在解决各种关键的跨文化沟通问题和技能方面颇有建树。在本书中，有关跨文化沟通的主要问题包括文化、跨文化（包括语言和非语言的）沟通、文化冲击。此外，本书就如何进行跨国商务谈判以及写作不同社会环境的商务信函提供了指南，指出了在国际商务环境中适用的行为准则。新进入跨文化商务领域的大学生和商务人士必定受益于这些实用的建议。

本书也提醒读者注重国际多元化的动态性。在北美，随着劳动力的多族裔构成和女性越来越多地参与到组织管理和专业领域，对于将成为未来管理者的学生来说，适应国内情境下的价值多元化是同样重要的。本书专注于性别差异及其对沟通风格、模式的影响。

在认识跨文化和亚文化显著差异的同时，我们还需要认识到特定社会中的个体差异。认为所有文化都一样是天真的，陷入“文化定式”同样是错误的。引述被誉为道家思想领导者的中国著名哲学家老子的话，“道生一，一生二，二生三，三生万物”，虽然人们在特定社会环境中可以共享某些价值观和特点，但在特定情况下如何运用及展示这些特质却有着巨大的差别。此外，宗教的影响，以及通过出国留学、海外旅游、其他商务文化活动能够接触到的不同思想都可能会加剧差异。与此同时，还需要注意的是文化价值观和行为准则随着时间变化，尽管很慢却具有重要意义。本书中提到的一些文化特性可能会发生变化，或已经发生了变化。据不完全统计，在一些国家已经发生的，并且几乎在社会和组织功能上发生的动态剧变表明，文化不是一成不变的，相反，它是随时间不断变化的。

巧妙地应用本书中介绍的原则和技巧，将对读者熟悉国内、国际多元化有所帮助。

罗莎莉·童（Rosalie L. Tung）
加拿大西蒙·弗雷泽大学国际商务系
Ming and Stella Wong 教授

前言

目的

随着跨文化企业的增加和经济的国际化，跨文化商务沟通越来越重要。政府领导者、教育工作者、商务人士都认为保证课程的国际化对于保持一国在世界经济中的竞争地位是非常重要的。由于所有的国际活动都涉及沟通，因此学生需要学习跨文化商务沟通的知识，为迎接明天更加多样化的国内和国际文化环境做好积极和充分的准备。

内容

《跨文化商务沟通（第6版·中国版）》中的主题，是由跨国公司雇员、跨文化沟通课程教授、国际商务学会会员组成的德尔菲专家组根据对主题重要性的知觉进行的内容选择①，这是其他跨文化沟通书籍未曾采用的。

这些主题包括以下内容：

- 跨文化沟通的本质。
- 通用制度。
- 对比文化价值观。
- 文化冲击。
- 语言。
- 口头沟通和非语言沟通模式。
- 书面沟通模式。
- 国际礼仪。
- 商务和社会习俗。

---

① Martin, J. S. (1991). "Experts' Consensus Concerning the Content for an Intercultural Business Communication Course." Doctoral diss., The University of Memphis. Major professor, L. H. Chaney.

- 跨文化谈判过程。
- 跨文化谈判的组成。
- 影响国际商务和旅行的法律。

每章包含学习目标、关键词、问题和讨论案例、活动，提供了可用于自我评价的练习，还有用于描述不同方面内容的插图。

本书作者都去过一些国家旅行或在跨国公司工作，他们拥有本书中涵盖的许多主题的一手资料。

中国版前言

“I”在 IBM 中代表“国际化”（international），也可以只是简单地代表“跨文化”（intercultural），这说明企业非常关注多元文化，跨文化沟通已经成为全球化时代的必然，但绝不仅仅是跨国文化，还包括跨区域文化、跨企业文化、跨部门文化……这种跨文化促进了企业在运作环节对员工跨文化沟通能力的培养，以更好地促进跨部门协同、内外部沟通，提升跨文化情境下的沟通有效性。

跨文化沟通过程中，不同情境各方在行为方式、价值观念、语言习惯和生活背景等方面的差异给跨文化商务沟通带来了挑战。本书正是着眼于此，为读者提供学习和运用跨文化商务沟通的理论和知识，以期在文化差异中发现精华，在意识上正视文化差异，在态度上尊重文化差异，在行为上正确展现自身，并在与不同文化情境的人们交往时建立良好的跨文化商务合作关系。

《跨文化商务沟通（第 6 版·中国版）》在结构上以基本理论为先导，以案例学习为载体，通过理论和实践的密切交融，帮助读者在系统学习理论的基础上，更好地把握跨文化商务沟通的实际技能。本书在第 6 版的基础上做了进一步改进：更新相关数据，对部分观点进行补充完善，对案例进行适当的删减和替换，针对多元文化的动态性，提升跨文化沟通的有效性。

本书包括 12 章，分别是跨文化沟通的本质、通用制度、对比文化价值观、文化冲击、语言、口头沟通和非语言沟通模式、书面沟通模式、国际礼仪、商务和社会习俗、跨文化谈判过程、跨文化谈判的组成、影响国际商务和旅行的法律。结构安排上，每章开头都以学习目标作为引导，每章结尾都包含总结性的关键词，针对章节内容提出的练习、问答、案例以及活动，结合每章学习目标帮助读者应用所学知识。另外，本书还提供了便于描述内容的插图，通过丰富、灵活的体例使本书具有更强的可读性。第 7 章书面沟通模式还包含如何在不同国家进行商务谈判，以及如何在不同社会背景中写作商务信函的示例，为读者提供实际的指导，并且补充了在商务沟通中适用或不适用的其他行为准则。新进入跨文化商务情境的大学生和商务人士将会受益于这些实用的建议。

我和我的同事王丹老师负责第 6 版 · 中国版的修订编写和组织协调工作，王伊芹老师作为译者之一主要参与了第 6 版的翻译工作，哈尔滨工业大学的研究生钟杰、李苗苗、朱娜、罗慧敏等进行了相关章节的资料补充、完善工作，全书的校译、修改和最终统稿、定稿工作由我和王丹老师负责，滕尔越、楼鸣、冯韵哲为本书的校对、修改做了大量的工作。在本书最终出版时，参与编写工作的部分博士和硕士研究生有的毕业离校走上了工作岗位，有的出国深造，有的交流交换回国，还有的在实习实践中……在此向他们表达诚挚的谢意，谢谢他们的辛勤付出！也相信本书的出版会让参与其中的人都收获更大的快乐！

本书在编写过程中可能还会出现理解上的偏差和文法上的疏忽，希望读者发现问题后及时与我们沟通，以期通过共同探讨和持续改进，更好地展现跨文化沟通的魅力。

张莉

2021 年 7 月于哈尔滨工业大学

目录

CONTENTS

第 1 章　跨文化沟通的本质　1

1.1　全球化、全球本土化以及增长全球化　4
1.2　文化　6
1.3　社会文化适应　9
1.4　文化适应　10
1.5　民族中心主义　11
1.6　规范、规章、角色和人际关系　12
1.7　亚文化和亚群体　12
1.8　文化智力　13
1.9　沟通障碍　14
1.10　跨文化构念　15
1.11　全球化思维方式　15
1.12　跨国公司管理方向　16

第 2 章　通用制度　25

2.1　经济制度　25
2.2　政治制度　31
2.3　世界经济　35
2.4　教育体制　36
2.5　婚姻和家庭制度　43
2.6　社会等级以及互动　48

第 3 章　对比文化价值观　58

3.1　价值观　58
3.2　语义差异　60

3.3 归属和认知 62
3.4 对待女性的态度 63
3.5 工作态度 67
3.6 道德态度 69
3.7 宗教影响 71
3.8 个人主义和集体主义 72

第 4 章 文化冲击 86

4.1 文化冲击的阶段 90
4.2 缓解文化冲击 93
4.3 文化冲击的要素 100
4.4 人际关系和家庭因素 102
4.5 公我与私我 103

第 5 章 语言 110

5.1 高语境和低语境的语言 112
5.2 语言的多样性 113
5.3 数字语言 114
5.4 非正式与可选择的语言 115
5.5 语言互动的形式 117
5.6 线性的和非线性的语言 118
5.7 词汇等价 119
5.8 寓言和谚语 121
5.9 谈话禁忌 122
5.10 语言的性质 124
5.11 翻译问题 125
5.12 使用口译员 126
5.13 主方语言 129
5.14 思维方式 132
5.15 语言和文化相互影响 133

第 6 章 口头沟通和非语言沟通模式 140

6.1 思维模式 140
6.2 副语言 141
6.3 时间观念 142
6.4 近体学 144
6.5 眼神 145

CONTENTS

6.6 嗅觉 147
6.7 触觉 148
6.8 举止神态 150
6.9 色彩 155
6.10 沉默 156
6.11 非语言泄露 157
6.12 物件、标志和符号 158

第 7 章 书面沟通模式 170

7.1 国际英语 170
7.2 写作语气与写作风格 173
7.3 信件格式 175
7.4 传真 182
7.5 电子邮件 183
7.6 简历和求职信息 184

第 8 章 国际礼仪 193

8.1 介绍、问候与握手 194
8.2 交换商务名片 199
8.3 职位和身份 200
8.4 电子通信礼仪 202
8.5 用餐习俗 203
8.6 小费 205
8.7 送礼物 207
8.8 旅游礼仪 209

第 9 章 商务和社会习俗 222

9.1 语言表达 223
9.2 男性/女性关系和工作环境的平等 225
9.3 商务活动中的幽默感 226
9.4 迷信与禁忌 227
9.5 衣着与外表 229
9.6 与节假日和宗教节日相关的风俗 231
9.7 办公室习俗 235
9.8 风度/行为习惯 236
9.9 贿赂 237

CONTENTS

9.10 特色食品和饮食禁忌 239

第 10 章 跨文化谈判过程 249

10.1 谈判的过程 250
10.2 谈判过程中常犯的错误 254
10.3 跨文化谈判模式 254
10.4 谈判战略 257
10.5 贸易协定 261
10.6 谈判风格 265

第 11 章 跨文化谈判的组成 278

11.1 跨文化谈判的要素 278
11.2 影响跨文化谈判的成见 288
11.3 谈判风格的比较 288
11.4 有效谈判者的特征 289
11.5 跨文化谈判中协议的重要性 290
11.6 群体导向与个体导向 291
11.7 面对面策略 292
11.8 媒体担任的角色 293
11.9 个人建构 294

第 12 章 影响国际商务和旅行的法律 312

12.1 本国法和东道国法 313
12.2 国际法 315
12.3 合同 318
12.4 全球专利 319
12.5 非成文法 320
12.6 道德和法律 321
12.7 国际旅行和法律 323
12.8 特定国家的旅行建议 325

CONTENTS

第1章

跨文化沟通的本质

学习目标

学完本章后，你将能够：

1. 理解一些名词，例如跨文化、国际、内文化、多元文化以及民族优越感。
2. 意识到沟通障碍如何影响跨文化沟通。
3. 理解规范、规章、角色和人际关系网络的概念。
4. 区别亚文化和亚群体。
5. 理解商务全球化、全球本土化和增长全球化的概念。
6. 区分民族中心主义、多中心主义、区域中心主义以及地心主义管理导向。

给外国雇主打工的北美洲人的数量以及外国公司在美国设立分公司的数量都在增长。从可口可乐、麦当劳、索尼以及本田这些遍布全球的国际公司的数量可以看出世界正变得更加国际化。显而易见，新的经济富矿区集中于受到广泛喜爱的食品领域、时尚领域以及音乐领域，例如寿司、牛仔裤或者爵士乐和摇滚乐。在全球经济发展的带动下，越来越多的公司将会涉及国际化活动，这就要求公司具有跨文化沟通的能力。

由于沟通是文化中的一个元素，我们常说沟通和文化是不可分离的。正如艾尔弗雷德·史密斯（Alfred G. Smith，1996）在其《沟通与文化》的前言中所写："文化是我们学习和分享的一种规则，但是学习和分享需要沟通。沟通需要学习并分享编码和信号。”戈德温 · 朱（Godwin C. Chu，1977）发现每一种文化模式和每一种单独的社会行为表现都包括沟通。必须同时学习这两者，才能理解沟通。不学习沟通就不可能理解文化，沟通也只能通过理解它所支持的文化而被理解。

为了更好地理解跨文化沟通领域，了解常用的术语是十分重要的。例如跨文化、国际和多元文化经常被混淆，应该对此做出区别。

爱德华 · 霍尔（Edward T. Hall）在 1959 年首先使用跨文化沟通这个词语。霍尔是第一批研究者中的一员，他们基于沟通被发送和接收的方式来区分文化。霍尔将**跨文化沟通**（intercultural communication）定义为不同文化群体之间的沟通。

跨文化商务沟通（intercultural business communication）在商业领域是一个比较新的术语，被定义为商业中来自多种文化背景的人们之间的沟通。尽管我们通常将美国看成一个文化整体，但仍然存在许多文化差异。例如，2000 年和 2010 年的人口调查显示，西班牙裔美国人的人口增长了 43%。他们占到了美国人口的 16%，白种人比例为 64%，非洲裔为 4%，亚洲裔为 5%，美洲印第安人和阿拉斯加原住民为 0.9%，夏威夷原住民和太平洋岛民为 0.2%，其他为 0.9%。亚洲裔和拉丁美洲裔按预期增长。许多美国人几乎每天都要进行跨文化沟通，因为沟通总是在拥有不同文化背景的人们之间发生（U. S. Census Bureau News，2011）。

布赖恩 · 约翰逊在最初创办理发用具生产工厂时，主要向当地市场提供剪刀和推子。一次偶然的出口经历，并没有让他认识到海外市场的巨大商机。直到本地市场趋于饱和，他才意识到海外市场的重要性。与此同时，为了提升自己产品的出口销量，他开始主动研究国外理发用具市场，发现用西班牙语和拉丁美洲的客户沟通不但能节省一大笔开支，还能更加顺利地为企业带来一大笔订单。除此之外，布赖恩 · 约翰逊也对不同市场的理发偏好进行了归纳和分析：加拿大人多为了省钱在家理发，拉丁美洲人则倾向于去美发店和美发沙龙。面对不同的消费习惯和文化差异，布赖恩意识到为了实现在国际市场的有效沟通，他不得不雇用更有国际业务专业知识和熟悉文化差异的员工。

在谈到不同国家间的商务时，**全球商务沟通**（global business communication）已经成为一个常用术语，用以代替国际商务沟通或者跨文化商务沟通。其中部分原因是，“国际”被假设为在政府而不是民间的层面上。另外，跨文化可能发生在一个国家中文化背景不同的人之间，而在不同国家的人之间不一定会发生。全球商务沟通这个术语更准确地描述了这个过程（Association for Business Communication Conference Panel，2010）。

随着各种文化间联系的增多，扩散发生了。**扩散**（diffusion）是两种文化互相学习、互相适应以及互相接受的过程。扩散的一个例子就是哥伦布发现新大陆后新旧大陆的融合。旧大陆给新大陆带来了马、牛、羊、鸡、蜜蜂、咖啡、小麦、卷心菜、生菜、香蕉、橄榄、郁金香和雏菊。新大陆给旧大陆带去了火鸡、甘蔗、玉米、白薯、西红柿、南瓜、菠萝、矮牵牛花、一品红以及每日洗浴。随着经济全球化以及不同文化间的交互作用，出现了世界文化这个概念。**世界文化**（world culture）是这样一种思想，文化背景不同的人们之间的传统障碍瓦解了，强调人类需求的共同点，将会出现一种所有人都会遵守的新文化。为什么要学习跨文化商务沟通？因为它能解决程序化的、实质性的、信息化的全球性问题，跨文化商务沟通可以让你从事国与国之间的联系、外交和法律事务之类的程序性工作。之后你就会参与大量文化层次的工作并且对于文化差异变得敏感。另外，当你处于跨文化背景时还可以收集信息以做出决策。美国每年都会有大量移民，因此被称为社会熔炉。**熔炉**（melting pot）意味着将来自不同背景和国籍的人们的社会文化进行同化；这个术语强调抹去族群差异，形成大社会或者**宏观文化**（macroculture）。每个人都变成一样的想法听上去有些理想化，问题在于许多美国公民想要继续维护他们的民族文化遗产。事实上许多美国城市是由拥有共同传承的社区居民组成的，他们努力地保护原有的文化和语言，而不是使美国成为一个社会熔炉。在旧金山，去一趟有中国标志的、有许多人说汉语的唐人街就能证明这个事实。纽约、迈阿密和火奴鲁鲁等美国其他城市中，街道标识除了用英文还会使用另外一种语言。结果并没有像理想主义者想的那样，各种文化融合成了一个文化群体。由于文化存在于文化（宏观文化）中，经常会导致沟通问题。事实上，美国是一个各种文化的沙拉碗而不是大熔炉。尽管有些人选择同化，但还是有人选择保持独立。因此，对于美国是一个社会熔炉的假设也就是对于同化的假设不再有效（“Differences,” 1996）。

内文化沟通（intracultural communication）是指同一文化内成员之间的沟通。一般来说就是同一族群、相同政治倾向和宗教信仰或者具有同样兴趣的人们之间的沟通。人们拥有同样的信仰、价值观以及促进交流的机制并形成了特殊的文化（Lustig & Koester，1998）。然而，由于距离的关系，同一种文化中也可能会存在文化差异，例如纽约和杰克逊、密西西比的居民之间生活节奏和发音方式就不同。另外，距离也是其他文化的人们方言有异的原因之一，例如日本的北部和南部。

跨文化沟通和国际沟通这两个术语不应该混淆使用。如前所述，跨文化沟通涉及不同文化背景的人们之间的沟通。**国际沟通**（international communication）发生在国家和政府之间而不是个人之间，它是正式并且仪式化的。例如，联合国中的对话就是国际沟通。

由于所有国际商务活动都涉及沟通，关于跨文化沟通和国际商务沟通的知识是很重要的，可以让你准备好以在国际环境中成功完成任务。事实上，能否在未来的公司中得到晋升并且有所进步可能会取决于你对跨文化商务沟通的了解程度。

“久在樊笼里，复得返自然”是李子柒的视频给观众的心理体验之一，在中国乡村，一个穿着粗麻布衣的女子自己动手种菜、酿酒、盖房子、做美食等，袅袅炊烟，好一派安适恬静的田园风光。无须言语，李子柒的视频轻松满足了人们对理想生活的期待，勾起游子的点点乡愁。她的视频一经上线就广受国内外观众的好评。视频中她做的很多，说的很少，突破了传统视频的语言局限性，让观众能够专注地去看。此外她在视频中塑造的乡村生活是许多在城市打拼的人求而不得的生活方式，满足了观众的心理需求。

对于海外观众而言，李子柒的视频具有典型的中国特色，符合海外观众对传统中国的期待。由于很长一段时间缺少新闻报道，中国乡村在海外人的心中充满神秘感，李子柒通过视频的方式将中国乡村诗意的一面展示出来，有着独特的审美价值。正是这些因素造就了李子柒的视频具有独特的文化传播力量，在海外拥有700多万订阅量，这一数字甚至超过了许多国外主流媒体同一平台拥有的订阅量，展现出了强大的跨文化传播力。

1.1 全球化、全球本土化以及增长全球化

1.1.1 全球化

尽管全球化已经出现，但是世界上多数的商务并没有做到全球化。商务**全球化**（globalization）就是通过社会和商业两种途径传播生活方式（Ritzer，2003）。跨国公司在其他国家设立子公司或者分部，然而国外业务的控制权依旧掌握在母国的总部手中。跨国公司允许其国外运营部门像本土组织那样存在。多数公司都是全球化的，不管是能源行业、制造行业还是出口行业。大多数时候，产品可能会部分或者全部在美国以外的其他地方生产。过去，一些美国公司拒绝全球化，因为本土市场很强劲并且没有国外竞争者。然而，这种趋势随着外国公司进入美国市场改变了。

企业员工一定要有全球性思维，才能使公司在国际市场中取得成功。埃文斯、多兹和劳伦特（Evans，Doz，& Laurent，1990）发现成功的跨国公司并不是在公司文化中完全消除不同文化的特性，跨文化交流能够促进决策而不是去适应其他文化，并且新的管理理论和实践只能向在文化层次上能够并愿意接受的人提出。莱因史密斯（Rhinesmith，1996）指出，"企业文化包括价值观、行为准则、机制、政策和使公司适应复杂的全球舞台的工作流程"（p. 14）。成功的公司已经发现处于其他文化背景下的部门的信仰、价值观和行为不一定要和母公司保持一致。霍夫斯泰德（Hofstede，2004）对于IBM的研究表明，管理者需要调整管理理念以适应他们工作所在国家的信仰、价值观以及行为。拥有国外经营权的公司需要做出某些调整以适应个别国家的口味和喜好。例如，Tex-Mex菜品就是在以色列为犹太人准备的。莱因史密斯（Rhinesmith，1996）认为，本土的和国际的差异化将会是21世

纪驱动公司不断创新的发动机。成功的全球管理者将会是那些能够运用这些差异使公司拥有创新和竞争优势的人（p. 5）。埃文斯、多兹和劳伦特指出，建立企业文化的五个关键元素是：（1）一个清晰而简单的经营宗旨；（2）首席执行官的洞察力；（3）公司控制的管理教育；（4）以项目为导向的管理培训计划；（5）强调全球企业文化的流程（p. 118）。

像大多数美国跨国公司一样，美国电话电报公司（AT&T）会在国际项目中逐渐降低外籍员工的数量，更多雇用跨国公司所在的当地员工。为什么会出现这种情况呢？AT&T 在一项调查中发现，使用外籍员工花费的成本是雇用一个当地人的 3 倍。此外，另一跨国公司美国通用电气通过对比也发现：一个为期 3 年的海外项目需要为外籍执行官及其家属支付近 100 万美元，差不多是当地执行官的 2 倍，而且最大的问题是，与当地的管理者相比外籍管理者管理失败的比例也相对较高。

尽管美国依赖国外的经济机遇，跨国公司已经在有外派工作的美国公民方面产生了问题。他们不能适应生活方式、语言、商业理念方面的不同，以及财务、政府、文化冲击、住房、食物、性别和家庭等方面的问题。鲁赫（Ruch，1989）发现融入东道国文化以及解释自己文化的能力比产品、价格或者质量优势更重要。尽管许多被外派工作的人了解美国市场，但是他们没有能力接受另一种文化设定的条件，即使只在一段很短的时间内。

1.1.2　全球本土化

全球本土化（glocalization）这个术语指的是“全球和本土的相互渗透，会在不同地理区域导致独特的结果”（Robertson，2001，in Ritzer，2003，p. 193）。随着世界向多元化发展，全球本土化着眼于世界各地的一致性和差异性。社会选择适应的程度代表正在发生的全球本土化的程度。全球化能够引起民族的和世界性的全球本土化。一个全球化的项目被接受的程度决定着社会全球本土化的程度。广告和提供产品不是强制性的；它们允许新社会接收信息以接受或者拒绝一种产品。

1.1.3　增长全球化

增长全球化（grobalization），根据里茨尔（Ritzer，2003）的观点，是指“专注于国家、公司和组织的迫切愿望、爱好和真实需求，强行进入各种地理区域”（p. 194）。由于利润驱动的不断增长，一旦一个组织在某个市场上达到饱和，就必须拓展市场（全球化）以维持利润增长。这种拓展不仅是组织利润的增长，同时包括向一个新的群体传播文化、效率、经济制度以及消费模式。

增长全球化这个术语与文化有关，它是指通用的规范和惯例从一个地方向另一个地方的扩展。换句话说，它就是给一个群体强加上一种新文化。本地人处理这种强制行为的方式就是强制行为的全球本土化，包括接受、适应或者拒绝。全球本土化是新老办事方式的交互作用。许多时候这个过程会导致以前处理事情的方式的改变。有时这个过程会发展成一种文化混合体，但是它确实带来了来自正在渗透的新文化的改变和反应。随着全球本土化，世界上不同的文化渐趋相似。本地人有适应、创新和巧妙运用的能力；同时社会进程包括巩固旧有文化的处事方式并迎接新的处事方式。伴随着增长全球化，世界变得一样了；人们无法控制他们的文化正在发生的改变。社会进程是单方向的，它影响并且创造一种新文化而不是坚守旧有文化（Ritzer，2003）。

我们常去旅行以感受其他文化背景中社会、文化、气候、风景和建筑方面的差异。但是由于全球化、全球本土化以及增长全球化，想要看到除了气候和风景方面的差异很难。跨国公司在这个融合过程中扮演着很重要的角色。一种产品的全球化战略意味着规模经济，许多公司发现在文化差异明显的地方需要考虑多元本土化战略以扩展其市场（Marsden，2008）。

沃尔玛是美国一家世界性连锁企业，在多个国家和地区建立了分公司。作为世界上最大的连锁零售企业，沃尔玛在全球开设了超过 10 000 家商场，全球员工总数超过 200 万。沃尔玛的成功源自何处？事实上，沃尔玛被美国管理学界誉为以文化取胜的公司。低成本策略使得员工的平均薪酬不是很高，但是在公司的三个基本信仰——尊重个人、服务顾客、追求卓越的指导下，公司内部形成的平等、开放、尊重的工作氛围却能大幅提升员工的工作满意度。首先是直呼其名，为了消除等级观念，沃尔玛规定公司成员一律直呼其名，帮助营造一种温暖、友好的氛围。其次是不允许有任何就业歧视，尊重多元文化背景和价值观，给具有不同能力的员工相同的机会。

1.2 文化

沟通是一个过程，**文化**（culture）就是阐述和解释沟通的结构的。沟通与人们的生活方式有关。当文化产生相互影响时，就要调整文化以保证有效沟通。进行跨文化商务沟通时，意识到各种文化符号之间的相似之处和差异是非常重要的。

1.2.1 文化的维度

为了在跨文化商务的环境下进行有效沟通，有必要了解所有会产生影响的文化因素。图1-1中有关文化的图片显示主要有三个维度——语言、物理和心理（Borden，1991，p. 171）。

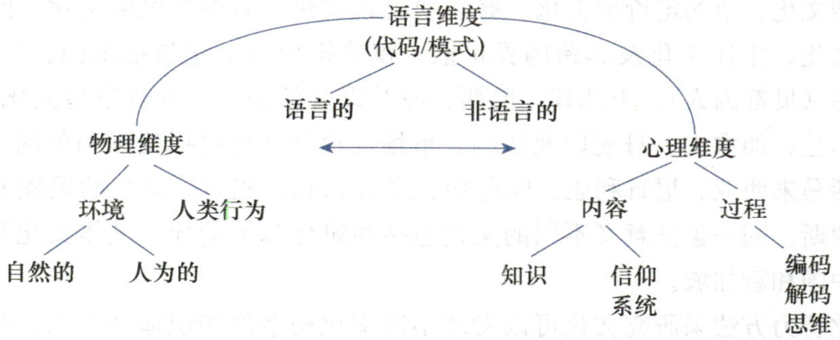

图1-1 文化维度

文化的语言、物理和心理三个维度是相互独立的。没有任何一个维度比其他维度更重要，各维度彼此协调发展。

首先，语言维度用于拥有相似价值观和信仰的人进行沟通；其次，物理维度与我们所处的现实环境以及人们进行的文化活动有关，物理维度能够客观测量；最后，心理维度与我们的知识、信仰以及精神活动有关，心理维度能够主观测量。我们可能会改变这些特征以及与人沟通的方式，不过在此之前我们必须先了解自身的各方面并理解为什么会这样。

我们通过认知学习文化。认知形成于多种途径：我们出生和长大的地方、我们学习的语言、我们生活中的人和环境、我们遇到的心理刺激。不会存在两个对于外部世界有相同看法的人，因为他们不可能接受完全相同的刺激或者共享同一物理感官接收器。由于我们只能知道自己的亲身感知而不能确定他人的感知，涉及不同文化的跨文化沟通变得相当困难（Singer，1998）。

描述文化的另一种方式是使用有六个维度的文化隐喻（Gannon，Locke，Amit，Pino，& Kristof-Brown，2005）。

1. 社会中的成员如何假设人的本质？具体来说，人是善的、恶的还是混合的？

2. 社会中的成员如何假设人和自然之间的关系？具体来说，我们应该同自然和谐共处还是要征服自然？

3. 社会中的成员如何假设人和人之间的关系？具体来说，我们应该以自己的方式来做事还是应该在此之前考虑一下整个群体（就做决策、保持一致性等这些问题而言，采用个人主义还是群体主义或者集体主义）？

4. 在一个给定的社会中主要的活动方式是怎样的？具体来说，是接受现状、享受现状、随波逐流，还是要通过设立特定目标并在特定时间表内达成以使现状变得更好？

5. 在一个给定的社会中空间是如何定义的？在私人举行的会议中空间被认为是私人的吗？人们尊重他人对于空间的需求而避免亲密的身体接触吗？空间被看作公众的吗？参加会议以及决策制定的每位成员都是公开地表达情感，并且彼此站得很近吗？

6. 什么样的时间导向在社会中占主导地位：过去、现在还是未来？

甘农等（Gannon et al.，2005）用这项机制将文化划分为七种：权威排列型文化、平等竞争型文化、市场定价型文化、劈裂的民族文化、撕裂的民族文化、同一象征意义不同的文化、主体文化及其跨国界扩散。权威排列型文化包括泰国、日本、印度、沙特阿拉伯（贝都因人）、土耳其、巴西、波兰以及韩国。平等竞争型文化包括德国、瑞典、爱尔兰、加拿大、丹麦以及法国。市场定价型文化包括美国和英国。劈裂的民族文化包括马来西亚、尼日利亚、以色列、意大利和比利时。撕裂的民族文化包括墨西哥和俄罗斯。同一象征意义不同的文化包括西班牙和葡萄牙。主体文化及其跨国界扩散包括中国和新加坡。

用文化智力方法来研究文化可以发现不同文化构造的知识体系不同，并且这些差异决定了行为和沟通的某些方面，例如为了证明一个选项或者一场争论而作为证据接收的信息、信息的语法以及适合谈论的主题。为了成为具有文化智力的人，人们必须有灵活的认知以及在不同跨文化背景下的元认知、进行跨文化互动的行为能力、想要这么做的意愿。有些人比其他人更擅长进行跨文化沟通（Earley，Murnieks，& Mosakowski，2007）。

如果你发现一种文化态度在不同文化中保持不变，你就没必要考虑那种特殊的文化特点了。然而，如果你发现一种特定文化态度随着具体文化的不同而改变，你就应该认真考虑一下与持有这种态度的文化进行沟通的影响了。**文化符号**（culture symbol）就是代表这种文化的一个词语或者一个物体。文化符号的差异可能包含在社会认知过程中，例如信息处理、有说服力的战略选择、冲突管理风格、个性、社会关系、自我认知以及习惯、规范、规章、角色、人际关系网络、语言和环境。所有这些因素相互作用、相互影响。要在跨文化商务环境中进行有效沟通，了解所有产生影响的文化因素是十分重要的。

《中餐厅》节目是在“一带一路”倡议背景下应运而生的。从泰国象岛到法国科尔马再到意大利陶尔米纳，《中餐厅》第三季延续前两季的精神，将东方味道带到世界，围绕中国的饮食文化展开，用店内装饰、菜品、待客之道和人文关怀等语言和非语言符号传播中华文化。比如在菜品设计上，既有传统的家常菜比如蛋炒饭和鱼香茄子，也有龙井虾仁、宋嫂鱼羹等国宴高级菜；在餐厅装饰上，“海内存知己，天涯若比邻”字幅挂在最醒目的位置；中式茶杯和京剧戏服等文化符号在异国他乡书写中国故事。

1.2.2 美国文化的刻板印象

刻板印象（stereotype）是对于特定群体或者民族的认知，存在于美国人以及其他文化背景的人中。尽管刻板印象是一种民族文化的导向，但是它对于个体影响不大，尤其是对那些在跨国公司工作或者在国外学习和生活的人。人们通常在民族文化上有些不同（Lewis，2006）。

奥尔森和本纳特（Althen & Bennett，2011）在《美国方式》一书中将典型的美国商人描述成会做以下事情的人：

- 建立非正式关系。
- 在商务服装方面很正式（男士穿西装，女士穿礼服或者西装）；然而，许多公司越来越放松对于服装款式的要求了，或者是设立随意的一天，在这一天员工可以穿得不那么正式。
- 工作狂，因为他们用于工作的时间多于与家人待在一起或者应酬的时间；美国的管理者常常在办公室里待很久。
- 做体力劳动（修建自家的草坪）或者完成在他们国家本该由下层社会的人或者仆人来做的工作，这会令外商感到尴尬。
- 过分注重时间、金钱以及职位；其他文化背景下的人认为美国商人这种准时开会并且立即讨论业务的需求代表着他们不友好、没有人情味、冷淡。
- 根据确凿的客观事实做决定而不是个人情感、社会关系或者政治优势。
- 非常看重合同和写出来的文字内容。
- 意识到组织内的地位差异；然而，通常不表现出优越感或者自卑感，这往往使有等级观念的外国人感到不安。
- 易变动；他们很少在一家公司工作一辈子，这一点和世界上的其他国家很不同。
- 在他们的行为中传达出一种优越感，因为他们觉得美国是一个上等的国家。

奥尔森和本纳特将美国人认定为工作狂；他们给美国人增加了这些刻板印象：傲慢的、引人注目的、友好的、没有耐心的、慷慨的以及单语的。诚然，这些描述都是刻板印象。

1.3　社会文化适应

社会文化适应（enculturation）是人们的一种社会化过程以学习适应自己所在社会背景的文化。当你在一种文化背景下长大，你就学习了一种分类、编码、排列优先级以及评判事实的方式。你想要和圈外人分享的文化信息称为**前台文化**（frontstage culture），想向圈外人掩藏的文化称为**后台文化**（backstage culture）。前台文化的一个例子就是一位销售代表大声宣布“我们得到了亨特·范这个客户”。这条信息就是要共享的。后台文化的一个例子就是一位销售代表隐瞒他的孩子有智力缺陷。前台文化和后台文化随着文化以及处于这种文化中的人而变化，因为有些人天生就比其他人更开放。作为公司的代表，你需要学习在你工作的文化中哪些属于可以与人分享的前台信息，哪些属于不能与人分享的后台信息。

达坦、罗德希弗和休斯（Datan，Rodeheaver，& Hughes，1987）用剧本的概念来解释发生在社会文化适应中的认知印记。

> 人们生活中的经历就像场景——一个个有组织的整体，包含人物、地点、时间、行为，特别是情感，它能够放大并使人们迫切地想要了解这些经历。从早期的场景开始，个人就设立了一套规则用于解释、评估、产生、预测或者控制未来的场景。这些规则——剧本——是先天就有的，但可以通过后续学习得到补充和改编。当场景组合并注入了新的情感——心理放大时会创建出更高阶的剧本……个性发展的顺序来自个人的需要——剧本——根据需要设置生活中的重要事件或场景的顺序。最后，最初的剧本开始转换场景，因为个人对于经历的解释会影响经历本身（p. 164）。

1.4 文化适应

人们不想抛弃他们的过去，因此将新的想法融入现有文化中。**文化适应**（acculturation）是调整和适应一种新的不同文化的过程（Hazuda，Stern，& Hoffner，1988）。如果两种不同文化背景的人吸收了彼此大量的文化差异并且有很多相似的地方，**文化协同**（cultural synergy）就产生了，即两种文化融合形成一种更强大的具有压倒性的文化。企业文化就是多元文化协同的例子。

高效且有创造力的管理者必须让员工意识到公司比个人差异更重要。差异不应该被抑制而是应该被管理起来，从而使组织的效率和创造力达到最大化。霍夫斯泰德（Hofstede，2004）的研究表明，在一个国家激励员工的方法在另一个国家不一定有同样的效果。公司想要从人们身上得到最多，就必须有能够有效应对多个文化群体的管理者。

了解多于一种文化，并且能够在不同文化间自然转换的人是**文化多元化**（multicultural）的。摩纳哥王室的格里马尔迪家族就是一个很恰当的例子。王妃格雷丝（Grace）是美国人，与摩纳哥的拉尼尔（Ranier）王子结婚。格里马尔迪家族的孩子出生在摩纳哥，然而由于他们在美国生活的时间较长而适应了这个国家的文化。尽管文化适应增加了文化间的关联性，差异依旧是潜在问题的来源。任何一种文化都不大可能吸收所有的差异。

文化适应有四种模式：整合、分离、同化和边缘化。一个人进入一种主流文化中，会有意或者无意地选择这些模式中的一种。尽管作为一种主流文化我们可能会感到同化是正确的文化适应过程，但是他可能不会觉得这样符合自己的需求。同化发生在人们接受新文化、放弃原文化的时候。整合发生在人们成为新文化的一部分，同时又保留了自己文化完整性的时候。分离发生在人们保留原文化而对新文化保持独立性的时候。边缘化发生在人们失去了原有的文化并且不接受新文化的时候，这将导致困惑和焦虑（Alkhazraji，1997）。文化适应模型的选择取决于个人的看法和想要的生活方式。

1.5 民族中心主义

民族中心主义（ethnocentrism）是认为自身的文化背景正确的一种信仰，包括分析问题的方式、价值观、信仰、语言以及语言和非语言沟通方式。民族中心主义者相信他们的文化是核心文化，其他文化是不正确、有缺陷或者古怪的。我们通过自身标准来评价他人，因为这是我们所了解的。费舍尔（Fisher，1997）在他的研究中涉及的民族中心主义是思维方式。

思维方式（mindsets）是通过我们自己的文化意识来观察、感知以及推理的方式。思维方式是在特定的文化环境中学习到的。我们学着向他人及其生活方式打开或者关闭心扉，然而，这些思维方式可以改变。思维方式包括使个体之间出现差异或者相似的心理、文化因素。社会文化适应使我们倾向于根据自身文化教养进行感知和推理。我们对于环境的反应是事先设定好的，除非我们决定改变。世界上的每种文化都有各自的思维方式，而文化中的每个人的思维方式又有所不同（Chaney & Martin，2005）。

美国的思维方式包括“美国的方式是最好的”（American way is best）这个观念。（American 在美国代表着民族中心主义，这个术语实际上指的是所有北美、南美和中美洲的人。）尽管这主要是美国的观念，但是出生在较小国家的人对祖国有同样的感受——这是最好的生活之地。“自己的文化是最好的”这个信念是所有文化中的自然现象。尽管有民族优越感和特殊的思维方式是自然的，我们在评判一个人好坏之前还是需要从他们的角度来考虑一下其他思维方式。然而，我们必须避免以偏概全地谈论其他文化或者假设他们如何看待美国。

“丑陋的美国人”这个短语来自其他文化的人们对美国游客行为的判断，他们不考虑旅游所在地的文化。这个短语来自 1958 年威廉·莱德勒（Willam Lederer）和尤金·伯迪克（Eugene Burdick）的著作以及 1963 年拍摄的同名电影。书和电影描绘了一个虚构的在东南亚国家的无能、无知的美国大使。这个短语迅速流行开来用于形容粗鲁的、以自我为中心的人，他们对那些与其不同的人缺乏敏感度。事实上，多数美国人去其他国家旅游的时候并不符合这个“丑陋的美国人”的模型。他们想了解其他文化背景的人却毫不知情（Bosrock，1995）。

1.6 规范、规章、角色和人际关系

规范、规章、角色和人际关系是情境因素，影响一种文化中语言和非语言信息的编码和解码，是文化群体中不成文的规定。**规范**（norms）指的是界定正确和不正确行为的根深蒂固的文化原则，这种不正确的行为一旦发生，就意味着一种显性或隐性的处罚。**规章**（rules）用于明晰规范中模糊不清的部分。美国最高法院是一个很好的例子，它着眼于制定规章，决定遵循规章时严厉或者宽松的程度。**角色**（role）包括一种文化中的地位行为期望并且受到规范和规章的影响。**人际关系**（networks）形成于个人关系并且涉及相互的帮助。人际关系和归属的需要是友谊以及亚群体的基础（Chaney & Martin，2005）。一个例子就是美国立法者之间交换选票以支持各自的方案。

形成一个社会里的规范、规章、角色和人际关系的因素可以迥异于另一个社会，因为并没有完全相同的背景和制度。制度将在第 2 章讨论。

1.7 亚文化和亚群体

亚文化（subculture）是具有能在更大的社会范围内或宏观文化中使自己有别于他人特点的人群所形成的文化。美国的宏观文化由白种人形成，占人口的 64%。美国最大的亚文化群体是西班牙裔（或拉丁美洲裔），占 16%；非洲裔占 14%；亚洲裔占 5%；夏威夷原住民和太平洋岛民占 0.2%；美洲印第安人和阿拉斯加原住民占 0.9%（U. S. Census Bureau，2011）。除了民族和种族，美国的亚文化还可能会根据年龄、宗教以及性取向进行分类。美国亚文化（或微观文化）群体的例子包括青少年、婴儿潮、千禧一代、X 一代、非洲裔美国人、天主教徒、残疾人等。所有这些群体和宏观文化有相似之处但也有不同。亚文化需要满足以下三条标准：

- 群体成员是自我识别的，也就是群体成员想要被认为是群体的一部分。
- 群体成员表现出来的行为能代表整个群体的特征。
- 宏观文化承认群体作为一种亚文化并且给了一个名称，例如老年人（Klopf & McCroskey，2007）。亚文化中最近常用的一个术语就是“共文化”，因为“亚文化”或者“非主流群体”可能暗示其中的成员是低等的（Samovar，Porter，& McDaniel，2009）。

跨文化商务沟通肯定涉及亚文化。管理者必须学会同亚文化形成的不同民族个体和谐工作。就像阿德勒（Adler，1993）指出的，“尽管女性占世界人口的 50%以上，但是没有任何一个国家的公司有一半或者接近一半的女性管理者”（p. 3）。在中东、远东以及南美的一些国家，经商是男人的事。因为北美的女性在商界的发展速度要快于

世界上大多数其他国家的女同胞，她们可能期望在自己的文化中男性能够自动地接受她们涉足商业。尽管一些国家的男性依旧担心和女性做生意，博斯罗克（Bosrock，1995）指出，“忽视某个特定国家对女性的态度，多数女性还是被礼貌地对待的。女性在商业上的阻力很多是针对本地女性的，而不是西方人”（p. 109）。过去在亚洲和南美的文化中女性被习惯性地看作照顾家庭的人，现在这种看法正在改变。如今许多雇主相比于性别来说更在乎绩效（Bosrock，1994，1997）。女性出国的成功率很高。一份自我报告显示，97%的女性外籍管理人员是成功的，比男性外籍管理人员的比例要高得多（Adler，1993）。

尽管还是宏观文化的一部分，**亚群体**（subgroup）是与宏观文化不相符的群体并且存在沟通方面的问题。这些群体中的成员经常有一些明显不符合主流文化的沟通行为。亚群体有不被宏观文化认可的独特经历或者特征（Dodd，1997）。亚群体成员特有的词语使得宏观文化或者亚文化中的成员很难理解他们所使用词汇的真正含义（Samovar et al.，2009）。

互联网和移动社交平台的高度发达，为亚文化的发展提供了养料，同时也增加了亚文化影响主流文化的话语权，在众多亚文化中，青年亚文化尤为突出。

在中国，几年前人们还在抱怨小朋友在 QQ 上使用的各种“火星文”难以理解，到今天越来越多的网络名词在生活中广为流传，不断传递着亚文化蓬勃发展的信号。流行文化总是从年轻人开始传播的，而亚文化也会随着时间的推移影响主流文化，甚至最终成为主流文化的一部分。如此看来，红米 Note4 选择初音未来作为代言人是基于宅男喜好的慎重选择。事实上企业家们应该认识到 B 站作为青年亚文化的聚集地承载着许多未经发掘的商业价值，亚文化群体的价值将成为支撑长尾市场的核心，不同亚文化群体的个体认同表达和需求已成为微社群商业的基础。

从国际角度看，跨国企业巨头一直就非常善于借力亚文化，最近几年更是“变本加厉”地挖掘亚文化的商业价值。从迈克尔·乔丹（Michael Jordan）创出 Air Jordan，到木村拓哉穿红了 Bape、Goro's，坎耶·维斯特（Kanye West）打造 Yeezy，时尚品牌一直都在关注亚文化，借助亚文化渗透主流文化的机会收割利润。

1.8 文化智力

彼得森（Peterson，2004）认为，**文化智力**（cultural intelligence）是展示文化上接受他人的观点和价值观这一特定行为的能力，包括技能和素质。文化智力包括语言智力、空间智力、内在智力和交际智力。尽管会说第二种语言对于**语言智力**（linguistic intelligence）来说不是必要的，但在国际商务中学习客户的本土语言还是很有帮助的。另外，在与其他文化背景的人进行沟通时，使用国际商务英语能够提高效率。**空间智力**（spatial intelligence）是文化智力的重要方面，表现为寒暄、介绍、会议等多种情况下的空间使用方式。**内在智力**（intrapersonal intelligence）表示为在行为上能够适应国际标准而形成的对自身文化风格的认知。**交际智力**（interpersonal intelligence）是理解他人以及他们的动机的能力。彼得森（Peterson，2004）验证了霍华德·加德纳（Howard Gardner）的多元智力理论并归纳出文化智力的四种类别："为了能够与其他文化的人进行良好的互动，可以用他们的语言讲一些话，懂得站姿（等一些其他非语言行为），了解自身的文化风格，了解自身文化与他人文化的匹配之处"（p. 95）。

1.9 沟通障碍

遇到来自另一种文化背景的人时，他的行为跟我们的完全不同，通常会产生沟通障碍。**沟通障碍**（communication barriers）是指有效沟通的障碍。沟通障碍的一个例子就是点头。点头在美国表示理解，但是在日本仅仅意味着那个人正在听。通过理解跨文化沟通，我们能够打破障碍并且为相互理解和尊重铺平道路。

以下是沟通障碍的若干类型：

- 物理的——时间、环境、舒适性和需求以及物理媒介（例如手机和信件）。
- 文化的——民族、宗教及社会差异。
- 感知的——以自己的思维方式如何看待。
- 动机——倾听者的心理惯性。
- 经验的——缺少相似的生活经历。
- 情感的——倾听者的个人感受。
- 语言的——说话者和倾听者说的语言不同或者说话者使用倾听者理解范围之外的词汇。
- 非语言的——非语言信息。
- 竞争——倾听者做其他事情而不是专注地倾听。

文化冰山模型指出，不能从文化的角度看待问题可能会成为你进行有效沟通以及完成议程的障碍。如图 1-2 所示，水面之下部分代表行为的基础，然而，我们只对感知到的水面之上部分做出回应。要想真正理解一种文化，我们必须探索水面之下的部分。通常信任、真诚以及正直这些因素对在存在文化差异的情况下建立成功的商务关系很有必要（Funakawa，1997）。

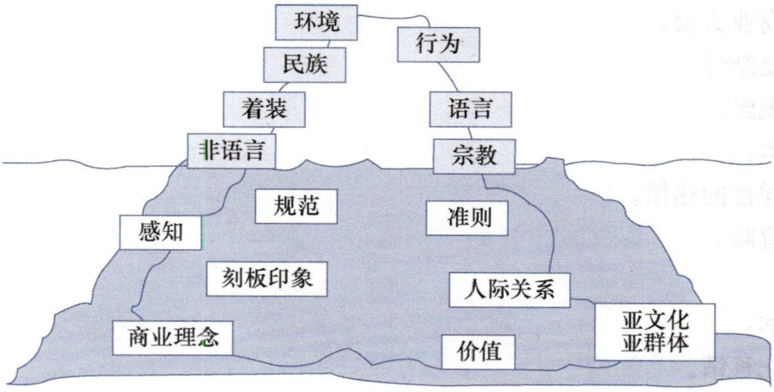

图 1-2　文化冰山

1.10　跨文化构念

博登（Borden，1991）列出了如果一个人想要在跨文化方面取得成功必须拥有的七种构念。我们多大程度上理解跨文化沟通取决于以下内容的实现程度：

- 我们，不管是沟通者还是被沟通者，意识到沟通的目的可能会导致单一的表达行为或者信息收集。
- 一种文化中的控制论（自我概念）可以在另一种文化之外独立运行。
- 我们能掌握其他文化的语言。
- 我们能够在建立于另外一种文化的人类沟通系统的限制下工作（个人的、情境的以及文化的）。
- 我们精通自己以及他人的文化。
- 我们知道自己文化在四个通用的价值维度上的地位以及在文化取向模型中的交互作用。
- 我们在联想—抽象、特殊—普遍、封闭思维—开放思维的维度上认识自己以及其他文化的导向，并在认知沟通风格时将其作为第一范式（pp. 210-213）。这部分内容将在第 3 章、第 5 章和第 6 章讨论。

1.11　全球化思维方式

管理者想要成功进行跨文化沟通就需要培养全球化的思维方式。雷鸟全球思维项目（Thunderbird Global Mindset Project）对 215 位国际高管进行了三人一组的访谈。访谈确定了成功跨文化管理者的如下属性（Javidan，Hough，& Bullough，2010）：

智力资本：

- 全球商业头脑。
- 认知复杂性。
- 国际视野。

心理资本：

- 对多样性的热情。
- 追求冒险。
- 自信。

社会资本：

- 跨文化移情。
- 人际交往的影响。
- 外交。

可以清晰地看到未来的公司领导者将会拥有全球化的思维方式以在全球市场中拥有竞争力。

1.12 跨国公司管理方向

为了在全球经济竞争中取得成功，国际公司使用的管理风格的相关知识也很重要。世界文化这一概念的出现增强了国家间相互依存的意识、打破文化壁垒的需求，以及找到与所有文化背景的人和谐工作的方法的需求。

跨国公司（multinational firm）是指在一个以上国家设立公司的公司，通常会按照民族中心主义、多中心主义、地心主义或者宗教中心主义开展管理工作。跨国公司例如索尼、桂格麦片、埃克森美孚、博世以及日产，可能会在全球所有公司中采用统一的管理模式，也可能采用不同的管理模式，以保证在维持员工士气的同时提高生产率。所有的跨国或者全球化公司都是**超越国界的**（transnational），这就意味着它们越过国界开展业务（Moran & Stripp，1991）。

不是所有的管理模式都会考虑到工作中的文化多样性，也不是所有的管理模式都能成功处理在跨国管理工作中出现的意外情况。就像莱因史密斯所说的，全球管理者有一种思维方式，可以让他们利用并且管理复杂性、适应性、团队、不确定性以及全球性组织需要的知识。因为人不仅是组织在全球取得成功的决定性因素，也是公司生存和发展的限制因素。人力资源开发人员应该参与到教育以及改变思维方式的行列中。全球化思维方式不同于本土化思维方式，如表 1－1 所示（Rhinesmith，1996，p. 27）。

表 1－1 本土化和全球化思维方式的比较

本土化思维方式	全球化思维方式
职能专长	更大、更广泛的蓝图
优先级	矛盾的平衡

续表

本土化思维方式	全球化思维方式
结构	流程
个人责任	团队合作以及多样性
很少有突发事件	改变是机遇
针对突发事件进行演练	欢迎突发事件

能够管理本土运营的人不一定有能力管理全球化的运营。拥有全球化思维方式的人倾向于以多种方式生活，这些方式可能在身体、智力、情感或精神上有所不同，这取决于他们与之相互作用的文化。

在某国设立公司并在该国销售所有产品，那么就要雇用有**民族中心主义管理**（ethnocentric management）实践经验的人。民族中心主义管理部门不必考虑职场中的文化差异，所有的工人将同样对待。许多时候管理行为依赖于个人对组织应该怎样运作的观点。一些本土的公司在国外投资以购买商品回国销售或者购买国外的技术，这些国际活动依旧需要全球化思考（Moran & Stripp，1991）。举个例子，美国的汽车制造商抱怨它们的车在日本销售不力。然而，这些制造商没有将方向盘的位置从左侧变到右侧，因为美国道路上的驾车方向与日本相反，并且它们没有减小车的尺寸以适应日本有限的停车空间。当一家公司国际化扩展时，必须考虑可能购买自己产品的目标客户。

中国华能集团在世界多国建立了电厂，它们分布地域广，经营环境复杂。华能有步骤地进行文化融合，全面开展文化辨识，通过历次并购在不同文化情境下实现企业的成功经营，规避文化冲突，也为许多国际企业提供了参考。华能高度重视文化融合对重组并购成败的决定性影响。在沟通前期，华能不仅从专业角度对并购活动进行可行性分析，同时基于跨文化研究视角，积极开展文化辨识工作，充分了解被并购企业的工作理念和管理风格，并就中外文化与管理差异制定了针对性策略。

2011年收购国际电力公司后，华能并没有立刻对被收购企业展开变革，而是先保留当地领导班子，维持其运行稳定性。其次是多渠道促进跨文化沟通，增加成员之间的相互理解。华能积极拓展沟通渠道，通过确立联系人制度，帮助双方企业实现有效沟通，最终建立"由高层到员工，由业务到管理，由工作到生活，由单向到双向"的文化沟通体系。

多中心主义管理（polycentric management）考虑公司所在国家的文化。管理人员考虑公司所在地工作人员的文化需求。大熔炉效应似乎存在，因为管理决策参考了多种文化。这一点在美国的小公司中更明显。忽视多中心主义管理办法是员工进入外企工作时遇到的问题之一，因为他们习惯了原有的管理模式（Moran & Stripp，1991）。

区域中心主义管理（regiocentric management）更注重公司所在的区域而不是国

家，国家会有并且经常有不同的文化背景。区域理论认为美国所有的区域是不同的。例如，在高工会化的密歇根和在低工会化、不同族裔基础的密西西比运营一家制造工厂的公司采用的管理策略是不同的。管理策略考虑劳动力的多样性（Moran & Stripp，1991）。工会倾向于阻止工人与管理层之间的直接互动。而现在许多公司想要使用全面质量管理，这需要利用员工与管理层之间的互动。土星汽车在田纳西州的斯普林菲尔德建立了自己的工厂，因为在那里它可以开办没有工会的工厂并实施全面质量管理。虽然现在土星的工人有了工会，但这个工会是与管理层合作的；这个工厂汽车的质量和销售量好于其他通用汽车的工厂。

广州标致公司成立于 1985 年，总投资额 8.5 亿法郎，成立之初由广州汽车制造厂和法国标致汽车公司共同管理。当时合同规定，1994 年以前总经理由法方担任，下属管理部门中必须有法方参与。至 1997 年 8 月，广州标致公司累计亏损 10.5 亿元人民币，法方宣布撤资，公司由广州汽车制造厂接手。然而此时广州标致公司仍旧推行法国管理模式，事实上这种管理理念与中国传统文化格格不入，主要体现在员工最关心的奖惩以及绩效评估冲突上。广州标致公司完全按照个人成绩评定绩效，即只看结果；而中方的评价方式不仅关注结果，还会关注员工在工作过程中的思想道德。此外，广州标致公司在沟通方式和管理过程中对精神奖励的忽视加深了中国员工对法国管理模式的强烈不满，最终导致员工罢工，公司经营陷入困境。

地心主义管理（geocentric management）要有一个各个国家通用的结构，以便各个地方的分公司有足够的自由满足工人的文化需求。地心主义指的是协调来自不同国家的观念。最成功的跨国公司实行了整合的地心主义管理。公司有通用的控制办法，个别地方的公司可以自由修改。它意识到使用恰当的管理模式有利于在全球竞争中取胜（Moran & Stripp，1991）。

许多跨国公司为了增加经济效益，对海外机构的员工多采取激励措施。然而由于"山高皇帝远"，很多海外机构容易出现成本上升、财务控制不严以及腐败滋生等问题。华为是全球领先的 ICT 基础设施以及智能终端提供商，在海外多个国家都设有分支机构，为了实现良好的经济效益，它是如何管理的？

首先，华为实行全球统一的管理和工作流程，基于公司的统一平台对海外 30 多个分支机构进行管理，这种管理模式是公开且一视同仁的。华为与 IBM 合作，建立集成产品开发流程（IPD）和优化集成供应链（ISC）。同时，华为财务 IT 建设全面展开。IT 系统已覆盖公司主要业务运作以及整个公司的办公自动化操作。华为内联网（Intranet）专线连接了国内所有机构及拉丁美洲、独联体、南部非洲及海外研究所等海外机构。可以说，华为总部的触角很方便地到达每一个海外分支机构。除了工作地点的环境不同外，华为任何地方的工作流程和工作制度基本上是一致的。

其次，华为的企业文化能够帮助企业在意识形态上实现对员工行为的约束。即使远在海外，来自华为总部的军事化管理风格仍然没有丝毫消减。无论是在印度还是在墨西哥，华为员工绝对不能在公司内网发私人邮件，据墨西哥员工透露："公司网由信息安全部监控，收发邮件都可以看到。同时，电脑软驱被封，关于技术资料，每人只能接触自己的部分。"

最后，华为对员工的有效管理还体现在双方所签订的契约上。华为与每位员工签订一份内容详尽的工作合同，使每个人对自己的责任、义务和权益有透彻的了解，同时也作为华为处理各项事务的制度依据。正因如此，其他跨国公司海外机构存在的"山高皇帝远"的弊端，在华为并不存在。

在商务环境中不同文化之间成功地进行沟通、吸收其他文化的优点并开展业务，而且无论在美国还是其他国家都能做到这些，这种能力是跨文化商务沟通的重点。不同的文化确实会带来沟通问题；不同的商业惯例和谈判策略也会造成新的麻烦。跨文化商务沟通涉及知道和了解其他文化，包括它们的亚文化、亚群体以及行为准则。随着世界文化这一概念的出现，我们开始意识到国家间的相互作用、打破文化壁垒以寻求所有文化和谐共处的重要性。

博斯罗克（Bosrock，1995）提供了以下"走向国际的十诫"：

- 准备好。
- 提问题，细心倾听。
- 不断努力；尝试而发生错误要好于不尝试。
- 当问题出现，假设主要原因是误传。
- 要有耐心；在另一个国家或者文化背景下完成你的目标，往往需要更多的时间和努力。
- 假设人都是最好的；多数人按照他们学到的价值观和传统行事。
- 真诚。
- 保持幽默感。
- 努力变得招人喜欢；当人们喜欢你的时候，他们会原谅你的错误。
- 微笑。

由于本书的重点是跨文化商务沟通，因此各种文化的例子会涉及与美国开展较多国际业务的国家。根据美国2010年单个国家的出口报告，前10名的国家（从高到低排序）分别为加拿大、墨西哥、中国、日本、英国、德国、韩国、巴西、荷兰以及新加坡（U.S. Census Bureau，2011）。个别章节采用了其他国家或地区的例子来解释文化差异。

关键词

文化适应（acculturation）
后台文化（backstage culture）
沟通障碍（communication barriers）
文化智力（cultural intelligence）
文化符号（cultural symbol）
文化协同（cultural synergy）
文化（culture）
扩散（diffusion）
社会文化适应（enculturation）
民族中心主义管理（ethnocentric management）
民族中心主义（ethnocentrism）
前台文化（frontstage culture）
地心主义管理（geocentric management）
全球商务沟通（global business communication）
全球化（globalization）
全球本土化（glocalization）
增长全球化（grobalization）
跨文化商务沟通（intercultural business communication）
跨文化沟通（intercultural communication）
国际沟通（international communication）
交际智力（interpersonal intelligence）
内文化沟通（intracultural communication）
内在智力（intrapersonal intelligence）
语言智力（linguistic intelligence）
宏观文化（macroculture）
熔炉（melting pot）
微观文化（microculture）
思维方式（mindsets）
文化多元化（multicultural）
跨国公司（multinational firm）
人际关系（networks）
规范（norms）
多中心主义管理（polycentric management）
区域中心主义管理（regiocentric management）
角色（role）
规章（rules）
空间智力（spatial intelligence）
刻板印象（stereotypes）
亚文化（subculture）
亚群体（subgroup）
超越国界的（transnational）
世界文化（world culture）

练习

说明：将以下短语和定义对应起来。

________ 1. 相信自己的文化是上等的。	A. 文化适应
________ 2. 我们学习一种文化经历的社会化过程。	B. 后台文化
________ 3. 社会文化同化。	C. 社会文化适应
________ 4. 向外人掩藏文化信息。	D. 民族中心主义
________ 5. 吸收新文化观点融入现存文化中。	E. 前台文化
________ 6. 在相同文化背景的成员之间。	F. 跨文化

________ 7. 在不同文化背景的成员之间。　　G. 国际化

________ 8. 在国家和政府之间。　　H. 内文化

________ 9. 群体有不同于宏观文化的特征。　　I. 熔炉

________ 10. 正确和不正确行为根深蒂固的文化原则。　　J. 规范

K. 亚文化

问答

1. 美国长久以来都被称作大熔炉。这个术语是什么意思?
2. 公司全球化意味着什么?
3. 给出例子解释产品是怎样实现全球化的。
4. 解释规范、角色、规章和人际关系之间的区别。
5. 定义亚文化并且给出一个亚文化的例子。
6. 什么是文化协同?
7. 跨文化沟通和内文化沟通之间的区别是什么?
8. 定义文化的维度。
9. 定义沟通障碍的类型。
10. 商务文化有必要和民族文化保持一致吗?

案例

采用下列步骤分析案例:(1) 仔细阅读案例,注意细节;(2) 阅读案例后面的问题;(3) 重读案例,留意或突出回答要用到的细节;(4) 辨别案例的相关事实、基础假设和关键问题;(5) 列出问题可能的答案;(6) 选择最符合逻辑的答案。你的老师可能会让你以书面形式提交案例问题的答案。

案例1

在一个美国政治候选人酒会上,客人似乎被分为几个群体。有些群体的人都是非洲裔美国人,有些都是拉丁美洲裔美国人,有些都是亚洲裔美国人。解释发生在这场政治聚会中的文化现象。

案例2

美国汽车制造商控诉日本的汽车进口制度,它们被日本市场排除在外。日本反驳说美国公司没有完成它们的工作:它们提供的汽车不是太大就是不节能。尽管在美国,美国汽车的销售量降低了,但是日本汽车销售量增多了。日本制造商已经开始在美国组装汽车;许多美国公司正在将部分业务转移到墨西哥。讨论全球化对于这些公司的影响。

案例3

美国全球化的速度要快于那些思维方式着重点不同的国家。世界被新闻卫星联系在一起,使得伊拉克战争一览无余,世界通过新闻报道知道了战争的发生。解释大众

媒体是如何影响世界和公众观点的，以及世界谈判是如何改变政府、外交、政治以及商业的。

案例4

通常多数国家的产业领导人并不具备在世界中三个产业基地上均取得成功（北美、亚洲和欧洲）的思维方式。例如，一些美国公司退出了中国。解释来自这三者之一的人采用不同的跨国管理取向在其他两个联合体里也取得成功有多困难。

活动

1. 从当地报纸上摘出涉及跨文化沟通相关方面的故事，例如其他文化中的人在文化适应过程中遇到的问题或者亚群体之间的问题，并向班级做一份简短的报告。

2. 问一下班里的同学谁来自另一种文化，讨论他们的文化准则和规范跟美国的有什么不同。

3. 邀请一位负责商务全球化的商界人士来演讲，讲讲当他和来自不同文化的代表打交道时遇到的问题，这些代表的管理形式（民族中心主义、多中心主义、地心主义或者区域中心主义）可能会跟美国的有所不同。

4. 采访一位在他们国家的社会角色属于女性或者孩子的外国学生，比较这些角色在他们国家和在美国有什么异同。

5. 写一份一页纸的提议以改善你们学校美国学生和其他文化背景学生之间的关系。

6. 分析一个跨国公司的年报，确定它在哪里生产、销售商品以及与其他跨国公司相比利润空间怎样。

参考文献

Adler, N. J. (1993). Competitive frontiers: Women managers in triad. *International Studies of Management and Organization*, 23 (2), 3-23.

Alkhazraji, K. M. (1997). *Immigrants and cultural adaptation in the American workplace*. New York: Garland.

Althen, G., with Bennett, J. (2011). *American ways* (3rd ed.). Boston, MA: Intercultural Press.

Association for Business Communication Panel on Global Business Communication. (2010, October). Montreal, Canada.

Borden, G. A. (1991). *Cultural orientation: An approach to understanding intercultural communication*. Upper Saddle River, NJ: Prentice Hall.

Bosrock, M. M. (1994). *Put your best foot forward: Asia*. St. Paul, MN: International Education Systems.

Bosrock, M. M. (1995). *Put your best foot forward: Europe*. St. Paul, MN:

International Education Systems.

Bosrock, M. M. (1997). *Put your best foot forward: South America*. St. Paul, MN: International Education Systems.

Chaney, L. H., & Martin, J. S. (2005). Intercultural communication: Bridging cultural differences. In S. O'Brien (Ed.), *Communication for a global society*, 2005 *NBEA Yearbook* (pp. 100–114). Reston, VA: National Business Education Association.

Chu, G. C. (1977). *Radical change through communication in China*. Honolulu: University Press of Hawaii.

Datan, N., Rodeheaver, D., & Hughes, F. (1987). Adult development and aging. *Annual Review of Psychology*, 38, 153–180.

Differences between sexes are shrinking. (1996). *USA Today*, 124 (2608), p. 10.

Dodd, C. H. (1997). *Dynamics of intercultural communication* (5th ed.). New York: McGraw-Hill.

Donlon, J. P. (1996, September). Managing across borders. *Chief Executive*, 117, 58–68.

Earley, P. C., Murnieks, C., & Mosakowski, E. (2007). Cultural intelligence and the global mindset. In M. Javidan, R. M. Steers, & M. A. Hitt (Eds.), *The global mindset* (Vol. 19). Oxford, England: Elsevier.

Evans, P., Doz, Y., & Laurent, A. (Eds.). (1990). *Human resource management in international firms: Change, globalization, innovation*. New York: St. Martin's.

Fisher, G. (1997). *Mindsets* (2nd ed.). Yarmouth, ME: Intercultural Press.

Funakawa, A. (1997). *Transcultural management: A new approach for global organizations*. San Francisco, CA: Jossey-Bass.

Gannon, M. J., Locke, E. A., Amit, G., Pino, A., & Kristof-Brown, A. L. (2005). Cultural metaphors as frames of reference for nations. *International Studies of Management & Organization*, 35 (4), 37–47.

Hazuda, H. P., Stern, M. P., & Hoffner, S. M. (1988). Acculturation and assimilation among Mexican Americans: Sales and population-based data. *Social Science Quarterly*, 69, 687–706.

Hofstede, G. (2004). *Cultures and organizations* (2nd ed.). London: McGraw-Hill.

Klopf, D. W., & McCroskey, J. C. (2007). *Intercultural encounters* (4th ed.). Boston, MA: Pearson.

Javidan, M., Hough, L., & Bullough, A. (2010). *Conceptualizing and measuring global mindset: Development of the Global Mindset Inventory*. Glendale, AZ:

Thunderbird School of Global Management. Retrieved from http://www.thunderbird.edu/knowledge_network/ctrs_excellence/global_mindset_leadership_institute/development_of_the_global_mindset_inventory.htm

Lewis, R. D. (2006). *When cultures collide: Leading across cultures*. Boston, MA: Nicholas Brealey International.

Lustig, M. W., & Koester, J. (1998). *Intercultural competence*. New York: Addison Wesley.

Marsden, A. (2008, May). Integrated management. *Financial Management*, 50.

Moran, R. T., & Stripp, W. G. (1991). *Dynamics of successful international business negotiations*. Houston, TX: Gulf.

Peterson, B. (2004). *Cultural intelligence: A guide to working with people from other cultures*. Yarmouth, ME: Intercultural Press.

Rhinesmith, S. H. (1996). *A manager's guide to globalization: Six skills for success in a changing world*. New York: McGraw-Hill.

Ritzer, G. (2003). Rethinking globalization: Glocalization/globalization and something/nothing. *Sociological Theory*, 21 (3), 193-201.

Ruch, W. V. (1989). *International handbook of corporate communication*. Jefferson, NC: McFarland.

Samovar, L. A., Porter, R. E., & McDaniel, E. R. (2009). *Communication between cultures* (7th ed.). Belmont, CA: Thomson Learning.

Singer, M. R. (1998). *Perception & identity in intercultural communication*. Yarmouth, ME: Intercultural Press.

Staa, D. (1998). No need for inter-American cultural clash. *Management Review*, 87 (1), 8.

Smith, A. G. (1966). *Communication and culture: Readings in the codes of human interaction*. New York: Holt, Rinehart & Winston.

U. S. Census Bureau. (2011). Foreign trade statistics, top trading partners. Retrieved January 17, 2012, from http://www.census.gov/foreign-trade/statistics/highlights/top/top1012yr.html

U. S. Census Bureau News. (2011). 2010 census shows America's diversity [Released March 24, 2011]. Retrieved January 17, 2012, from http://2010.census.gov/news/releases/operations/cb11-cn125.html

Yoshida, S. (2002). Globalization and issues of intercultural communications. *Vital Speeches of the Day*, 68 (22), 708-712.

第2章

通用制度

学习目标

学完本章后，你将能够：

1. 加强你对普遍适用于所有文化群体的体制的理解，以及它们与在全球化背景下沟通和谈判之间关系的理解。
2. 理解经济制度和政治制度在商业背景下跨文化沟通中所起的作用。
3. 认识教育体制和全球沟通之间的关系。
4. 洞察影响有效的跨文化商务沟通的社会制度和等级。

文化体制对多元文化沟通有深刻影响。**文化共性**（cultural universals）由所有文化都存在的内容形成。以下各项制度存在于所有文化中：经济制度、政治制度、教育体制、婚姻和家庭制度、社会等级以及互动。当同其他文化背景的人开展业务时，了解美国的制度如何不同于其他文化的制度可以加强沟通的有效性。尽管这些制度通用于所有文化，不同文化可能采取明显不同的方式处理同一个问题。在跨文化沟通中，多样性和相似性一样重要。

2.1 经济制度

一种文化形成一种经济制度以满足人们的物质需求。满足人们物质需求的产品的生产、分配、消费的方式称为**经济制度**（economic system）。所有的社会不仅要制定出商品的生产和采购方式，还必须确定其分配流程。

当今世界上不同的经济制度包括资本主义制度、社会主义制度、易货贸易制度和农业制度。美国和日本是资本主义制度，中国是社会主义制度，伯利兹和柬埔寨是易货贸易制度，老挝和马绍尔群岛是农业制度。公共和私营部门之间的关系以及哪一个部门占据主导地位可能会令一些经济制度融合前三种制度。美国分配商品的方式基于支付的资金，而像古巴这样的国家则根据需求。

除了确定一个国家遵循的经济制度类型，了解这个国家经济的其他方面也是很重要的，包括**进口**（imports）（国家购入商品）和**出口**（exports）（商品输送出国）。这方面的知识在谈判过程中会非常有用（见第 10 章）。2018 年美国国内生产总值（GDP）达 21.7 万亿美元，人均 GDP 达 66 159 美元；在对外贸易方面，美国主要的出口商品为化工产品、机械、汽车、飞机、电子信息设备、武器、食品、药品、饮料等。主要进口商品是食品、服装、电子器材、机械、钢材、纺织品、石油、天然橡胶以及锡、铬等金属。

2017 年美国前五大货物贸易伙伴为中国、加拿大、墨西哥、日本和德国，前五大货物出口市场为加拿大、墨西哥、中国、日本和英国，前五大货物进口市场为中国、墨西哥、加拿大、日本和德国。表 2 - 1 是美国 2015—2017 年的对外贸易情况。

表 2 - 1　2015—2017 年美国的对外贸易　　单位：亿美元

	2015 年	2016 年	2017 年
商品和服务进口总额	27 652	27 178	29 033
商品和服务出口总额	22 667	22 158	23 510
逆差	4 985	5 020	5 523

世界经济正在发生改变。世界贸易组织（World Trade Organization，WTO）是一个独立于联合国的永久性国际组织。总部位于瑞士日内瓦，其主要职能是调解纷争。它是贸易体制的组织基础和法律基础，还是众多贸易协定的管理者、各成员贸易立法的监督者，以及为贸易提供解决争端和进行谈判的场所。该机构是当代最重要的国际经济组织之一，其成员之间的贸易额占世界的绝大多数。截至 2020 年 5 月，世界贸易组织有 164 个成员，24 个观察员。

经济合作与发展组织（Organization for Economic Co-operation and Development，OECD），简称经合组织。经合组织旨在促进成员国经济和社会的发展，推动世界经济增长；帮助成员国政府制定和协调有关政策，以提高各成员国的生活水准，保持财政状况相对稳定；鼓励和协调成员国为援助发展中国家做出努力，帮助发展中国家改善经济状况，促进非成员国的经济发展。1961 年的 20 个创始成员国是：美国、英国、法国、德国、意大利、加拿大、爱尔兰、荷兰、比利时、卢森堡、奥地利、瑞士、挪威、冰岛、丹麦、瑞典、西班牙、葡萄牙、希腊、土耳其。后来加入的 18 个成员国是（括号内为加入年份）：日本（1964 年）、芬兰（1969 年）、澳大利亚（1971 年）、新西兰（1973 年）、墨西哥（1994 年）、捷克（1995 年）、匈牙利（1996 年）、波兰（1996 年）、韩国（1996 年）、斯洛伐克（2000 年）、智利（2010 年）、斯洛文尼亚（2010 年）、爱沙尼亚（2010 年）、以色列（2010 年）、拉脱维亚（2016 年）、立陶宛（2018 年）、哥伦比亚（2020 年）、哥斯达黎加（2020 年）。

近期，金砖国家大发展备受重视，这一名称来源于其成员国巴西（Brazil）、俄罗斯（Russia）、印度（India）、中国（China）和南非（South Africa）的英文首字母。由于该词与英语单词的砖（brick）类似，因此被称为“金砖国家”。金砖国家遵循开放透明、团结互助、深化合作、共谋发展的原则，成员国秉持“开放、包容、合作、共赢”的金砖国家精神，致力于构建更紧密、更全面、更牢固的伙伴关系。

此外，金砖国家国土面积占世界领土总面积的 26.46%，人口占世界总人口的 42.58%。五国在世界银行的投票权为 13.24%，在国际货币基金组织的份额总量为 14.91%。中国堪称世界最具发展活力的经济区域，引进外资额最高，是全球最大企业集团的生产基地。2019 年吸收国外投资的国家排名如下：美国（第 1 名）、中国（第 2 名）、新加坡（第 3 名）、新西兰（第 4 名）、爱尔兰（第 5 名）、巴西（第 6 名）。2019 年向外投资最多的国家是日本、美国、新西兰、中国、德国以及加拿大。2018 年侨民汇款给家乡亲人的接受大国按排名分别是印度（790 亿美元）、中国（670 亿美元）、墨西哥（360 亿美元）、菲律宾（340 亿美元）和埃及（290 亿美元）。

关于美国经济制度以及同美国开展国际业务的 16 个国家的简短描述如下。此外还包括这些国家经济的其他方面（*CIA Factbook*，2012；*CultureGrams*，2010；*Human Development Report*，2011；Shaw et al.，2007；U. S. Census Bureau，2011）。GDP 以美元为计量单位，就是生产的商品和服务的价值。人类发展指数（Human Development Index，HDI）测量贫穷、识字率、教育、平均寿命以及其他类似的因素。失业人数是 2018 年或 2019 年统计得出的。

澳大利亚

巨大的矿藏量、丰富的牛肉和羊肉产品给澳大利亚带来了强盛，旅游业、移民教育等现代服务业已经成为澳大利亚的新主导产业。该国经济虽然主要以出口资源类为主，却能在大宗商品的定价上获得较大的话语权。2019 年澳大利亚的 GDP 是 1.42 万亿美元，在世界排名第 14 位，失业率为 5.2%。此外，2018 年澳大利亚的 HDI 排名第 3 位。澳大利亚是美国的重要贸易合作伙伴，货币是澳大利亚元（AUD）。

巴西

巴西是南美洲面积最大的国家，经济实力居南美洲首位，农牧业发达，是多种农产品主要生产国和出口国。收入分配非常不平等；2010—2017 年平均基尼系数为 53.3。2019 年巴西的 GDP 为 1.96 万亿美元，排名居世界第 9 位，失业率为 11.9%左右。HDI 排名第 78 位。巴西是橡胶、咖啡和橘子的主要生产地，它也生产甘蔗，然而大多数甘蔗用于生产乙醇以向巴西大约 1/3 的汽车提供燃料。巴西出口汽车及零部件、金属、纺织品以及矿物质，是 2018 年美国的第十大贸易伙伴，货币是巴西雷亚尔（BRL）。

加拿大

加拿大的经济很强大，是世界工业大国和西方七大工业国之一。经济制度是资本主义，但是在保健和退休制度方面类似社会主义。制造业、采矿业、渔业、农业以及食品加工业推动着加拿大的经济发展。加拿大原油储量居世界第 2 位，森林覆盖率达 44%，淡水资源总量占世界的 7%，是重要的小麦出口国和最大的渔产品出口国。2019 年加拿大的 GDP 为 1.74 万亿美元，排名居世界第 10 位，失业率为 5.7%（2018 年为 5.6%）。HDI 排名第 11 位。

加拿大在生产黄金、铀、银、铜、油、天然气、农产品、木浆木材方面是世界领军者。旅游是它现今重要的收入来源，主要旅游城市有温哥华、渥太华、多伦多、蒙特利尔和魁北克。加拿大对美国的出口大于进口，是美国 2018 年第二大贸易伙伴。

1993 年，加拿大加入墨西哥和美国的行列，共同签署《北美自由贸易协定》(NAFTA)，这项协议为加拿大提供了广阔的商品市场。加拿大一直是美国的最大贸易伙伴之一，货币是加拿大元，同时也被加拿大人叫作 Loonie。

中国

中国实行社会主义市场经济体制，是世界第二大经济体、世界第一大工业国和世界第一大农业国，在生产大米、烟草、玉米、大麦、大豆和花生方面占据世界领军地位，同时生产制成品、石油、矿产、煤炭和钢铁。通过 40 多年的改革开放，人民生活有了巨大改变。中国经济发展目前进入新常态。2019 年中国的 GDP 为 14.22 万亿美元，排名居世界第 2 位，失业率为 3.61%。居民就业持续扩大，全年城镇新增就业 1 352 万人，连续 7 年保持在 1 300 万人以上。此外，2019 年中国全年货物进出口总额比 2018 年增长 3.4%，居民收入增长与经济增长基本同步。HDI 排名第 85 位。中国已经成为美国最大的贸易伙伴之一，货币是人民币，单位是元（￥）。

法国

法国是欧洲四大经济体之一，国民生活水平相对较高，社会保障制度相对完善。法国是欧盟最大的农业生产国，也是世界主要农产品和农业食品出口国，拥有 29 家世界 500 强企业。2019 年法国的 GDP 达 2.76 万亿美元，排名居世界第 7 位，失业率是 8.1%。HDI 排名第 23 位。法国是酒、牛奶、黄油、奶酪、大麦和小麦等产品的主要生产国，主要出口机械、交通设备、钢铁产品和农产品，货币是欧元（€）。

德国

德国是欧洲四大经济体之一，社会保障制度完善，国民生活水平较高。德国主要出口汽车、钢铁、铝、电视机以及制成品，是世界上的出口大国之一。2018 年外贸总额为 22 872 亿欧元，其中出口额为 13 174 亿欧元，增长 3%，进口额为 10 887 亿欧元，增长 5.5%，贸易顺差为 2 287 亿欧元。此外德国的国际贸易也相对发达，同 230 多个国家和地区保持贸易关系。2019 年德国的 GDP 达到 3.96 万亿美元，排名居世界第 4 位，失业率为 4.9%。HDI 排名第 5 位。德国的货币是欧元（€）。

印度

印度经济包括农业、手工业、现代工业和支持服务业。印度拥有众多受过良好教育的熟练英语使用者受雇于软件服务企业。印度 2/3 的人口仍然直接或间接依靠农业为生，近年来服务业增长迅速，成为全球软件、金融等服务业最重要出口国。印度符合既定的全球经济制度，因为它是英联邦的一部分。阻碍印度经济增长的是高文盲率、官僚主义、基础设施薄弱和财政赤字。2019 年印度的 GDP 为 2.97 万亿美元，排名居世界第 5 位，失业率为 6.7%。HDI 排名第 129 位。印度是美国的第八大贸易伙伴，货币是印度卢比（INR）。

伊拉克

石油开采和提炼是伊拉克的重要经济支柱。伊拉克国家石油公司控制了国家的石油资源，以及钢铁、化工、炼铝、水泥、汽车装配、纺织、卷烟、制糖、制革等工业部门。伊拉克的主要农作物有小麦、大麦、棉花、椰枣等。2019 年伊拉克的 GDP 为 2 252.6 亿美元，排名居世界第 51 位，失业率为 7.9%。HDI 排名第 119 位。伊拉克的货币是伊拉克第纳尔（NID）。

日本

日本的经济制度是资本主义或者自由市场，基于制造业、渔业和出口。由于国土面积相对较小，除了鱼，日本一半以上的食品供应都依赖进口。同时，日本还要进口大多数制造业所用的原材料，并且 95%以上的出口商品是制成品，发达的制造业是国民经济的支柱。

机械、电子、工程、纺织品和化学品是日本的主要行业。科研、航天、教育水平均居世界前列。此外，日本的动漫、游戏等文化产业相对发达，旅游业逐年兴起。2019 年日本的 GDP 为 5.18 万亿美元，排名居世界第 3 位，失业率为 2.2%。HDI 排名第 18 位。日本是美国的第四大贸易伙伴。日本对于美国的出口多于进口；这种贸易不平衡是日本和美国之间贸易摩擦的来源之一。日本的货币是日元（¥）。

墨西哥

墨西哥是一个自由市场经济体，拥有现代化的工业与农业。在墨西哥，石油行业、农业、旅游业以及组装工厂（墨西哥组装设施通常紧挨美国的主要市场）雇用了最多的工人。

墨西哥有“玉米的故乡”之称，是玉米、番茄、甘薯、烟草的原产地。独特的地理位置优势使得墨西哥在不同历史时期还赢得了“仙人掌的国度”“白银王国”“浮在油海上的国家”等美誉。随着与美国和加拿大签订 NAFTA，墨西哥的出口自 1993 年以来一直在增长，墨西哥与美国的贸易和投资往来增加很快，极大地促进了经济发展和国民收入提高。工业门类齐全，石化、电力、矿业、冶金和制造业较发达。2019年墨西哥的GDP是1.24万亿美元，排名居世界第15位，失业率为3.6%。HDI排名第73位。采矿业和石油业是最重要的两个产业，旅游业是向许多人提供就业的来源之一。墨西哥出口石油、咖啡、农产品和发动机。墨西哥的货币是墨西哥比索(MXN)。

荷兰

荷兰拥有依赖国外贸易的开放性经济。这种经济制度有稳定的劳资关系。荷兰自然资源相对贫乏，但天然气储量丰富，80%的原料靠进口，60%以上的产品供出口，80%的对外贸易在欧盟内实现，商品与服务的出口约占GDP的55%。荷兰在电子、化工、水利、造船以及食品加工等领域技术先进，此外还拥有相对发达的金融服务和保险业；陆、海、空交通运输十分便利，是欧洲大陆重要的交通枢纽；农业高度集约化，农产品出口额居世界前列。2019年荷兰的GDP为9 140亿美元，排名居世界第17位，失业率为3.4%。HDI排名第9位。荷兰的货币是欧元（€）。

新西兰

新西兰是一个参与全球竞争的工业化自由市场经济体。农业高度机械化，主要农作物有小麦、大麦、燕麦、水果等。粮食不能自给，需从澳大利亚进口。2019年新西兰的GDP为2 104.7亿美元，排名居世界第53位，失业率在4%左右。HDI排名第15位。澳大利亚和新西兰签订了一项名为《紧密经济关系》（CER）的自由贸易协议。新西兰的货币是新西兰元（NZD）。

新加坡

尽管新加坡是东南亚最小的国家，但拥有高度发达并且成功的自由市场经济，被誉为“亚洲四小龙”之一，同时凭借着地理优势，成为亚洲重要的金融、服务和航运中心之一。根据2018年的全球金融中心指数（GFCI）排名报告，新加坡是四大国际金融中心之一。2019新加坡的GDP为3 728.1亿美元，排名居世界第36位，失业率在2.3%左右。HDI排名第8位。新加坡的货币是新加坡元（SGD）。

韩国

20世纪90年代后期韩国的经济发展乏力。罢工、大额预算赤字、政治丑闻、破产以及来自其他国家或者企业的竞争都影响了其经济发展。如今韩国以制造业和服务业为主。韩国的资讯科技产业一直处于行业领先地位，制造业与科技产业发达，除高速互联网服务闻名世界外，内存、液晶显示屏及等离子显示屏等平面显示装置和移动电话都在世界市场中占领导地位。主要的大企业集团有三星、现代集团、韩华集团等。韩国的经济很大程度上依赖国际贸易。2019年韩国的GDP为1.66万亿美元，排名居世界第 11 位，失业率为 3.8%。HDI 排名第 21 位。韩国的货币是韩元（KPW）。

阿拉伯联合酋长国

阿拉伯联合酋长国的石油和天然气资源丰富，储量均居世界第 7 位。经济以石油生产和石油化工工业为主，绿洲地区出产水果、椰枣。沿海居民从事商业、捕鱼业。2019 年阿拉伯联合酋长国的 GDP 为 4 278.8 亿美元，排名居世界第 30 位，失业率为 2.64%。HDI 排名第 33 位。阿拉伯联合酋长国的货币是阿拉伯联合酋长国迪拉姆(AED)。

英国（英格兰、苏格兰、威尔士以及北爱尔兰）

由大不列颠和北爱尔兰组成的英国是欧洲最大的经济体之一。英国的经济基于资本主义，然而，许多经济部门在 1945—1980 年之间是国有化或者社会化的。自 20 世纪 80 年代以来，一些部门开始私有化，并且提倡减少行业监督。英国依旧是世界最主要的产业动力。出口包括制成品、原油和消费品。自然资源有石油、天然气、铁矿石和盐。此外，随着国际旅游的兴起，服务业包括金融保险、零售、旅游和商业服务等，成为该国经济的支柱产业。英国农、牧、渔业可满足国内食品需求总量的近 2/3。2019 年英国的 GDP 为 2.83 万亿美元，排名居世界第 6 位，失业率为 3.8%。HDI 排名第 13 位。英国的货币是英镑（£）。

美国

美国的经济制度是资本主义。自由市场主导，政府监督运营。另外，美国是影响世界的经济金融中心。美国的资本主义制度受到通货膨胀（由从工业主导经济向服务和技术经济的转变引起）、失业率以及其他国家经济的影响，美国许多公司已经成为跨国公司。

美国是世界上最大并且技术最先进的经济体，美国的出口货物包括资本品、汽车、消费品、食品和机械产品。旅游业对许多州的经济都很重要。美国公民认为实用主义对于人的一生很重要。这种实用主义促进了财产所有权的更替。许多采购用信用卡办理，信用卡的债务很高。2018 年美国的 GDP 为 21.34 万亿美元，排名居世界第 1 位，失业率为 3.7%。HDI 排名第 12 位。

美国是 NAFTA 的成员之一，此协定用于扩大美国、加拿大和墨西哥之间的市场、服务和制造。我们将会在第 10 章对 NAFTA 进行详细的讨论。美国的货币是美元。

2.2 政治制度

政治制度（political system）是国家治理制度，可能基于独裁统治、继承的权利、选举程序、协商一致或征服。一些国家的政治职位会考虑一个人的年龄、经济专业知识或婚姻状况。在其他国家，演讲技巧以及左右公众舆论的能力可能会成为参考因素。群体成员可能会因为相信某个人有卓越的能力而选举他为政治领袖。以下是对一些政治制度的描述（*CIA Factbook*，2012）。

澳大利亚

澳大利亚是一个两院制的联邦议会国家，有 6 个联邦州，再加上澳大利亚首都地区和北领地。英国女王是这个国家的元首，但是由澳大利亚总督代表她。总理和联邦议会（76 名参议员，150 名众议员）由年满 18 岁的公民选出。未在联邦和州选举中投票可能会被罚款。主要政党有澳大利亚劳动党、自由党和国家党。

巴西

巴西是由 26 个州和 1 个联邦区（巴西利亚）组成的联邦共和国。每个州都有自己选举出的州长和立法机构。总统是国家和政府的元首。总统、州长以及市长可连任 2 届。国会由 513 个席位的众议院和 81 个席位的联邦参议院组成。投票对于年龄在 19～70 岁之间的公民来说是强制性的，对于 16～18 岁之间以及 70 岁以上的公民来说是可选的。

加拿大

加拿大在一定程度上仿效英国和美国，官方上是一个议会民主制联邦政府，议员包括 105 位被任命的议员和 308 位被选出的下议院成员。下议院中多数党的领袖将会自动成为首相。中央政府在国民健康保险、贸易、军事和发展领域拥有权力。国家被划分为各个省，每个省管辖自己的地区。英国女王任命总督为她的代表。投票年龄是 18 岁。

中国

中国的国家性质是工人阶级领导的、以工农联盟为基础的人民民主专政的社会主义国家。由全国人民代表大会选举出国家主席、副主席，任期 5 年；最近的一次选举是 2018 年 3 月 17 日（下次将于 2023 年 3 月举行）；国家总理由国家主席提名，经全国人民代表大会最终决定。全国人民代表大会的成员最多不超过 3 000 名，第十三届全国人民代表大会共有 2 980 名人大代表参与。全国人民代表大会选举出的主席和副主席任期 5 年，并且有资格继续第 2 个任期。

法国

法国本土共有 13 个大区，分为 96 个省；海外共有 5 个海外省及大区、7 个海外集体及领地。总统作为国家元首和政府的行政首长，任期 5 年。总统在国民议会的多数党中任命总理。国民议会有 577 名成员，他们由选举产生，任期 5 年。参议院的 348 名成员任期 6 年，由选举团选出。投票年龄是 18 岁。

德国

德国是一个联邦共和国。德国的总统由联邦和州的立法机构成员选举产生，最多连任两个 5 年的任期。总理是政府首脑，由下议院和联邦议会选举产生，任期 4 年。立法机构包括两院：联邦委员会（参议院）和联邦议会（联邦议院）。德国有 16 个州，每个州都有自己的立法机构以及处理事务的自主权。国家政府选出 69 名参议院成员，普选选出 614 名联邦议院成员。投票年龄是 18 岁。

印度

印度是一个拥有 28 个州和 7 个中央直辖区的联邦共和国。印度设有总统、总理和议会。选举团选出总统，任期 5 年。议会中的多数党成员选举出总理。议会有两院：联邦院（国家议会）和人民院（人民议会）。联邦院有 250 名成员，人民院有 543 名被选出的成员。投票年龄是 18 岁。

伊拉克

伊拉克是议会民主制国家，拥有行政、立法和司法部门。325 名议会成员代表中有 317 名是通过普选产生的，另外 8 个席位留给少数派。议会代表选出总统委员会。投票年龄是 18 岁。

日本

日本是君主立宪制国家，天皇作为国家元首但是没有统治权力。首相（政府的元首）及其内阁成员组成行政部门。国会拥有立法权，包括 242 个席位的参议院（上议院）以及 480 个席位的众议院（下议院）。47 个郡县或者省的县长或省长由公民选举产生。投票年龄是 18 岁。

墨西哥

墨西哥是一个联邦共和国，总统由满 18 岁的选民选出，任期 6 年。墨西哥有 31 个州和 1 个联邦区。立法机构由有 128 个席位的参议院和有 500 个席位的众议院组成。尽管投票是义务，但并不强制。严格来说，墨西哥的 31 个州都是自治的，然而，联邦政府在教育、安全和国家产业领域严格控制着它们。

荷兰

荷兰的治理结构是君主立宪制。荷兰政府包括女王、首相、国务委员会。国家设有称作第一院的有 75 个席位的上议院以及称作第二院的有 150 个席位的下议院。它们都由年满 18 岁的人选举产生。

新西兰

新西兰是一个议会制君主立宪制国家，英国女王是国家元首，总督代表女王。首相以及众议院的120个成员由18岁及以上的人选举产生。

新加坡

新加坡是一个议会共和制国家，总统由普选选出，任期6年，总理由总统及议会任命。议会由93个成员组成，其中84个由选举产生，其余9个由总统任命。投票年龄是21岁，并且要求所有公民都在国家选举中投票。

韩国

韩国选举产生政府的大多数成员。国务院包括总统和总理（由总统任命）。总统由普选选出，任期5年。国民议会有299个选举出的成员，任期4年。投票年龄是19岁。

阿拉伯联合酋长国

阿拉伯联合酋长国是一个拥有7个酋长国的联邦国。联邦最高委员会由7个酋长国的统治者组成，选出任期5年的总统和副总统，没有任期限制。联邦国民议会有40个席位：一半席位被任命，另一半席位由6 689人组成的选举团选出。

英国（英格兰、苏格兰、威尔士以及北爱尔兰）

英国是一个议会制的君主立宪制国家。女王（伊丽莎白二世）是国家元首，但被选出的官员通过议会治理国家。英国没有成文的宪法。主要的立法主体是有646名成员的下议院，其中529名成员来自英格兰；他们任期5年，成员由18岁以上的公民选出。议会中人数最多的政党掌权；这个政党的领导者就是首相，和内阁一起作为执行主体来治理国家。92名成员的贵族院组成上议院。苏格兰、威尔士和北爱尔兰在1999年建立了自己的政权，这些政权对于像教育和健康等这样的领域权力有限。

美国

美国的政治制度是联邦制共和国，各州有指定的权力。总统由选举团选出，其他职位由民众选出。议会由民主党和共和党主导，设有两院：435个席位的众议院和100个席位的参议院。美国公民为他们的政治制度感到骄傲，但可能未能很好地了解政治。然而，美国公民不喜欢别人批评他们的政治制度。投票年龄是18岁。

自2001年9月11日美国的世贸大厦和五角大楼被撞击以来，美国人开始产生一些很奇怪的观念，他们总体上喜欢自己的政治制度，但又鄙视某些特定的行为。他们批判他们的领导人，但是不希望外国人这样做。他们认为政治是生活中独立的一部分，他们可以选择忽视。在“9·11”事件后，美国人强烈的爱国主义开始复苏。这种复苏再一次引发了政教分离的问题。

美国有一个独立的政府司法部门。说客在政府政策方面是一个非常有影响力的群体。

2.3　世界经济

遍及全球的公司越来越受到经济、政治以及来自他国公司的竞争压力的影响。众所周知，汽车、钢铁、纺织和电子行业都面临全球范围内的竞争，不过小型和中型公司同样需要在世界市场中竞争（Nath，1998）。

美国在第二次世界大战之后的 20 世纪五六十年代和 70 年代初都保持着坚实的技术领先地位。现在这个竞争优势已经消失，世界的宏观经济影响了美国产业的绩效。许多美国产业没有对宏观经济的这一改变做好准备，美国政府不得不提供临时产业保护政策，同国外公司谈判限制它们对美国的出口。另外，司法部放宽反垄断规则，从而鼓励成立合资企业。当一个特定的行业正陷入日益复杂的全球经济时，许多规模较小的企业、地区和社区可能会面临不利的经济形势。尽管美国的公司正面临紧张的国外竞争，基础工作的扎实保证了它们提高生产率、降低需求量并且提高灵活性，这使得美国能够在长期竞争中取胜。

20 世纪八九十年代，美国的高利率、美元的坚挺、美国公司的股票价格以及合资企业的形成导致外国资金的流入。国外投资的涌入使得美国公司和外国公司很难区分开来。现在许多公司并不忠于某个特定的国家，而是在思维和行为上表现为跨国公司。跨国公司采取的行动更看重自身的利益而不是祖国的利益，如果一个公司在另一个国家可以生产更便宜的产品，它将会关闭现有的公司而去另一个国家开设新公司。现在许多产品线几乎全部建在美国之外，包括电视机、摄像机、电子零件、轮胎以及服装。一些公司不得不走出国门同进口产品竞争。由于与世界上其他地方的工资相比，美国的工资水平很高，公司不再能吸引美国公民购买美国生产的产品。

跨国公司还要处理非常复杂的政治环境。成功的国内公司了解现有的政治局势并且据此运营。而进入跨文化环境的公司则必须学习如何处理以及预测他国的政策。跨国公司能够成功地处理有许多不同和冲突的政治环境。有些人担心由于某些跨国公司的规模、财务、资源和知识，它们将会成为政治实体。在许多国家，跨国公司运用同政府平行的权力。例如，在中东，石油卡特尔就有与政府等同的权力。一些跨国公司管理者将世界看作一个单一的市场，忽视了国家界限。跨国公司很可能是未来变化的代理者。

跨国公司也必须考虑超民族主义、国际政策以及它们运营的公司所在国家之间的国际关系。当今，例如联合国、欧盟和 NAFTA 的法令是**超民族主义**（supranationalism）的几个例子。地方主义和经济互相依赖在国际政策中很常见，并且据预测，在不久的将来会形成更多的区域贸易协定。

公司同样要考虑造成的亚民族主义以及冲突和政治混乱。当一个政治团体试图将不同的人团结在同一个政府中时，**亚民族主义**（subnationalism）就产生了。东欧剧变导致的一个结果就是许多亚民族都想重新建立自己的国家及政府。

民族主义、超民族主义以及亚民族主义都是跨国公司不得不考虑的活跃力量，因为这些因素会影响它们经营的公司所在地的世界政策和经济情况。尽管"主义"的形式和内容会因地区不同而有差异，动荡的可能性则是跨国公司必须考虑的。公司必须分析政治环境变化的积极和消极影响。在其他国家开展业务之前可能还需要考虑其他一些经济差异，包括长期通货膨胀率高还是低，银行系统发达还是原始，是农业经济、工业经济还是技术经济，员工工作效率低还是高，国际收支和货币汇率有利还是不利。

由 ProQuest CSA 出版的 *CultureGrams* 为在一些国家开展业务提供了额外的相关信息。每个国家 4 页的 *CultureGrams* 包含多种主题，例如问候、参观、吃饭、手势、人、生活方式、土地和气候、历史、商业、政府、经济、教育、交通、沟通、健康以及为旅行者提供的信息。另外一个信息来源就是 *CIA Factbook*，可以在线获取包含领土、政府和经济的数据。

2.4 教育体制

一个国家的教育体制可能是正式的、非正式的或者两者的混合。有些社会中的人仍然口头传递着大量关于他们的文化遗产的信息，如新西兰毛利人和美国阿拉斯加土著人；其他社会中的人，例如美国人和加拿大人用文字记载他们的文化遗产。其他的社会结合采用以上两种办法。无论如何实现，每个社会都有自己传递其文化遗产的方式。**文化遗产**（cultural heritage）是一个社会中习惯、信仰、社会规范、材料特征、思想、言论以及艺术和知识的传统的主体。

> 有许多不同但是合理的思考方式；我们称为"逻辑"之物的就是自苏格拉底以来一直陪伴我们的线性系统……我们被教导要线性思考而不是全面思考……鉴于我们被学校和大众媒体培养的线性的、分步的、分门别类的思维方式，我们的领导人不可能对事情进行全面的思考（Hall，1976，p. 255）。

由于社会不同，正式教育因国家而异。商务教育培训的种类在国家之间甚至国家内部都有所不同，可能包括文科培训、技术培训和实习。文科培训包括文史哲类，并以自己的方式探讨学习的重要性。技术培训通常沿着狭窄的专业线如营销、管理、财务、经济、会计或者管理信息系统进行。技术培训的一个问题就是很少给业务流程中的人提供人力培训和关心。实习项目为学生提供了实践经历和理论知识。

随着第三世界国家的人口开始接受中等水平以上的教育，这些国家变得更加发达，它们使用的技术也更加相似了（Victor，1997）。签订 NAFTA 的一个理由就是它将帮助墨西哥培训和教育人口并将阻止外国公司利用目不识丁的劳动力。NAFTA 要求从美国或加拿大进入墨西哥的公司提供与本国公司相同的安全标准，并为水处理设施和污水处理厂做出贡献。这使得劳动力愿意以低工资工作这一优势迅速消失。

教育水平因国家而异。多数欧洲国家实行双轨制体系，在孩子大约 12 岁的时候，将他们分配到职业轨道或大学轨道。然而，美国、日本、俄罗斯已经对所有孩子开通了教育通道；家庭对教育的重视、孩子的能力、教师的素质都将深刻影响他们在教育体制中能走多远（Victor，1997）。

双轨制教育的具体含义如下：一轨为非群众性的特权阶层子女所占有，学校多从古代学校发展而来，各方面条件都比较优越，学术性很强，学生学习可升到大学以上。另一轨是为劳动人民的子弟所开设的新学校，学生在经过一定的基础教育之后，便升入职业技术学校，学习从事劳动生产的技术，属生产性的一轨。两轨之间互不相通，互不衔接。

人们对学习的期望被看作一个连续体，在非常投入学习（教师与学生之间互动很多）和很少参与学习（教师与学生之间互动很少）之间变化。例如，在以色列基布兹，人们希望孩子能够本能地表现自己，他们的课堂很吵闹。相反，中国的课堂很安静，因为这是对知识、真理和智慧的尊重（Samovar，Porter，& McDaniel，2009）。

教育产生的价值因国家而异。对美国以及其他选定的国家的教育体制的描述如下（*CultureGrams*，2010）。许多较小的、较不发达的非洲及拉丁美洲国家国民识字率很低；斯堪的纳维亚国家的男女识字率平均达到 99%。

澳大利亚

澳大利亚的男女识字率达到 99%。教育是公共的，由联邦资金资助。澳大利亚的 7 年初等教育和 5 年中等教育是义务教育。相当一部分人会上大学完成高等教育。

澳大利亚的教育系统由五部分组成：中小学；由技术与继续教育学院（TAFE）构成的职业培训系统；为留学生提供的补习学校（ELICOS）；开设职业课程的私立学校；大学。其中，中小学及职业学院由各州或领地的教育部门负责管理，联邦政府拨款资助，大学则由联邦政府统一管理。澳大利亚的公民和永久居民，均享受免费的中小学教育。澳大利亚全国有 42 所大学及 230 多所专科技术学院。2018 年澳大利亚国民的平均受教育年限为 12.7 年，其中男性为 12.6 年，女性为 12.7 年。

巴西

巴西的教育体制包括 9 年的初等教育和 3 年的中等教育。大约有 40%的学生入学接受中等教育。大约一半的中等教育毕业生进入贸易学校。想要被巴西顶级大学接收，需要通过入学考试以及一门特定的大学预备课程。巴西的识字率男性达到 88%，女性达到 89%。

巴西教育体系分基础教育和高等教育两级，基础教育又分初级教育和中等教育。巴西实行 9 年义务教育制（6～14 岁），对贫困生入学实行国家助学金制度。高等教育指各类大学，学制一般为4年。著名高等学府有圣保罗大学、坎皮纳斯大学、巴西利亚大学、里约热内卢天主教大学等。2018年巴西国民的平均受教育年限为7.8年，其中女性为8.1年，比男性的7.6年稍高。

加拿大

在加拿大，各省负责各自的教育体制，所有省对年龄在6～16岁的人都提供免费义务教育，识字率是99%。在纽芬兰，初等和中等教育是免费的，但是由不同的宗教团体运营。在魁北克省，政府支持学校董事会并且指导天主教和新教学校的课程。尽管政府补贴大学教育，学生依旧要交学费。大约40%的人中学毕业后选择进入大学或者接受技术培训。

加拿大联邦政府不设专门机构，教育管理权归省级政府。各省教育经费基本依靠自筹，联邦政府也提供一定的资助。加拿大普及中小学教育。著名学府有女王大学、麦吉尔大学、多伦多大学、不列颠哥伦比亚大学、拉瓦尔大学和阿尔伯塔大学等。2018年加拿大国民的平均受教育年限为13.3年，其中男性为13.1年，女性为13.5年。

中国

中国的义务教育普及水平继续保持高位，正在向优质均衡阶段迈进。2019年，全国小学净入学率为99.94%，初中毛入学率为102.6%，已相当于世界高收入国家平均水平。全国小学毕业生升学率为99.5%，初中毕业生升学率为94.5%。新中国成立以来，研究生教育从1949年在学人数600多人，发展到今天已经形成300万人规模，累计培养了1 000多万名博士、硕士，实现了历史性跨越，中国已经成为世界研究生教育大国。2018年中国国民平均受教育年限为7.9年，其中男性为8.3年，女性为7.5年。

此外，2018年留学人数达到66.2万，同比增长8.8%，继续保持世界最大留学生生源国。与此同时，2018年共有来自196个国家和地区的49.2万名外国留学人员在全国31个省（区、市）的1 004所高等院校学习，比2017年增加了3 013人。

目前，中国半数以上的家长认为存在严重的应试教育倾向，呼吁教育体制改革，希望学校教育能够更加注重“孩子的全面发展”。“减负”成为2018年中国教育的一个高频热词。为了解家长对中小学生“减负”情况的满意度，21世纪教育研究院联合腾讯教育于2018年11月21日至12月24日开展中小学生“减负”问题家长满意度网络问卷调查。本次调查共回收问卷6 748份，其中有效问卷6 744份，有效样本率为99.94%。调查结果显示，“减负”政策受到大部分家长关注，家长选择校外培训类型的倾向度相应发生变化。但家长对“减负”政策存在矛盾心态，“减负”政策效果未获得大部分家长认可，改革考试评价制度是家长最期待的措施。

法国

法国的教育体制有几点独特之处。教育对于年龄在 6～16 岁的孩子是免费的、义务的。法国的识字率达到 99%。天主教学校由政府补贴一部分，招收 20%的学生。11 岁开始上中学直到 18 岁。中等教育由公立学校和学院提供。公立学校相当于美国的初中。要完成中学教育，学生需要参加 60 所大学之一举行的综合考试。法国除了营销学校，多数大学也是免费的。

法国的高等教育历史悠久，其教育水平获得世界范围的认可。此外法国于 2004 年开始实行 LMD 教育制度，分三阶段：第一阶段（Licence）3 年，毕业后可获大学基础文凭；第二阶段（Master）2 年，毕业后可获硕士学位；第三阶段（Docteur）3 年，毕业后可获博士学位。

法国人也认为毕业学校很重要，因为它决定了一个人的社会地位。尽管在企业和政府中的职位不局限于少数机构，精英院校（Grandes Ecoles）校友依然被认为是更有利的。精英院校和精英院校的校友掌管着法国的商业，在法国想要成功开展业务必须通过校友。2018 年法国国民的平均受教育年限为 11.4 年，其中男性为 11.6 年，女性为 11.2 年。

德国

德国的教育体制中，人们必须很早就决定职业生涯。德国实行终身教育，教育体系主要分为五个部分：小学、初中、高中/职业教育、高校/技术学院、继续教育/成人教育。教育从幼儿园一直到大学都是免费的。幼儿园从 4 岁开始，6～15 岁上学是强制性的。德国的整体识字率是 99%。德国人在 13 岁的时候要选择技术培训还是大学学习。大学的入学考试很难，只有在完成大学预科学校并通过严格的考试之后才能被接收。2018 年德国国民的平均受教育年限为 14.1 年，其中男性为 14.6 年，女性为 13.7 年。

印度

印度实行 12 年一贯制中小学教育。在印度，6～14 岁的教育是免费的、义务的。女孩一般辍学较早；事实上，2010—2018 年，印度至少接受过中等教育的女性占 25 岁以上人口比为 39%，男性占比为 61%。只有 20%的人中学毕业，少于 10%的人接受更高层次的教育。全国现有 350 所综合性大学，著名的有德里大学、印度理工学院、加尔各答大学、马德拉斯大学、巴拉蒂尔大学等。2018 年印度国民的平均受教育年限为 6.5 年，其中男性为 8.2 年，女性为 4.7 年。

伊拉克

伊拉克实行免费初等教育。学前教育主要是两年制幼儿园，招收 4～5 岁儿童。6～11 岁儿童入小学。小学 6 年为义务教育，男女同校。学生接受义务教育后，获小学毕业证书并升入中间学校。中等教育机构由均为3年制的中间学校（初中）、升学准备学校（学术高中）、相当于高中水平的职业预备学校构成。宗教教育对于伊拉克人很重要。由于教律、《旧约全书》、《新约全书》和《古兰经》所记载的主要宗教活动都发生在伊拉克，伊拉克对于犹太教、基督教和伊斯兰教来说都有重要的历史地位。2018年伊拉克国民的平均受教育年限为7.3年，其中男性为8.6年，女性为6.0年。

日本

日本的教育竞争非常激烈；私立学校和大学的入学考试非常严格。日本教育推崇“追求至善、精益求精”，实行全民化教育，同时强调教育与学术研究机构的充分配合；日本学校教育分为学前教育、初等教育、中等教育、高等教育四个阶段。名校的入学竞争非常激烈，因为只要从这些学校毕业就能保证进入顶级公司。2018年日本国民的平均受教育年限为12.8年，其中男性为12.6年，女性为13.0年。6～15岁孩子的教育通常是免费的、义务的；15岁之后，学生需要缴纳学费。日本很看重数学和科学。补习学校（Jukus）用于帮助学生准备入学考试。在日本，教育很难并且有时候不愉快。

日本宽松教育带来的“学习不足”的紧迫感促进了近十年来日本私塾教育的蓬勃发展。越是高龄少子化，送孩子上私塾接受课外辅导的趋势越盛。孩子的数量越少，家长就越是望子成龙，害怕孩子输在起跑线上，担心孩子错失学习的最好时机，类似囚徒困境。日本的家长们希望孩子在学习能力最强的时候学到更多的东西，因此，课外私塾成了家常便饭，有些家长会放弃免费的义务教育花高价让孩子去私立学校。因为私立学校可以实现“初中高中一贯制”，即可以通过面试直升高中。这种制度给孩子留出更多的精力，让他们从初中开始就能全心全意准备大学考试，尽管这么做成本高昂。

“日本全国学力调查”数据显示：一所普通私立学校的“学力成绩”，会比公立学校高出10个百分点。如此一目了然的差距，也就难怪只要经济能力允许，重视教育的父母都会积极送孩子去私塾接受课外辅导，让孩子考入私立学校就读。

另外，相比大学而言，初等教育和中等教育阶段的智力要求更高。中学之后，学生要参加竞争非常激烈的大学入学考试，因为毕业院校决定了他将会进入怎样的公司工作，大学越好将来的生活就越好。同一毕业班、职业、母校和毕业年份的人之间有着密切的联系。

墨西哥

墨西哥政府非常重视教育的发展，近年政府的投入也使其义务教育体制愈发完善。墨西哥对年龄在6～15岁之间的人实行免费的义务教育。2018年墨西哥国民的平均受教育年限为8.6年，其中男性为8.8年，女性为8.4年。但不同亚文化的数据不同，例如美洲印第安人。在结束 6 年的初等教育和 3 年的中等教育之后，学生会选择大学预科教育或者技术教育项目。大学入学考试很难；只有 1/3 的学生能够通过。他们需要花费 3～7 年的时间获得大学学位。著名的高等院校有墨西哥国立自治大学、城市自治大学等。

荷兰

荷兰的教育体制分为三个层次：初等教育、中等教育与高等教育。荷兰对年龄在 5～16 岁之间的人实行免费的义务教育，12 岁结束初等教育；中等教育包括 2 年的基础教育，学生之后要选择职业预科或大学预科。荷兰补贴高等教育。2018 年荷兰国民的平均受教育年限为 12.2 年，其中男性为 12.5 年，女性为 11.9 年。

新西兰

新西兰的教育主要根据学生的年龄和教学目标分为五个阶段：学前教育；小学；小学高年级；中学教育；高等教育。新西兰对年龄在 5～16 岁之间的人实行免费的义务教育。达到义务教育要求的学生可以进入大学学习 2 年。新西兰的大学入学考试非常严格。在新西兰符合资质要求的女性比男性更多，大学录取率更高。新西兰的主要大学有奥克兰大学、奥克兰理工大学、怀卡托大学、维多利亚大学、坎特伯雷大学、梅西大学、奥塔哥大学、林肯大学。新西兰每年会有大量的留学生，留学生的来源国主要有中国、韩国、日本、印度等。2018 年新西兰国民的平均受教育年限为 12.7 年，其中男性为 12.8 年，女性为 12.6 年。

新加坡

新加坡的教育主要分为三个阶段：小学教育、中学教育和大学教育。新加坡对 6～16 岁的孩子实行义务教育。在小学教育结束时，学生要参加结业考试，根据能力和资质分配到不同的中学。多数新加坡人都能中学毕业。新加坡有五所公立大学和一所私立大学：新加坡国立大学、南洋理工大学、新加坡管理大学、新加坡科技与设计大学、新加坡理工大学和新加坡新跃社科大学。五所理工学院：南洋理工学院、新加坡理工学院、淡玛锡理工学院、义安理工学院、共和理工学院。2018 年新加坡国民的平均受教育年限为 11.5 年，其中男性为 12.0 年，女性为 11.1 年。

韩国

重视教育是儒家的传统，韩国文化也很重视教育。韩国的教育体系大体可以分为四部分：小学教育、初中教育、高中教育以及大学教育。学校对 6～12 岁的孩子实行义务教育。多数学生能够完成要求苛刻的中学教育。通过入学考试很难，进入大学需要大量紧张的训练。韩国的高等学府主要有首尔国立大学、高丽大学、延世大学、梨花女子大学等。2018 年韩国国民的平均受教育年限为 12.2 年，其中男性为 12.9 年，女性为 11.5 年。

阿拉伯联合酋长国

阿拉伯联合酋长国重视发展教育事业和培养本国的科技人才，实行免费教育制。在阿拉伯联合酋长国，所有 6～12 岁的孩子都被要求入学。在幼儿园男孩和女孩一起上学，之后就要根据性别分开上学。普通预备学校（初中）毕业生可升普通高中或职业技术高中，但女子不得入宗教和职业学校。2018 年阿拉伯联合酋长国国民的平均受教育年限为 11.0 年，其中男性为 9.8 年，女性为 12.0 年。学生需要通过考试完成学业。政府负责大学教育的费用。

英国（英格兰、苏格兰、威尔士以及北爱尔兰）

英国的教育制度体系总体来说分为三个阶段：义务教育、延续教育和高等教育。英国宪法规定，为保持地区和民族特点，各地区的教育制度和教学语言可以有所不同，但在宏观上必须一致。英国对年龄在 5～16 岁之间的人实行免费的义务教育。2018 年英国国民的平均受教育年限为 13.0 年，其中男性为 13.0 年，女性为 12.9 年。学生在 16 岁进行普通中学教育证书考试。获得证书之后，学生可能就读于 40 多所大学中的一所，或者进入各种职业学校。上流社会成员会进入精英教育机构。尽管下层社会的人也有可能进入这样的学校，但主要是那些通过校友之间的联系进入精英教育机构的人。因此，一个人的社会地位决定了教育机会。全国有 110 多所大学和高等教育学院。著名的高等院校有牛津大学、剑桥大学、帝国理工学院、伦敦政治经济学院、圣安德鲁斯大学、伦敦大学学院、华威大学、曼彻斯特大学、爱丁堡大学等。这些高校每年都能吸引大量留学生漂洋过海来学习，感受高等学府的魅力。

没有针对所有人的确定的正式教育基础设施的国家往往会有两种人：少数富裕的上流社会和大多数生活困窘的下层社会。有钱人能够上学而且有很多人去国外留学，他们对于世界以及自己的文化遗产有不同的看法。普通民众非常忠诚于过去的历史。国家不同，识字率有很大差异。一个人不能想当然地认为每个人都可以阅读、了解数学或是熟悉技术。很多时候，在一个国家很重要的东西在另一个国家会非常不重要（Victor，1997）。

更重视非正式教育而不是正式教育的例子包括冈比亚，国民的识字率为 41%，并且冈比亚没有大学；马里国民的男性识字率是 27%，女性识字率是 12%；孟加拉国国民的识字率是 43%。与美国 24% 的完成度相比，这些地方平均只有 3% 的人完成了 3 年或者 3 年以上的大学学习（*CultureGrams*，2010）。

美国

美国的中小学教育主要由各州教育委员会和地方政府管理。学校分公立、私立两类。美国对年龄在 5～16 岁之间的人实行免费的义务教育。直到中等教育阶段美国的教育系统竞争都不是很激烈，但是在高等教育阶段就会变得激烈，例如哈佛大学、麻省理工学院和耶鲁大学这类学校对于智力的要求很高。教育是一个国家的权利，国家间或者国内的教育系统竞争可能会有所不同。2018 年美国国民的平均受教育年限为 13.4 年，其中男性为 13.4 年，女性为 13.5 年。然而，地区之间存在差异，并且在成年人口中存在功能性文盲。虽然从著名的高等院校毕业可能会有助于确保初始的公司职位，但是一个人在工作中的表现才能决定他的职业生涯。

> 马来西亚的学生认为在美国任何一个人都可以进入大学。马来西亚人评论美国学院和大学的易进入性，将其放在了一个与英国相比相对不利的位置上，英国曾经统治马来西亚并且为其设定了教育模式。但是，马来西亚人注意到："你们美国人把人类送到了月亮上，那么你们的体系里一定有正确的东西。"(Althen，2011，p. 89)

2.5　婚姻和家庭制度

人们在特定的文化背景中组成了婚姻和家庭，**婚姻和家庭制度**（marriage and family system）由与婚姻以及家庭相关的态度、信仰、实践组成。为了生存，所有社会群体必须繁衍。由于人类的婴儿必须依赖成年人才能满足他们的需求，文化决定了在他们的文化中怎样喂养孩子以及谁应该负责照顾孩子。结果，所有文化都制定了关于谁可以结婚的准则，并且设立了人们想结婚以及组建家庭时需要遵循的程序。人类学家已经为我们研究并分类了这个信息的多数部分（Ferraro，2010）。

家庭有许多种存在方式，不过当涉及家庭这个概念的时候人们倾向于先考虑自己的背景。在世界的许多地方，家庭的概念是如此强大以至于它在每个人的生活中都是至关重要的。这一点在日本、中国、西班牙、非洲、阿拉伯、印度、意大利以及土耳其的文化中尤为真实。在一些文化中，家庭的结合是如此强烈以至于没有和外人分享财产或者保护外人这种概念。在美国以及欧洲的部分地区，工作和家庭生活经常混在一起；商业客户被邀请到家里做客。相反，亚洲一些国家的人不会邀请商业客户去家里做客。

家庭这个词的含义在世界范围内有很大不同。在美国，家庭的定义包括核心家庭和大家庭。**核心家庭**（nuclear family）由爸爸、妈妈和孩子组成；**大家庭**（extended family）还包括（外）祖父母、叔叔（舅舅）、姑姑（姨）以及堂（表）兄弟（Samovar et al.，2009）。

在许多国家，家庭可能会包括第二、第三和第四代亲戚。阿拉伯的家庭可能有多于100位近亲，在墨西哥甚至教父母也算家庭的一部分。家庭可能意味着你的直系血亲，或者它可能意味着整个文化。在世界的某些地方例如以色列，孩子由社区抚养和教育。每一位社区成员都要参与抚养和教育每一个孩子。作为文化概念的“家庭”，以家庭为单位将有助于促进个人和群体的依赖性（Victor，1997）。

在意大利，最重要的隶属关系是家庭，这也造就了大量的自营职业者和小企业。意大利生活的一个必要部分就是与至少一个主要的利益群体之间的隶属关系（比如一个政治党派或者贸易联盟）以用于生活和工作。在许多国家，是否能被雇用或者工作的能力取决于亲戚。裙带关系和偏袒被认为是生活的一种方式。然而，美国的公司厌恶这种裙带关系或者偏袒，在这种情况下被雇用的人通常被认为是无能的或者腐败的。公司可能需要调整他们对于家庭关系的看法以在跨国业务关系中取得成功（Victor，1997）。

家庭体制最初的发展是为了满足社会的需求，后来，以下形式逐渐发展起来：**一夫多妻制**（polygyny），一个丈夫有很多个妻子；**一妻多夫制**（polyandry），一个妻子有很多个丈夫；**一夫一妻制**（monogamy），一个丈夫一个妻子；**再婚制**（serial monogamy），一系列不同的一夫一妻制婚姻（Dodd，1997），如图2-1所示。

图2-1 家庭体制

许多阿拉伯国家以及伊斯兰教信徒实行一夫多妻制。目前，阿拉伯国家有世界上最高的出生率，但是它们的人口基数依旧很小。在阿拉伯联合酋长国，80%的居民不是本地人。阿拉伯联合酋长国不得不引入外来人员来填补就业市场需求，因此政府鼓励男人有大家庭以及多个妻子。一妻多夫制可能会有助于降低出生率，并且已经被许多波利尼西亚人的国家采用。一夫一妻制在北美、南美、亚洲、欧洲以及非洲的部分地区实行。再婚制在那些人们离婚或者丧偶后可以再婚的地区实行；美国实行再婚制。

家庭的另一方面就是确定谁主导或者谁扮演家庭权威人物的角色。家庭可能是**家长制**（patriarchal）（父亲导向）的或者**女家长制**（matriarchal）（母亲导向）的，如图2-2所示。继承权和孩子的命名权可以帮助确定一个社会是家长制的还是女家长制的。

基督徒和伊斯兰教信徒往往是家长制的，孩子们沿用父亲的姓氏。西班牙的女性保留着她们的娘家姓，用连字符将其和婚后的姓放在一起，但是西班牙文化是家长制的。美国的许多职业女性在她们结婚的时候依旧保留娘家姓。美国以及其他选定的国

图 2-2　家庭权威人物

家对于婚姻和家庭体制的简短描述将会启发你思考不同文化间的家庭结构和习俗有怎样的不同（*CultureGrams*，2010）。

澳大利亚

在澳大利亚，平均 15 岁开始约会，有时候组成一个小团体。女性的结婚年龄是 23 岁，男性是 25 岁。许多情侣选择婚前同居或者以此代替结婚，教堂婚礼依旧很普遍。澳大利亚的夫妇通常有 2～3 个孩子，大家族在澳大利亚并没有强大的影响力。女性劳动力占 40%，单亲家庭越来越常见。他们看重独立；老年人只要可能就会住在自己家中。

巴西

在巴西，集体约会大概始于 14 岁，随后开始成双入对。过去巴西人结婚很早，如今许多人直到年纪大了才会结婚。尽管传统上家庭一直很大，但是只有 1～3 个孩子的小家庭正在逐渐成为标准。家庭很重要；未婚的孩子通常一直住在家中直到结婚。当年老的父母不能独立生活时，他们更愿意和孩子一起生活而不是去养老院。

加拿大

加拿大的家庭体制和美国相似，平均 16 岁之前开始约会。许多情侣选择同居。通常是在 30 岁之后结婚。往往父母都会在外面工作。平均家庭规模是 2 个孩子；1/3 的婚姻以离婚结束。

中国

对于中国人来说家庭比个人更重要。老年人很受尊重并且由子女照顾。年轻人也约会，但是鼓励男性 22 岁、女性 20 岁之前不要结婚。女性保留娘家姓，不过孩子要随父亲的姓。

法国

法国人对于家庭和他们孩子的约会对象态度很严谨。法国人 15 岁左右开始约会。在法国，社会等级、财富以及教育水平在择偶的时候很重要。小家庭在法国很常见，婚前同居或者以此代替结婚也很常见。家庭平均只有 1 个孩子，许多夫妇选择不要孩子。许多法国人离开大家庭去工作或者学习。

德国

德国的家庭体制包括约会各付己账（男女各支付自己的开支）。德语中没有约会这个词。他们通常 20 岁之后会结婚，但是德国人一般相信结婚前必须有一些财产保障。婚前同居很常见。家庭通常是家长制的，一般有 1～2 个孩子。以前在民主德国，父母都去工作很正常，但在联邦德国这并不常见。

印度

在印度约会不是传统习惯。多数婚姻是经由新娘和新郎同意的包办婚姻。婚礼是盛大的节日和庆典。家庭依旧很大；中层以及上层社会的家庭向孩子提供经济支持直到他们结束学业并且获得工作。家庭是家长制的；老年人受到子女的尊重和照顾。

伊拉克

在伊拉克，女性很受保护；约会很少见。婚姻是经由新娘和新郎同意的包办婚姻。堂兄妹可以结婚。新郎向新娘的家庭支付彩礼。婚礼是盛大的节日和庆典。家庭依旧很大并且在活动中大家庭成员都参加。几代人常常生活在一个屋檐下。

日本

在日本，家庭体制在不断变化。过去，多数婚姻是包办的，现在许多年轻人跟随西方文化的习俗并且自己选择配偶。他们 15 岁左右开始约会，但是男性的平均结婚年龄是 27 岁，女性小一些。男性认为结婚前他们必须有一定的经济保障，他们承担婚礼的财务责任。家庭包括大家庭的成员并且有强烈的忠诚感和责任感。一个人的行为和家庭以及个人都强烈相关。父亲养家糊口，母亲料理家务。在过去，女性外出工作是不得当的，现在许多年轻女性选择拥有一份职业而不是婚姻和家庭。家庭一般较小，少于 3 个孩子。就像许多其他亚洲国家一样，在日本有一个男性继承人很重要。离婚率很低，实行一夫一妻制。

墨西哥

在墨西哥的家庭体制里，约会是允许的；然而，男孩经常在一个提前安排好的地方约会女孩而不是去她家里。婚姻遵循天主教的传统习惯。根据美国的标准，墨西哥的家庭偏大（多于 3 个孩子），家庭和睦很重要。离婚率很低，一夫一妻制是规范。尤其是在农村，家庭包括大家庭的成员。尽管家庭是家长制的，但母亲负责料理家务。家庭责任优先于所有其他职责。

荷兰

在荷兰，青少年在 13～16 岁通过团体活动开始约会。情侣经常婚前同居。由于夫妇要为自己的婚礼付账，宾客通常给他们礼金以支付费用。孩子在 18 岁的时候离开家。家庭小而亲密。老人通常自己生活。父母双方都倾向于外出工作。

新西兰

在新西兰约会发生在 15 岁或者 16 岁，而团体活动则在 12 岁就开始了。他们 20 岁以后才会结婚，并且许多夫妇选择先同居。一般家庭有 2 个孩子，父母都工作。单身父母的数量正在增长。许多家庭很亲密，但这些家庭联系不再像曾经那样坚固了。

新加坡

在新加坡，不鼓励 17 岁之前约会，因为这被看作干扰学业。接近 30 岁才会结婚。由于这里有许多宗教，因此婚礼仪式也有很多种。通常一对夫妇有 1～2 个孩子。老年人倾向于和子女一起生活或者住得很近，照顾老人是子女的义务。由于许多父母都出去工作，因此他们倾向于共同承担家务或者雇人。

韩国

在韩国，长子不仅受到最大的尊重，还要承担最大的责任。家庭层次结构和家谱是非常重要的，并且决定谁应该在家族中受到更多的尊重。由于学习，韩国的青年很少在大学或者开始工作之前认真地约会。在农村，一些婚姻依旧是包办的，不过当事人了解彼此。

阿拉伯联合酋长国

尽管阿拉伯联合酋长国有小家庭，大家庭依旧是很重要的。女性在家庭中担当核心角色，并且可以拥有财产和公司。孩子一直住在家里直到结婚。家庭平均有 5 个孩子。政府为生养孩子提供经济激励。子女要照顾老人。

英国（英格兰、苏格兰、威尔士以及北爱尔兰）

在英国，13～16 岁开始约会。人们似乎倾向于晚婚并且少要孩子。法定结婚年龄是 16 岁，但是大多在接近 30 岁的时候才结婚并且想要 1～2 个孩子。单亲家庭越来越常见。

美国

美国人的约会开始于 13 岁。平均结婚年龄，男性是 26 岁，女性是 24 岁。在美国，你会发现由一夫一妻制或者再婚制或者单亲组成的小家庭。核心家庭通常和大家庭成员维持着紧密的联系。传统上的家庭包括母亲、父亲以及一个或者更多的孩子。然而，1/3 的孩子是私生子。如果她们想要独自抚养一个孩子的话，有些女性会选择不和孩子的父亲结婚或者使用精子库。几乎一半的女性工作，这一点影响了家庭的规模。许多大家庭的老年人选择住在私人或者政府养老机构里，而不是和他们的直系家人一起生活。这部分是因为家庭的流动性以及生活条件的变化。

2.6 社会等级以及互动

尽管人类的行为从未被完全控制过，但是社会可以通过社会秩序限制其随机性。人们通过社会文化适应学习什么是合适的、什么是不合适的社会行为。通常家庭中年长者指导年轻的家庭成员学习，然而，大多数社会理想直接源于社会而不是家庭。很多时候，有家族和非家族的取向。一个很好的学习其他文化的起始点就是该文化所推崇的儿童文学、电视剧以及游戏。一个社会的社会结构倾向于持久存在并且被文化中的人们共享。当涉及整个社会时，社会价值观改变得很慢。随着商业逐渐跨国发展，人们逐渐接触并开始与其他的生活方式打交道。适当的**社会等级**（social hierarchies）和**社会互动**（social interactions）正在接受检验。我们要么适应，要么限制在自己文化的茧中。如果你想在跨文化环境中成功沟通，就必须明白差异就是差异，无所谓更好或者更坏。其他文化背景中的人的行为对他们自己来说是正确的。

家庭的功能体现在社会的很多层面上：他们是孩子和老人的照顾者；他们提供情感支持；他们传播文化；他们也传递身份。家长很早就告诉孩子他们是谁以及他们应该跟谁玩。家庭是更广泛的文化的一部分。就像瑞典谚语说的那样，“在家所学，在外所行”。家是我们最初学习自己文化的地方。有趣的是不管政府如何更替，家庭单位依旧存在。家庭的观念是最古老的，是人类的基本构建模块。世界上的许多文化都认为老年人是家庭中最重要的成员，包括中国人、日本人、阿拉伯人、墨西哥人、马来西亚人、菲律宾人、法国人、土著美国人以及非洲裔美国人的文化（Samovar et al.，2009）。

在研究社会等级和社会互动的时候，我们可以考虑把社会划分为五种结构：社交互惠性、团队成员关系、中介、礼节和财产（Condon & Yousef，1998）。

社交互惠性（social reciprocity）指的是处理正式和非正式沟通的方式。相信独立的社交互惠性的人试图逃避承诺；在对称强制性社交互惠性之下，人们有平等的义务；在互补强制性社交互惠性之下，人们永远亏欠别人。

团队成员关系（group membership）有两个极端：人们可以属于多个群组或极少数群体，并且两者之间有一个中间地带。属于多个群组的人通常不与群体中的任何人强烈相关，并且不想放弃个人自由；相似地，长期属于极少数群体的人倾向于服从群体。占据中间地带的人试图平衡群体归属关系和个人自由。

利用社会中介机构可以获得大量的社会构成信息。**中介**（intermediaries）就是充当其他人之间的中间人的人。如果不利用中介，那么社会成员就是直接独立的。如果经常使用中介，那么社会成员就是不喜欢对抗的，有强烈的团队导向。在中间地带，社会成员有时是直接的，有时希望别人插手。

礼节（formality）是严谨、规律性或与社会预期的一致性的程度。文化间的礼仪很烦琐，因为即使是最正式的文化也会有一些非正式的地方，即使是最不正式的文化也会有一些正式的地方。处于中间地带的选择性礼节，文化不同、差异很大。

最后一个结构是**财产**（property），财产是被拥有或者可能被拥有的东西。财产可以看作私有的、功利的或公共的。美国人认为财产是一种自我扩展；墨西哥人根据感情和需求考虑财产所有权。有些国家有共同的财产。美国原住民也认为土地是共有财产。即使在私有财产的文化中，也有共同的财产，例如公园、学校和医院。

任何一个国家都不会存在真正的平等，因为每个国家都有权力、财富和特权。尽管美国很看重平等机会，但孩子们生活的差异清晰地显示出不是所有人都会伴随着平等获取财富和地位的机会成长。人们不能选择他们的文化互动以及社会等级基础；他们一出生就已经这样了或者适应了这些。等级可以根据社会阶层、性别、民族、种姓或部落来划分。尽管贵族阶级和君主在一些国家并不活跃，但他们依旧是一个庞大的关系网络。通过这个关系网，许多成员依旧处于能够影响公众的地位。许多文化中的宗教和法律体系被用于加强等级差异。

世界上没有哪一个国家或地区平等地对待女性和男性。HDI 由联合国发展计划署设置，以测量整体人口的个人购买力、健康程度以及教育水平。表 2-2 列出了 HDI 的总体排名以及调整不平等性后的人类发展指数（IAI）（*Human Development Report*，2011）。法律、规范或者宗教可能保存或者决定在给定的文化中发展的社会互动和社会等级。所有的文化都会在文化规范被违反的时候执行处罚。尽管处罚是普遍的，但是不同文化间的处罚范围有明显不同，包括罚款、监禁，甚至死刑。

表 2-2 国家或地区的总体 HDI 和 IAI 排名

国家或地区	HDI	IAI	国家或地区	HDI	IAI
挪威	1	2	芬兰	14	5
瑞士	2	4	新西兰	15	13
澳大利亚	3	7	日本	18	3
爱尔兰	4	11	奥地利	19	18
德国	5	7	法国	23	22
冰岛	6	1	西班牙	25	37
瑞典	7	6	意大利	27	31
新加坡	8	19	阿拉伯联合酋长国	33	
荷兰	9	10	俄罗斯	48	47
丹麦	10	9	斯里兰卡	75	75
加拿大	11	12	中国	85	80
美国	12	23	巴拉圭	109	120
英国	13	17	菲律宾	112	107

在进行跨文化工作时，你可能需要调整自己的工作方法以配合东道国的人。差异可能存在于这些领域：速度和效率、时间、工作规范、举止神态、友谊、工作角色期待、社会认可、尊重的表现、正确的身体姿势、知识、换位思考的表现、角色行为、管理互动以及模糊容忍度。花费时间来学习一种文化的特点，可以向人们展示你的真诚和友好。考虑到文化间差异的管理技能将会更加成功地解决业务问题。许多文化中友谊在开展任何业务之前都是必要的。事实上，友谊和工作可能是相关的。包括美国在内的选定文化中的社会等级和互动的例子如下（*CultureGrams*，2010；*Human Development Report*，2011；Samovar et al.，2009）。

澳大利亚

澳大利亚人看重宽容和公平，并且注重个人财产。他们不喜欢侵犯性的和狂妄的行为。他们礼貌并喜欢娱乐，干净并践行环保。

在澳大利亚商务约会一定要准时，澳大利亚人的时间观念特别强，他们实行单向计时制，非常注重办事效率，有准时赴约的好习惯。如果在业务会面时你有迫不得已的原因而迟到，最好先打电话通知对方且告知你将会到达的时间。前往澳大利亚开展商务活动，最好在 3—11 月展开，尽量避开节假日。在澳大利亚即使是很友好地向人眨眼，也会被认为是不礼貌的。他们认为兔子是一种不吉祥的动物，特别忌讳。

巴西

阶层分明是巴西一种生活方式的体现。上层阶层与工薪阶层的生活没有交集。家庭背景和教育十分重要，而民族背景却并不重要。巴西人为他们的国家而感到骄傲。他们外向、友善、无拘无束，擅长寻找创造性的方式解决问题。

巴西南部的商务人士看重计划表和准时，尤其是在全国的商业首府圣保罗。在巴西，人们更看重一个人的社会阶层、教育和家庭背景而不是个人成就。因此商务人士可以通过展现高学识、着装得体以及住在高端酒店等方式来提高他们的社会地位。在开商务会议时，尤其是在政府办公室不断地被打断在巴西被认为是合理的行为。此外，巴西人讨价还价的能力相对出众，他们不害怕非常直接地拒绝你的开价。然而，这样直率并不是无礼或者有意地想发生冲突。他们只是想让你知道他们的想法，进而为漫长的谈判留出足够的时间。在整个谈判过程中沉默的时间很少，因为巴西人能一直说下去。

加拿大

加拿大人认为他们的社会独立于美国社会，并且不喜欢被认为与美国人一样。法裔加拿大人为他们保留的文化传承而骄傲。加拿大人比美国人更为拘谨，但对客人也十分友善。他们愿意进行社交活动却也保守。礼仪对他们而言十分重要。

加拿大人在社交场合与客人相见时多行握手礼。加拿大人的亲吻和拥抱礼仅适合熟人，比如亲友和情人。男女初次见面时，一般女方会先伸手，如果女方不愿意，可以代替为微微欠身鞠躬。男子在握手前应该摘下右手手套，女子间的握手则不必摘下手套。此外加拿大人比较看重时间，很多事情要事先预约。公事要预约，私事也要预约，找工作面谈、请客，甚至去朋友家串门都要预约，不速之客是不受欢迎的。

中国

中国人好客且保守。根据关系原则，当需要的时候朋友们会互相帮助。维护家族荣誉和社会名望很重要。儒家思想影响了人们的态度并且强化了存在于中国的宗族和文化习俗。

拜访前应先和被访对象约定，以免扑空或打乱主人的计划。拜访要准时赴约。拜访时间的长短应根据拜访目的和主人的意愿而定。到达被访人所在地时，一定要先敲门，进屋后应待主人安排指点后坐下。后来的客人到达时，先到的客人应该站起来，等待介绍。问候多见于熟人之间打招呼。为了避免误解，统一而规范，商界人士应以“您好”“忙吗”为问候语，涉及私生活、个人禁忌等方面的话语最好不问。

法国

法国人分等级；如果有一种正确的做事方式，任何其他的方式都是不正确的。在法国人看来，成功是通过教育、家庭和财务来衡量的。友谊不容易建立，但是一旦拥有就会很重要。

德国

作为一种个人主义的文化，德国也是一个分等级的社会。德国人展现出一种强烈的内在纪律性以及文化上对于秩序和结构的需求。另外，他们很看重诚实和节俭。友谊不会很快建立，但是对于他们来说很重要。

日本

日本人很关心社交互惠性，由此可以看出送礼的重要性。生活、工作和家庭中的礼仪以及一致性都是社会等级中重要的方面。日本人是相当好交际的，并且忠于他们的家人、雇主和上级。友谊不容易建立，为了生活而建立的友谊不会被看轻。忠诚以及通过团队而不是个人追求完成目标是重要的。日本人喜欢使用中介，尤其是当他们试图解决负面事件以保存面子的时候。房产很重要但是相当昂贵，因为这么多的人生活在如此狭小的地理区域内。

日本人有一种说法：“世界上最美好的是住美国的房子，吃中国的食物，娶日本的妻子。世界上最不美好的是住日本的房子，吃英国的食物，娶美国的妻子。”

墨西哥

墨西哥人很看重社交互惠性。他们是好的主人并且重视成为好的雇主、员工以及朋友。墨西哥人在社会互动的过程中会涉及宗教。大多数墨西哥人是天主教徒并且很重视他们的宗教以及宗教仪式。除了宗教事务，他们的生活大多是不拘形式的。他们对于财产的态度是他们有关共享的社会态度的一个方面。财产被以一种功利主义的观点看待，因为它属于需要它的人。占有财产的态度比较少见。

荷兰

荷兰人倾向于计划和安排好而不是顺其自然地发生。荷兰人尊重隐私、诚实以及率直。平等主义是荷兰社会的核心部分。对于秩序的强烈需求造就了社会的等级结构。

新西兰

新西兰人喜欢放松并且不拘形式的生活方式。新西兰人有头脑并且自立。他们看重自置居所。新西兰是一个多元文化并且平等主义的社会。

新加坡

新加坡的社会是独特的，它融合了传统的亚洲价值观和西方价值观。目标包括一个好职业、一所公寓、一辆汽车和一些金钱。能够负担得起物质财富很重要，因为空间是溢价的。新加坡是一个被法律和文化强化的有秩序的社会。

韩国

儒家思想渗透到韩国人的生活中，社会地位由年龄、性别、教育水平、家庭背景、财富、职位和政治意识形态决定，社会关系决定能否成功。韩国人通常很友善，年轻人比他们的父母或者祖父母更加重视物质。家谱和背景很重要，决定了人们在这个等级森严的社会中被怎样对待。

阿拉伯联合酋长国

对于阿拉伯联合酋长国的人来说，商业世界中的生活在过去的 30 年内发生了较大的改变。社交互惠依旧重要。尽管人们很友好并且好客，但是个人隐私也很重要。社会等级受到正式和保守的传统保护。人们忠于他们的大家庭和宗教，伊斯兰教法是这个国家的法律；因此宗教影响着人们的生活。

英国（英格兰、苏格兰、威尔士以及北爱尔兰）

传统和习俗对于英格兰人、威尔士人以及北爱尔兰人来说都很重要。英国人很含蓄并且期望别人也是如此。他们为表现出过分的情绪或者过多的热情而感到尴尬——除了在板球或足球比赛中。在英国，礼貌和幽默很重要，然而，他们的幽默和讽刺感相当不同于美国。马丁、钱尼和穆尔（Martin，Chaney，& Moore，2004）在对电视广告的研究中发现，公司在英国多采用本土的广告形式，比日本、墨西哥的广告使用更多的双关语和讽刺语。

美国

在美国，人们相信可以超越文化偏见，改变自己的地位，不过同时，许多人也在他们出生的社会等级和社会互动中找到了安全感。一句美国俗语说，“苹果不会掉在离树很远的地方”。在美国，财力和社会等级有关。然而，美国社会还是最崇拜成就。那些发明、发现或者“自己创造”的人受到广泛的崇拜。美国人喜欢社交并且为人坦率、直言不讳；他们讨论很多主题，但会避开私人话题。他们倾向于非正式，属于极少数的群体，并且不利用中介，对财产有很强的占有欲。

关键词

文化遗产（cultural heritage）
文化共性（cultural universals）
经济制度（economic system）
出口（exports）
大家庭（extended family）
礼节（formality）
团队成员关系（group membership）
进口（imports）
中介（intermediaries）
婚姻和家庭制度（marriage and family system）
女家长制（matriarchal）
一夫一妻制（monogamy）
核心家庭（nuclear family）
家长制（patriarchal）
政治制度（political system）
一妻多夫制（polyandry）
一夫多妻制（polygyny）
财产（property）
再婚制（serial monogamy）
社会等级（social hierarchies）
社会互动（social interactions）
社交互惠性（social reciprocity）
亚民族主义（subnationalism）
超民族主义（supernationalism）

练习2.1

说明：将右边的货币和左边的国家对应起来。

________ 1. 澳大利亚	A. 澳大利亚元
________ 2. 英国	B. 德拉克马
________ 3. 中国	C. 欧元
________ 4. 印度	D. 比索
________ 5. 日本	E. 英镑
________ 6. 墨西哥	F. 里亚尔

________7. 法国　　G. 卢比
________8. 韩国　　H. 韩元
________9. 沙特阿拉伯　　I. 日元
________10. 德国　　J. 元

练习2.2

说明：正确的圈 T，错误的圈 F。

1. T F 多数国家有相似的经济制度。
2. T F 没有真正的通用政府机构存在。
3. T F 英国的政治制度和日本的不同。
4. T F 跨国公司只对它们自己所在地的国家负责。
5. T F 社会文化适应意味着学习其他文化。
6. T F 教育体制在世界各地差异很大。
7. T F 在法国，一个人毕业的学校很重要。
8. T F 美国主要的家庭体制是再婚制。
9. T F 伊斯兰教信徒往往是女家长制的。
10. T F 社交互惠性在日本和沙特阿拉伯相对来说不是很重要。

问答

1. 定义通用文化制度并识别出它们。
2. 为什么社会要建立经济/政治制度？这些制度能为社会成员做什么？
3. 比较日本和加拿大的经济制度。
4. 比较英国和墨西哥的政治制度。
5. 讨论不同文化中的教育体制之间的差异。
6. 解释美国的婚姻和家庭制度和其他文化有何不同。
7. 社交互惠在墨西哥、日本和阿拉伯联合酋长国的重要性有何不同？
8. 中介是什么？在哪些国家会使用中介？
9. 解释不同文化对于财产的态度。
10. 解释平等在美国意味着什么。这个术语在其他国家也有相同的含义吗？

案例

采用下列步骤分析案例：(1) 仔细阅读案例，注意细节；(2) 阅读案例后面的问题；(3) 重读案例，留意或突出回答要用到的细节；(4) 辨别案例的相关事实、基础假设和关键问题；(5) 列出问题可能的答案；(6) 选择最符合逻辑的答案。你的老师可能会让你以书面形式提交案例问题的答案。

案例1

在美国，每个人都享有受教育的机会；然而，那些5岁就进入学校的人有25%未能从高中毕业。在日本，高中毕业率是95%；在德国和英国，毕业率也同样很高。然而，在像墨西哥这样的第三世界国家，很多人都未曾完成相当于高中的教育。正如前面所描述的，那些高中毕业之后进入大学的人所占的百分比因国家而异。

目前，许多国家正在向美国大学输送大量学生，许多外国公司都向美国“智囊团”大学（如麻省理工学院、斯坦福大学、芝加哥大学、哈佛大学）捐款。

1. 根据这些信息，你认为未来美国大学会在世界上扮演什么角色？

2. 根据世界上其他国家的情况，你认为美国有25%的人未能高中毕业这一事实是否重要？

3. 如此多的外国学生就读美国大学这一现实是积极的还是消极的？你认为它的长期影响如何？

案例2

美国人收养了很多韩国和其他国籍的孩子。一般情况下，收养这些孩子的家长并没有跟孩子一样的国籍。有时，这些孩子长大成人之后会回到自己的民族文化中。语言的差异会导致什么问题？这些孩子会遇到哪些文化问题？

案例3

由于越来越多的企业成为跨国公司，它们必须应对一系列的货币制度问题。建立一种统一的货币制度（像欧洲的欧元）的可行性怎么样？跨国公司有帮助建立统一的世界货币的能力吗？

案例4

在世界上，跨文化商业交流扮演了多种角色。一个鲜活的例子就是阿富汗的现状。许多美国企业在阿富汗签订合同来为阿富汗政府或者美国军队提供服务。那些来这里任职的美国人之所以这样做，主要的原因是钱，因为同类型的工作，这里的报酬是美国本土的两倍以上。如果选择了其中某个职位，你想要了解些什么？你会为你将要经历的喜欢的或厌恶的事情做怎样的准备？你拥有的性格特征中哪些会成为优势，哪些可能成为弱点？你认为在阿富汗的外国工作人员是否应该培训当地人来代替他们？在这种具体情况下，不同文化间的关系面临的问题是什么？

活动

1. 采访一个亚洲裔或拉丁美洲裔的美国学生，了解他的国家的教育制度、教育培训与在企业和社会中的地位之间的联系。准备好与同学分享你的发现。

2. 调查一个你想去的国家的经济制度。准备一份一页纸的总结用于课堂讨论，准备一份报告提交给指导老师。

3. 研究你所选择的国家的婚姻和家庭制度。在一页纸的总结报告中，与美国的家庭生活方式进行对比。

4. 准备一个列表，列出重男轻女家庭制度的国家和女家长制的国家来更好地理解不同文化下女性扮演的角色。

5. 至少列出两个实行以下家庭制度的国家：一夫多妻制，一妻多夫制，一夫一妻制，再婚制。

参考文献

Althen, G., with Bennett, J. (2011). *American ways* (3rd ed.). Boston, MA: Intercultural Press.

Antkiewicz, A., & Whalley, J. (2005). Shifting economic power: From OECD to BRICSAM, mimeo.

CIA Factbook. (2012). Retrieved from http://www.cia.gov/library/publications/the-world-factbook/print/ca.html

Condon, J. C., & Yousef, F. (1998). *An introduction to intercultural communication*. Yarmouth, ME: Intercultural Press.

CultureGrams. (2010). Ann Arbor, MI: ProQuest CSA.

Dillon, L. S. (1990, May). The occidental tourist. *Training & Development Journal*, 44, 72-80.

Dodd, C. H. (1997). *Dynamics of intercultural communication*. New York: McGraw-Hill.

Ferraro, G. P. (2010). *The cultural dimension of international business* (6th ed.). Upper Saddle River, NJ: Prentice Hall.

Hall, E. (1976). *Beyond culture*. New York: Anchor Books.

Human Development Reports. (2011). Retrieved January 20, 2012, from http://hdr.undp.org/en/reports and http://hdr.undp.org/en/statistics/ihdi/

Martin, J. S., Chaney, L. H., & Moore, T. (2004). An assessment of the use of humor in advertising in England, Japan, and Mexico using award-winning advertisements. Paper presented at the International Academy for Intercultural Research Conference.

Nath, R. (Ed.). (1988). *Comparative management*. New York: Ballinger.

Organization for Economic Cooperation and Development (OECD). (2010). Retrieved January 19, 2012, from http://www.oecd.org.

Samovar, L. A., Porter, R. E., & McDaniel, E. R. (2009). *Communication between cultures* (7th ed.). Belmont, CA: Thomson Learning.

Shaw, T. M., Cooper, A. F., & Antkiewicz, A. (2007). Global and/or regional development at the start of the twenty-first century? China, India, and South Africa.

Third World Quarterly, 28 (7), 1255—1270.

U. S. Census Bureau. (2011). Exhibit 6a. Exports, Imports and Trade Balance by Country and Area, NotSeasonly Adjusted: 2010. Retrieved from http://www.census.gov/foreign-trade/Press-Release/current_press_release/ft900.pdf

Victor, D. A. (1997). *International business communication*. New York: HarperCollins.

Wilson, D., & Purushothaman, R. (2003). *Dreaming with the BRICs: The path to 2050*. New York: Goldman Sachs.

Zenzone Forum. com. (2012). Thread: 2 cows explain all political and economicisms. Retrieved from http://www.zenzoneforum.com/threads/18089-2-cows-explain-all-political-amp-economic.

第3章

对比文化价值观

学习目标

学完本章后，你将能够：

1. 领会价值观在与不同文化背景的人进行有效沟通时所起的作用。
2. 理解文化间词语意思的差异。
3. 学习归属和知觉如何在文化价值观中起作用。
4. 领会不同文化中对待男性和女性的态度差异。
5. 理解对于工作和种族的态度在不同文化间的差异。
6. 学习宗教如何影响文化价值观。
7. 理解个人主义和集体主义如何在文化价值观中发挥作用。

3.1 价值观

价值观构成文化的核心。**价值观**（values）是社会原则、目标或者被特定文化中的人们普遍接受的标准。他们确立什么是适当的、什么是不适当的行为，以及什么是正常的、什么是非正常的行为。价值观是在与家庭成员、老师以及宗教领袖的接触中习得的，人们听到的、读到的以及在电视上看到的都会影响其价值观体系。

不同文化的人对待女性、道德标准以及工作的态度不同。和宗教一样，语义差异和归属也会影响文化价值观。由于美国的职场文化正在越来越多样化，管理者需要考虑所有工人的价值观。管理者更希望了解什么能够激励不同文化背景的人，如果他们了解了员工的文化背景就能有效地解决问题。

美国人的一些价值观并不被其他文化背景的人接受。在《美国方式》一书中，奥尔森和本纳特（Althen & Bennett，2011）定义了许多价值观，包括平等、礼节、个人主义、直率以及对于未来、时间和工作的看法。

美国人可能会主张人人平等，没有人只是因为财富、教育水平或者社会地位就比别人优越。但是事实上，组织内为了区分地位差别会有一些非语言上的微妙差异。由于对于平等的信仰，美国人对于一些表示尊重的行为感到不舒服，比如在许多文化中常见的鞠躬。尽管不平等确实存在，但许多女性仍担任了有权力的职位，并且在教育、政府和产业中具有相当的影响力。

与其他文化背景的人相比，美国人相当不拘礼节，他们经常穿着随意。事实上，美国总统身穿休闲装并不罕见。美国人的姿势也通常是非正式的：相对懒散的姿态并不少见，例如将脚放在桌子或椅子上。美国人的演讲也相当不正式，他们经常提到某些他们根本不了解的人。

美国价值观中的另一个素质就是率直，他们希望人们开放一些并能直入主题。"底线是什么?"以及"把话挑明!"说明了率直在美国的重要性。在一些国家的文化中，比如亚洲的某些国家，人们并不看重率直。他们使用西方人的非语言方式来表达自己的情感，因此，美国人很难读懂亚洲人的身体语言（反过来也一样）。美国人一般认为诚实和真诚很重要，除非事实可能会伤害对方的情感或者对对方没有足够的了解。美国人不像亚洲人那样比较要面子。

美国人很重视时间；他们研究时间管理法则以学习如何在一天之内完成更多的工作。他们关心工作和约会是否准时，并且研究更加有效的工作方式。美国快餐行业的成功是因为美国人习惯在忙碌中进餐而不会浪费时间在吃饭上。在世界的其他地区，进餐是悠然自得的。在许多南美洲国家，公司在中午要歇业两个小时以供员工长时间的用餐和休息，但是常常工作到晚上。

为了提高效率，有效利用时间，美国人会拟定计划表，事先做好充分准备，工作过程中全心投入，不会出现一心二用的情况。在会议或社交活动前，通常会事先通知，临时的邀请往往不被接受。去别人家做客不预约是不受欢迎的，也是不礼貌的，因为会打乱他人的计划。准时对于单向计时的人来说是需要严格遵守的准则。美国人认为，迟到是对他人的不尊重，迟到五分钟以上必须诚恳道歉，迟到半小时会被视作对他人的轻视，而迟到多次的人会被认为不值得信任。

不同文化中时间的重要性直接与宗教教义相关。来到美国的清教徒更加关注时间浪费和计划将来而不是思考过去或者现在。然而，来自不同宗教信仰和文化差异组合的美国原住民、非洲裔美国人、拉丁美洲裔美国人以及亚洲裔美国人都专注于过去和现在。戴明的管理理论在用于美国之前先用于日本，原因就在于它用了大量时间来制定集体决策而不是个人决策。日本人通常是团队导向的，戴明将自己的理论介绍给他们会相对容易一些。

美国人不像其他许多国家的人那样看重历史；他们着眼于未来并且向往改变，尤其是基督教信徒。在亚洲、阿拉伯世界和拉丁美洲的文化中，过去是值得尊重的。人们的未来由命运或者（在一些宗教中）神明决定。伊斯兰教信徒相信如果他们努力工作并且祈祷，所有的事情都会像真主所希望的那样发展。他们只是想跟发生的任何改变都和谐相处，而不是美国人认为的那样去寻求改变。表3-1列出了豪斯（House）研究不同社会集群的文化领导理论（CLT）的优先排列顺序（House，Hanges，Javidan，Dorfman，& Gupta，2004，p.682）。

表3-1 不同社会集群的绝对CLT得分排名

以魅力/价值为基础	团队导向	参与的	以人为本	自主	自我保护
较高	较高	较高	较高	较高	较高
盎格鲁	拉丁美洲	日耳曼式欧洲	南亚	东欧	南亚
拉丁美洲	拉丁式欧洲	北欧	撒哈拉以南非洲	日耳曼式欧洲	中东
南亚	东欧	盎格鲁	阿拉伯	儒家文化圈	儒家文化圈
日耳曼式欧洲	南亚	拉丁美洲	盎格鲁	南亚	东欧
北欧	北欧	拉丁式欧洲	儒家文化圈	北欧	拉丁美洲
撒哈拉以南非洲	盎格鲁	撒哈拉以南非洲	拉丁美洲	盎格鲁	撒哈拉以南非洲
阿拉伯	撒哈拉以南非洲	阿拉伯	中东	中东	阿拉伯
拉丁式欧洲	阿拉伯	东欧	东欧	拉丁式欧洲	拉丁式欧洲
东欧	日耳曼式欧洲	南亚	日耳曼式欧洲	撒哈拉以南非洲	盎格鲁
儒家文化圈	儒家文化圈	儒家文化圈	拉丁式欧洲	阿拉伯	日耳曼式欧洲
中东	中东	中东	北欧	拉丁美洲	北欧
较低	较低	较低	较低	较低	较低
以魅力/价值为基础	团队导向	参与的	以人为本	自主	自我保护

这个表揭示了虽然一种文化可能会与另一种文化有一些领导特性相通，但没有两种文化以相同的方式对领导特性进行排名。

3.2 语义差异

语义学（semantic）是对词语意义的研究，包括词语使用所影响的行为方式以及非语言沟通。

英语中的词语经常有多种意思，有些意思还是相互矛盾的。例如，“sanction”这个词可能意味着限制或者授权某项特定活动。当与不同文化背景中的人打交道时语义差异更加明显，即使都说相同的语言，同一个词在不同文化中也可能有不同的含义和意义。

任天堂公司曾发布一款视频游戏软件，为了让新产品能够迅速走进玩家心中，该公司的经理们可谓绞尽脑汁，经过一段时间的调整，公司高层最终决定将产品命名为Wii，发音为［wiː］。这款产品之所以会取这个名字，是为了让人们联想到“we”，让玩家觉得这款产品是为他们每个人设计的。但是，这个命名让很多人联想到孩子撒尿，在苏格兰，这个词的意思是“小气，吝啬”。有趣的是，该产品一经推出，随之而来的就是关于此名称的一大堆幼稚玩笑。也正因为该产品轻而易举地带来了很多幼稚的幽默笑料，它在销售中战胜了对手。

尽管英国和澳大利亚都是说英语的国家，但是有些词语在这两个国家的使用方式不同于美国。比如“homely”这个词，在美国意味着“平凡的”，而在英国则代表友好的、温暖的和舒服的。对于英国人来说，“sharp”用于形容狡猾又缺乏原则的人，而不是美国人认为的迅速、敏捷、聪明的人。“quite good”的表达在英国与在美国有不同的意思：英国的解释是“不太好”，美国则意味着“相当好”。澳大利亚英语对美国人来说也有许多不同。在澳大利亚你可能会听到这样的短语，“男人”称作家伙，“糖果”叫作棒棒糖，“运动鞋”意味着沙地鞋。

20世纪70年代末，闻名世界的美国通用汽车公司准备在拉丁美洲上市一款名为Chevy Nova的新轿车，然而让人失望的是，这款新产品并没有实现预期的销量，通用汽车公司的领导层为这款车的滞销感到困惑，却也迟迟找不到答案。直到有人指出“Nova”这个词在西班牙语里的意思是“走不动”，他们才恍然大悟。后来通用汽车公司决定放弃这个名字，将这款汽车重新命名为“Caribe”，令人惊奇的是，这款小汽车改名后在南美洲的销量实现了迅猛增长。

在与非英语国家的人开展业务时语言问题更加严重。词语意思的差异在翻译中经常被忽略。有时一个词在另一种语言中并没有真正对应的词语，翻译人员必须选择一个自己认为最接近目标意思的词。

语义差异可以在美国和南美对于“停”这个词的不同含义中看到。美国人在玻利维亚旅游的时候发现司机很少在写有“alto”的红色八角形标志前停车（“alto”在西班牙语中意味着“停”）。一个当地的玻利维亚人解释说，在这个国家，停车的标志仅仅是一种提醒而不是交通法律。

当美国产品的品牌名称被翻译成另外一种语言的时候也会出现问题。例如，西班牙将福特公司的Fiera truck翻译为“丑陋的老女人”，对于车来说这不是一个很讨人喜欢的名字。美国公司需要在向非英语国家推销产品的时候加倍小心，因为过去在产品名称或者标志被翻译成另外一种语言的时候犯过类似的营销错误。当和另一种文化背景的人交谈时，可以通过避免使用俚语、略语和习语，或者改述其他人所说的内容，或慢慢地、清楚地说话，来确保你的意思明确。

迪士尼主题公园在美国本土大获成功，公司管理层考虑将主题公园扩展到海外，并以此作为向全世界传播美国文化的一种方式。1982 年迪士尼以特许经营方式在日本东京建立迪士尼主题公园，其随之成为一个为日本人所接受的最有吸引力的游乐场。这个成功体现在迪士尼公园的每个细节里，比如在语言使用上，每一个路标都采用了日语和英语标注，使得主题公园在保持美国特色的同时也能为日本民众提供更多的便利。此外，在文化归属感方面，迪士尼公司在市场调研中发现日本人有一个美国梦，迪士尼作为美国文化的重要象征，自然很快就取得成功。在建筑形式方面，东京迪士尼根据日本文化对原有建筑设计进行了修改，某些场馆与日本文化交相呼应，而所有这些都促进了东京迪士尼的迅速成功。

3.3 归属和认知

归属（attribution）是指从另一种文化视角来看待社会行为的能力。由于你是用源于自身文化的已知经验来解释那些其他文化中的未知行为，归属可能会引起沟通问题。**认知**（perception）是指对感官图像的理解，包括学习一种对于旧有刺激物的新反应。

> 唐恩都乐公司终止了与雷切尔·蕾（Rachael Ray，Food Network 网站上的名人）的广告合约，因为网站接到了投诉，雷切尔·蕾佩带的黑白相间的流苏围巾可能被视为对恐怖分子的支持。

当与来自不熟悉的文化背景的人交谈时，为了减轻焦虑，降低不确定性和提高对于自己和他人行为的预见性是十分重要的。根据**不确定性减少理论**（uncertainty-reduction theory），人们基于自己发现的彼此在态度、行为和信仰方面的相似性，使用不确定性减少理论来决定他们将会和谁交往或者建立关系。高不确定性规避的人偏好专业化，避免冲突，想要清晰的说明并且不喜欢竞争。降低不确定性的方法包括观察、尝试获取关于他人的信息以及与他们互动（Gudykunst，1985）。

不确定性规避可以用于决定不同信念的人是否可以成为私人朋友。来自低不确定性规避国家的人更可能会与观点不同的人保持亲密的朋友关系，那些来自高不确定性国家的人则不太可能在明确分歧之后依旧保持友好。职场里低不确定性规避和高不确定性规避之间的差异如表 3－2 所示（Hofstede & Hofstede，2005）。

表 3－2 不确定性规避

低不确定性规避	高不确定性规避
雇用时间短	更长的雇用期
规范少	规范的情感需求
模糊容忍	精度和形式化的需求

续表

低不确定性规避	高不确定性规避
高层管理者思考战略	高层管理者关心日常业务
专注于决策过程	专注于决策内容
善于创新，不善于执行	善于执行，不善于创新

归属培训（attribution training）是让人们认识到自己的文化情境及其与他们即将去往的国家的文化情境有何不同。测量员工的归属信心，然后培训他们，让他们认识到自身和被派往地区的文化有何差异，这一方法经常用于培训外派人员。向员工展示一个场景，总结他们在另一个国家生活时可能会遇到的问题。之后，要求参与者选出一个从当地人的角度来看是正确的答案。通过培训师的反馈以及接触大量的情境，参与者会更好地理解行为文化差异，并且学会从其他文化的视角来看待特定情境。

布里斯班有一家大公司，员工来自23个国家和地区，也正是由于巨大的文化差异，该公司的员工在语言、风俗习惯、价值观等方面千差万别，公司内部的日常沟通非常不顺畅。随之而来的是误会和纠纷不断，甚至影响到公司的正常运营，公司高层于是要求人力资源经理对这些员工进行集中培训。

面对新员工，培训经理首先对他们进行了公司文化和价值观的培训，比如公司的发展历程及现状、员工守则以及一些常规制度。在集中培训的最后，培训经理向每个人发放了一份调查问卷，让他们根据个人的工作和培训经历，列出公司文化与母国文化的不同，写下进入公司以来与同事交往中感受到的不同态度、价值观、处事方式等，还要写出在工作中对同事、上级的心理期待。五花八门的问卷结果也表现出新员工的多元困惑，其中比较有趣的两个小故事是：一位来自斐济的小伙子写道：为什么公司的总经理一来大家都要起立？是用来表达敬意吗？遗憾的是我每次都会条件反射地坐在地上，因为在我国文化中经常用坐下来表示敬意。一位保加利亚的姑娘也有不解，她发现同事们都用点头表示赞同，用摇头表示反对，然而在保加利亚点头通常表示不认可，而摇头则有认同之意。好在公司的培训经理通过这次问卷发现了他们的困惑，他将问卷中的不同之处一一分类，再让这些员工用英语讨论，直到彼此能够较好地相互理解各方面的不同之处，同时对他们的文化疑问进行了一一解答，帮助他们更好地适应多元文化环境。经过培训，员工之间的沟通比以前顺畅多了，即使碰到障碍，也能按照培训经理的做法自行解决。

3.4 对待女性的态度

态度（attitude）是我们对特定的人、事物或情形表现出的喜欢（关系密切）或不喜欢（或厌恶）的行为。态度植根于我们的行为和情感之中（Moran，Harris，& Moran，2011）。有时我们的个人态度会有别于当前的文化氛围或主流文化。例如，一个美国男人可能会对女性持有这样的态度：女性应该待在家里而不是进入职场。然而，当前的文化氛围允许女性选择工作，也允许其待在家中照顾家庭。

社会对待女性的态度受文化根源的影响。在一些文化中，例如美国，人们支持女性拥有和男性一样的权利。在其他国家，例如利比亚和肯尼亚，女性被认为是男性的附属品。在一些伊斯兰国家，女性只能和其他女性一起工作。

女性面临的不利条件是不平等的主要根源，也是人类发展进步的最大障碍之一。近年来，人们为实现性别平等做了许多努力，但是这种不平等依然是不可忽视的，性别发展指数（GDI）和性别不平等指数（GII）为我们了解性别差异提供了最直观的见解。性别发展指数反映了男性及女性在人类发展基本维度方面的成就。基于2018年的人类发展报告，女性的平均值（0.705）比男性（0.749）低。大部分差距是由于许多国家的女性收入和教育水平较低。在低人类发展水平国家，性别差距最大，女性的平均值比男性低13.8个百分点。在发展中区域，拉丁美洲和加勒比地区的性别差距最小（2.3%），南亚性别差距最大（16.3%），阿拉伯国家其次（14.5%）。

性别不平等指数揭示了女性在生殖健康、教育、政治代表权和劳动力市场中所面临的不平等。该值越大，性别差距越大。每个国家都存在性别发展差距，各国的GII从欧洲和中亚地区的0.270，到阿拉伯国家的0.531，再到撒哈拉以南非洲国家的0.569，经合组织国家为0.186。虽然初等教育和中等教育的入学率表明早期成长期的一些性别差距正在缩小，但成年期的性别差距仍然很大。女性在议会中只占23.5%的席位，女性失业率较高，劳动力参与率较低。大多数女性局限于家庭事务，极大降低了她们对有偿工作的可选择性。

社会对女性的态度延伸到了职场中。在美国，工作中的性别差异已不被关注。女性权利运动促使了立法的出台，《公平就业法》要求同样的工作必须给予女性和男性相同的工资。尽管在工资支付方面仍然存在差异，但是美国企业还是期望平等对待男性和女性。任命桑德拉·戴·奥康纳（Sandra Day O'Conner）和露丝·巴德·金斯伯格（Ruth Bader Ginsburg）担任美国最高法院大法官和希拉里·罗德姆·克林顿（Hillary Rodham Clinton）担任美国国务卿，证实了接受女性担任高管职位这一事实，担任国家级和州级职位的女性人数正在不断增加。在许多大公司，女性执行官的人数也在大大增加，女性企业家的领导为商业活动做出了显著贡献。事实上，在美国，2006年有770万次的商业活动是由女性控制的，她们创造了1.1万亿美元的年销售额，雇用了720万名员工（National Numbers，2006）。在美国，女性拥有10.73%的企业，而男性拥有18.45%（Allen，Elam，Langowitz，& Dean，2007）。

在美国，男性每赚1美元，女性只能赚80美分，这比20世纪60年代好多了，因为在那时女性仅能赚到59美分。差距最大的是拥有大学学历的女性（Bravo，2008）。与美国相比，在法国女性仅拥有3.16%的企业，而男性拥有6.66%。在英国，这个比例是女性 6.15%，男性 15%，而在泰国的比例是女性拥有的企业占 45.42%，男性占 51%。有趣的是，性别差异在高收入的国家更加显著。欧洲以及中低等收入的亚洲国家与拉丁美洲以及加勒比中低等收入国家之间的差距最大，后者的女性拥有更多的公司。然而，高收入国家的女企业家比那些中低等收入国家的女企业家接受了更多的教育（Allen et al.，2007）。

威伦（Wilen，2000）认为，经商的女性人数持续增加，公司也不再关注国际事务管理者的性别问题。越来越多的公司，如杜邦和宝洁公司，正在雇用女性员工。攻读商业本科学位和 MBA 的女性人数也比以往要多。在特定的情境下，女性是公司的竞争优势。在美国，很多时候女性最大的障碍是管理者的误解和性别歧视而不是国际业务问题。

2019 年 3 月 8 日，国际劳工组织发布《实现性别平等的量子飞跃：为了人人享有更美好的劳动世界的未来》，该报告显示在过去的 27 年里，男性和女性的就业率差异仅缩小了不到两个百分点。女性就业率仍远低于男性就业率。该报告指出，女性就业率低的一个现实原因是：女性的社会角色和家庭角色使得女性更愿意在家中而非去工作，而男性也对此持相同态度。对于那些没有经历“母亲身份的就业惩罚”的年轻女性而言，她们的就业率显著增加至 38%。

与此同时，该报告还指出女性在高层的人数明显不足，而且这种情况在过去 30 年没有明显的变化，尽管有些女性的受教育程度可能会高于同等地位的男性同行，但仍是只有不到 1/3 的女性管理人员。造成这一现象的原因有很多，其中最主要的原因是女性无法获得与男性同等的教育红利、同样的受教育程度，女性享受的福利待遇会远低于男性。与此同时，社会还存在“母亲身份领导力惩罚”，当女性组建了家庭并有了孩子，她们的工作角色就会不自觉弱化。从数据结果我们就可以看出，在拥有 6 岁以下子女的管理人员中，女性比例只有 25%；在没有年幼子女的管理人员中，女性比例上升至 31%。

研究发现女性比男性能够更好地适应跨文化情境（Halsberger，2007）。相对于男性来说，女性能够更好地处理逆境，并且经常分派到“玻璃悬崖”这种风险很高且易受批评的任务（Wilen，2000）。对于男性和女性来说，一个问题就是夫妇两人都工作。公司开始意识到这些夫妇面对的特殊问题并且试着在国际任务分配上给予员工及其配偶一定的支持（Altam & Shortland，2008）。

在环太平洋国家崛起之后，一个新的世界格局正在形成，出现了大量由民主制的政府领导的国家。随着民主主义的到来，机遇增加了，尤其对于女性在政府和政治方面，如表 3-3 所示。

表3-3 各国女性的就业情况（%）

国家	高等教育毕业生比例（女性）	非农业领域就业人口比例（女性）	国家议会中的席位比例	女性在高级和中级管理层的就业比例
美国	9.9	46.2	19.7	—
德国	—	46.8	31.5	28.1
挪威	10.4	48	41.4	35.4
冰岛	10.3	47.9	38.1	34.8
中国	—	42.3	24.2	—
印度	26.9	18.6	11.6	—
英国	17.4	46.8	28.5	33.8
日本	—	43.5	13.7	—
新加坡	—	45	23	—
法国	14.1	47.7	35.4	31.1

尽管女性在职场中面临的不平等状况依然存在，但这种影响随着女性就业人员的增加似乎在减小。

在世界上许多国家，女性进入管理层的事实才刚刚开始被接受。中东地区女性的晋升速度很慢。例如在沙特阿拉伯这样的国家，妇女处于从属地位的伊斯兰教信仰阻碍了女性工作者的晋升。墨西哥的公司中女性是被尊重的，她们需要和男性在平等的基础上竞争并且证明自己的能力。尽管墨西哥的公司过去曾被男性统治，但是这一现象似乎正在改变。许多墨西哥的商界女性正在管理层取得成功。

随着全球竞争越来越激烈，公司需要审视它们当前对女性的看法和做法，保证基于资质而不是性别来最大化地利用资源、选拔和提升。幸运的是，在许多其他国家中，包括那些女性不被平等对待的国家，性别观念正在改变，相比性别来说开始更看重绩效。

一些国家的女性通过家庭或者政治关系获得了她们的第一份工作，其他人则是由于专业资格和工作能力而获得提升。女性在职场中遇到的主要问题普遍存在于所有文化中，例如照顾孩子以及平衡事业和家庭的矛盾。随着越来越多的女性能够在自己的时间内成功处理多个重要事项，她们逐渐证明自己能够在要求威望、重要性和责任的高层管理职位上一样有效率，女性升职到高层将会变得更加容易。下面引用渥太华前市长的话来表达对职场女性的观点。

> 性别问题是一个全球性的问题。在卫生、教育、职场和政治等领域，男性和女性之间的差距是巨大的，虽然政治领域的性别比例失调情况在逐步改善，但是男女所面临的经济机会的差距仍然在逐年增加。根据世界经济论坛的《2020年全球性别差距报告》，2019年距离彻底消除性别不平等还需要99.5年，较上一年的108年有所进步。

在追求性别平等的过程中，北欧国家继续领先世界。冰岛（87.7%）仍然是性别平等状况最佳的国家，接下来依次是挪威（第2位，84.2%）、芬兰（第3位，83.2%）和瑞典（第4位，82.0%）。前十名的经济体还包括尼加拉瓜（第5位，80.4%）、新西兰（第6位，79.9%）、爱尔兰（第7位，79.8%）、西班牙（第8位，79.5%）、卢旺达（第9位，79.1%）和德国（第10位，78.7%）。

3.5 工作态度

对待工作的态度因文化不同而具有多样性。术语**工作态度**（work attitude）指的是一种文化中的人如何看待工作。**工作**（work）被定义为直接影响社会生产力的精神或者身体活动，在一些社会中与经济价值、地位、阶级以及文化价值有关。

美国人重视工作并且倾向于支持**职业道德**（work ethic），这就意味着努力工作会被称赞和奖励，不努力工作会被视为消极的和被轻视。美国人崇拜那些努力工作的人并且被激励着去成为那种人；他们讨厌懒惰，并且更喜欢行动者而不是只会空想的人。在职业道德型社会的美国，这个概念有时指的是新教伦理，表明一个人的工作（或者职业）来自上帝，并且人们通过工作向上帝和自己证明自身的价值。谚语“工作的人受祝福”以及“魔鬼捉弄懒人”就表达了美国人的观点：工作是有品德的象征并且是受人尊敬的（Ferraro，2010）。许多公司的薪酬体系是基于员工每周超过40个小时的工作量和工作意愿设定的。美国的高管经常每周工作56个小时，远超许多欧洲国家。他们每年只休假14天，远少于一些欧洲国家。有些欧洲国家的人经常一个月不做生意去休假（Utroska，1992）。

国际劳工组织的调查结果显示，全球的平均工作时间为每周43小时。其中北欧、南欧、西欧最少，约为每周36.4小时。北美和东欧平均是每周38.7小时。然而仍有很多地区的每周工作时间高于国际劳工组织第47号公约所规定的40小时标准。调查结果显示，南亚的平均工作时间为每周46.6小时，东亚为46.3小时，阿拉伯国家为45.8小时，位居全球的前三。紧跟其后的是非洲，约为每周43.3小时。分析显示，工作时间的差异也体现在性别上，男性的工作时间要高于女性。但是这种差异在工作时间较长的阿拉伯国家和东南亚不太明显，反而在工作时间较短的北欧、南欧地区很明显，具体数据如图3-1所示。

在美国，对待工作和工作责任的态度从小就根深蒂固了。父母教给孩子美国企业制度的自由性，让他们认为可以自己掌握命运：如果足够努力，你就可以成为任何想要成为的人，并且会因此受到奖励。

对于美国人来说，工作几乎就是一种身份标识。一个人的身份与其职业有关，一个人的工作职位在介绍的时候会说起。人们倾向于将一个人的职位或头衔和名字放在

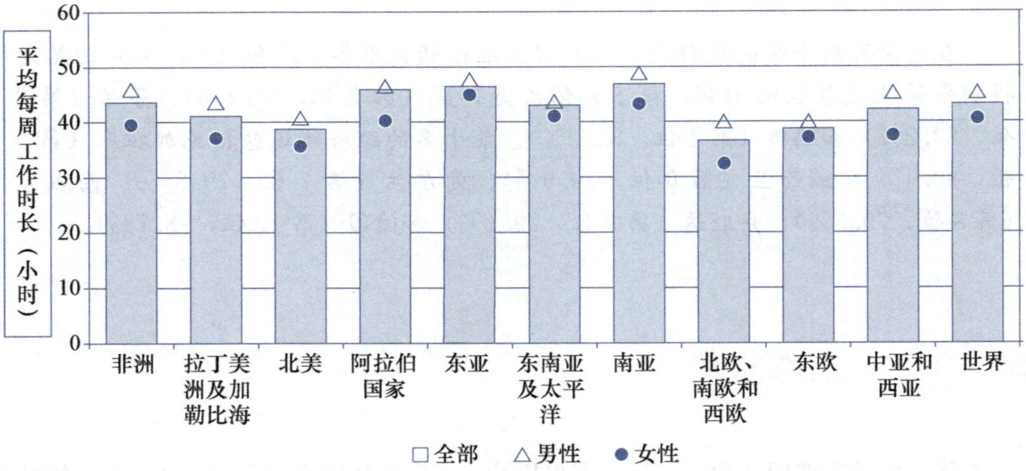

图 3-1 2015—2016 年部分地区平均每周工作时长（加权后）

资料来源：ILO calculations based on ILOSTAT and microdata.

一起；例如，“我很荣幸地介绍贝蒂 · 弗里曼，Health Hut 公司的所有者”或者“这是杰伊 · 亨特，Suthern Express 公司的总经理”。成功不仅仅用头衔来衡量，也通过对获得的东西的认知来衡量，也就是说高收入可能来自一天工作 12 或 14 小时、一周工作 7 天的意愿。

美国人是行为导向的；他们经常不能放松下来，因为他们对什么都不做感到愧疚。来自其他文化背景的人发现美国人在休息时间也工作。美国的电视广告经常把其他文化背景中的人可能认为是体力劳动的活动描述为休闲活动，例如从事园艺活动或者清洗车辆。当他们真的在度假时，美国人常常会计划好将要做什么以及去哪里，这样整个时间就都安排好了。那些参加娱乐运动的人似乎都在试图做到最好（Althen & Bennett，2011）。

> 一个印度研究生讲述了他第一次被邀请到美国研究生家中的经历。他来到的时候，被邀请进入房子，朋友正在给儿子穿衣服，朋友的妻子正在打扫庭院。然后他的朋友让他帮着在户外做鸡肉烧烤。当这个印度研究生在他的跨文化沟通课堂上讲述这个故事时，他说自己对于他的朋友及妻子做了所有的工作表示惊讶。在他的国家，他从来没有打扫过地板、做过一顿饭或者给自己的孩子穿过衣服。

与某些国家的人不同，许多美国人认为花时间旅行是在浪费时间，他们会因为说要回去工作而得到团队的谅解。其他国家的人以惊奇和娱乐的态度看待他们对工作的这种痴迷。

在欧洲的许多地方，人们对待工作的态度似乎更加轻松一些。许多企业在 8 月关闭，这个时候人们都会去度假。多数欧洲人在周末或者假期不工作，因为他们认为这是要和家庭在一起或者参加私人活动的时间。尤其是法国人，他们重视假期而且不喜欢加班。他们享受世界上最长的假期，法国的法律规定员工1年最少要有5个星期的假期。德国公司似乎正在朝这个方向改变。尽管延长了自由的时间，法国人和德国人在工作的时候效率都很高。澳大利亚人也很重视自由时间；他们说工作是为了获得假期。澳大利亚人工作时间最短，而且他们喜欢在一天中频繁休息。

尽管许多美国人有2～3个星期的假期，但是每个人的休息时间是错开的，这样公司才不会完全关闭。高层管理者经常不能完全享受每年的假期。由于这种对待工作的态度，美国被认为是“活着是为了工作”的文化，与墨西哥的“工作是为了活着”的文化正好相反。

日本男性对工作的态度具有群体导向性，这决定了他们的生活角色。他们从周一工作到周五，每天工作18个小时并不稀奇。由于长时间工作，从事家务活动并不能让他们放松下来。他们通过看电视、玩电脑游戏、浏览互联网、喝酒等方式放松。然而，随着西方思想的融入，他们的态度开始发生变化。

一项墨西哥的研究发现墨西哥籍外派经理人能够建立团体，采用集体控制替代家长式控制来指挥设备操作，以此激励员工。他们发现大多数的问题是由于存在文化之间的误解，比如刻板印象造成的，而不是由本地文化的问题引起的（Litrico，2007）。

在中国，2018年男性就业者每天工作时间为7小时52分钟，女性为7小时24分钟，比2008年分别增加1小时26分钟和1小时20分钟。比起10年前，男性和女性就业者的工作时长都增加了22%。加班的情况并不少见，互联网企业的快速发展也给这个行业的员工带来巨大的工作压力。

3.6 道德态度

道德标准（ethical standards）是由社会中多数人确立的，用来传递那些被认为是正确或错误行为的准则。根据费雷尔和加德纳（Ferrell & Gardiner，1991）的观点，道德行为“是根据某些正确和错误的标准来判断合适的或者可以接受的准则”（p. 2）。根据博登（Borden，1991）的观点，道德就是保持平衡的价值观；如果你的价值观做出了让步，那么你正处于不道德的状态。根据拉比·多西克（Rabbi Dosick，2000）的观点，这可以归结为你必须决定哪些是正确的，哪些是错误的。尽管有时你不管做得对不对都会受到惩罚，但你必须心安理得、睡得安稳。

置于全球的情境中时，你必须认识到某些文化中的不道德行为在其他文化中并非不道德的。因此，那些管理全球商务的经理人将会希望了解**道德相对主义**（ethical relativism）和**道德普遍主义**（ethical universalism）两个术语的意义，这样他们就能够因为区分了不同文化视角中那些被认为是正确或错误的行为而获得赞赏。

那些主张道德相对主义的人认为道德准则取决于文化的差异性。比如，在美国，在已成年的子女家或者在专门的退休和养老中心照顾年老体弱者是惯例。那些主张道德普遍主义的人认为有些价值观是普遍存在的，不会随着种族、性别、文化或宗教的变化而变化。一个道德普遍主义的例子是《世界人权宣言》（Universal Declaration of Human Rights）（Klopf & McCroskey，2007；Moran，Harris，& Moran，2011）。宣言的序言部分以及 30 条中的 3 条都宣称人人生而自由，在尊严和权利上一律平等；有思想、良心和宗教自由的权利；有权享有主张和发表意见的自由（Samovar，Porter，& McDaniel，2009）。

在美国，主流文化（大众文化）具有正确和错误的决定权。非主流文化（小众文化）组织可能不同意大众文化关于道德/不道德行为的标准，不过它们的观点可以不予考虑。它们必须遵循大众文化所确立的标准（Klopf & McCroskey，2007）。

根据美国大众文化的信仰，诚实和讲事实是道德行为的重要方面。在交易过程中，如果员工多找了零钱，顾客会诚实地指出他们的失误。美国孩子都了解年轻的亚伯拉罕·林肯在一家小绸布店里做职员的故事。据说，当意识到一位顾客多付了钱时，林肯冒雪走了挺远的路把钱还给顾客。多西克（Dosick，2000，p. 32）总结了美国大众文化对诚实的理解："不诚实就是不诚实，欺骗就是欺骗，无论是多还是少。如果你欺骗、诈骗，就失去了自我，违背了他人对你的信任。最终，你会为此付出代价。"为了强调讲事实的重要性，有些美国父母甚至告诉他们的孩子："如果你告诉我事实，我不会惩罚你。"因此，作为成年人，美国人坚信这样的说法："始终讲述事实，让你的话语成为你的承诺，让你的荣耀成为你的话语。"

一些美国小众文化的人对诚实和讲事实抱不同的态度。他们会认为那些多找顾客零钱的员工应该承担后果。进一步而言，小众文化的人可以在某些场合撒谎，比如为了完成一笔交易而谎报房子的情况。另外，这些小众文化的人会认为面子比讲事实更重要。根据美国的大众文化，讲事实和诚实的优先级必须高于经济利益、交易完成和事业扩张。

即使在同一个文化中道德标准也可能会经常发生变化。以美国为例，奴隶制曾经被认为是道德的，而现在绝不是道德的了。

在与其他文化的人开展商务活动时，必须强调道德标准，特别是那些与我们不同的行为规范。在开展国际商务活动时，在传递自身的参考框架和价值系统的同时，也应该意识到我们的价值观可能与其他国家的人存在差异。比如，在美国受贿和贪污是不合法的。而在拉丁美洲的某些国家，使用礼品来达成协议在商务活动中是一种可以接受的方式（将会在第 9 章和第 12 章详细讨论贿赂）。

以下是一些处理国际商务道德的建议：

- 以书面形式区别个体和企业道德价值观。详细说明哪些价值观是严格要求的，比如诚实和正直；哪些是灵活多变的，比如考虑对方文化的价值观。
- 让所有员工参与企业道德标准的发展。
- 确保所有个体了解企业的道德价值观；让员工签一份声明，确保他们已经阅读和理解企业的道德标准。

- 监督道德准则的遵守情况；确定对违背道德准则的惩罚方法。

个人准则和道德标准不同于社会道德。个人关于正确与错误的标准要比社会整体的标准严格。反之，即个人标准低于社会可以接受的标准时就会出现问题。当然，个人标准必须不能越过法律允许的最低限度。有些人持有这样的观点，众人所认为的不道德行为受到文化态度和沟通风格的影响。对文化不熟悉会影响到看见不道德行为时的沟通。经历过文化多样性的人即使在同一个国家里也会展现出不同的表达方式、行为方式、价值观、态度和沟通风格。文化多样性包括种族、性别、年龄、宗教、社会经济等方面的多样性。文化多样性不仅与个人有关，而且与群体和企业有关。个人问题包括偏见、刻板印象、个性、价值观和认同。群体问题包括民族优越感、群体间的成员冲突，企业问题涉及文化适应、结构的一体化、非正式一体化以及制度偏差。了解道德差异存在多层次性，具有重要意义，因此，在考虑不道德行为的决定因素时要考虑文化标准（King，2000）。

很多美国人认为自己与其他国家共有一致的商务道德标准，事实上，商务道德标准不具有普遍性。道德标准差异的另外一个维度涉及对商务活动中“走后门”现象的态度。例如，在南非和尼日利亚等国家，这种现象很普遍。人们善于利用非正式关系进行资源分配和决策。另一个道德问题是，美国企业在进行海外商务活动中会遭遇其他国家的非正统会计和税收实务。在巴西和西班牙，利用多种会计标准作为避税的手段十分普遍。这些手段不仅违背了美国商务人士的道德标准，而且违反美国的法律。美国企业在进行海外业务的过程中还会遇到的道德问题是不尊重合法合同的神圣性，对于美国来说“举棋无悔”，而对于强调长期关系的韩国人和日本人来说，重新磋商是普遍的。对此，美国商务人士始终无法判断他们何时才能最终达成一致。美国人往往会质疑那些诸如带潜在客户去游艇旅行或周末出去赌博，从而达成购买决策的行为的道德性（Engholm & Rowland，1996）。在美国，对政府和行业中那些公然的不端行为的担忧逐渐增加。宗教领袖因诈骗而入狱，华尔街大亨因内部交易而被判有罪。因此，美国在学校中逐渐开始增加道德方面的课程，以保证下一代在涉及道德行为时能够做出妥当的决策。

宗教也会影响道德。而且宗教至今仍是世界上很多人的一种生活方式。

3.7　宗教影响

宗教对何时、如何在国际环境中进行商务活动具有重要影响。在有些文化中，比如美洲、澳大利亚和欧洲，宗教和生活方式是分离的。而在北非、南亚等地区，宗教和生活方式是混在一起的，宗教就是生活方式。这些国家的商务人士在商务方面会寻求宗教领袖的意见。

美国没有官方的州立教堂，宗教规则几乎不影响商务活动。尽管商务活动不会在诸如圣诞节等宗教假期中进行，但是没有人会将参与宗教仪式或遵守宗教习俗视为义务。在美国，宗教信仰是个人问题。一个家庭的不同成员经常会有不同的信仰，分属不同的教派。85%的人认为他们具有宗教信仰。24%是天主教信徒（Roman Catholic），51%是新教信徒（Protestant）。其他基督教派占3%～5%。同时，非基督教派在美国也有相当的数量（*CultureGrams*，2010）。

有些国家具有官方认可的宗教，其宗教仪式可能会影响商务来往。在沙特阿拉伯、阿拉伯联合酋长国、伊朗、伊拉克，伊斯兰教是官方宗教。穆斯林每天会5次停下工作进行祷告。为了满足伊斯兰国家人们的要求，应该采取充分灵活的方式以适应这种日常仪式，因为这是穆斯林的一种生活方式。另外，在斋月（每年都会变化）进行商务来往并不合适，因为穆斯林会从黎明到日落这段时间坚持斋戒。由于宗教会影响伊斯兰国家人们的方方面面，商务人士在开始商务活动前应该先学习他们的宗教仪式和信仰。

> 一位新入院的病人因为病床的安排而焦虑不安。他不停地说他的床位应该在墙的另一面。护士解释氧气等设备已经安在了房间的这一面，设备的线够不到另外一面。然而，当护士意识到病人是一位穆斯林，需要面向麦加每天祷告5次后，立即将他转移到另外一个病房以满足他的需求（Dresser，2005）。

斋戒意味着不得进食，包括口香糖、水以及药物，不过生病的时候不会被要求这么做。斋戒的德行在于你可以体会到饥饿的含义并因此同情贫困者。另外，斋戒过程中你不得伤害任何人。伊斯兰教倡导和平非暴力（Hammouri，2008）。

当与来自宗教没有文字记载（没有文字教规）的国家的人一起工作时，理解他们信仰的内在规律十分重要。比如夏威夷土著，他们信奉诅咒和灵魂，我们需要包容这些信仰。因此，与这些文化背景的人开展商务来往时可能需要改变往常使用的销售和营销策略。

宗教信仰和实践影响许多国家的商务活动。美国和意大利是主要的基督教国家，意大利的宗教假期要长于美国，斯里兰卡拥有27天假期。宗教信仰也会影响消费习惯。比如印度教信徒不吃牛肉。因此，在进行国际商务活动时必须考虑宗教因素。

世界范围内有13亿穆斯林（Shabass，2004）。在很多国家，伊斯兰教主导着生活，其他活动只是次要的角色。宗教为人们解答了许多问题，比如生命和死亡的意义，宇宙是如何被创造的，社会是如何形成的，个体和社会成员之间的关系，人与大自然的关系等。宗教在大多数情况下是个体的心理财富，帮助理解那些难以解释的事物。宗教还决定了人们之间很多文化价值观的差异（Samovar et al.，2009）。

3.8 个人主义和集体主义

个人主义（individualism）是将自己作为独立个体，并对自己的命运和行动负责的一种评价自我的态度。而**集体主义**（collectivism）强调共同利益、顺从、合作和相互依赖（见图 3－2）。个人主义和集体主义可以看作连续体的两端。因此，我们需要记住社会中的有些因素既可以是个人主义的，也可以是集体主义的，甚至居于两者之间。不能将一个社会或者社会中的个体归为连续体的一端，因为大多数人的态度会同时占据连续体的两端。

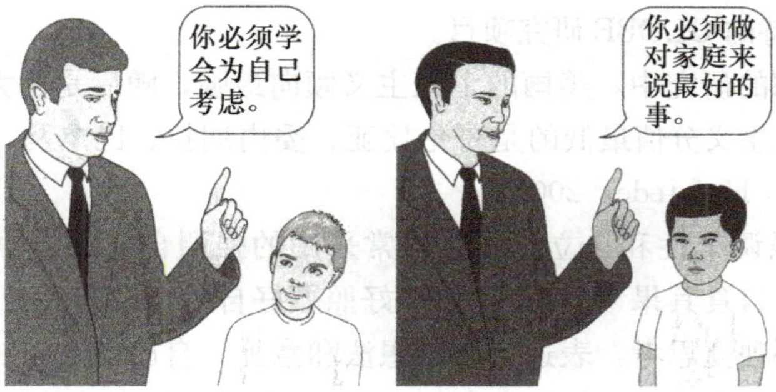

图 3－2　个人主义和集体主义

文化价值观，无论是我们自己文化的还是其他文化的，都是通过共同的活动或文化实践、共同的手段或文化解释学习的。因为这些部分是通过单个文化中的人际内和人际间活动积累形成的，所以某个文化中的人们知道其他人会怎么做。当人们试图将文化融入价值观时，他们经历了三部分工作：关系形成、知识获取和自主/关联（relatedness）。文化学习的演化跨越人的一生、一段历史时期，甚至是一段进化时期。我们所处的环境、社会倡导的价值观以及我们根据文化学习形成的价值观，使我们每个人都是独一无二的。当人们倾向于连续体集体主义或相互依赖的一端时，他们认为个人选择不如集体和社会的责任或义务重要。当人们倾向于连续体个人主义的一端时，个人权利变得异常重要。集体主义的国家包括中国、日本、印度、尼日利亚、喀麦隆和波多黎各。在这些国家中，责任、诚实、礼貌、尊重长辈和家庭以及信奉社会价值等方面十分重要。德国人、欧洲裔美国人、荷兰人都信奉个人主义，追求自我利益最大化，推崇独立、创造力、好奇心、自信、自尊、教育。那些在需要面对面的小群体中或者在自然经济中的人，由于信奉集体主义而倾向于传统的价值观，并且变化缓慢，比如伊拉克、伊朗、阿富汗和一些非洲国家。在那些实施开放经济的城市里存在更多的个人主义。对个人/集体主义范式的批评主要在于：(1) 将过于简化的范式应用到国家情境和人群之中；(2) 该范式不允许在一种文化中并存个人主义和集体主义，而事实上有些价值观既包含个人主义也包含集体主义文化特征；(3) 个体/集体主义范式存在定性和定量的变异性（Greenfield，Keller，Fuligni，& Maynard，2003）。

霍夫斯泰德在最初研究 IBM 分布在 53 个国家和地区的公司后发现，商务文化在某些维度存在差异。通过统计分析和理论解释，霍夫斯泰德定义了文化差异的 5 个维度，即权力距离、不确定性规避、集体-个人主义，女性-男性、长期-短期导向，并通过评分的方式得出了每个国家的分值（Hofstede & Hofstede，2005）。这是第一项文化方面的研究，收集了 20 世纪 70 年代末一个组织在 50 多个国家和地区的数据，他于 1980 年出版了第一本专著。自此以后，即 20 世纪 70 年代以后，越来越多的女性开始在企业上班，越来越多的国家开始有国际商务活动，文化在这段时间里开始变化。因此，有必要查看与霍夫斯泰德的研究数据相关的最近完成的研究数据，比如由豪斯等（House et al.，2004）主持的 GLOBE 研究项目。

在霍夫斯泰德的研究中，美国的个人主义倾向最强，随后是澳大利亚、英国、加拿大和荷兰。个人主义分值最低的是哥伦比亚、委内瑞拉、巴拿马、厄瓜多尔和危地马拉（Hofstede & Hofstede，2005）。

美国人特别强调个性和自立。父母经常采用的强调自立的习语有“做你自己的事”，“自作自受，自食其果”，以及“你最好照顾好自己，没有人会来照顾你”。美国人从小就被教育要独立思考，表达自己的想法和意见，自己做决定。他们被教导要为自己的行为后果和命运负责。父母从孩子还小的时候就开始训练他们的这种思维方式，他们让孩子根据自己的偏好选择食品、衣服、玩具。选择不好时，孩子要自己承担后果。父母的目标是让孩子在 18 岁时成为能够自立、负责的人。当孩子在那个年纪搬出父母的房子并能够完全自己谋生时，家长会感到获得了成功。若孩子在 18 岁或 20 岁时仍然跟父母一起住，就会被视为不成熟和缺乏自立能力。美国人这种个人主义、自我依赖和独立的价值观在一些处于不同文化中的人看来是一种以自我为中心、不关心他人的表现（Althen & Bennett，2011）。带着这种个性进行择学和择业会让孩子疏远朋友和家人。尽管个人主义和重视家庭的价值观经常被对立起来，但证据显示这种对立关系并不会总存在。比如哥斯达黎加人在拥有个人主义倾向的同时重视大家庭结构。因此，进一步在文化间进行检验十分重要。

在其他文化中，比如日本，相对于个人方式，他们在生活的各方面更倾向于采用集体方式。中国人和马来西亚人同样注重集体方式和家庭。而对于美国人而言，家庭传统和尊重父母的建议并不被认为是很重要和具有决定性的。

在自我介绍中，来自亚洲的学生喜欢通过介绍自己、家庭、班级、学校来使他人认识自己，较少介绍自己的性格爱好。来自西方文化的学生在自我介绍中会更加关注自己与众不同的性格特征或者爱好，通过展现独特性来使周围的人了解自己。

法国学生：

“大家好，我叫德克露妮 · 阿特利西亚，今年 14 岁了。我现在除了学习法语，也在学习汉语和英语，还想学习日语和韩语，以后我想进入能够学习东方语言的大学。我喜欢画画、读书和音乐，已经学了 7 年钢琴，也听过很多 K-pop 音乐，我希望以后能在艺术或者医学领域工作。”

中国学生：

“大家好，我是正兴小学的学生，名叫杨一，今年14岁了。我生活在一个幸福的三口之家。我的父母都是教师，他们工作很辛苦，但是从没抱怨过，因为他们告诉我教师是世界上最伟大的职业。所以我从小也梦想成为一名教师，能够帮助更多需要帮助的人。”

韩国学生：

“大家好，我是新宇小学四年级4班的郑愈彬，是家里的独生子，所以爸爸妈妈很宠爱我。前不久我的爷爷去世了，我伤心了好长一段时间。我之所以上学，是因为希望能和老师、班里的小伙伴们一起学习来实现梦想。我的梦想是成为首尔大学的教授，或者是一名花样滑冰选手。”

GLOBE研究项目发现个人/集体主义具有多层次性，包含两个构念，即组内集体主义和制度集体主义。比起组内量表，制度量表可以衡量社会的变异性（House et al.，2004）。

权力距离指数涉及社会中的不平等性以及国家如何区分不平等。不平等可以是权力、财富、身份、社会地位以及生理和智力的差异。在商务活动中，这体现为员工和雇主对依赖或独立的关系偏好。这个指数测量弱势成员对权力分配不平等的期望和接受程度（Hofstede & Hofstede，2005）。GLOBE研究项目发现高权力距离与男性支配的社会相联系。另外，他们发现高权力距离让人厌恶（House et al.，2004）。

在墨西哥进行的一项关于国家文化和组织文化相互作用的调查中，研究者调查了168名当地员工。最终得出的结论是在国家文化和组织文化一致的环境中，员工可以更好地工作。研究从组织文化和国家文化这两个层面评估了墨西哥的权力距离（人们对于不同的正式职位之间权力不平等的接受程度）。结果显示，墨西哥的权力距离较高，在日常工作中，墨西哥人存在一定的沟通恐惧，习惯于回避交流，乐于被分派目标明确的工作。此外，研究还表明，权力距离越高，墨西哥员工对组织交流的不同层面越满意；员工越愿意沟通，他们就越热爱自己的工作，对公司更忠诚。

男性-女性指数涉及社会对自信和谦逊的观点。这是一个国家间的相对概念而不是指生物学上的差异。尽管男性和女性是从两性在生活中重视的事物之间的差异中提取出来的（男性包括收入、赏识、进步和挑战，女性包括管理者、企业、生活领域和就业保障），但一个国家在该维度的位置与该国家职场的性别平等不存在关联（Hofstede & Hofstede，2005）。GLOBE研究项目中关于国家的性别平等主义的研究可能更适用于跨文化商务沟通，因为这讨论了性别平等主义差异的含义。有些社会认为男性和女性适合类似岗位而不是差异岗位，这种观点表现出更多的性别平等主义。

GLOBE 研究项目发现性别平等主义影响领导风格的魅力、参与和自我保护维度。在倡导性别平等主义的社会里，人们对领导风格维度的评分更加接近（House et al.，2004）。

按照文化当中男性特征和女性特征的表现和受尊重的程度，可以将文化区分为男性文化和女性文化。男性文化推崇雄心和竞争，女性文化更多关注关怀和谦虚。在男性文化中性别是角色分工的重要判别依据，男性负责在外打拼事业，女性负责照顾好家庭。因此较高级别和层次的工作一般由男性担任，女性的职业晋升通道相对狭窄，她们更多从事的是文员、护士等职业。在女性文化中，女性也可以更多地参与社会中的高级管理工作，社会的角色分工和在家庭中扮演的角色和性别没有显著关系，职场中男性文化和女性文化之间的差异如表 3-4 所示。

日本、意大利、菲律宾、中国等国家中男性文化特征较为明显，瑞典、丹麦等北欧国家中女性文化较为明显。在美国，男性文化特征也较为明显，男性在职场发展中占有优势，女性在职场中的发展仍然受制于性别，人们常用“玻璃天花板”来形容女性在职场中受到的限制。中国文化中男性特征比较明显是因为受到传统的“男尊女卑”思想的影响，“男主外，女主内”的家庭分工模式仍然被很多人接受，所以在职场就业情况中，男性占据较大的优势。

表 3-4 男性文化和女性文化

男性文化	女性文化
严格的性别角色	灵活的性别角色
关注个人成就	关注人际关怀
重视事业上的发展	重视工作和生活的质量
生活为了工作	工作为了生活
追求经济上的发展	关心环境问题

不确定性规避指数测量模糊和未知情形的威胁程度。人们会积极面对未知还是会因未知而感到焦虑？那些强不确定性规避的国家更可能出现大量法律法规以规定正确的行为，而那些弱不确定性规避的国家只有少数必要的法律法规（Hofstede & Hofstede，2005）。在 GLOBE 研究项目中，不确定性规避被定义为对有序、习惯、结构、规则的倾向程度。研究发现不确定性规避与社会、经济和组织价值观相关，比如创新、风险感知、人均现金持有量和增长等。高不确定性规避的价值观伴随高团队导向、人道主义导向、自我保护的领导风格以及低参与和魅力型的领导风格（House et al.，2004）。

国家之间长期-短期导向的差异会影响商务活动。长期导向关注未来、毅力、节俭、努力工作、学习、开放、责任和自我约束，短期导向关注底线、控制系统、尊重传统、维护面子和满足社会义务（Hofstede & Hofstede，2005）。GLOBE 研究项目称其为未来导向。他们发现除了丹麦，所有文化都注重未来导向，无论其是否践行。拥有弱未来践行力的国家渴望有较强的未来导向。缺乏愿景型领导和政府监管意味着弱未来导向实践。霍夫斯泰德和 GLOBE 研究项目在这方面不存在联系（House et al.，2004）。

对美国主要的 10 个国际商务来往国家的部分文化价值观，简单描述如下。

巴西

很多巴西女性上班，特别是那些生活在大城市的女性。虽然有女性担任高层管理职位，但她们很少能够进入大公司的最高决策层。在政府中也有很多女性任职，包括巴西最高法院、教育机构、医药机构和新闻行业。巴西没有官方宗教，70%的人是罗马天主教信徒。事实上，巴西被称为世界上最大的罗马天主教国家。接近 20%的人是福音派信徒，其中大概一半的人从属于神召会。巴西人常常认为团队比个人更重要。巴西在霍夫斯泰德的个人主义指数中与阿拉伯国家并列第 39 位。

巴西国家科学技术发展委员会公布的数据表明，巴西科学院的成员中女性占比仅为 14%，但是在巴西科学家发表的科学论文中有一半是由女性科学家撰写的。在巴西工作的女性科学家表示，科研工作对于女性研究员来说绝非易事，性别不平等带来的工作障碍常常发生，这样的情况十分令人沮丧。"我经常会想，在别的行业工作可能也会面临缺少资金援助的情况，但是，对于在巴西从事科研的女科学家来说，因缺少经费而导致自己的科学研究无法进行的事情经常发生。我很难向父母解释我的工作可能在很多年内无法带来经济回报，并且常常感觉科学研究无法继续进行下去。"巴西人类学专业的研究人员芭芭拉·阿里奥拉（Barbara Ariola）表示。巴西国家科学技术发展委员会的调查还表明，虽然在巴西的本科毕业生中女性占 57.2%，但在工程等专业领域，只有 2.5%的毕业生是女性。并且，在科学研究阶段，女性的参与度也是逐年降低，这一状况令人担忧。

加拿大

在加拿大，人们接受女性在企业和政府中任职，而她们确实也表现良好。就像在美国一样，加拿大的商界女性邀请商界男性吃午饭或者晚饭是很自由的；通常由发起邀请的人付费。两个最大的宗教组织是天主教和新教，但是有英国血统的人大多是新教信徒。加拿大也有大量的穆斯林、佛教信徒、印度教信徒和锡克教信徒。像美国一样，加拿大坚持政教分离。加拿大是一种工作导向的文化；父母通常都在外面工作。加拿大也是一个高度个人主义的国家；在霍夫斯泰德的个人主义指数中和新西兰、匈牙利并列第 4 位。

中国

中国有许多宗教，包括佛教、道教、伊斯兰教和基督教。儒家思想是一种哲学也是一种生活方式，被多数中国人信奉。中国是一个集体主义社会，女性和男性都工作。霍夫斯泰德的个人主义指数排名中中国和孟加拉国、新加坡、泰国、越南和西非并列第 56 位。

德国

联邦德国的女性有更多的传统家庭价值观，越来越多的人正在寻求大学学位以及事业（Country Studies，2008）。尽管性别歧视在德国是非法的，但是这方面的案件很少被处理。一个商界女性对于邀请商界男性吃饭并且付费感到很自然。

大约 40%的德国人是新教信徒，34%的人是罗马天主教信徒，穆斯林占 4%。许多其他宗教在德国也很活跃，大概 28%的人没有正式的宗教信仰。在霍夫斯泰德的个人主义指数排名中，德国居第 18 位。

日本

在当今的日本商界中，女性相当显眼，占据了职场的 50%。然而，大多数处于低层次的员工职位，只有 10.1%的女性处在管理职位（Fackler，2007）。日本女性已经在政府、广告、出版以及工程这种技术领域取得了进步。她们短时间内在更高的管理层上取得进步的可能性很小，因为日本的权力结构传统上都是男性主导的。许多日本家庭既信奉佛教又信奉神道。只有 1%的日本人是基督教信徒。日本文化不是个人主义的；在霍夫斯泰德的个人主义指数排名中和阿根廷、摩洛哥并列第 33 位。日本人传统上将组织的福利放在比个人福利更重要的位置上。他们尊重长者，重视抱负、教育、努力工作、忠诚和礼貌。

墨西哥

墨西哥社会中女性的角色正在发生改变。过去很少有女性进入企业和政治领域，然而现在墨西哥的女性在企业和政治领域占有越来越重要的职位，可以在牙医、医生、律师和教师等行业中看到女性。女性在 2006 年占有职场的 23.5%（Nolan，2007）。尽管男性掌控着墨西哥社会，但是女性掌控着男性。不建议国外的商界女性邀请墨西哥商界男性吃饭，因为一个男人和一个女人单独吃饭意味着关系暧昧。主要宗教（被 89%的墨西哥人信奉）是天主教；小比例的人信奉基督教新教和犹太教。天主教在墨西哥的文化中扮演了重要角色。墨西哥的文化不被认为是个人主义的；在霍夫斯泰德的个人主义指数排名中和保加利亚、罗马尼亚并列第 46 位。墨西哥人在特定的领域有个人主义情怀。例如，他们努力地想要和其他墨西哥人区分开，因为他们都是作为单个个体被了解的。墨西哥人也很重视家庭和个人关系。

荷兰

在荷兰，性别是平等的。在男女工作平等性方面，荷兰是欧洲国家的典范。荷兰信奉的宗教结构是罗马天主教（31%）；新教，很大程度上是荷兰改革教派（21%）；伊斯兰教（4.4%）；其他宗教占 3%。宗教的作用已经削弱了，荷兰实行政教分离。尽管荷兰人以他们的自由主义而著称，但这并不是一个很好的谈话主题。在霍夫斯泰德的个人主义指数排名中和加拿大、匈牙利并列第 4 位。

新加坡

新加坡的人口包括 77%的华人、14%的马来西亚人以及 8%的印度人。社会关系中宗教可能比种族更加重要。新加坡的宗教细分为 43%的人信奉佛教，9%的人信奉道教，14%的人信奉伊斯兰教，15%的人是无神论者或不可知论者，4%的人信奉印度教，以及 15%的人信奉其他宗教。新加坡是集体主义社会。

韩国

在韩国，女性和男性不平等；这里依旧有女性和男性角色的划分。韩国 50%的人是基督教信徒，但是儒家思想渗透了其文化。互动由一个人的地位和与他人的关系决定。在霍夫斯泰德的个人主义指数排名中韩国居第 63 位。

英国（英格兰、苏格兰、威尔士以及北爱尔兰）

虽然英国的女性在职场中取得了进步，但她们的处境仍然比美国和加拿大的女性差。2008 年，女性成员占英国所有下议院成员的 16.7%，而在美国，女性占 15.2%的众议院席位和 18%的参议院席位。根据 2008 年的数据，19.5%的英国大律师是女性，而美国则是 30%。英格兰的国教是以女王为首的英国教会（圣公会）。虽然不再具有政治权力，但教会在其整个历史中对英格兰产生了巨大的影响。在英国，其他有代表性的宗教包括罗马天主教、新教（长老会和卫理公会）以及犹太教。威尔士教会拥有自己的圣公会大主教，苏格兰教会是长老会。北爱尔兰有 44%的人信奉天主教。英国有 3%的人信奉伊斯兰教，1%的人信奉印度教，0.7%的人信奉锡克教和 0.5%的人信奉犹太教。在英国，许多人声称没有宗教信仰。至于那些声称有宗教信仰的人，很少有人经常在教会服务。英国是一个非常个人主义的社会；它在霍夫斯泰德的个人主义指数排名中居第 3 位。

美国

美国的女性被认为在职场中与男性平等，虽然工资仍旧有差别；目前的薪酬状况是，若男性挣 1 美元，她们挣 80 美分。女性担任着政府、商业、教育机构的领导职务。美国没有官方的教会。大约 80%的美国公民是基督教信徒；超过一半的人是新教信徒（主要是浸礼会、卫理公会和路德会）。有 1/4 的人信仰罗马天主教。其他宗教团体有犹太教、伊斯兰教和佛教。由于政府规定实行政教分离，宗教对商业的影响相对较小。美国是一个个人主义的国家；它在霍夫斯泰德的个人主义指数排名中居第 1 位。

关键词

态度（attitude）

归属（attribution）

归属培训（attribution training）

集体主义（collectivism）

道德相对主义（ethical relativism）
道德标准（ethical standards）
道德普遍主义（ethical universalism）
个人主义（individualism）
认知（perception）
语义学（semantic）
不确定性减少理论（uncertainty-reduction theory）
价值观（values）
工作（work）
工作态度（work attitude）
职业道德（work ethic）

练习

说明：正确的圈 T，错误的圈 F。

1. T F 价值观是后天学习的，不是天生的。
2. T F 在美国，家庭是重中之重。
3. T F 美国人重视的一个特征就是率直。
4. T F 亚洲文化背景的人看重历史。
5. T F 说相同语言的各文化中语义差异是罕见的。
6. T F “yes”这个词在所有的语言中意思相同。
7. T F 管理岗位上的女性在所有的文化中都被同等对待。
8. T F 日本有强制实施的平等就业法以防止歧视女性。
9. T F 美国社会被认为有很强烈的职业道德。
10. T F 道德标准是文化特定的。

问答

1. 解释价值观是怎样形成的。
2. 美国人的价值观和其他文化背景下的人的价值观有何不同？
3. 解释语义差异怎样影响跨文化沟通，给出一些例子。
4. 解释术语归属的含义。
5. 对待女性的态度有怎样的文化差异？在哪个国家女性和男性在职场中平等？
6. 解释美国和其他国家之间工作态度的差异。你的个人工作态度是典型的美国文化还是其他文化？
7. 美国的道德态度和拉丁美洲的道德态度有何不同？
8. 宗教在美国和沙特阿拉伯的商业管理中分别扮演怎样的角色？
9. 解释个人主义和集体主义。给出主要是个人主义的国家例子以及主要是集体主义的国家例子。
10. 解释道德相对主义和道德普遍主义之间的区别并给出例子。

案例

采用下列步骤分析案例：(1) 仔细阅读案例，注意细节；(2) 阅读案例后面的问题；(3) 重读案例，留意或突出回答要用到的细节；(4) 辨别案例的相关事实、基础假设和关键问题；(5) 列出问题可能的答案；(6) 选择最符合逻辑的答案。你的老师可能会让你以书面形式提交案例问题的答案。

案例 1

一家亚洲公司派李钦到一家位于美国的大型汽车生产厂担任管理职位。在给自己上级的第一次报告中，他表示美国工人并没有给他应有的尊重。美国工人的什么行为导致李钦得出这样的结论呢？

案例 2

一家美国公司派遣高级经理劳拉·格林到沙特阿拉伯就连锁快餐店的合同进行洽谈。她应该预期到可能会遇到哪些有关性别的文化态度和行为？

案例 3

当布兰登·亨特被派到墨西哥管理一个生产机构时，他变得越来越担心，因为他发觉很大一部分墨西哥工人对工作缺乏认真的态度。员工经常上班迟到、早退或者干脆不来。当被询问时，他们会解释说他们不得不帮助家人处理问题。解释美国人和墨西哥人在工作态度上的显著差异。

案例 4

当迪士尼在巴黎郊外的价值 44 亿美元的欧洲迪士尼乐园开始营业时，有人担忧它对法国文化的影响。开始的时候，法国人只是在星期天一家人外出游玩的时候去。另外，他们不习惯吃零食以及在 12:30 快速进餐，这些造成了公园和饭店的经营瓶颈。迪士尼知道法国员工不愿意像所有其他游乐园工人那样给予游客应有的友好的问候和微笑。公司从欧洲各地雇用会多种语言的雇员，因为它的目标是吸引来自欧洲所有国家的人。欧洲投资者抱怨说，刚性的美国管理风格没有考虑到目标群体的价值观和习俗。例如，欧洲人通常自带午餐，他们不会在游乐园考究的餐厅和宾馆中消费。从 1992 年营业开始游乐园就处于亏损状态。讨论为了适应目标群体的价值观和习俗，迪士尼公司应该采取怎样的行动。

案例 5

由几个美国商人组成的团队前往东京访问。在与日本公司的高层管理人员会面之后，其中一位美国人说，尽管他们殷切地接待我们，并且很认真地听了我们的评论，但我们对他们要表达的观点依然没有一个清晰的理解。他们也分享了感想，会谈气氛非常冷清，日本人很傲慢。正如第二天当地报纸报道的那样，会议期间，日本人继续其殷切好客的传统，他们是好的听众，从来不强制推出自己的观点，并且希望美国人尊重他们。是什么出了问题？在这种情况下，沉默是怎么让人们困惑的？个人主义和集体主义对这种情况的影响有何不同？

活动

1. 从下面列出的每个群体中选择一人，询问“你对工作是什么态度”。在课堂上报告他们的回答。

(1) 蓝领工人；

(2) 专业技术人员；

(3) 教育家；

(4) 高中生；

(5) 大学生。

2. 从当地报纸中选择一篇关于商业伦理的文章，在课上总结该篇文章。

3. 请一位来自另一种文化的教授或学生在课上发表有关在他的文化中对女性的态度的讲演。

4. 准备一份关于你所在州的那些在政府或商业中获得高级职位的女性清单。列出这些女性能够胜任她们职位所拥有的特殊品质。准备一份相似的列表，列出你选择的另一个国家的女性占据高级职位的名单。

5. 准备一组在美国不同地区或其他英语国家中含义不同的词（文中提到的除外）。

6. 采访一位美国学生和一位外国留学生。要求每个学生使用 1～5 对下面列出的事物的重要程度进行评分，1 代表只有一点重要或者不重要，5 代表非常重要：个人主义、休闲、独立性、家庭、平等、团队、自由、隐私、工作、尊重老人、高效利用时间、率真、礼节、竞争力和唯物主义。根据来自两种不同文化的同学的回答，总结他们的相似点和不同点。

参考文献

Allen，I. E.，Elam，A.，Langowitz，N.，& Dean，M.（2007）. *2007 Report on women and entrepreneurship*. Babson College：The Center for Women's Leadership. Retrieved July 11，2008，from http://www.gemconsortium.org

Al-Shihri，A.（2011，May 22）. Saudi woman detained for defying driving ban. *Press Register*，12A.

Althen，G.，with Bennett，J.（2011）. *American ways*（3rd ed.）. Boston，MA：Intercultural Press，Inc.

Altman，Y.，& Shortland，S.（2008）. Women and international assignments：Taking stock—a 25-year review. *Human Resource Management*，47（2），199-216.

Borden，G. A.（1991）. *Cultural orientation*：*An approach to understanding intercultural communication*. Upper Saddle River，NJ：Prentice Hall.

Bosrock，M. M.（1994）. *Put your best foot forward*：*Asia*. St. Paul，MN：International Education System.

Bosrock，M. M. (1995a). *Put your best foot forward*: *Europe*. St. Paul，MN: International Education System.

Bosrock，M. M. (1995b). *Put your best foot forward*: *Mexico/Canada*. St. Paul，MN: International Education System.

Bravo，E. (2008，June 18). *Why U. S. women earn so little money*: *The wage gap isn't getting any better*. Retrieved July 10，2008，from http://www.thewip.net

Country Studies. (2008). *Women in society*. Retrieved July 10，2008，from http://countrystudies.us/germany/91.htm

CultureGrams，*USA*，*Canada*，*Brazil*，*China*，*Germany*，*Mexico*，*Japan*，*United Kingdom*，*Singapore*，*South Korea*，*Netherlands*. (2010). Ann Arbor，MI: ProQuest CSA.

Dosick，W. (2000). *The business bible*. Woodstock，VT: Jewish Lights Publishing.

Engholm，C.，& Rowland，D. (1996). *International excellence*. New York: Kodansha International.

Fackler，M. (2007，August 6). Career women in Japan find a blocked path. *New York Times*. Retrieved July 10，2008，from http://www.nytimes.com/2007/08/06/world/asia/06equal.html

Ferraro，G. P. (2010). *The cultural dimension of international business* (6th ed.). Upper Saddle River，NJ: Prentice Hall.

Ferrell，O. C.，& Gardiner，G. (1991). *In pursuit of ethics*: *Tough choices in the world of work*. Springfield，IL: Smith Collins.

Fox News. (2008，May 29). *Dunkin'donuts pulls Rachael Ray ad over 'terror' symbolism*. Associated Press. Retrieved May 29，2008，from http://foxnews.com/printer_friendly_story/0,3566,359501,00.html

Greenfield，P. M.，Keller，H.，Fuligni，A.，& Maynard，A. (2003). Cultural pathways through universal development. *Annual Review of Psychology*，54，461-490.

Gudykunst，W. B. (1985). The influence of cultural similarity，type of relationship，and self-monitoring on uncertainty reduction processes. *Communication Monographs*，52，203-217.

Halsberger，A. (2007). Gender differences in expatriate adjustment. Paper presented at the Academy of Management Annual Conference，Philadelphia，PA.

Hammouri，O. (2008，January 22). Questions and answers. *The Daily Mississippian*，pp. 1，4.

Hofstede，G.，& Hofstede，G. J. (2005). *Cultures and organizations*. London：McGraw-Hill.

House，R. J.，Hanges，P. J.，Javidan，M.，Dorfman，P. W.，& Gupta，V. (2004). *Culture，leadership，and organizations：The GLOBE study of 62 societies*. Thousand Oaks，CA：Sage.

International Labor Organization (ILO). (2009). *Yearbook of labour statistics 2009，68th issue*. Geneva，Switzerland：ILO Publications.

King，G.，Ⅲ. (2000). The implications of differences in cultural attitudes and styles of communication on peer reporting behaviour. *Cross Cultural Management：An International Journal*，7 (2)，11-17.

Klopf，D. W.，& McCroskey，J. C. (2007). *Intercultural communication encounters*. Boston，MA：Pearson.

Litrico，J. B. (2007). Beyond paternalism：Cross-cultural perspectives on the functioning of a Mexican production plant. *Journal of Business Ethics*，7 (1)，53-63.

Moran，R. T.，Harris，P. R.，& Moran，S. V. (2011). *Managing cultural differences：Global leadership strategies for cross-cultural business success* (8th ed.). Burlington，MA：Butterworth-Heinemann.

National Numbers. (2006). Retrieved July 10，2008，from http://www.cfwbr.org/national/index.php

Nolan，J. L. (2007). *Observations on women in the workplace in Mexico*. Retrieved July 10，2008，from http://www.associatedcontent.com/article/77440/observations_on_women_in_the_workplace.html

Samovar，L. A.，Porter，R. E.，& McDaniel，E. R. (2009). *Communication between cultures* (7th ed.). Belmont，CA：Wadsworth/Thomson Learning.

Shabass，A. (2004，July 7-8). *Content and strategies for teaching about the Arab World and Islam*. Workshop.

Scevola，C. (2009，December 16). The role of ethics in international business. *CS & P Fiduciaire*.

Thornton，G. (2011). *Women in senior management around the world*. Retrieved January 2012，from http://www.20-first.com/784-0-women-in-senior-management-around-the-world.html

Utroska，D. R. (1992，November). Management in Europe：More than just etiquette. *Management Review*，81，21-24.

Varma，A.，Stroh，L. K.，& Schmitt，L. B. (2001). Women and international assignments：The impact of supervisor-subordinate relationships. *Journal of World Business*，36 (4). Retrieved September 25，2002，from Ebscohost database.

Whitton，C. (2010，October 19). *Top 25 empowerment quotations for women*.

Retrieved September 14，2012，from http://livingempowered. areavoices. com/2010/10/top-25-empowerment-quotations-for-women

Wilen，T. (2000). *International business：A basic guide for women.* US：Xlibris.

第4章

文化冲击

学习目标

学完本章后，你将能够：

1. 理解文化冲击的本质及其与外派成功的关系。
2. 识别文化冲击的典型阶段。
3. 学习缓解文化冲击的方式，包括慎重挑选外派人员以及事先进行培训。
4. 理解文化压力、社会情感疏离、社会分层和贫富差距、财务问题的作用及其与应对文化冲击的关系。
5. 理解东道国人们揭示自我的程度将怎样影响文化冲击。

文化冲击（cultural shock）是指当人们来到不同于母文化的文化环境中时所经历的创伤。文化冲击是一种沟通问题，它包含由于不理解东道国文化的语言沟通和非语言沟通、风俗习惯以及价值观体系而产生的挫败感（Samovar，Porter，& McDaniel，2009）。这种挫败包括匮乏的食物、无法接受的清洁标准、不同的卫生间设施（见图4-1）以及对人身安全的恐惧。布莱克、格雷格森、门登霍尔和斯特罗（Black，Gregersen，Mendenhall，& Stroh，1999）给文化冲击增加了另一个维度：对日常例程的扰乱。这种例程可能是从起床、吃早餐直至上班，其被扰乱之后会产生一种极具压力的高不确定性。人们的例程被扰乱得越多，焦虑和挫败的程度就越大。另外，大多数人喜欢可预测性。例如，他们想要一种安全感，比如他们会十分清楚最爱的快餐店里汉堡包的味道。英国有一句谚语简洁地道出了这一事实：最熟悉的歌曲最动听。我们都喜欢待在舒适而熟悉的环境中。而毫无疑问，文化冲击会给一个人的舒适度带来很多问题。失去熟悉的标志、习俗、规范以及行为习惯会令人非常不安。

图 4－1　源于卫生间装置或安排的不同的文化冲击

Furnham & Bochner（1982）调查了来自世界各地、在英国求学的国际学生，发现他们认为最难适应的十项事情如下：

- 在异国他乡交到同龄朋友。
- 与粗鲁、没有礼貌的人相处。
- 主动向人示好以建立友谊。
- 在众人面前展现自己。
- 交到知心朋友。
- 了解笑话或幽默与讽刺性的表达。
- 与注视自己的人交流。
- 主动开口并持续交流。
- 与陌生人相处。
- 处理好令人不满的服务。

一位女性在 50 多岁时参加了一所墨西哥学校的西班牙语强化班，并对文化冲击的典型标志进行了培训。结束了 5 周的课程后，她回到家乡找了一份在非英语国家教英语的工作，新工作地点在阿尔巴尼亚。她告诉朋友，她非常高兴在非工作状态下经历了文化冲击。因为当在阿尔巴尼亚经历相同事情的时候，她能理解并克服这些文化差异。她非常喜欢阿尔巴尼亚并要报名参加第二次旅行。

有一项对来自两所美国中南部大学 188 名学生的调查，这些学生都有到国外旅游或生活的经历。调查结果显示，最大的文化冲击来自缺乏现代化的便利设施以及清洁标准。其他类型的文化冲击也显示了统计学上的显著性，包括对待女性的态度、非语言沟通、服饰和商务正装、家庭和婚姻习俗、住房、气候、教育体制、财务事宜以及价值观和道德标准（Chaney & Martin，1993）。便利设施的缺乏，如可供使用的电话、24 小时供应的自来水或按时运行的公交车等这些在美国非常自然的事情，会成为挫败感的另一来源。对有强烈宗教情结的人来说，如果没有自己信仰的教会，他们可能会感到精神上无所寄托。如果缺乏美国的商场、超市和多频道电视节目，沮丧感就会油然而生。除了沮丧，经历文化冲击的人可能会变得想家、不由自主地吃东西或喝水，甚至可能会发展成生理疾病。另外，不明原因的愤怒和对东道国人们的攻击行为也都是与文化冲击相关的反应（Samovar et al.，2009）。

安青即将去英国留学，对于美好的未来充满希望。她规划着自己在英国的学习和生活，希望在这块遥远的土地上可以交到好朋友，快乐开心地度过留学生活，顺利完成学业。然而，在英国学习和生活了一段时间后，安青认识到在异国他乡留学绝非易事，要处理各种各样的问题，首要的问题是在语言方面所面临的挑战，全英文教学对她的英文听力和口语提出了很大的挑战。安青时常感到孤独，她十分思念自己在中国的家人和朋友。英国的饮食也让安青难以适应，但是，最让安青烦恼的还是自己的学业。学校的教学方式是小班教学，老师也大多耐心认真，但她时常感到自己在课堂上跟不上老师的语速，错过了很多内容，甚至有一次还误解了老师的课堂作业，这一切都让安青在学习中感到十分吃力。

安青非常担忧自己的学业。接下来的那个月，她时常感到精力不足。晚上10点后就困得睁不开眼；早上，如果闹钟不响，她能一直睡到十一二点。她的课全都安排在下午，因此上午起这么晚也不碍事。有一次，室友问她为什么总睡觉，她说："可能是学习太累了，我的英语课课业负担很重，总感觉很疲惫。"

或许，在面临这样的高压力时，安青应多结交点朋友，出去散散心。但是她并不认识别的中国留学生，想要结交新的外国朋友更是十分困难，并且安青发觉同龄的外国朋友在谈论性话题时总是很开放，这让在相对保守的中国长大的安青感到很尴尬。在某次向外国室友诉说自己的孤独感时，室友表示了极大的不理解，告诉安青要更加独立。从那之后，安青除了上课，更不愿意出去参加活动了，她将大量课余时间花在和国内的亲朋好友沟通上。

研究人员对文化冲击的关注不断增加还仅仅是在过去20年内。然而，杰克·伦敦（Jack London）早在1900年出版的小说《远在他乡》（*In a Far Country*）中就强调，一位游客进入另一种文化环境中时应当准备好学习新的习俗并抛弃先前的观念。他建议旅居者，即在另一个国家游览并做短暂停留的人，应当在不熟悉的环境中寻找乐趣。因为不能适应新文化环境的那些人最后不是回国就是被心理和生理两方面的疾病困扰。100多年之后，杰克·伦敦的建议仍旧有效（Lewis & Jungman，1986）。

恩格霍姆（Engholm，1991）定义了一类特殊的文化冲击，这种冲击美国旅行者都经历过，即**亚洲冲击**（AsiaShock）。恩格霍姆确定了亚洲冲击的五个发展阶段：

1. 文化挫败感，包括语言、食物和当地风俗习惯。
2. 不愿理解当地人做事方式背后的合理性。美国人总是迅速给一种文化行为贴上落后和低效的标签，却不去理解这种行为的理性基础。

3. 民族优越感。部分美国人偏激地认为亚洲人不诚实。

4. 种族歧视。包括直言不讳地将所有亚洲人贴上群体标签。

5. 规避文化。在亚洲做生意的美国人倾向于成立自己的俱乐部，彼此就做生意的艰难大吐苦水，而不是与当地人交往。

对一个公司而言，文化冲击的代价是高昂的，因为它通常会导致在海外工作的美国商人过早返程。一项研究表明，外派到另一个国家工作的员工不是因为他们缺乏技术能力和专业能力，而是因为他们缺乏理解和适应另一种文化生活方式的能力而失败。费拉罗（Ferraro，1990）的研究指出，提前返国的美国外籍管理人员占45%～85%。其他调查则显示了更低的提前返回率，在4%～8%之间（Harzing，2002)。当各个公司采取措施来对抗文化冲击时，例如对旅居者开展培训计划，提前返回率降至不到2%。

对于漂洋过海去异地求学的留学生来说，最让人怀念的便是家乡的味道。张敏是葡萄牙米尼奥大学的交换生。在9月出国学习之前，收拾行李的时候张敏特别准备了一些中国调味品。因为她听说，这些调味品在国外不容易买到，于是就准备了老干妈、十三香、卤料等。来到葡萄牙，每当她怀念中国味道的时候，便下厨制作一些中国菜，这些调料可派上了大用场。其实在很久之前，老干妈豆豉酱、辣椒酱等调味品都是留学生出国行李中的“常客”，留学生们表示在异国求学，最怀念的就是家乡的味道，因此即使行李很重，也会背上这些调味品。一位在荷兰读研的重庆姑娘表示，自己每年出国的时候必定会打包的行李就是一袋袋火锅底料。

一些公司利用2～3个月短期逗留的方式来确定一位员工是否有潜力适应异国文化。有时设置这种短期项目是为之后的长期停留做准备。此外，如果外派意味着阻碍以事业为重的配偶的职业发展，一些专业技术人才会不愿意接受外派，那么这种短暂的行程便是利用这类专业技术人才的简单方法。同样，短期行程能够节省成本，因为减少或消除了迁移整个家庭的需要。虽然前往另一个国家做短期逗留的人与计划长期居住的人所经历的文化冲击的程度和类型大体相似，但在短期行程中所采取的应对策略有所不同。

文化冲击和失去原来的生活方式会使你放弃免费旅行的机会。美国一位中层管理人员在上海待了4周。他所在公司的政策是，如果在远东地区待满3周，那么3周之后可以享受一次完全免费的东京游。这位管理人员却选择了周末和接下来的一周继续工作，以便能够尽快结束手头的工作，早日回国。

布里斯林（Brislin，1981）总结出如下五种在短期停留过程中应对新文化的策略：

- 不接受东道国文化（unacceptance of the host culture）——旅行者只是表现得像他仍处于母文化之中一样，对于学习东道国的语言或习俗不做出任何努力。
- 替代（substitution）——旅行者学习了东道国文化中适当的反应或行为举止，并以此来替代他在母文化环境中通常会做出的反应或行为举止。
- 附加（addition）——有当地人在场时，旅行者会做出东道国文化中的行为举止，但在和相同文化背景的人在一起时会维持母文化中的行为举止。
- 综合（synthesis）——这种策略整合或结合了两种文化元素，比如美国和菲律宾着装元素的统一。
- 再综合（resynthesis）——对两种文化中都没有的观念进行整合。举个例子，一位美国人到中国旅行，他不选择美国或者中国食物，而偏偏喜爱意大利食物。

4.1 文化冲击的阶段

文化冲击大体上经历了五个阶段：兴奋或初始兴奋阶段、危机或幻想破灭阶段、调整阶段、接受阶段和返乡（reentry）阶段。文化冲击被形象地比作一条**U形曲线**（U-curve），曲线左侧顶点代表兴奋阶段的开始，从曲线左侧向下到U形的底部属于危机阶段，而U形曲线的最低点代表调整阶段的开始，紧接着从曲线右侧向上代表接受阶段，U形曲线的右侧顶点代表返乡阶段，旅居者回归母文化之中（Davis & Krapels，2005）。**W形曲线**（W-curve）理论是解释返乡阶段中适应过程的一种理论，该理论提出返乡过程实际上是另一种形式的U形曲线，它是对异国文化初始调整所经历过程的一个重复。对某些旅居者而言，回到母文化当中的返乡阶段与对新文化的初始调整阶段所面临的压力是相同的（Klopf & McCroskey，2007；Schmidt，Conaway，Easton，& Wardrope，2007）。

8月18日

来美国的第一天，是学校里的中文老师张老师来接我。张老师已经在美国生活了十几年，他还为我准备了面包和水果，这让我觉得很温暖。我一大早就起床了，想去逛一逛。周末的清晨，天气晴朗，阳光温暖，街道静悄悄的，我在小路上悠闲地逛着。路边的草坪修剪得整整齐齐，晨练的人友好地向我问好，今天是愉快的一天，让我对以后的生活充满了期待。

9月15日

我来到美国已经快一个月了，最近的心情总是很低落。我的工作是在一所高中教中文，这个班级让我感到很困扰。班里的学生来自很多国家、很多种族，并且他们不太听老师的话。我从一开始就对学生十分友好，希望和他们建立起和谐的师生关系，但是令人沮丧的事情还是时常发生。总是有学生在上课时频繁上卫生间，还有男生在课堂上打闹。在我上课的时候，可能十分钟后已经没有学生在听讲了。学生和我顶撞、争辩的事情更是时常发生。这份工作并没有给我带来成就感，反而让我感到挫败，有时真的很想哭。

12月5日

今天是和学校里的老师、同事聚餐的日子，这里的聚餐并不是由发起者全权负责准备所有饮食，而是参加聚餐的人都会带来自己准备的一道菜，或者是自己烘焙的蛋糕。这种聚餐方式叫作“Potluck”，我是第一次参加，感觉很新奇。作为一名中国人，我带来了自己包的饺子。聚餐期间，我们一边分享自己准备的食物，一边闲谈，气氛十分轻松和愉快。尽管没怎么太理解他们谈论的一些话题，但是我仍然有参与感，感到心情舒畅。尤其是和这学期新来的老师Mary，我们聊得很投缘，她还邀请我有时间去她家里做客。临走的时候大家愉快地道别，这样的活动让我从日常的沮丧中放松下来，期待下一次聚餐。

6月15日

时间飞逝，我来这里已经快一年了，下个月就要回国了，还真有点舍不得。想到马上可以离开这里回到中国，见到我朝思暮想的家人、朋友，吃到正宗的中国菜，我固然感到很开心，但是对于这里的生活我还是感到有点不舍。说来有趣，刚来这里的时候，我感到一切都是那么不顺利，学生们不听课，也没法与他们有效沟通。因为无法找到合适的教学方法，我哭了很多次，感到非常无助，甚至想抛下工作回国。但是在周围人的帮助鼓励和家人的支持下，我不断尝试和摸索，总结出一套教学方式，与学生建立了良性的沟通关系，工作、生活逐渐步入正轨。并且，我渐渐地从工作中收获了快乐。

现在，我在这里交到了很多朋友。我的同事和邻居都很亲切友好，他们专注于自己的工作，人际交往较为简单。起初，我认为这里人际关系淡薄，大家都不太关注别人。现在我了解了这里的文化特点，也渐渐在生活和工作中接受并且融入了这种文化。相较于一年前，我变得更加独立。过去我经常和家人诉苦，现在我更习惯于自己解决问题。

在第一个阶段，你为新的文化而兴奋和着迷，但这仅仅会持续几天或者几个月的时间。在这段时间里，周围的一切都是那么新鲜和不同以往，你会被那里的食物和居民吸引。有时这个阶段被称作蜜月阶段，在此期间，对新文化的激情使你忽视了诸多小问题，比如不得不喝瓶装水、没有暖气或空调等（Black et al.，1999）。

在第二个阶段，即危机或幻想破灭阶段，蜜月结束了；随着你遭遇越来越多的文化差异，先前的兴奋不断转化为失望。同时，交通、不熟悉的食物、语言障碍等相关问题席卷而来。买东西时讨价还价的做法，原本看来非常有趣，现在却成为不断带来痛苦的根源。思乡、痛苦、愤怒、困惑、怨恨、无助以及沮丧等这些情绪出现在第二个阶段。处在这个阶段的人经常通过贬低当地的文化来缓解心中的不适，这种方式有时被称作反击术，也有些人通过心理、生理或情绪上的逃离来解决问题。其余的人也许会逃离当地人的交际圈、不学习当地的语言，甚至发展成依靠酗酒和药物来应对自身的境况。事实上只有个别人否认分歧的存在，并对新的文化津津乐道。第二个阶段可以持续几周到几个月不等。

在第三个阶段，也就是调整期，你开始接受当地文化或者回国。那些留下来的人会尝试新的食物，并在行为举止上做出调整来适应商场以及公共交通的长时间排队等待。你开始理解情境幽默，并且意识到对东道国文化的态度转变能使你的海外之旅更有意义。

在第四个阶段，即接受或适应期，你有一种宾至如归的感觉，你积极参与当地的活动、与当地人培养友谊并能在有当地人的社交场合感觉舒适。你学习了当地的语言，并采用当地人做事的风格。甚至你学习享受一些回国后会令你想念的风俗习惯，比如下午茶和午睡。

最后一个阶段是返乡冲击，它带来的创伤与之前人们对新文化的初始调整所遇到的创伤是一致的，尤其对于长时间留在国外的人更是如此。很多人回国后惊诧于自身所感受到的情绪、心理和生理上的反应竟然同之前进入新文化环境时的反应一模一样。**返乡冲击**（reentry shock）是旅居者回国之后所经历的，并遵循前面确定的几个阶段：兴奋或初始兴奋阶段、危机或幻想破灭阶段、调整阶段、接受或适应阶段。最初你会因为回到自己的国家而开心，但当你意识到朋友们并没有兴趣听你讲在国外的趣闻轶事、你的生活标准下滑以及你并不能够运用一种外语或在市场中讨价还价这样的新技能时，你会变得心灰意冷。然后，随着你对新技术越来越熟悉，欣赏了丰富多样的食品和衣物并提高了清洁标准后，你会进入调整阶段。最后，当你对家乡的风俗感觉舒适，发现之前很多的想法和行为习惯又回来了，就意味着你进入了接受阶段（Klopf & McCroskey，2007）。

来自阿拉伯联合酋长国的一位校友打电话给他的美国教授询问有关在北卡来罗纳州海岸购置房产的信息。他解释说，他非常想念美国，并决定每逢夏天就带着他的家人去那边生活。他在美国居住长达 15 年，陆续获得了学士学位、MBA 以及博士学位。其间，他只是偶尔回国。他正在经历返乡冲击。（最后，他做出了调整，并没有购买北卡来罗纳州的房产。）

虽然通常情况下返乡冲击的时间要比在新文化环境中所遭遇的文化冲击前四个阶段的时间短，但是对那些能够对东道国文化应对自如的外派人员而言，当面对自己不在的这段时间里国内所发生的变化时，他们可能需要经历一段相当长的调整期，为期 6

个月或以上。这其中的一些变化与工作有关：外派人员回国后回归中层管理位置，失去了之前在国外拥有的奖金、津贴以及业务往来，他们心理上会产生一种被降级的感觉。此外，国内发生的变化还包括政治和服装风格等，这些同样需要调整。一项由钱尼和马丁（Chaney & Martin，1993）进行的研究显示，曾前往国外旅行的留学生这一群体的返乡冲击具有统计显著性，他们所经历的四类返乡冲击分别是：对生活方式进行调整、对社会生活中发生的变化进行调整、对生活标准的改变进行调整以及重新建立友谊。

对回国人员的调查结果显示，满足回到美国的外派人员的工作期望非常重要。因此，外派人员回国后，雇主应当立刻把他们安排到实际工作中去。否则，异化和孤立的感觉会给回国人员带来更大的伤害，因为海归们心理上都存在一种回归熟悉环境的期望（Stroh，Gregersen，& Black，2000）。另外，导致海归产生文化冲突的其他原因还包括人事变动、公司的新政策和新程序、不同的绩效考核制度、不同的福利和薪酬体系以及不同的岗位职责（O'Sullivan，2002）。

有些返乡问题本质上属于个人问题。很多回国人员发生了改变：他们拓宽了自己的世界观，在价值观和态度方面也发生了转变。个人问题包括尝试重续个人和职业方面的人际关系却并未成功，并意识到以前的朋友没有热情分享他们的海外经历与所取得的成就。所以，他们必须结交有相同经历的新朋友互诉衷肠。同样，回国人员的孩子也会遇到相似的调整问题，比如他们以前的朋友结交了新的伙伴，而且他们发现自己在国外接受的教育与国内完全不同，所以回到本国学校之后会引发很多问题。

因为返乡冲击是文化冲击的固有组成部分，所以跨国公司需要对回国人员进行培训，确保其顺利融入母文化环境中。如果没有此类培训，你也可以做很多事情来缓解返乡冲击。比如与家人、朋友，尤其是那些有过旅居国外经历的人，分享你的感受，注意谈的是你的感受而不是经历；与母文化中的人们定期沟通，询问的问题要与家乡发生的变化有关；订阅家乡的报纸，及时了解时事动态；与专业组织和其他你想要加入的团体保持联系。很多回国人员发现，与母文化保持同步能够缓解返乡带来的冲击（Dodd，1997；Dodd & Montalvo，1987；Klopf，2000）。

4.2 缓解文化冲击

很多跨国公司发现，选派具有一定个人及专业资历的员工从事海外工作能够缓解文化冲击。并且，事先对外派人员进行相关培训是缓解文化冲击的另一种方法（Krapels，1993）。另外，在工作做得怎样以及谁最大限度地开发了自己的潜力这两方面收到反馈信息的员工会对分派给他们的任务更加满意。

近年来，各公司向总部国家以外的派遣活动继续增长，增至46%的历史新高，这表明各大公司都在努力开拓新的发展机遇和实现多元化的发展战略。在外派的国家中，美国和中国是首要选择。历史数据显示，美国、中国、英国为外派人数最多的国家，占据全球外派人数的77%。如今，这三个国家所占份额不断减小，表明近年来公司正在寻找更加多元的发展空间。

“寻找合适的人才”已经超过“成本”成为现阶段各公司所面临的最常见的挑战，也是在全球市场取得成功的第二大重要因素。在外派的众多员工中，拥有国际工作经验的人最为各大公司所喜爱，此外公司还更加偏爱年轻的、有活力和潜力的年轻员工。数据显示，20～29岁的外派员工人数增长4%，公司希望通过外派员工，快速培养出一批拥有国际管理经验的人才，为企业未来的发展和扩张积蓄力量，拥有国际工作经验的员工较无国际工作经验的员工升职更快。

4.2.1 选拔外派人员

慎重挑选外派人员对提高外派成功率十分重要。当在不熟悉的文化环境中工作时，个人所需的资质包括适应性、灵活性、同理心和耐受力。同时，良好的人际沟通能力和高度的自尊心也很重要。

对存在差异且通常不可预测的情况做出反应并且没有受到明显刺激的能力，显示了一个人对模糊性的耐受力。模糊性是跨文化沟通所固有的：很多情境、规则和观念并没有多大意义；许多困惑的产生也都是源于处于另一种文化之中。由此看来，保持较高的耐受力和灵活度必不可少。当企业在大学招聘人才时，它们其实是在寻找已经具备语言能力和海外经验等资历的候选人。很多招聘企业认为，耐受力是可以开发培养的，适应性却很难培养。因此，他们更喜欢雇用那些已经通过在国外生活获得这一特质的人（Geber，1992；McEnery & DesHarnais，1990）。并且，按照适应性这一特质进行筛选减少了昂贵的转换费用。哈维（Harvey，1985）建议利用以下几个问题来判断候选人的适应性：

- 候选人是否具备协作精神、易于相处并且善解人意？
- 候选人是否能够虚心接受他人的意见？
- 候选人是如何应对新情况的，以及他为理解和接受差异做出了怎样的努力？
- 候选人是否了解自身在文化层面衍生出的价值观念？
- 候选人是否足够敏锐并能了解其他文化的价值观？
- 候选人对待批评会做出怎样的反应？
- 候选人对美国政府体制有多少了解？
- 候选人是否有能力与外国同行取得并保持联系？
- 处理问题时，候选人是否具备足够的耐心？
- 面对不利局面时，候选人是否能够张弛有度？

通过类似这样的问题，面试官就能更好地判断候选人是否适合到海外工作及其想去国外工作的动机。

从东道国国民的角度理解周围环境的能力是同理心的一种标志。本纳特在他给出的同理心的概念中建议使用**白金法则**（Platinum Rule）——“别人希望你怎么对待他们，你就怎么对待他们”取代黄金法则——“你希望别人怎么对待你，你就怎么对待别人”。也就是说，你可以一直保留自己的文化认同，但要能够从东道国国民的角度去诠释新的文化（Broome，1991）。

专业资质包括在东道国文化中的业务实践知识和技术能力。一些公司认为语言能力至关重要。如果目的地是远东地区，很多公司都相信出发之前进行一些语言培训是必需的。如果一个国家英语的使用非常普遍，那么熟练掌握这个国家的母语就显得不太必要了。在任何情况下，语言知识似乎都会给予外派人员在东道国文化中一次额外的成功机会。当然，除了语言知识，对一个国家教育、政治、经济以及社会体制的了解也非常重要（Tung，1981）。

一个人的成败与他的综合素质紧密相关，包括自我效能感、跨文化经验、年龄、跨文化流畅性、人际沟通技巧、灵活性、文化敏感性和适应性。**自我效能感**（self-efficacy）指一个人对自身能够适应新的文化环境并在其中发挥作用的自我意象和自信程度。旅居者对个人安危、保障、优势和自足性的态度与高自我效能感相关联。相对于单一文化的个体而言，双文化个体的适应能力更好一些。一个人过去的跨文化经验与其适应新文化的能力密切相关。双文化人群倾向于拥有更高的跨文化流畅性、文化敏感性以及适应性。适应性包括预期调整、心理调整和社会文化调整三方面。如果事先预料的情况真的发生了，那么心理上的不确定性就会随即减少，因此，两种文化之间的重叠对适应过程很有帮助。理解新的文化行为的能力是人的一项个性特质，它能够缩短心理调整过程。如果东道国的人们看到的是旅居者的积极面而非消极面，那么旅居者的社会文化调整过程会得到很多帮助。社会文化培训对适应过程的成功也十分重要（Davis & Krapels，2005）。

格拉夫（Graf，2004）在对成功外派人员的特质进行分析后总结出，外语能力、跨文化交流知识、跨文化交流能力和跨文化灵敏度可以作为外派人员选拔阶段重要的参考依据。其中跨文化交流能力包括了解他人、互动而不批判的姿态、知识导向（orientation to knowledge）、文化移情（empathy）、团队精神、团队内建立并维持人际关系的能力、对不确定性或模糊事务的容忍力（tolerance of ambiguity）等。跨文化灵敏度则包含乐于参与文化活动、尊重文化差异、自信、对跨文化互动的专注程度等。

这四种重要的筛选指标中，外语能力和跨文化交流知识是比较容易通过快速的培训得到较大提升的，但是跨文化交流能力和跨文化灵敏度在培训中能够得到的提升是有限的。所以后两项能力在外派人员的选拔阶段应该作为重要依据，前两项能力不应作为考核的重点。

4.2.2 提供出国前培训

进行跨文化培训的一条有效途径就是先要发掘人们是如何调整进而适应新文化的。学习与影响全球经理人培训项目成败相关的原则可以分三步：观摩东道国国民的行为举止、记忆学习到的内容、反复练习这些新的行为举止直到感觉自然。例如，在菲律宾，社交联欢活动有着举足轻重的地位。企业举办的聚会能够使员工之间愉快相处，并有助于发展感情，带动工作。这些轻松愉悦的场合通常包含大家一起烹饪、唱歌、跳舞以及讲故事等，在雇主/员工关系中发挥了重要作用。因此，出席并参与这样的活动非常重要，而没有参与的那些人通常会被认为很清冷和孤傲。观察到这样的社交活动之后，想要在东道国文化中成功的美国经理人可以举办类似的社交活动，以此来证明自己想要成为新文化一分子的愿望（Black，Gregersen，& Mendenhall，1992）。

由于美国跨国公司缺乏跨文化培训，文化适应问题影响了海外商务人员的总体成功率。克拉佩尔斯（Krapels，1993）开展的调查中包含102位国际商务人员，涉及35家美国中南部国际公司。调查结果显示，参与调查的公司中有46%提供了某种类型的出国前培训，然而，只有一家公司的正式培训项目已经就位。因为培训项目实施之后，提前回国率明显降低，所以现在很多跨国公司都在试行各种培训科目。有些公司开展包含海外学院在内的以美国学员为主的培训项目，来尽可能地提高员工对另一种文化的耐受力。有些公司举办了海外培训课程，并且输送美国经理人到东道国提供课程培训；与此同时，美国经理人可以对东道国的文化有所接触和认识。还有一些公司将跨文化意识纳入日常的管理培训课程中。

如今，不断发展的通信技术也被运用到跨文化培训中。例如，一家大型国际公司在世界各地有200多个网点，利用全球视频会议来培训员工及其家属。包含多所大学的全球教育网络正在开发之中，主要用于培训出国高管。计算机辅助培训或学习在跨文化教育中有巨大的潜力，因为它打破了传统方法的语言障碍（Moran，Harris，& Moran，2011）。研究表明，这样的教学方式不仅能够促进一对一学习，相较于传统方法还能节省30%的时间投入。不管提供什么类型的培训，公司意识到成功依旧受限，因为任何培训也不可能替代真真正正地置身于另一种文化中。

跨文化培训方法归纳如下：

- **智力模型**（intellectual model）也称作课堂模式，即参与者通过讲座、小组讨论和录像等各种不同的教学方法获取有关东道国的信息。这是最常用的一个模型，它基于一种信念——认知理解对有效完成海外工作来说必不可少。这种培训方法在军事以及商业和教育机构非常普遍。智力模型流行的原因在于人员配备相对比较容易，并且参与者对这套方法很熟悉。但是，这套方法的局限性就是参与者获得的知识可能与他真正在国外生活时所需要的知识并不吻合。换句话说，参与者了解了东道国文化的一些客观事实和概况，但这些内容并未包含当他们生活在这种文化环境中时会遇到的日常发生的事情。由此可见，这个模型主要针对的是知识而不是经历；它并不会提升人的问题处理能力或灵活变通能力。

- **培训区模型**（area training model）也叫仿真模型，注重情感目标、文化专有内容和体验过程。这种方法的重点是学员而不是培训师，它要求学员参与整个学习过程，并且重视问题解决而非信息获取。通过实地考察或者像Bafa Bafa（一种跨文化仿真游戏，游戏中，参与者被分为两个文化群体）这样的仿真模拟，学员了解了自己文化的规则，也学会了如何与其他文化群体进行交往。有评论家指出，这套方法终究只是仿真模拟，所以此类培训仍旧会与国外的实际经历有所不同。另外，那些想要了解更多文化知识的人会考虑到这种模拟与现实之间的差异，这是仿真模型的一个缺陷，也恰恰是智力模型的亮点。

- **自我感知模型**（self-awareness model）也叫人际关系模型，它基于这种假设：具备自我认识能力的学员将会更好地适应新文化，因此也可以更有效地开展海外工作。为完成预期目标，学员采取了角色扮演、敏感性训练或小组培训的方法。**敏感性训练**（sensitivity training），或者**小组培训**（T-Group）运动流行于20世纪60年代后期到70年代之间，近几年并未受到关注。这种方法包含演练，参与者会被其他小组的成员告知为什么他们的行为举止不当，比如他们看起来很傲慢、武断或者专断。这种培训方法是最受争议的，虽然有些人会觉得这些反馈很有帮助，但是其他人会因为他人探究自己的情感和情绪而感到不舒服，并视为一种威胁。一些评论家指出，美国的小组培训方法基于美国人的直率、开放和平等的价值观念。进一步说，这种方法没有给参与者提供一个分析未来情况的概念知识框架。此外，价值观方面的文化相关性和差异性也并未提及。
- **文化感知模型**（cultural awareness model）强调文化洞察力。与自我感知模型一样，它也注重情感目标和体验过程。在这种方法中，参与者首先认识到自己的价值观念，接着利用包括现实角色扮演在内的各种方法将自己与他人的价值观进行比较。虽然这种方法对学员来说没有智力模型那么熟悉，但是它更加贴近参与者会在新文化环境中遇到的情况（Moran et al.，2011）。
- **交互方法**（interaction approach）基于参与者与东道国国民或曾在东道国居住较长时间的美籍人士之间的相互交往（Moran et al.，2011）。
- **多维方法**（multidimensional approach）基于这种理念：使用任何一种单一的培训方法都不如尝试将认知、情感、行为等方面的培训方法相结合更有效率。有评论家说，综合各种途径于一体的方法有点好高骛远。该方法的支持者则认为，集成方法兼顾内容与过程、情感学习与认知学习以及文化专有和文化概况，有助于参与者为海外经历的成功做更好的准备。

随着时代的发展，非洲大陆国家的政治环境逐渐趋于平稳，非洲人民的日常生活也有了很大改善，人们的消费需求不断上涨，非洲成为充满发展机遇的市场，很多国际企业都希望在非洲打开市场。现在，很多企业将员工外派到非洲，希望他们可以实地考察当地的市场情况。对外派到非洲国家的员工进行跨文化培训是十分必要的。

一项针对外派至尼日利亚阿布贾、拉各斯、瓦里等城市的26个西方跨国公司外派员工的研究，重点调查了跨文化培训和外派员工适应性之间的关系。调查的4种跨文化培训包括：（1）一般习俗培训（单向的信息传递，如大学和管理发展中心的培训）；（2）具体习俗培训（信息的单向传递）；（3）普通实验培训（参与者通过真实生活和工作情境模拟学习一般文化）；（4）具体实验培训（参与者通过真实生活和工作情境模拟学习具体文化）。为了检验这些培训的影响，研究者考虑了3种形式的外派员工适应情况：普通适应（外派者适应国外生活的能力）、工作适应（外派者适应外派国家工作条件的能力）、互动适应（外派者与东道国其他成员互动的能力）。结果表明，上述4种形式的跨文化培训对3种形式的适应都有积极影响。

此次的研究结果表明，有效的跨文化培训确实会在某种程度上提高外派员工的适应性。这样的结果对那些疏于对外派员工进行培训的公司敲响了警钟，企业应该把外派员工的跨文化培训放在非常重要的位置。此外，该实验还表明培训的具体实验形式是其中最有效的方式，更多的国际企业可以考虑将这种形式的培训增加到外派人员的培训过程之中。

4.2.3 提供反馈和奖励

像处于母文化中的经理人一样，全球经理人同样需要反馈和奖励。其中，对外派人员的考核和奖励制度要不同于母公司，因为对外派人员的评估和奖励需要兼顾东道国文化下人们的价值观念以及分配给外派人员的特定任务。另外，评估标准必须明确，一般包括领导能力、人际交往能力、谈判技能、客户服务技能、沟通技能以及组织目标的实现等。对跨国经理人来说，评估的重要因素常常包含利润，但在有些国家，主要的目标可能就是在这个国家占据一席之地。那么在这种情况下，与东道国的重要官员建立联系以及发展紧密的个人关系就显得非常重要。在考核海外经理人时还有一个需要考虑的因素，那就是由谁来负责做这项评估。很多企业选择采用以高级人力资源管理师为首的评估团队进行考核，参与评估的可能包括上级、平级经理人、下属和客户。评估团队的负责人需要每半年对全球经理人做一次评估（Black et al.，1992）。

对全球经理人的奖励制度包括提供住房、实用物品、家具等特别津贴，生活、保健、教育、探亲、搬迁、医疗、养车、俱乐部会员费等各项费用支出。无论使用何种奖励制度，主要目标就是吸引和留住高素质员工。对外派人员来说，奖励尤其重要，因为员工需要为他们失去的东西获得补偿，比如最喜爱的食物、娱乐、家人和朋友、教育机会以及医疗保健等。此外，针对外派人员的奖励制度需要考虑公平这一点，即他们的付出和收获之间的比例关系。在东道国的管理者经常会看到同一级别的美国管理者，比较两者付出和所得之间的差别；这种情况很容易引起摩擦，并增加外派员工与本土员工之间的不公平感。来自同一个国家不同公司/政府机构的经理人/政府职员也都会产生由不公平引起的不满情绪。一位美国外派人员的妻子抱怨，她丈夫的公司做事都是一切从简，包括住房补贴、奖金和探亲假机票（仅限经济舱）等，然而，他们的朋友所在的公司却提供更高的住房补贴和高额奖金以及商务舱机票（Black et al.，1992）。

当今世界，实现全球化经营是许多企业的发展目标。企业要想在海外开拓业务，外派员工是时常发生的事情。员工的外派涉及物流、财务、人员的整合工作，同时还要兼顾人员所到地区的法规和税收、文化等方面的问题。基于这些方面的问题，德勤公司提供了一种沉浸式的服务产品，来协助全球组织和员工应对薪资合规、个税合规等挑战，从而实现无缝过渡。

德勤公司的高级经理米歇尔（Michael Mitchell）指出："外派对于雇主和被派遣者来说都是一个挑战。雇主要为此支付高昂的成本，被派遣者在异国他乡也常常感觉孤独和无助。现在，一切都将变得不同，员工和他的家人可以通过穿戴 VR 头显或者借助现代的智能设备来沉浸式地体验一系列场景，员工所需要参加到的每一个数字场景都可以通过科学技术来解决。"这种以人为本的技术变革，可以为每个员工量身定制不同的体验，从而大大缩短外派人员的适应期，同时降低企业的外派成本。

4.2.4　发挥员工的最大潜力

过去，对全球经理人重新适应母文化方面关注不足，尤其在计划外派经理人回国方面。结果，很多经理人回到美国公司之后因对职业不满而离开了公司。事实上，大约有 20%的经理人在回国一年之内离开了公司。当你意识到公司在全球经理人身上投资取得的成功时，关注回国人员的重要性就显而易见了。回国调整的规划要在外派人员离开东道国之前就开始进行。公司应该对新工作进行清晰的阐释。比如，需要掌握哪些技能和知识，外派人员回国之后要怎么做才能推动公司的发展。此外，人力资源管理人员应当最晚在经理人回国前 6 个月就开始为他们的回国做准备，准备工作主要包括提供关于母国的信息和母国一方的联系人。有关成功回国的其他建议包括提供适当的过渡费用补偿、让员工到公司报到之前有足够的时间搬家和安顿、协助员工挑选合适的住宅、向员工及其家人为他们在海外工作中对公司的贡献表示感谢（Black et al.，1992）。

一位美国回国人员结束了在加拉加斯的外派任务回到他的家乡达拉斯之后，经过一段时间的观察，得出了以下结果：之前我非常期待回国，但是现在我并没有归属感。在我离开加拉加斯之前，在公司我有专属的大办公室，而现在我与其他两个经理共用一个办公室，甚至大多数人还不知道我是谁。我的妻子也很不满意。在加拉加斯，我们的交际范围广泛；我们被邀请参加所有上层人士的聚会。我的妻子有自己的厨师、女佣、女裁缝、园丁和保姆。但是在这里，她没有朋友，也没有家用补贴。

4.2.5　返乡文化休克

返乡文化休克也是一种文化适应现象。当一个人在国外的环境生活了很久之后又重新回到原来的文化环境，就很可能体验返乡文化休克。

返乡文化休克产生的原因多种多样，阿德勒（Adler，1997）认为可能有以下几方面：

● 在国外生活、工作期间，接触到新的不同于国内的价值观和思想、行为方式，导致与原有文化中的某些部分不相适应。

● 出国期间在陌生的环境中对于自己国家的环境非常怀念，全部持有积极的态度，回国之后发现现实与预期有较大的差距。

● 不能适应在原来的工作环境中担任新的工作角色。

● 由于出国期间的文化环境不同，回国之后与过去的朋友缺乏共同语言和兴趣而渐行渐远。

蒂姆·勃兰特是美国一家大跨国公司的运营经理，他已在西班牙生活了两年。去西班牙之前，他在中国创办了一家合资公司，在这家中国公司工作过一段时间。每到一个新的国家，蒂姆都努力地学习当地的语言，以示自己至少能应对日常生活需要。

从任何角度看，蒂姆在国际业务领域都是非常成功的。丰富的国际工作经验、流利的西班牙语和汉语，以及对国外文化的了解、很强的环境适应能力都将推动他在总部的职业发展。他有时也会担心一些海外的直接输入会影响自己的职业发展。但是公司对蒂姆十分看重，认为他具备相当宝贵的国外工作经验，这些经验可以帮助他在公司的国际业务中解决各种各样的问题。原本蒂姆还会在西班牙多待上一段时间，但是总部已经安排了他的回国计划，为他专门配置了顾问，希望可以帮助他在回国后更快融入组织。

4.3 文化冲击的要素

文化冲击的要素包括文化压力、社会情感疏离和贫富差距、财务问题等。此外，人们在东道国文化和母文化中展现自我的程度差异可能导致文化适应问题，尤其是在沟通方面。

4.3.1 文化压力

进入一个陌生的文化环境会产生压力；事实上，任何类型的转换都包含心理和生理压力。为出发做准备的压力、抵达后安顿自己的压力、适应新食物的压力等甚至可能导致人产生生理疾病。同时，住房、服务、使用另一种语言进行沟通等问题都会带来额外的压力。

回国人员会学习使用各种应对技巧缓解压力。遗憾的是，一些行为具有消极影响。

比如，服用药物或喝酒也许可以暂时缓解这种压力，但这只是逃避问题，并没有应对压力的真正来源。另一种消极的应对方法就是利用食物来缓解压力，这种方法可能会带来体重的增加。积极的应对方法包括转移注意力，比如培养一个爱好或者学习一项新技能；另外还可以规划家庭活动、跟朋友和家人讨论你的问题、改变你的精神面貌。像体育锻炼和冥想这样的身体应对方法，与义务帮助他人和宗教礼拜这样的精神应对方法一样，都对缓解压力很有帮助。

一些公司发现，给未来的外派人员提供一位有在东道国工作经历的导师，有助于减少他们处于新文化环境中时一定会经历的调整过程中的焦虑感。接着，给外派人员提供居住在东道国的第二导师，能够降低学习接受新文化行为习惯带来的压力，而且有助于避免严重的商务和社交失误。

为了缓解文化压力，你可以研读这个国家的文化、学习这个国家的语言以及了解它的习俗和传统。最后，保持幽默对缓解文化压力非常重要。

4.3.2 社会情感疏离

文化冲击中能够给初到新文化环境的人带来不利影响的要素之一就是社会情感疏离，随之而来的还有与朋友和母文化分离所引起的孤独感。由于起初对诸如住房、交通和工作这些基本问题的关注可能会在一定程度上缓冲内心的情感，因此疏离感也许会延迟一些时间到来。然而，数月之后，由于你经历了社交谈话的适宜话题等诸多文化差异，那种被孤立的感觉加深了。在美国，人们对运动健身和健康饮食的关注与其他文化对这些的关注是不同的，因此，诸如此类的话题在交谈中是不合适的。同样，你可能在政治讨论中感觉不自在。因为其他文化的人不能理解给一个在国际舞台上经验不足的总统候选人投票，而不给赢得国际社会尊重的经验丰富的政治家投票背后的思维逻辑。

努力熟悉文化的细微差别，以及与来自母文化和东道国文化的人建立友谊可以缓解疏离感。报名参加语言培训班和参与有当地人参加的社会活动，能缓解新文化带来的冲击，以及为更好地理解和欣赏东道国的居民和他们的文化打好基础。

4.3.3 财务问题

由于适应新文化和回归母文化的过程都包含财务调整阶段，因此公司应当为外派人员和回国人员提供财务咨询。虽然两者的侧重点有所不同，但首要的考虑因素是一样的，那就是对财务资源的优化利用。

对外派人员的财务咨询包括与住房成本和供应有关的信息、银行业务（包括汇率）、信用卡和现金的使用，以及为携带家属的人员提供教育资助。因为大幅涨薪通常与员工接受调动的意愿相关，所以工资的浮动需要变换成当地的实际购买力。许多外派人员想要更高的生活标准，与之相关的费用包括雇用佣人和适当的礼服投入。像在市场中讨价还价这样的购买习俗也应当加以重视，同时还有一些额外的支出，如购物时花钱请人帮忙看车，雇人托运包裹，还有雇人寻找在黑市中才有的新鲜鸡蛋和肉品。另外，购买物品时以克为单位而不是以磅为单位，这是另一个需要考虑的因素。其他成本还包括为定做商品支出的额外费用，如由于没有可供穿着的成衣，而在量身定做的服装上面支出的费用。

在员工回国之前就应给他们提供相关的咨询，说明公司承认存在财务问题；同时，公司也在表明一种想要帮助员工解决问题的良好意愿。一个财务问题与购买力的损失有关。一回到美国，员工的可支配收入会下降大约 30%。对回国人员开展财务咨询的重点包括在薪水降低和丧失额外收入的情况下，寻找安居之所的成本。因为通常失去精英身份会很难接受，所以咨询应当包含讲述改变的积极面，比如花在买衣服上的钱会变少。为了使财务上的转变更顺利，有些公司提供搬迁补助。有些公司则允许外派员工提前放年假，以便他们有足够的时间找房子以及解决其他相关的问题。如今日益受到重视的另一项费用支出就是为回国人员的家属提供咨询服务，尤其是那些尚处于青春期的孩子。由于刚回国的孩子一般需要 3～4 个月来明白社会文化的转换，因此非常有必要给他们提供咨询，帮助他们顺利通过过渡期并重新适应母文化（Bird & Dunbar，1991）。

4.4　人际关系和家庭因素

人际关系问题，如配偶或其他家庭成员不能够适应新文化而带来的问题，是外派人员回国初期一个主要的文化冲击因素。家人和个人问题可以转化成文化适应问题，尤其对于孩子的年龄在 3～5 岁或 14～16 岁之间的家庭更是如此（Harvey，1985）。3～5 岁的孩子会因为完全脱离了熟悉的环境而产生很多情绪问题；14～16 岁的孩子可能在适应新的教育体制的过程中产生很多问题。青少年尤其需要社交连续性，而且常常会因为父母让自己完全脱离了原来的社交圈而心存怨恨。一定要注意让孩子们提前做好转变的准备，可以采用与他们促膝谈心的方式，让他们说出心里的焦虑和恐惧；还可以给他们提供一些与生活中预期发生的变化有关的信息。与美国的家人和朋友分离可能会导致孤独感，但同时，配偶自己也在经历适应新工作环境带来的问题，而不能腾出时间在这段艰难的调整期给予你情感上的支持。

在双职工家庭中，会有一方放弃自己的工作（通常是妻子）陪伴另一方进行工作调动，这也会造成特殊的调整问题。比如，在新的文化环境中几乎没有工作机会的情况下，怨恨和无聊有可能导致家庭冲突。孩子不满和配偶不满会给外派人员增加在异国文化中从事新工作的压力，提前回国的可能性就随之增加了（Harvey，1985）。

公司给员工提供出国前的培训，却几乎没有员工家属参与培训。但由于调整问题与整个家庭都有关系，因此让员工家属一起进行出国前培训有助于在很多情况下避免困难。

4.5　公我与私我

不同文化背景的人们向他人敞开心扉的程度也有不同。研究一个人的内心世界的方法就是透过**约哈里窗口**（Johari Window），其中的窗口代表了一个人知道和不知道的关于自己的事情，以及其他人知道和不知道的关于这个人的事情（见表 4－1）。约哈里窗口（Luft，1984）是以两位提出者约瑟夫（Joseph）和哈林顿（Harrington）的名字合并起来命名的。

表 4－1　约哈里窗口

项目	自知	不自知
人知	1. 开放区域	2. 盲目区域
人不知	3. 秘密区域	4. 未知区域

资料来源：Data from *Group Processes*: *An Introduction to Group Dynamics* by Joseph Luft. Copyright © 1963，1970，1984，Palo Alto，CA：Mayfield Publishing Company. Used with permission.

在第一个窗口，信息是共享的，表示自己和他人都知道的事情，这种信息被限定在当事人想要与他人分享的几个事实中，比如职业和电话号码，或者也可能包含大量受众所认同的无数事实或看法。第二个窗口表示他人知道、自己却不知道的信息；这就是一个人的盲区，包括他人清楚而自己并不明白的动机。第三个窗口表示自己知道而他人不知道的信息，一个人选择不向他人透露的信息可能包含过去的举止失检或者其家庭生活情况，比如婚姻状况等。第四个窗口代表一个人内心的自我，有关自己和他人都不知道的信息，这些信息深藏在一个人的潜意识当中，以至于他人和自己都没有意识到它的存在。

在与别人初次见面时，大部分人不愿更多地透露自己，即缩小开放区域，但是这常常会给他人造成错误的第一印象。为了进行人与人之间的有效沟通，我们必须与他人紧密合作，在这样的过程中扩大开放区域，同时缩小盲目区域和秘密区域。为达到这一目的，人们可以采取两个自觉行动：自我透露和反馈。自我透露指的是大方地向对方介绍自己，以减少秘密区域；而来自对方的反馈信息又可缩小盲目区域，两者相互作用的结果有助于缩小未知区域，以表现出交流沟通的基本动机。

约哈里窗口的主要衡量标准就是一个人和他人所掌握的关于自己的信息，这项标准可以转化为一个人的公我和私我。公我部分的信息可能包含一个人的工作、家庭以及对政治和社会问题的兴趣和看法。在某些文化中，比如日本，公我部分相对较小；反之，私我区域相对较大。但在美国，美国人所使用的沟通风格就显示了相对较大的公我和相对较小的私我。美国公民很容易表达他们的看法和态度，揭示自我的程度要比亚洲人高一些。美国人使用各种沟通渠道，包括更多的语言沟通和更多的非语言沟通，比如触碰。他们对于自己信息的隐瞒要少于日本人，并且交流的话题十分广泛。

日本人很少表达他们的看法或感受，肢体的接触也更少一些。美国人在公我和私我之间较少有严格的边界；他们的沟通更多地带有一种自发性，较少地掺杂形式主义的东西。正因为这种较大的公我，美国人有时会被其他文化的人们批评为过于开放和友善、太直接和太善于分析（Barnlund，1975）。

通过学习掌握其他文化的沟通风格，并对两种风格进行折中，在一定程度上能够克服有效沟通的障碍。比如，在与日本人沟通时，美国人应当避免询问带有窥探性的问题、遵守礼仪和规则、对他们的沉默表示尊重、保持幽默，并要理解推诿是他们沟通过程的自然组成部分。

文化冲击是现实存在的，必须引起跨国公司的重视。这一点一定要清楚和理解。承认文化冲击的存在，并明白它是如何对人们产生影响的，这样文化冲击的强度就会减少一些，适应新文化受到的创伤也会少一些。

文化冲击或返乡文化冲击的持续时间取决于如下要素：个人的恢复力、外派任务的长短以及出国前为了解东道国文化付出的努力。

关键词

培训区模型（area training model）
亚洲冲击（AsiaShock）
文化感知模型（cultural awareness model）
文化冲击（cultural shock）
智力模型（intellectual model）
交互方法（interaction approach）
约哈里窗口（Johari Window）
多维方法（multidimensional approach）
白金法则（Platinum Rule）
返乡冲击（reentry shock）
自我感知模型（self-awareness model）
自我效能感（self-efficacy）
敏感性训练（sensitivity training）
小组培训（T-Group）
U形曲线（U-curve）
W形曲线（W-curve）

练习4.1

说明：圈出相应的数字来表明当你处于异国文化时所经历的文化冲击的程度，这种文化冲击可能是消极的，也可能是积极的。

文化冲击的类型	程度高				程度低	无
1. 时间意识	5	4	3	2	1	0
2. 对待女性的态度	5	4	3	2	1	0
3. 手势、眼神交流及其他非语言信息	5	4	3	2	1	0
4. 气候	5	4	3	2	1	0
5. 服饰/商务正装	5	4	3	2	1	0
6. 风俗、传统和信仰	5	4	3	2	1	0

续表

文化冲击的类型	程度高				程度低	无
7. 教育体制	5	4	3	2	1	0
8. 家庭和婚姻行为	5	4	3	2	1	0
9. 财务问题	5	4	3	2	1	0
10. 食品和饮食	5	4	3	2	1	0
11. 住房	5	4	3	2	1	0
12. 缺乏现代的便利设施	5	4	3	2	1	0
13. 贫富差距	5	4	3	2	1	0
14. 社会情感疏离（缺少同种文化的人）	5	4	3	2	1	0
15. 清洁标准	5	4	3	2	1	0
16. 交通	5	4	3	2	1	0
17. 价值观和道德标准	5	4	3	2	1	0
18. 工作习惯和做法	5	4	3	2	1	0

练习4.2

说明：正确的圈 T，错误的圈 F。

1. T F 在文化冲击的第二阶段，很多旅居者通过使用药物和酗酒的行为来应对。
2. T F 可以通过慎重挑选外派工作人员来缓解文化冲击。
3. T F 白金法则说明，你怎么对待别人，别人就怎么对待你。
4. T F 智力模型或课堂模式在跨文化培训中是基本的以事实为导向的培训方式。
5. T F 文化压力可以产生心理和生理两方面的影响。
6. T F 冲击的一种来源是，外国人发现并不是所有的美国人都受过良好的教育。
7. T F 对很多住在国外的美国人来说，文化冲击的一种来源是更高的生活标准带来的财务负担。
8. T F 家庭问题是导致外派人员提前回国的一个主要因素。
9. T F 约哈里窗口表明你如何看待这个世界。
10. T F 外派人员的孩子会比成年人经历更少的返乡冲击。

问答

1. 解释文化冲击的含义。
2. 识别和讨论文化冲击的阶段。
3. 跨国公司怎样才能缓解文化冲击?
4. 找出和描述跨国公司进行跨文化培训的方法。
5. 找出生活在国外的人们可能面对的文化压力的类型。
6. 找出用于缓解压力的积极应对方法。

7. 贫富差距是如何成为美国外派人员文化冲击的来源的？
8. 哪些类型的财务调整与文化冲击有关？
9. 解释约哈里窗口与文化冲击的相关性。
10. 回国人员常常会遭遇哪些类型的返乡冲击？如何缓解？

案例

采用下列步骤分析案例：（1）仔细阅读案例，注意细节；（2）阅读案例后面的问题；（3）重读案例，留意或突出回答要用到的细节；（4）辨别案例的相关事实、基础假设和关键问题；（5）列出问题可能的答案；（6）选择最符合逻辑的答案。你的老师可能会让你以书面形式提交案例问题的答案。

案例1

拉里代表公司去往日本，而且想给日本客户留下一个好印象。所以，见面之后，他马上要求对方称呼他的名字，接着讲了几个幽默故事试图打破僵局。他带了印有他们公司标志的礼物过来，并且询问了日本的经济状况。之后，拉里发现事情的进展并不顺利，他也许有些行为失当了。你会给他什么建议呢？

案例2

卡尔和他的妻子还有5岁的儿子即将完成外派任务，结束3年的巴西生活，并计划一个月之内返回美国。卡尔将会回到芝加哥办事处继续工作。那么，卡尔和他的家人应当做些什么来避免返乡带给他们的冲击？

案例3

弗兰克所在的公司计划进入墨西哥市场，于是派他去墨西哥与胡安会面。胡安是一家墨西哥公司的总经理，弗兰克所在的公司想要同他们建立合作伙伴关系。弗兰克跟胡安约好下午2点整在墨西哥城一家饭店一起吃午饭。但是直到下午2点半，弗兰克也没见到胡安过来。当他以为自己弄错了时间或地点正要离开的时候，他碰到了胡安，但胡安并没因为自己的迟到而向他道歉。之后，胡安点了一瓶白兰地，并继续谈论当地的博物馆、教堂和其他旅游景点。弗兰克表示，他并没有时间参观当地的景点，并急于谈论他们的合作项目。白兰地端上来之后，弗兰克拒绝了，他说在这样的场合中，他不喝任何含有酒精成分的饮料。每次当弗兰克试图将话题转移到业务上面的时候，胡安就立马转到其他话题上，包括询问弗兰克的家庭和个人生活。两个小时的午餐结束后，业务问题一点都没有讨论。第二天弗兰克返回美国向他的上级报告说，墨西哥那边的公司似乎没有合作意向。弗兰克怎样才能让自己为迎接文化冲击准备得更充分一些？

案例4

贾尼斯·戴维斯是一家美国公司的销售代表，她一直非常期待外派到日本工作，因为她之前访问过这个国家一次。然而，她的期望很快就转化为一种挫败。因为所有的店面招牌都是日语，她甚至不知道该去哪儿买一把笤帚。家电使用的指示也都是日语。贾尼斯怎样才能为她所经历的文化冲击做更好的准备?

案例5

由德国人、墨西哥人、荷兰人和美国人组成了一个国际化团队。团队中的主要语言是英语。然而,德国人批评墨西哥人不为他们的项目效力,因为墨西哥人第一次开会就迟到了。那么,"效力"对这些不同文化的人都意味着什么?开始工作之后,他们发现一些成员的目标是从项目目标中抽离出来的。任务维护和关系维护发挥的作用在一个国际化团队与由单一国家的人组成的团队之间有何不同?这些成员会对团队中的其他成员有何偏见?考虑一下从这本书或其他材料中了解到的有关这四种文化的内容,然后对这种情况展开讨论。为什么这些成员要这么做?作为国际化团队的一员,每个人都必须了解什么?如果在团队内部会议中讨论每个人的信仰、行为规范和价值观,会对团队产生什么影响?

活动

1. 针对有过一次海外旅行或居住经历的人,从以下方面讨论回国之后遭遇返乡冲击的程度:

(1) 重建友谊;

(2) 调整生活方式;

(3) 调整工作;

(4) 社会生活的改变;

(5) 生活标准的改变。

2. 假设你刚刚成为公司在埃及分厂的负责人。准备一个列表,列出你预期会遇到的文化冲击的类型。

3. 在肯尼亚工作一年之后,你即将返回美国办事处。列出你预期会遇到的返乡冲击的类型。

4. 你正在审查员工提交的外派申请表。列出你会关注的员工特质,从而决定哪些人可以接受面试。

5. 进行一次在线搜索,判断哪些培训影片或材料能够用于商务人员的出国前跨文化培训。

6. 采访一位在美国之外的其他国家居住过的人。要求这个人说出他到达那个国家之后经历的文化冲击的主要类型,以及使用了哪些方法来应对。准备一页纸的采访总结,并与同学们分享你的发现。

参考文献

Barnlund, D.C. (1975). *Public and private self in Japan and the United States*. Yarmouth, ME: Intercultural Press.

Bennett，J. M. (1986). Modes of cross-cultural training: Conceptualizing cross-cultural training as education. *International Journal of Intercultural Relations*, 10 (2), 117-134.

Bird, A., & Dunbar, R. (1991, Spring). Getting the job done over there: Improving expatriate productivity. *National Productivity Review*, 10 (2), 145-156.

Black, J. S., Gregersen, H. B., & Mendenhall, M. E. (1992). *Global assignments: Successfully expatriating and repatriating international managers*. San Francisco, CA: Jossey-Bass.

Black, J. S., Gregersen, H. B., Mendenhall, M. E., & Stroh, L. K. (1999). *Globalizing people through international assignments*. Reading, MA: Addison-Wesley Publishing.

Brislin, R. W. (1981). *Cross-cultural encounters: Face-to-face interaction*. New York: Pergamon.

Broome, B. J. (1991). Building shared meaning: Implications of a relational approach to empathy for teachingintercultural communication. *Communication Education*, 40 (7), 236-249.

Chaney, L. H., & Martin, J. S. (1993, October). *Cultural shock: An intercultural communication problem*. Paper presented at the Annual Convention of the Association for Business Communication, Montreal, Quebec, Canada.

Davis, B., & Krapels, R. H. (2005). Culture shock and reverse culture shock: Developing coping skills. In S. O'Brien (Ed.), *Communication for a global society, 2005 NBEA Yearbook* (pp. 115-131). Reston, VA: National Business Education Association.

Dodd, C. H. (1997). *Dynamics of intercultural communication* (5th ed.). New York: McGraw Hill.

Dodd, C. H., & Montalvo, F. F. (Eds.). (1987). *Intercultural skills for multicultural societies*. Washington, DC: Sietar International.

Engholm, C. (1991). *When business east meets business west*. New York: John Wiley & Sons, Inc.

Ferraro, G. P. (1990). *The cultural dimension of international business*. Upper Saddle River, NJ: Prentice Hall.

Fussell, P. (1983). *Class*. New York: Ballantine.

Geber, B. (1992, July). The care and breeding of global managers. *Training*, 29, 33-37.

Harvey, M. G. (1985, Spring). The executive family: An overlooked variable in international assignments. *Columbia Journal of World Business*, 20, 84-92.

Harzing, A. W. (2002, February). Are our referencing errors undermining our scholarship and credibility? The case of expatriate failure rates. *Journal of Organizational Behavior*, 23 (1), 127–148.

Klopf, D. W. (2000). *Intercultural encounters* (5th ed.). Englewood, CO: Morton.

Klopf, D. W., & McCroskey, J. C. (2007). *Intercultural communication encounters*. Boston, MA: Pearson Education.

Krapels, R. H. (1993). *Predeparture intercultural communication preparation provided international business managers and professionals and perceived characteristics of intercultural training needs*. Unpublished doctoral dissertation, Memphis State University, Memphis, Tennessee.

Lewis, T. J., & Jungman, R. E. (Eds.). (1986). *On being foreign; culture shock in short fiction*. Yarmouth, ME: Intercultural Press.

Luft, J. (1984). *Group processes: An introduction to group dynamics*. Palo Alto, CA: Mayfield Publishing Company.

McEnery, J., & DesHarnais, G. (1990, April). Culture shock. *Training and Development Journal*, 44, 43–47.

Moran, R. T., Harris, P. R., & Moran, S. V. (2011). *Managing cultural differences* (8th ed.). Burlington, MA: Butterworth-Heinemann.

O'Sullivan, S. L. (2002). The protean approach to managing repatriation transitions. *International Journal of Manpower*, 23 (7), 597–616.

Samovar, L. A., Porter, R. E., & McDaniel, E. R. (2009). *Communication between cultures* (7th ed.). Belmont, CA: Thomson Learning.

Schmidt, W. V., Conaway, R. N., Easton, S. S., & Wardrope, W. J. (2007). *Communicating globally*. Los Angeles, CA: Sage.

Stroh, L. K., Gregersen, H. B., & Black, J. S. (2000). Triumphs and tragedies: Expectations and commitments upon repatriation. *The International Journal of Human Resource Management*, 11 (4), 681–697.

Tung, R. (1981, Spring). Selection and training of personnel for overseas assignments. *Columbia Journal of World Business*, 16 (1), 68–78.

第5章

语言

学习目标

学完本章后，你将能够：

1. 理解语言如何影响跨文化商务沟通。
2. 注意到与语言多样性相关的问题。
3. 理解数字用法的差别可能会对跨文化书面沟通产生影响。
4. 理解语言在造句、立意、观点及文化之间是怎样联系的。
5. 理解使用第二语言的局限。
6. 注意到人们即使讲同一种语言也存在语言差异。
7. 理解精确的翻译和解释对跨文化沟通的重要性。
8. 理解如何使用寓言和谚语来洞悉文化。
9. 理解萨丕尔-沃尔夫假说和伯恩斯坦假说的概念。

成功地与其他文化背景的人交流包括理解一种共同语言。没有这种共同语言，沟通将会在缺乏第三方的情况下出现问题，而这个作为翻译者或口译员的第三方，试图传递语言和非语言信息的内容。

世界上以汉语为母语的人数最多，英语其次，同时是国际商务的通用语言。如果精通他人的语言，你就能适应环境并且与他人形成和谐的人际关系。由于英语存在如此之多的变化（澳大利亚英语、英国英语、加勒比海英语、印度英语、美国英语以及爱尔兰英语），即使交谈双方用同一种语言，由于存在不同的口音、方言、地方特色，沟通的信息也往往容易被误解。不熟悉的口音也可能对有效的沟通造成障碍（Gilsdorf，2002）。

一位法国留学生在向一名中国学生学中文。在一次网络聊天中，中国学生回复这位法国留学生“23333”。法国学生很不解，便问这是什么意思，中国学生告诉他是夸他很有幽默感。在某次聚餐时，某位同学说了一件很有趣的事情，法国留学生立刻活学活用，说道：“哈哈，两万三千三百三十三”，整个场面顿时安静了下来。

以英语作为第二语言的人保留了他们的外国口音。例如，以西班牙语作为母语，以英语作为第二语言的人，常常把英语的元音发得跟西班牙语一样。比如，“e”发成了“a”，“i”发成了“e”。他们常常还把某些英语的辅音发成西班牙音。例如，“j”发成了“h”（Hoolian 发成了 Julian）。最后就是音节如果划分错误（例如 de-velopment 发成 dev-elopment），理解起来就困难了。

在墨西哥南部的一个小镇上，有一家中餐馆，主要雇用了一些中国籍的服务员，这些服务员不会讲也听不懂西班牙语。一次，有个墨西哥顾客点了 arroz（西班牙语意为米饭），服务员却听成是 rose（玫瑰），于是告诉顾客去附近的花店买（Hodge，2000，p. 153）。

语言使我们在群体中既能作为一个整体，又能互相区别开来。语言控制着我们头脑中概念形成的方式、思考的方式、认知的过程以及我们评判他人的方式。只有我们事先理解了某种特定文化中语言的重要性和复杂性，去理解像印度这样的国家为什么英语成为其官方语言才会更加容易。印度的确以英语作为官方语言，然而，在他们的小文化区里，印度人用 100 种以上的方言进行沟通。

至少在美国的环境下女士和男士的谈话方式不同。女士习惯于交际式谈话，而男士习惯于报告式谈话。女士会在谈话中寻求联系和一致的观点，从而带有较强的合作性。然而，男士在他们的谈话中趋向于个人主义并带有控制性的色彩。当男士和女士一起谈话时，男士在谈论的同时经常打断女士的谈话，只关注他们谈论的话题却忽视了倾听女士的谈话（Tannen，2001）。相反，女士在谈话中就更私人化，容易理解及产生共鸣。但她们也有比男士更多的口头语（我感觉，我认为）和不确定性词汇（也许，很可能）。此外，女士比男士更难客观地处理职场上的批评。女士常常会生好几天的气，而男士第二天就表现得好像什么也没发生过一样。比起男士，女士更容易频繁地道歉，当女士说“对不起”时，她们是为已经发生的事感到抱歉，而不是为她们的行为感到抱歉。而男士被批评时通常只有觉得有绝对的必要时才会道歉（James & Peltier，1998；Samovar，Porter，& McDaniel，2009）。处于同一文化环境下，男士和女士所说的话也会不一样。例如，在日本，比起男士来，女士会用更加温柔的声调。

数字和音乐是世界上最相近的语言。不像数学，商人不必特意关注语言的细微差别。不管沟通双方的第一语言相同还是不同，沟通双方的准确理解非常重要。语言仅仅是沟通的一部分。在非语言沟通、文化的信仰和价值观方面，如何使用语言也非常重要。

社会语言学（sociolinguistic）涉及语言方面的社会影响和文化差异。人们会通过口音、措辞和单词用法显示出阶层差别。法瑟尔（Fussel，1983）指出，具有良好教育背景和相对较高收入的美国人，不论他们生活在哪个国家都会用相似的方式说话。而使用诸如 ain't（is/are not，不是），reckon（support，估计）以及 afeared（afraid，害怕）等措辞的人常常被认为没有受过教育。

群体成员自我意识的强烈程度及他们在群体中的从属关系决定了该组成员在其他群体中如何谈话。如果某个群体认为他们是一个重要的人类文化语言学的群体（这个群体认为他们在文化上与主流群体不同，并且形成了自己的语言或方言），那么在使用多语种的环境中，他们就更加喜欢使用与众不同的语言。就经济生活、社会和语言地位而言，一种语言越是受到重视，使用这种语言就越重要。因为在其他的文化中，人们也希望通过口音、发音、用词等显示他们的阶层，当你需要选择一个翻译时，要确保这个人对你谈话对象的地区状况和语言群体了如指掌。

5.1 高语境和低语境的语言

美国人类文化学家 E. T. 霍尔和 M. R. 霍尔（Hall & Hall，1990）提出了高语境和低语境的概念。**高语境的语言**（high-context language）极少传递明确的信息，相反，这种语言中未表达的非语言的、文化方面的信息却尤为重要。在高语境的文化里（拉丁美洲、阿拉伯地区、日本、中国），人们必须在字里行间体会引申的含义。沉默经常用于高语境文化的沟通中，这样，沟通往往是间接而非直接的。当发生冲突时，必须巧妙并谨慎地处理（Samovar et al.，2009）。伯恩斯坦（Berndtein，in Funakawa，1997）把高语境的语音编码系统称为受限编码。口头陈述反映了社会关系及这种关系中的共享语境。

另一方面，美国的语言和文化就是低语境沟通群体（德国、斯堪的纳维亚半岛、瑞士等）的典型代表。在**低语境的语言**（low-context language）和文化中，信息传递很明确；为确保听者准确理解，信息可能以多种方式传递。在低语境的语言里，人们陈述的是所期望和想要的信息。高语境的语言趋向于间接性和非语言性，低语境的语言趋向于直接性和语言性。因为低语境文化中的人喜欢直接，他们很可能认为高语境沟通浪费时间。认识高语境和低语境下人们如何处理冲突非常重要。例如，美国人会提高声调，加快语速，并且清楚地表达他们的想法。与之相比，中国人就含蓄得多，他们会用肢体语言、沉默、停顿传递信息（Samovar，1997）。低语境文化下的语音编码系统采用详尽的编码准则。由于几乎没有共享的假设，低语境文化需要详尽的阐述（Bernstein，in Funakawa，1997）。

无论是低语境还是高语境的社会，如果语言和非语言之间出现理解上的分歧，要相信非语言信号，而不是实际说的话。然而，在高语境文化里，对于未经过训练的人来说非语言信号更加微妙和难以捉摸。日本人表达否定的方式就是高语境沟通的例子。日本人常以“是”来表达否定，但是通过语境、内容、回答的时间以及面部和肢体的语言可以判断所说的“是”到底是肯定还是否定的含义。这种高语境沟通的用法令外行人、不懂跨文化沟通的商人非常费解。在美国这样一个低语境的社会中，“不”的含义就是否定。群体导向的、集体主义的文化趋向于使用高语境的语言，而个人主义的文化趋向于使用低语境的语言。

一位75岁高龄的中国著名学者获得了美国东部一所大学的荣誉称号。他和妻子刚刚经历了21小时的长途飞行，从北京飞抵美国领奖。在机场，前来接机的工作人员热心地询问长途飞行是否很劳累，他回答说还可以。毫无疑问，这位学者一定是很累的，长途的飞行让他在机场和飞机上的时间已经超过了24小时。当时的情境（夜晚在机场相见、漫长的国际旅途、75岁高龄以及他那略显疲惫的目光）已经将他的辛苦和疲惫传达出来，所以，他认为自己没必要再从口头上表达出自己已经很疲惫，需要好好休息。

5.2 语言的多样性

由于语言中方言和口音的多样化，成功沟通变得更加困难。当前美国有超过311种方言正在使用，其中169种是本土语言，149种是移民使用的语言。大约17.9%的居民使用英语之外的母语，82.1%的居民以英语为母语（Languages，2008）。

语言间以及同一种语言的多样性是任意的。这些语言中有的单词没有固定的含义，只有在某种特定的文化环境下才有特定的含义。例如，单词business在美国意味着我们在制造和交换商品时如何做出选择。而在其他语言里，人们用不同的词语表示business这一含义，如shobai，bijinesu，shigoto，enterprise，comercio以及negocios。英语中也存在business的同义词，如commerce，trade，enterprise。

语言的多样性会导致经理人员和应聘者的沟通出现问题。评价应聘者英语技能的正确方法是什么？经理人员必须弄清楚英语技能对这个岗位究竟多么重要。讲好、写好英语对提升工作绩效或许有用，也或许没用。这就需要对每个职位所需的英语技能一一做出评定。

即使对方所说的就是你的母语，你也要十分注意。比如，英国人和加拿大人都讲英语，但是，只有部分加拿大人遵循英国人的拼写方法。在加拿大和美国的一些地方，当地人的口音几乎无法识别。例如把again发成uh-GAIN，been发成bean等。1/5的加拿大人以法语作为母语（Bosrock，1995b）。

其他由语言多样性引发的问题还包括外国人在工作中使用其母语，而这一做法在本国人看来却是不合适的。尽管外国人使用母语的初衷可能是想更容易地表达他们的想法，但这种行为最终被理解为在交谈中刻意排除本国人，因而被视为极其粗鲁的行为。对于同一文化信念，其表达方式在不同文化中也存在差异，具体如表 5-1 所示。

表 5-1　文化信念在不同文化间的表达

文化信念	国家或地区	谚语
时间	美国	时间就是金钱。
	中国	水滴石穿。
率直	墨西哥	只有小孩和醉汉会说真话。
	阿拉伯	如果曾有一次悔恨我的沉默，那我会因我的唠叨悔恨多次。
谦虚	日本	枪打出头鸟。
	韩国	好狗不吠。
集体主义	阿拉伯	我的哥哥对付表弟，我的表弟对付陌生人。
	印度尼西亚	人要同时承担轻、重两种负担。
年龄的价值	土耳其	容颜易逝，智慧永存。
	尼日利亚	长者代表上帝的声音。
权力距离	罗马尼亚	如果每个人都充当上帝的话，世间就没有完美的协议存在了。
	中国	没有金刚钻，别揽瓷器活。
命运	阿拉伯	天有不测风云，人有旦夕祸福。
	中国	智者若水，随遇而安。
风险	韩国	哪怕它是一座石桥，也要确保安全。
	阿拉伯	只有蠢人才会用两只脚试水深。

5.3　数字语言

全球沟通中，数字的用法对书面沟通会造成特殊的问题。比较典型的一个问题就是全世界小数点的用法并不是一样的。美国的 34.5 在欧洲就变成了 34，5。小数点在欧洲也用于分隔千位数。例如，欧洲的 8.642 就等于美国的 8 642。有些国家，小数点位于顶部和底部数字之间等距的临近数字旁（如 34 · 5）。另外一个令人费解的地方就是 10 亿和万亿的差别，在美国、俄罗斯、法国、意大利、土耳其、巴西、希腊，10 亿有 9 个零（1 000 000 000）。在俄罗斯、意大利和土耳其，10 亿被叫作 10 万万。而在德国、澳大利亚、荷兰、匈牙利、瑞典、丹麦、挪威、芬兰、西班牙、葡萄牙、塞尔维亚、克罗地亚以及南美洲的一些国家，10 亿有 12 个零（1 000 000 000 000），正好等于美国的万亿。尽管英国政府 1974 年就声明所有的政府报告和统计数字都使用美国的 10 亿数字标准，实际中还是需要仔细检查英国的数字（Names of big numbers，2004）。美国其他数字书写标准的有趣变化包括：1 可能写得像 V；7 可能写有跨越中部的斜线，因而很容易被误认为是 Y 或者 4；8 可能从底部的圆圈开始写而不是从顶部开始写；0 很可能被写成交叉的样子（Bermont，2004）。

5.4 非正式与可选择的语言

在美国，非正式语言通常采用俚语、方言、首字母缩略词、婉言、行话的形式。共同文化中可选择的语言通常采用行话、俚语的形式，它们可产生不同的功能。从事非法活动的人可能用他们特殊的语言隐藏自己以防被逮捕。可以选择的语言也使特定群体更易识别身份并具有凝聚力（Samovar et al.，2009）。

非正式语言来自很多地方，包括军队、运动会、电脑、法律、工程等。在跨文化沟通中必须谨慎使用非正式语言，因为可能会产生误解。

俚语（slang）包括习语和其他的非正式语言。底线（bottom line）和回到起点（back to square one）就是商务俚语的例子。俚语偶尔会被来自其他文化的人误解，这种情况下，结果会比较糟糕。

> 有这样一则笑话，一个美国人在汉语等级水平测试中遇到一道听力题：小张和小李在屋子里正谈论小王，这时小王推门进来了。小李说："真是说曹操，曹操到。"请问是：(a) 小张到了；(b) 小李到了；(c) 曹操到了；(d) 小王到了。据调查，90%的外国考生都选了（c），当得知正确答案是"小王到了"，他们百思不得其解，很纳闷：明明题目说的是曹操到了怎么会是小王到了呢？这个中国小学生都会的题目在外国人那里却成了"老大难"。为什么会出现这种情况？归根结底还是外国人在学习汉语时对中国传统文化的理解不够深入，不能很好地理解中国俚语的含义。

方言（colloquialism）是与一个国家特定地区相关的非正式单词和短语。诸如"y'all"（you all，你将），"pop"（soda，苏打），"ain't"（is/are not，不是）都是方言。**首字母缩略词**（acronyms）来自首字母或者短语中的单词首字母群，这些字母的发音就像一个单词。诸如 RAM（random access memory，随机存储器），BASIC（beginner's all-purpose symbolic instruction code，初学者的全方位符式指令编码），Fortran（formula translation，公式翻译），OSHA（Occupational Safety and Health Administration，职业安全与健康管理局）都是首字母缩略词。所有缩略词都发每个单词首字母的音，如 CEO（corporate executive officer，首席执行官），CAR（computer-assisted retrieval，计算机辅助检索），OJT（on-job-training，员工在职培训）等。**婉言**（euphemisms）是使用较含蓄的语言表达各种强烈的、难以启齿的话语。这需要使用委婉的手法处理忌讳的词语。诸如 to pass or pass away（死），senior citizens（老年人），customer service department（投诉部门），human relations（人事部门）等都是婉言。**行话**（jargon）是用于特殊群体专门的术语，如工程师、青少年、医生。诸如 on the ball（完全掌控），oiled（突然变得富有），byte（一串二进制字节）等都是行话（Ferraro，2010）。

其他的商务表达如下（DeVries，1994）：

- 玩忽职守：疏忽的（asleep at the switch：inattentive）。
- 让步：驾驶时调整停车位或速度（back off：moderate your stand or speed if driving）。
- 一鸣惊人：巨大的成功（blockbuster：great success）。
- 直截了当地：突然地、毫无征兆地（cold turkey：abruptly，without warning）。
- 割喉：严酷的（cutthroat：harsh）。
- 食言：反悔（eat one's word：retract）。
- 垃圾：废话（garbage：nonsense）。
- 起步：成功地开始（get off the round：start successfully）。
- 看穿某人：知道某人的底细（have someone's number：know the truth about someone）。
- 解雇：免职（kiss-off：dismissal）。
- 错失良机：失去机会（miss the boat：lost opportunity）。
- 小菜一碟：容易的事情（piece of cake：something easy）。
- 有印象：耳熟（ring a bell：sound familiar）。
- 微不足道的：便宜的、俗气的（two-bit：cheap，tacky）。
- 繁文缛节：经过很多步骤完成（red tape：many steps to completion）。
- 底线：盈利或亏损（bottom line：profits or loss）。
- 约数：估价或接近的数据（ballpark figure：an estimate or amount that is close）。

选择性语言一般始于群体的小组织，用于在大众中区别他们自己，并决定谁是群体的成员。隐语和黑话就是选择性语言的例子。

隐语（argot）是用于非职业性、非犯罪性的词汇。比如，卡车司机用术语 smoky（冒烟的）表示公路巡逻。马戏团工作人员用术语 dig（把手伸入）表示扒手（Klopf & McCroskey，2007）。

黑话（cant）是不良群体所用的词汇，如贩毒分子、黑帮、娼妓及杀人犯。犯人使用的表达方式包括 doing a stretch（监狱服刑）和 a pardon（赦免状）。娼妓使用术语 gorilla 表示对她们暴力相向的人，使用 outlaw 表示没有情夫的妓女。黑帮使用术语 homegirl 表示帮派周围挂着枪的女孩，使用 claim 表示帮派成员认为该地区是他们的领土（Klopf & McCroskey，2007）。

有些美国人常常使用的非标准的美国英语称为**黑人英语**（ebonics）。例如，单词“bad”用来表示最好的。尽管有的人把黑人英语当作一种语言，其他人却认为它是一种方言。

社会性的方言是语言中非常具有趣味性的一部分，与文化背景和经济背景有着千丝万缕的联系，其中一个典型的代表就是校园语言，在众多的社会语言中也显得极具趣味性。现在常见的一种校园学习状态就是，学生平时吃喝玩乐，一到考试就临时抱佛脚（Let's go hit the book），考完以后经常和室友吐槽自己的考试状态“我的脑子一片空白”（I'm completely clueless）。

5.5 语言互动的形式

语言互动的形式包括语言斗争、妙语如珠的对话、典礼会话及自我透露。**语言斗争**（verbal dueling）就像制胜绝招一样，目标是看谁在友好的辩论中获得优势，而不是传递需要的信息。竞争性对话通常用来开玩笑，但也在非激进的社会里用来缓解敌意。不熟悉语言斗争的人往往会误解正在进行的谈话中的微妙情况。在美国，城市里的男性黑人青少年会进行被称作“同某人互相辱骂对方的亲友”的竞赛。这种语言斗争开始于一个少年辱骂其竞争对手的家庭成员。对手可以选择不玩，但是该对手通常会以辱骂叫嚣者本人来进行反击。当青少年一方变得厌烦或获胜时，这种语言斗争就结束了（Ferraro，2010）。在德国、法国和英国，政治是适合语言斗争的话题。语言斗争也发生于体育赛事中，如争论哪队比较优秀或者哪队将赢得比赛。在商务环境中，语言斗争可能出现在群体决定进行新的广告活动，而群体成员对于哪个广告最好的看法却不一致时。许多时候，当公司面试职位候选人，决定谁是最佳人选时也会发生语言斗争。

妙语如珠的对话（repartee conversation）是一种在聚会中频繁轮流演讲的会话，通常在演讲的前几句之后就开始。演讲者往往先讲一小会儿而后倾听其他人简要地讲话。妙语如珠的对话是美国人喜爱的交流形式，如果他人讲太久，他们就会比较恼火。相比之下，非洲人和阿拉伯人就趋向于长时间讲话。

法国人重视卓有成效的沟通，因此妙语如珠的对话备受推崇。在法国，讲话的技巧对外国人非常重要，因此他们必须流利地讲法语以有效进行沟通（Hall & Hall，1990）。

典礼会话（ritual conversation）是以文化为基础，在特定场景下做出的标准回答和评价。在美国，交流是表面上的，所说的话语几乎没有深意。实际上美国人对了解他人、透露他们的情感及个人信息并不感兴趣，因此不会在典礼上以这样的方式与到场的人打招呼。相反，拉丁美洲人在典礼上喜欢长时间谈论健康和其他个人信息。阿拉伯人喜欢在典礼上向真主祈求虔诚的心愿，但是他们避免谈论个人情况。

自我透露（self-disclosure）是另一种相互交流的形式，通过向别人讲述自己使他们更好地了解你。文化决定了一个人愿意向他人透漏信息的多少。在美国，由于缺乏个人信息，需要了解合作商信息的外国人对此非常困惑。如果某种文化环境下，人们认为发展友谊的需要先于商业行为，那么他们与美国人做生意就会非常困惑，因为美国人在交朋友方面被认为是不忠诚的。

5.6 线性的和非线性的语言

语言的线性和非线性方面涉及文化的思考方式，它们表明了人们在特定环境下是如何思考和沟通的（Tsunda，1986）。

线性语言（linear language）是目标导向的，逻辑上有始有终。像英语这种线性语言，着眼于时间在现在、过去和未来的连续性。这种观点影响了美国的沟通方式和商业行为，短期计划就是这种商业行为的例子。

非线性语言（nonlinear language）是循环的、传统导向的以及主观性的语言。像汉语这种非线性语言，把时间看作循环的，把季节看作永远重复的模式。非线性概念在中国和日本的长期计划以及日本信件开头的季节性问候中非常明显。短期在亚洲并不重要。比如，在美国一个持股人遇到短期问题就会想转让公司所有权；而在亚洲，人们则会考虑公司的长期状态并继续持有股票。

在跨文化商务情境下，人们在谈话中的回答以他们线性或非线性的语言导向为基础。在美国，给出的线性解释就像回答“为什么”这一问题的答案。而在日本，却会给出更多与线性无关的解释。日本人会先讲述会发生什么再设想为什么会发生，而美国人则先回答为什么会发生再设想会发生什么。例如，一个美国经理问日本员工生产为什么中断，经理人员期望得到直接的解释，如零件发生缺陷；日本员工却会给出冗长、详细的非线性解释，包括这个缺陷是什么以及其他相关的详细信息。由于日本员工回答的是哪里发生缺陷而不是经理所想知道的为什么会发生，沟通障碍就这样产生了（Tsunda，1986）。

受西方文化熏陶的人们惯用的思维是线性思维，并且以此为基础进行因果推理。在这种思维模式的影响下，西方人在沟通和交流时感情的表达往往较为直接。在表明自己的观点时通常按照亮明观点，点明主题，说明条件、原因的顺序进行，追求有理有据。西方人高度重视逻辑推理，注重在逻辑推理中认识、了解事物。因此，西方人讲话，句子不论长短，主谓必不可少。

如用英文表达“足球是一项高难度运动”这个观点并给出支持理由，可以表述成：“Soccer is a difficult sport. A player must be able to run steadily without rest. Sometimes a player must hit the ball with his or her head. Players must be willing to bang into and be banged into by others. They must put up with aching feet and sore muscles.”（足球是一项高难度运动，球员必须能够无休止地持续奔跑，有时，他们必须用

头部击球。球员之间也会相互撞击身体，他们必须忍受脚部疼痛和肌肉酸痛。）这样把观点放在句首，体现了西方人在写作中的线性思维。

亚洲人讲究整体思维和主题思维，进行关联推理。在中国，你一定不能把钟表当礼物送给他人，因为“送钟”与“送终”同音，这是非常不礼貌的行为。在中国，无论一个梨子是大是小，都不会切开与亲友共同享用，因为“分梨”与“分离”同音，中国的传统文化十分追求家庭的团圆美满。过年时，中国人习惯吃元宵（汤圆），因为“元”同音“圆”，意味着新的一年团团圆圆。这些习俗在西方人的眼里却没有别的意思。东方人在语言使用上讲究的是意义的关联，没有形式上的线形衔接。

亚洲人和西方人在说话时有大不同，亚洲人习惯于先叙述事情的背景和条件，然后叙述事件的过程，最后才进行“点睛”得出自己所需要的结论。这样的叙述思路和西方是相反的。

5.7 词汇等价

由于语言会受到文化各个方面的影响，用一种语言精确地翻译另一种语言的所有单词是不可能的。例如，在某种语言中用爱可以表示对人的爱、对宠物的爱、对物品的爱（见图5-1），但是在另一种语言中就可能用不同的单词来区别不同类型的爱。

图5-1 词汇等价

存在很多词汇不等价的情况，包括由语言习惯的等价、语法习惯的等价、经验习惯的等价以及概念等价造成的问题。

英语以极端为基础，例如远和近、重和轻、高和低、好和坏、宽和窄、年老和年轻以及长和短。这些概念的不等价会造成误解。描述处在极端之间的词可能存在也可能不存在，这就迫使人们用英语表达极端目标。葡萄牙语在极端之间就存在很多词汇，然而当葡萄牙语被翻译成英语时，只有极端词汇能被译出。当用英语翻译时，可能并不存在等价词汇，因此葡萄牙语中的很多内容将被忽略。葡萄牙语问题“纽约在哪个方位?”（Qualéa distancia a New York）就变成英语问题“去纽约有多远?”其实葡萄牙语实际上在问纽约的空间方位以区别英语中远和近这两个极端（Stewart & Bennett，1991）。

下面是一个语法习惯等价的例子。戴维，一个虔诚的天主教信徒，从美国明尼苏达州南部开车前往墨西哥，以庆祝罗马教皇到墨西哥访问。战胜了紧张的情绪，戴维开过墨西哥的街道并大喊道：“教皇万岁！教皇万岁！”（¡Viva la papa! ¡Viva la papa!）戴维新交的墨西哥朋友虽然分享着他的快乐，却认为改正戴维的西班牙语错误不礼貌。墨西哥友人解释说：“‘罗马教皇’（pope）在西班牙语中的含义就等于马铃薯。”因此戴维实际上在喊“马铃薯万岁”（long live the potato）（Bosrock，1995b，p. 40）。

同音异义词（homonyms）是听起来相似但有不同含义的词，在我们学习新语言的时候很容易造成困扰。汉语在这一点上尤其困难，因为即使词语的发音相同，声调和音高的不同也能改变整个词语的含义。在语系的一派（如传奇文学语言）中，拼写相似并且有时发音也相似的词语，含义可能非常相近，也可能非常不同。在跨文化沟通中假定语义相似的代价很高，而且易带来理解的困扰（Ferraro，2010）。

听起来像吗？在美国亚利桑那州斯科茨代尔市，查克·布莱森详细讲述了他用西班牙语在马德里餐馆点餐的经历。“我点了洋葱（cebolla），服务员愤怒地看着我说，‘我们这里并不提供马肉’。我认为我当时讲的 cebolla 是洋葱的意思。”（Schmit，Richards，& Swingle，1993，p. 5E）

由于不存在某种想法或事物，语言中没有这种词语，经验习惯的等价就在翻译中出现了。如百货商店、购物商城或者冲浪等词汇就经常翻译得不是很好。

在中国，各种社交媒体迅速发展，催生出一大批网络流行用语。常见的网络流行用语有：

- SZD。由“是真的”拼音首字母组成，意思即为“是真的”。
- 23333。最初来源于猫扑论坛，其中一张捶地大笑的表情包的编号是第233号，后来网友们在聊天的时候遇到好笑的事情就习惯于用“23333”来指代那张表情包，意思就是“你真幽默，我被你逗笑了”。

● 北京市第三交通委提醒您：道路千万条，安全第一条。行车不规范，亲人两行泪。(Beijing No. 3 Transportation Division reminds you: Roads are countless. Safety is foremost. Unregulated driving, loved ones end up in tears. /Roads are countless while safety is the first one. Unregulated driving, relatives end up in tears.）出自中国电影《流浪地球》。

● 我酸了 (I'm getting jealous)。“我酸了”是2019年出现的一个网络用语，简单来说就是我羡慕了的意思。“我承认我酸了”意思是我承认我嫉妒和羡慕。这里的“酸”并不是原来的本意，所以不能直译成“acid, sore, sour”，而应该意译成“jealous, envious, green with envy”。

5.8 寓言和谚语

寓言（parable）是用故事的形式表达真理或道德教训，**谚语**（proverb）是用俗话的形式表达普遍的真理。寓言和谚语用简单和具体的方式阐述真理并教会听众其中的道理。

寓言和谚语能帮助你更好地理解一种文化，并判断这种文化是群体导向的还是个体导向的。寓言和谚语还能帮助你理解文化中向往和不向往什么，以及文化中哪些被认为是正确的和错误的（Ferraro，2010）。

美国谚语“无声无息，亦无所得”意为脱颖而出的人就是最重要的并将受到奖赏。日本谚语“枪打出头鸟”表达了他们的一种信念：团体比个人更加重要——这种观念意味着没有人脱颖而出或比别人更重要。

寓言和谚语包含了文化性质的重要信息，例如这种文化是同理心文化还是冷漠文化。

以下是精选的文化谚语。

美国谚语

“早起的鸟儿有虫吃。”(The early bird gets the worm.)
“勤俭节约，吃穿不缺。”(Waste not, want not.)
“有钱人说了算。”(He who holds the gold makes the rules.)
“一分预防胜过十分治疗。”(An ounce of prevention is worth a pound of cure.)

中国谚语

“天上不会掉馅饼。”（Man who wants for roast duck to fly into mouth must wait very，very long time.）

“种瓜得瓜，种豆得豆。”（He who sows hemp will reap hemp，he who sows beans will reap beans.）

“己所不欲，勿施于人。”（Man who says it cannot be down should not interrupt man doing it.）

“授之以鱼不如授之以渔。”（Give a man a fish ，and he will live for a day；give him a net，and he will live for a lifetime.）

德国谚语

“贫富皆由自己。”（No one is either rich or poor who has not helped himself to be so.）

“害怕做太多的人总是做得很少。”（He who is afraid of doing too much always does a little.）

“路走错了，跑步又有何用?”（What's the use of running if you're not on the right road?）

日本谚语

“沉默是金。”（Silence is golden.）

“静水流深。”（Still water runs deep.）

“聪明人听一句就明白意思。”（A wise man hears one and understands ten.）

“韬光养晦。”（A wise hawk hides his talons.）

其他谚语

“口说无凭。”（Words do not make flour.）（意大利）

“想吃坚果的人不会在乎打破果壳。”（He that wishes to eat the nut does not mind cracking the shell.）（波兰）

“既然可以利用时间，为什么要荒废时间?”（Why kill time when one can employ it?）（法国）

“不义之财必散。”（Wealth which comes in at the door unjustly，goes out at the windows.）（埃及）

5.9 谈话禁忌

谈话禁忌（conversation taboos）是与特定文化或群体中的人谈论时被认为不合适

的话题。鲍德里奇（Baldrige，1993），布兰甘尼和迪瓦恩（Brangani & Devine，1992），以及迪瓦恩和布兰甘尼（Devine & Brangani 1991，1995，1998，2000）讨论了文化上偏爱的会话主题以及谈话禁忌。与他人开始商务往来之前，见面常常包含一些寒暄，因此事先知道哪些话题合适、哪些不合适是非常重要的（寒暄作为商业和社会习惯将会在第9章详细讲述）。

在美国，寒暄最受欢迎的话题是天气或者对物理环境某些方面的评价，例如会议室的布置、建筑景观的美化及位置等。在稍后的会面中谈及的话题包括喜爱的饭店、电视节目、参观过的城市及国家、某人的工作、娱乐兴趣和爱好以及新闻等。美国人被教育要避免讨论的话题有宗教和政治，即使在家庭环境中也不可以，因为它们饱受争议。在美国，家庭成员常常信仰不同的宗教、分属不同的政党。避免谈论此类话题可能导致其他文化中的人误以为美国人不能理智地谈论任何比天气和运动更加复杂的话题。

有些话题因涉及个人隐私而避讳谈论，如某人或其家庭成员的健康状态、物品的价格、工资情况及个人的不幸遭遇。美国人接受过教育，不会去询问他人的敏感话题，如年龄、体重、头发颜色等。

然而，在美国被认为不合适的话题可能在其他文化中被认为是合适的。例如，德国和伊朗就完全接受人们之间谈论甚至争论政治问题。在说西班牙语的国家中，第一次见面时询问某人及家庭成员的健康状况就被认为是合适的。相反，沙特阿拉伯人认为初次见面时询问与家人有关的问题是不合适的。

在中国文化中谈论“性”是一个禁忌。在人们的日常生活中不会很直白地去谈论性话题，例如人们更习惯于用“夫妻生活”或者“同房”来替代“性生活”这一表达。在西方的文化中，人们对于性话题的讨论度很高，并不会在日常交谈中刻意避讳，人们常常会使用“sexy”来赞美对方。

与来自其他文化的人进行交谈的大致指导方针如下（Baldrige，1993）：

- 避免谈论政治和宗教问题，除非对方先谈及这个话题。
- 避免谈论非常私人的问题，包括“你做什么工作”。
- 保持谈话内容的积极性，避免询问暗含批评的问题，注意问题的措辞以使他们用积极的方式回答。
- 避免开种族玩笑，这有可能冒犯别人。

遵守好的规则就是在与别人沟通时减少暗示。让对方先提出谈论的话题，尤其是涉及文化敏感话题时。在多样性话题方面做一个优秀的倾听者并掌握足够的信息可以提升你的谈话技能。

表5-2总结了部分国家的合适和不合适的谈话主题（Brangani & Devine，1992；Devine & Braganti，1991，1995，1998，2000）。

表 5-2 不同国家中合适与不合适的谈话主题

国家	合适的话题	不合适的话题
澳大利亚	职业、汽车、滑雪、音乐	钱、宗教、离婚/分居
法国	音乐、书、运动、戏剧	商品的价格、人们的工作、收入、年龄
德国	境外旅游、国际政治、爱好、足球	第二次世界大战、个人生活
英国	历史、建筑、园艺	政治、钱/价格、马尔维纳斯群岛战争
日本	历史、文化、艺术	第二次世界大战
墨西哥	家庭、社会关注的事	政治、债务/通货膨胀率、边界侵犯
沙特阿拉伯	足球、境外旅游	个人家庭事务、政治
南非	天气、国家的美景、职业	个人问题、政治情境、种族差异

5.10 语言的性质

根据克洛普弗和迈克罗斯基（Klopf & McCroskey，1978）的说法，语言是“一系列的声音，当这些声音像符号一样结合起来就获得了含义”（p. 178）。对大多数人而言，语言是我们与其他人沟通的手段。语言的性质取决于与语言各个方面有复杂关联的人。例如，**语言学家**（linguists）研究语言的语音方面，并通过说话人发出及听者获得的声音定义语言。**语义学家**（semanticists）研究词语的意义以及它是从何、怎样发展的。**语法学家**（grammarians）研究语言是怎样规定的以及它的语法形式、根源和结局。**小说家**（novelists）认为语言是一系列词语的组合，用来制造和谐的声音以及产生符合逻辑的效果（Klopf & McCroskey，2007）。

5.10.1 句法规则

句法规则（syntactic rules）规定了单词在句子中是如何安排的。不同的语言变化不一。英语、法语及西班牙语主要遵循主语/动词/宾语的顺序，日语和韩语遵循主语/宾语/动词的顺序，希伯来语和威尔士语遵循动词/主语/宾语的顺序（Klopf & McCroskey，2007）。

5.10.2 感性含义和语言风格

不同的词语传递不同的感性含义。**指示性含义**（denotative meanings）是定义上的含义，例如一类螃蟹的名称：日本蜘蛛螃蟹。**内涵性含义**（connotative meanings）是感情上的含义，如阿拉斯加王者螃蟹（尽管阿拉斯加王者螃蟹也是日本蜘蛛螃蟹，但它有更加积极和吸引人的名称）。**比喻性含义**（figurative meanings）是描述性的含义，如一命呜呼（kicking the bucket）（Klopf & McCroskey，2007）。

语言风格随文化而变化，如表 5 - 3 所示（Klopf & McCroskey，2007）。

表 5 - 3　不同国家的语言风格

种族群体	语言风格
日本	● 他们交谈时对别人的话不予回答，强调的是非语言沟通，所以他们不会去倾听。 ● 他们喜欢少言寡语的人并重视沉默。 ● 在谈话的开头喜欢为他们要说的内容找理由，不愿意为所说过的话道歉。 ● “是”这一词语有很多不同的含义。
墨西哥	● 对于美国人而言，他们似乎太戏剧性和感性。 ● 他们超越并且美化事实，雄辩的口才令人佩服。 ● 他们喜欢使用昵称，使世界变得更小、更亲密，给单词添加后缀以减小其重要性。 ● 他们似乎不太真实，他们的基础理论中涉及两种真实：客观上的和人际关系上的。墨西哥人希望人们及时行乐，当被询问方向问题时，即使不知道答案也会创造答案以显得很乐于助人。
中国	● 他们使用模糊的术语或双重否定，即使批评也是间接的。 ● 和谐非常重要。谈判中，中国人用重复的方式来表明他们的立场。没有经过群体讨论，他们不会改变观点。 ● 他们谦虚。
阿拉伯	● 他们鼓励雄辩及辞藻华丽的散文。兴奋的时候他们啰唆、重复并愿意呼喊。 ● 对于巨大的影响，他们通过敲桌子和做威胁性的手势强调需要注意。 ● 他们认为发誓、诅咒、使用猥亵之语具有冒犯性。 ● 他们喜欢谈论宗教和政治，但避讳谈及死亡、疾病、灾难，情感的话题也比较忌讳。 ● 直接在会议上使用姓名，但会习惯性地加上“先生”或“女士”。
德国	● 在德语中，动词常常置于句尾。在口头沟通中，德国人不会开门见山。 ● 德国人诚实并且直接，他们坚持事实。他们属于低语境文化中的人，什么都详加说明。 ● 德国人除了亲密朋友（很少有的）一般不使用名。 ● 德国人不喜欢寒暄，他们在各种话题上的谈论都是严肃的。避免谈及私人生活的话题。
美国	● 有些词语对同一年龄的人具有特殊意义。 ● 男士比女士会更频繁地讲话，女士更加感性，经常使用诸如可爱的、亲爱的、糟糕透顶的等词语。 ● 种族差异及共存文化差异存在于语言风格中。

5.11　翻译问题

翻译语言的时候，很可能丢失本意。错误可能很可笑，代价也很高。一点一点写下来进行翻译就失去了非语言提示的优势。相信你也更愿意得到逐字翻译而不是逐字解释吧。

> 阿克斯特尔（Axtell，1994）指出了美国的许多翻译问题：(1) 通用汽车的“Nova”（新星）翻译成西班牙语就是“走不动”；(2) 伊莱克斯，瑞典的制造商，使用“Nothing sucks like an Electrolux”（没有比伊莱克斯吸尘器更强劲的了），之所以失败是因为“suck”（吸附的）在美国的俚语中具有负面意义（糟糕的）；(3) Bic笔最初被其法国制造商叫作Bich。

一种语言中的词语或概念在另一种语言中可能没有精确对应的词语或概念。所有语言的动词时态不尽相同，很多动词有多重含义。例如在英语中，动词get（得到）还有买、借、偷、租、挽回等含义。当某种语言成为人们的第二语言时，俚语、婉言以及文化思维方式就会引发问题。

反向翻译（back translation）就是把一种语言翻译成另一种语言，再由另一个人翻译成原来的语言，进而判断翻译是否等价的书面工作。

群体决策支持系统（group decision support system，GDSS）是一种提供翻译援助的软件，这种聊天软件允许人们通过翻译软件进行沟通，允许参与者用自己的语言同时对一个话题进行评论、对评论顺序进行排名、对评论进行投票。人们用自己的语言参与沟通，此时自己的语言被翻译成对方的语言，对方也是如此。不能直接翻译的词语被打上引号，警示读者可能存在翻译问题。袖珍翻译软件也可以用来学习和理解其他语言。

在美国需要口头解释或书面翻译的人可以联系当地能够胜任翻译工作的大学或者查阅翻译词典（美国翻译协会出版，http://www.translation-dictionary.com）或者华盛顿的美国翻译协会。现场翻译的价格按小时或按天算，书面翻译按单词和翻译材料的性质收费，有时书面翻译是同意收费制度。美国翻译协会（ATA）的语言服务热线为800-225-5254，其网址为http://www.atanet.org，提供每周7天、每天24小时、超过150种语言的专业服务。

5.12 使用口译员

口译员多使用口头词语。为了在谈判中发挥作用，口译员必须是双语的、双文化的，彻底熟悉双方的文化，并且能在各种环境下正确使用词语的含义。他们应该掌握特定领域中使用的专业术语，并与其提供翻译服务的团体成员有种族相容性（Samovar et al.，2009）。然而，东道国提供的口译员经常是懂双语的但不精通双方文化，也不太理解他们自己文化中的商务知识，对对方文化的了解或许就更少了。当然，他们还是忠于雇主的。当一个口译员不太精通双方文化时，他的想法、感觉和翻译都会按照他们的母语思维方式形成，而不会按照对方的语言模式形成。在国际谈判中使用口译员时，疏忽否定的含义可能使同意变成不同意。口译员水平的高低可能会决定谈判的成败。

很多企业的管理者表示，一名既精通技术又精通外语的人才是重要的人才。中国某企业在一个海外的营销项目中，经过团队两年的努力，距离竞标成功只差一步，对方的CEO已经批准了这个项目，最终却被技术人员否决。原因是在他们的竞标书中，雨刮器（wiper）被翻译成抹布（rag），这是典型的直译，让对方的技术人员觉得这家公司的团队非常不专业。在英语中“雨刮器”为“windshield wiper”（简称wiper），其中的“windshield”意为“挡风玻璃”，而“wiper”的原意就是“rag”。由此可见，对于某些不懂技术的译者来说将“雨刮器”译成“windshield rag”或者“rag”，是极有可能的。

很多美国商务旅客希望每个人都讲英语，这样他们就不会被迫使用口译员。尽管人们可能以英语作为第二语言，除非他们精通双文化，否则他们和美国商人的想法也会不一致。因此，一个口译员非常容易误解美国商人的英语，并在翻译回英语时错误地陈述事实。除非旅客意识到可能存在的误解并提出额外的问题，否则他们就会留下错误的答案和概念。

偶尔一个口译员为了处理潜在易变的情况，可能会机智地改变信息，正如以下例子所阐明的。

在一次国外的文化交流活动中，捏泥人的赖师傅受邀参加，许多看他表演的人都会问他捏泥人的原材料是哪里来的。老师傅就介绍说：“这些泥人的材料都是我从家乡带过来的，都是从水稻田里挖出来的，捏泥人正合适，在我手里这些泥可以被捏出各种花样。你们这边的泥不好，不听我的话。”这一段话如果直译，口译员觉得内容不妥，故把原话后面部分译成：“But I'm very sorry to say, the earth here is not suitable to make the clay figures. It just doesn't listen to me, although the people here are so friendly.”在座的人听了不但不恼反而善意地笑了起来。

使用口译员时，记得和他们一起审查你的备忘录、幻灯片、报告或者任何开会前所带来的东西。使用双文化口译员的优点就是如果不确定下一步该做什么，你可以提问。双文化口译员还能向你警示他可能预见的问题。应该允许口译员使用字典，并给予他们足够的时间阐明观点。尽量不要在口译员翻译的时候打断他。应多使用图片支持报告，但应允许双文化口译员检查它们以防冒犯他人。记住避免讽刺和挖苦，因为它们极难翻译。尽量用多种方法陈述观念以确保你提出的观点被准确地理解。

某口译员为一合资企业的中、日、美三国谈判做英语翻译。日方的谈判代表不懂英文，无法与美方和中方代表交流。谈判刚开始的时候，日方代表向参加谈判的各位首先表示了问候，中文的意思就是“初次见面请多关照”，中方代表很自然回复道“初次见面请多关照”。但是将这句话向美方谈判代表进行翻译的时候只能说“Nice to meet you”。对待同一句问候语，对不同国家的人有不同的翻译方式，中国文化与日本文化有相互交汇的地方，可以很好地理解对方的问候语，但是在美国，人们并不会用这样的话语来表示问候，找不到相对应的表达，所以只能根据主要意思进行调节以便翻译得体，便利双方的沟通交流。

以下建议将有助于你和口译员的合作（Axtell，1994；Bosrock，1997；Samovar et al.，2009）：

- 提前增进对口译员的了解。你的措辞、口音、速度以及习语对一个优秀的口译员而言都很重要。
- 询问非语言行为的文化差异，如眼神交流、可能影响你有效陈述的当地风俗习惯。
- 提前温习技术性的术语。
- 缓慢并且清晰地讲话。
- 看着对方的眼睛，这是理解的关键。
- 要求口译员用简短精练的语言翻译，不要从头至尾都是长篇大论。
- 注意幽默和玩笑，输出美国式幽默很困难。
- 在需要的地方使用辅助图像，通过结合口译员的话语和可视的信息，可以有效提升沟通效果。
- 要特别注意数字，为了确保准确地进行沟通，将重要的数字写下来。
- 确保所有重要的谈论采用书面形式以防止混淆和误解。
- 允许口译员为你不能讲对方的语言表示歉意。
- 询问口译员会议的风格，寒暄并讨论主要的议题。
- 把口译员安排在正确的位置上，记住国际规章制度。
- 与对方讲话，而不是与口译员讲话。
- 保持评论简单和直接。
- 通过问题的反馈确保观点被正确地解释和理解。
- 不要陈述你不想让对方听到的观点，即使这些观点没有被翻译出来。很多同仁即使不会讲也能理解你的语言。
- 如果传递的信息很复杂，会议之前要先见口译员，使口译员清楚理解你所说的内容。
- 与口译员开一个碰头会，看看他们是否获得了所有翻译的信息。

- 准备好用主方语言来做小结。

5.13　主方语言

请慎重选择使用你所访问国家的语言，即**主方语言**（host language）。确信你讲得清晰、缓慢，并且消除了行话、方言、俚语。当不太肯定时，请提问。避免使用可能造成误解的表情和手势。明确在主方语言中含义是否能被韵律、声调、手势改变。

学习商业伙伴的语言有助于你得知他是如何思考的。学习一门外语或者生活在其他文化团体中将会影响你的人生观。你将开始换位思考并重新评价自己的文化遗产。为了生活在其他国家，你必须发展你的人际关系并有效地工作。非常流利的语言对有效地工作很重要。成为外语能手耗费时间，同时这个过程会受到语系的帮助。拉丁系语言（西班牙语、法语、葡萄牙语、意大利语）都把拉丁语作为它们的来源，因此有很多听起来很像或有相同含义的**同源词**（cognates）或单词。注意，虽然如此，但并不是所有看起来相似的就真是同源词。

就像早前所提到的，沟通双方在同一国家、讲同一种语言也会存在显著的差别。那些生活在东部的美国人被美国其他地方的人视为讲话直接、粗鲁、切中要害的；南部人被视为讲话间接、友好、更有可能避开问题的。当人们讲同一种语言但来自不同的国家时，又会遇到另外的问题。例如，讲英语的美国人和讲英语的澳大利亚人及英国人就不一样。英国人使用非常间接的语言表达风格，而美国人使用更加直接的风格。

使用主方语言最好的建议就是保持愉快的心情并以积极的态度对待主方语言；避免产生可能被解释成批评他们语言的评论。

人们所说的语言、所在国家的名称、居民名称可能会非常混乱。表 5 - 4 中列出了可供参考的国家及其语言和居民名称（Bosrock，1995a，p. 53）。

表 5 - 4　可供参考的国家及其语言和居民名称

国家	居民	语言
● 澳大利亚	● 澳大利亚人	● 英语
● 比利时	● 比利时人	
—瓦隆尼亚区	—瓦隆人	—法语
—佛兰德斯	—佛兰芒人	—佛兰芒语/荷兰语
● 加拿大	● 加拿大人	● 英语/法语
● 丹麦	● 丹麦人	● 丹麦语
● 芬兰	● 芬兰人	● 芬兰语
● 法国	● 法国人	● 法语
● 德国	● 德国人	● 德语

续表

国家	居民	语言
● 希腊	● 希腊人	● 希腊语
● 爱尔兰	● 爱尔兰人	● 英语/爱尔兰语
● 意大利	● 意大利人	● 意大利语
● 日本	● 日本人	● 日语
● 卢森堡	● 卢森堡人	● 卢森堡语/法语/德语
● 墨西哥	● 墨西哥人	● 西班牙语
● 荷兰	● 荷兰人	● 荷兰语
● 挪威	● 挪威人	● 挪威语
● 葡萄牙	● 葡萄牙人	● 葡萄牙语
● 西班牙	● 西班牙人	● 西班牙语
● 瑞典	● 瑞典人	● 瑞典语
● 瑞士	● 瑞士人	● 法语/德语/意大利语/罗曼什语
● 土耳其	● 土耳其人	● 土耳其语
● 英国	● 英国人	● 英语
—英格兰	—英格兰人	—英语
—苏格兰	—苏格兰人	—英语/盖尔语
—威尔士	—威尔士人	—英语/威尔士语
—北爱尔兰	—北爱尔兰人	—英语

表 5－5 列出的国家或地区以英语作为母语、一种半官方的语言，或学习了英语（U. S. News & World Report，1995）。

表 5－5　使用英语的国家或地区

母语为英语	半官方的英语	学习了英语
● 北美洲	● 非洲	● 北美洲
—加拿大，除魁北克省	—博茨瓦纳	—墨西哥
—美国	—喀麦隆	● 中美洲
● 南美洲	—埃塞俄比亚	● 加勒比海
—圭亚那	—冈比亚	—哥斯达黎加
● 加勒比海	—加纳	—古巴
—巴哈马群岛	—肯尼亚	—多米尼加
—巴巴多斯	—莱索托	—洪都拉斯
—格林纳达	—利比里亚	● 南美洲
—牙买加	—马拉维	—巴西

续表

母语为英语	半官方的英语	学习了英语
—特立尼达和多巴哥	—毛里求斯	—哥伦比亚
● 欧洲	—纳米比亚	—委内瑞拉
—爱尔兰	—塞拉利昂	● 欧洲
—英国	—南非	—奥地利
● 大洋洲	—苏丹	—比利时
—澳大利亚	—斯威士兰	—丹麦
—新西兰	—坦桑尼亚	—芬兰
	—乌干达	—法国
	—赞比亚	—德国
	—津巴布韦	—希腊
	● 亚洲、太平洋	—冰岛
	—孟加拉国	—意大利
	—斐济	—卢森堡
	—印度	—荷兰
	—马来西亚	—挪威
	—缅甸	—葡萄牙
	—巴基斯坦	—罗马尼亚
	—菲律宾	—俄罗斯
	—新加坡	—瑞典
	—斯里兰卡	—瑞士
	—汤加	● 非洲
	—萨摩亚	—阿尔及利亚
	● 中东	—安哥拉
	—以色列	—布基纳法索
	—马耳他	—中非共和国
		—科特迪瓦
		—加蓬
		—几内亚
		—利比亚
		—马达加斯加
		—摩洛哥
		—尼日尔
		—塞内加尔

续表

母语为英语	半官方的英语	学习了英语
		—多哥
		—刚果民主共和国
		● 中东
		—埃及
		—约旦
		—沙特阿拉伯
		—叙利亚
		—土耳其
		—也门
		● 亚洲
		—阿富汗
		—中国
		—印度尼西亚
		—日本
		—尼泊尔
		—韩国
		—泰国

5.14　思维方式

思考是普遍的，但是分级、分类、整理及存储信息的方法大相径庭。

主观解释（subjective interpretation）是一种受思维加工处理后强加于客观信息的解释；它受个人判断、思维状态、气质的影响。通过文化接触能学会主观解释。我们认识到了与物质存在和社会存在有关的事物，并且对其分级、分类、整理及存储以备将来使用。一种文化中很重要的东西在另一种文化中可能不重要。

在美国，人们趋向于用一种非常实用、实际的方式思考，他们喜欢程序性的知识（怎样从点 A 到点 B）。但是欧洲人更加抽象，他们喜欢陈述性的知识，这种知识是描述性的。日本人的思考方式也不同，他们喜欢在工作中采用先例和规则，而不是抽象的可能性（Borden，1991）。

人们关于自然的想法和观点是多元化的。例如，美国人认为自然就是用来被征服的，但是美国土著人和很多亚洲人就认为自然是与人类共存的。其他文化中的人如哥伦比亚人认为自然是危险的，用宿命论的观点对待它并相信它能控制人的命运。一种文化中人们对自然的看法能从他们的语言和谚语、职业道德以及宗教信仰中反映出来

(Condon & Yousef，1975)。

一种文化的思维方式反过来影响了这种文化取得成功的能力。例如，与美国和平队（Peace Corps）共事的人发现，如果不改变第三世界中人们对技术的文化态度，就无法向他们介绍技术（Condon & Yousef，1975)。俄罗斯联邦政府最初的计划是给人们商业和房产上的股票。尽管政府一代又一代地告诉人们应该做什么，让他们改变思维方式还是非常困难的，包括为自己负责这样简单的思维方式。

在思考的过程中，我们会寻找颜色和信息之间的关联。例如，在美国，红色与停止有关；绿色与前进有关。美国人将白色与纯洁联系在一起，而在中国，白色与死亡联系在一起。第 6 章包含了利用颜色来传递信息的更多内容。

5.15 语言和文化相互影响

语言既能统一又能分离。共同的母语把人们连接在一起，但是许多不同的母语出现在一小块的地理区域就会引发问题。语言和文化相互影响。我们也陷入了先有鸡还是先有蛋的困境——先有哪个，语言还是文化？在创造政治、社会、经济、教育的过程中，语言/文化的使用是支持特定理想的结果。不理解语言就去理解文化很困难。

殖民主义使世界上很多地方的母语消失或者被殖民的语言取代了。殖民地讲殖民者的语言，殖民者具有种族优越感。世界上很多曾被殖民的地方正在努力挽回他们的母语，希望重新获得民族的认同（Ferraro，2010)。

由于大多数美国人都是移民并学过英语，他们不再使用母语。尽管许多美国公民不能讲他们祖先的语言，许多思考模式却被一代又一代的人沿袭下来。例如一个人怎样向他的男性和女性朋友、男性和女性家庭成员、配偶和孩子以及熟人表达感情。一个有强烈德国背景的人最不可能公开拥抱上述任何一个成员，但是某些西班牙或非洲口音的人就更喜欢公开拥抱对方以示喜爱。通常，人们会继续使用他们的母语，因为母语能清楚表达他们的想法并维持文化的舒适性。

英语也因一个国家的不同地区而有所不同。这些差别导致来自不同社会和权力背景下的人们之间发展不平等的权力关系。由于语言决定了你的认识力和洞察力，如果脱离你的语言环境，你就不再拥有解释想法和意见的概念框架。萨丕尔-沃尔夫假说提供了洞悉语言和文化相互影响的新视角（Samovar et al.，2009；Weaver，1998)。

5.15.1 萨丕尔-沃尔夫假说

萨丕尔-沃尔夫假说（Sapir-Whorf hypothesis)，由爱德华·萨丕尔（Edward Sapir）和本杰明·李·沃尔夫（Benjamin Lee Whorf）的名字命名，其主要观点是语言塑造我们对现实的看法，而不仅仅是叙述看法的工具。人们遵守他们语言的关系从而进行有效的沟通。语言的结构和语义方面关系密切。结构包括语音和句法。语言的句法在受到观念和类别影响的同时也会反过来影响它们，而语言的语义方面关注的只是含义。

语言决定论的观点也归类于萨丕尔-沃尔夫假说，因为这两个人对它的发展贡献卓越。**语言决定论**（linguistic determinism）就是假定一个人对现实的看法主要源于他的语言。虽然两种语言可能相似，它们却不能代替相同的社会现实；世界上说这两种语言的人都是不同的。因此虽然一种语言在另一种语言中经常存在等价现象，社会现实却不能完全地传达给另一个不会讲这种语言的人。

因纽特语言中缺乏单词“雪”就是语言决定论这一概念的例子。虽然因纽特语言的确没有笼统的“雪”，却有多种表达雪的词语如薄片雪（flaky snow）和硬壳雪（crusty snow），而其他语言就没有它们的等价词。因为雪对因纽特人很重要，所以他们需要精确地描绘它（Borden，1991；Condon & Yousef，1975；Dodd，1997；Ferraro，2010；Samovar et al.，2009）。

5.15.2 伯恩斯坦假说

伯恩斯坦假说（Bernstein hypothesis）解释了社会结构是如何影响语言的，是萨丕尔-沃尔夫假说的延伸。伯恩斯坦假说考虑了作为社会结构部分的文化、亚文化群、社会环境以及社会系统。

根据伯恩斯坦假说，谈话以两种编码之一呈现——受限制的或详尽的。沟通传输通道所使用的受限编码是口头的、非语言的及副语言的。**受限编码**（restricted codes）包括高度可预测性消息，它们用于同非常了解你并且知道你将会谈论什么的人进行沟通。这些编码与隐语相似，在沟通中都假定了共同的兴趣或共有的经验。由于共同的经验和特征，语言消息就不需要详细阐明了。例如，由于共同的经验，你可能发现你最好的朋友有时会打断你说话，或者在你讲之前就知道你会说什么。**详细编码**（elaborated codes）用于陌生人之间的沟通，它们包括可预测性低的消息。你需要给出详尽的信息确保消息被准确地理解。沟通通道对详细编码很重要，尽管受限编码使用非语言和副语言信号（Dodd，1997）。

关键词

首字母缩略词（acronyms）
隐语（argot）
反向翻译（back translation）
伯恩斯坦假说（Bernstein hypothesis）
黑话（cant）
同源词（cognates）
方言（colloquialism）
内涵性含义（connotaitive meanings）
谈话禁忌（conversation taboos）
指示性含义（denotative meanings）
黑人英语（ebonics）
详细编码（elaborated codes）
婉言（euphemisms）
比喻性含义（figurative meanings）

语法学家（grammarians）
群体决策支持系统（group decision support system）
高语境的语言（high-context language）
同音异义词（homonyms）
主方语言（host language）
行话（jargon）
线性语言（linear language）
语言决定论（linguistic determinism）
语言学家（linguists）
低语境的语言（low-context language）
非线性语言（nonlinear language）
小说家（novelists）
寓言（parable）
谚语（proverb）
妙语如珠的对话（repartee conversation）
受限编码（restricted codes）
典礼会话（ritual conversation）
萨丕尔-沃尔夫假说（Sapir-Whorf hypothesis）
自我透露（self-disclosure）
语义学家（semanticists）
俚语（slang）
社会语言学（sociolinguistic）
主观解释（subjective interpretation）
句法规则（syntactic rules）
语言斗争（verbal dueling）

练习

说明：正确的圈 T，错误的圈 F。

1. T F 非言语方面在低语境文化中很重要。
2. T F 日本的语言和文化是高语境沟通的例子。
3. T F 政治是在德国进行语言斗争的合适话题。
4. T F 妙语如珠的对话涉及轮流讲话。
5. T F 美国人几乎不会自我透露。
6. T F 汉语是线性语言的例子。
7. T F 墨西哥的谈话禁忌包括政治和边境侵犯。
8. T F 语言决定论的观点与萨丕尔-沃尔夫假说有关。
9. T F 伯恩斯坦假说包含受限编码和详细编码。

问答

1. 解释语言是如何把我们区分为不同群体的。
2. 青少年和其他群体发展了行话和俚语，举例说明你身边的人使用过的行话和俚语。
3. 美国是低语境的国家，日本是高语境的国家。日本人面对爱炫耀的美国推销员会如何反应？
4. 举例说明存在于你家或朋友圈中的谈话禁忌。
5. 为什么双文化的/双语的口译员比单文化的/双语的口译员更好？

6. 外语知识在哪种职位中对公司起决定性作用？为什么？
7. 解释美国的种族群体是如何参与语言斗争的。
8. 两种语言词汇不等意味着什么？同一种语言词汇不等又意味着什么？
9. 解释隐语的含义。用你所熟悉的文化举例说明。
10. 解释伯恩斯坦假说中受限编码和详细编码的区别。
11. 如果思考是普遍的，文化和语言如何影响不同群体的人思考？

案例

采用下列步骤分析案例：(1) 仔细阅读案例，注意细节；(2) 阅读案例后面的问题；(3) 重读案例，留意或突出回答要用到的细节；(4) 辨别案例的相关事实、基础假设和关键问题；(5) 列出问题可能的答案；(6) 选择最符合逻辑的答案。你的老师可能会让你以书面形式提交案例问题的答案。

案例 1

在美国的部分地区，尤其是拉丁美洲裔人口众多的佛罗里达州，已经提出建议要使西班牙语成为他们的第一语言，英语成为第二语言；母语是西班牙语的人必须接受西班牙语教育，英语被当成第二语言。基于本章对语言的讨论，实施这种体系的优缺点分别是什么？你将如何支持或反对出现类似情况并采纳上述提议的印度、加拿大及欧盟？

案例 2

乔·索勒斯，一名美国生产经理，将被派往墨西哥管理制造设备。当他抵达时，他的副生产经理胡安·洛佩兹建议他去工厂看看期待见到他的工人。乔拒绝了胡安的提议，选择直接去工厂调查墨西哥工厂质量和生产率不及美国工厂的决定性因素。胡安强调了先去了解墨西哥工人的重要性，但是乔对胡安说他调到墨西哥是来提高产量的，不是来与当地工人交朋友的。进一步的谈论被终止，胡安拿来乔所需要的数字和记录。乔做了很多改变并确信他准备的计划将提高质量和产量。几个月后，工厂没有任何进展；乔不理解为什么工人们似乎很反对他的计划。哪里出了问题？

案例 3

你准备雇用整个南美洲领域的销售经理。现在你把寻找范围缩小到两个人。一个是会讲西班牙语和葡萄牙语但是不会讲英语的巴西公民，另一个是会讲英语和一点西班牙语的美国人。你的生产线需要：在南美洲额外雇用两个人；与接待员/秘书成立一个销售办公室；在南美洲生活；去不同国家亲自拜访顾客。这两个人应选哪一个？给出选择的理由。

案例 4

你在参加一家美国公司德国分公司的会议，会议中有两名生活在美国的德国公民及三名美国公民，他们都是员工。你们当时在讨论一款新产品的包装，突然这两名德国人用德语而不是英语讲话。你等了几分钟，感到恼火并且离开了。就语言的使用解释发生了什么。

案例5

芭芭拉，一名美国的女性经理，正面临如何最好地处理即将来临的针对新来雇员卡洛斯的评价会议的难题。卡洛斯常常迟到甚至有时根本不来工作；他总会解释他遇到了家庭突发事件。此外，卡洛斯常在工作时间与母语是西班牙语的人讲西班牙语。其他雇员认为他在讲他们的坏话。女性雇员因为和他太过熟悉而不安；他用于昵称的词语及拥抱都不受欢迎。当对卡洛斯提供建设性的批评意见时，芭芭拉应该考虑什么因素？

活动

1. 准备一份你去旅游过或工作过的国家清单。列出一句在上述国家中有负面含义的美国俚语。

2. 引用上述一个国家的语言或谚语，并指出它们如何赋予文化某些方面的特色。

3. 列出三个美国的谈话禁忌，并在上述国家中进行鉴定。

4. 写一段关于你与其他文化中的学生交流时遇到的语言问题，包含音调、措辞、发音、俚语等问题。

5. 查阅与翻译用法有关的一篇期刊文献或书上的某一章节，准备一页纸的摘要提交给教师。

6. 由于很多书是从其他语言翻译过来的，萨丕尔-沃尔夫假说声称这些语言可能没有保留原文的本意。例如，改写自圣经并被翻译过多次的习语“富人进天国比骆驼穿针还难”(It's easier for a camel to go through the eye of a needle than for a rich man to enter the kingdom of god)(Mark 10：25)。另一种翻译就是“针眼是古老的墙上的狭窄门口”(The eye of the needle is a narrow doorway in an ancient wall)。举一些其他例子说明完全按照字面意思的翻译会使理解书的内容变得困难。

参考文献

Axtell，R. E. (1994). *The do's and taboos of international trade*. New York：John Wiley & Sons，Inc.

Axtell，R. E. (2009). *Do's and taboos of using English around the world*. New York：Castle Books.

Baldrige，L. (1993). *Letitia Baldrige's new complete guide to executive manners*. New York：Rawson Associates.

Bermont，J. (2004). *How to Europe：The complete traveler's handbook*. Midland，MI：Murphy & Broad Publishing Company.

Borden，G. A. (1991). *Cultural orientation：An approach to understanding in-*

tercultural communication. Upper Saddle River, NJ: Prentice Hall.

Bosrock, M. M. (1995a). *Put your best foot forward—Europe*. St. Paul, MN: International Educational Systems.

Bosrock, M. M. (1995b). *Put your best foot forward—Mexico/Canada*. St. Paul, MN: International Educational Systems.

Bosrock, M. M. (1997). *Put your best foot forward—Asia*. St. Paul, MN: International Educational Systems.

Braganti, N. L., & Devine, E. (1992). *European customs and manners*. New York: Meadowbrook.

Condon, J. C., & Yousef, F. S. (1975). *Introduction to intercultural communication*. New York: Macmillan Publishing Company.

Devine, E., & Braganti, N. L. (1991). *The traveler's guide to Middle Eastern and North African customs and manners*. New York: St. Martin's Press.

Devine, E., & Braganti, N. L. (1995). *The traveler's guide to African customs and manners*. New York: St. Martin's Press.

Devine, E., & Braganti, N. L. (1998). *The traveler's guide to Asian customs and manners*. New York: St. Martin's Griffin.

Devine, E., & Braganti, N. L. (2000). *The traveler's guide to Latin American customs and manners*. New York: St. Martin's Griffin.

DeVries, M. A. (1994). *Internationally yours*. Boston, MA: Houghton Mifflin.

Dodd, C. H. (1997). *Dynamics of intercultural communication* (5th ed.). New York: McGraw-Hill.

Ferraro, G. P. (2010). *The cultural dimension of international business* (6th ed.). Upper Saddle River, NJ: Prentice Hall.

Fong, M. (2007, February 5). Tired of laughter, Beijing gets rid of bad translations. *The Wall Street Journal*, pp. A1, A13.

Funakawa, A. (1997). *Transcultural management: A new approach for global organization*. San Francisco, CA: Jossey-Bass.

Fussell, P. (1983). *Class*. New York: Ballantine.

Gilsdorf, J. (2002, July). Standard Englishes and world Englishes: Living with a polymorph business language. *The Journal of Business Communication*, 39 (3), 365-378.

Hall, E. T., & Hall, M. R. (1990). *Understanding cultural differences*. Yarmouth, ME: Intercultural Press.

Hodge, S. (2000). *Global smarts: The art of communicating and deal making anywhere in the world*. New York: John Wiley & Sons.

James，M. L.，& Peltier，J. (1998). Bridging the gender gap in business communications. *Academy of Managerial Communications Journal*，2 (1)，1-11.

Jandt，F. E. (2010). *An introduction to intercultural communication* (6th ed.). Thousand Oaks，CA：Sage.

Klopf，D. W.，& McCroskey，J. C. (2007). *Intercultural communication encounters*. Boston，MA：Pearson Education.

Languages. (2008). *Languages spoken in the U. S.* Retrieved August 18，2008，from http://www.nvtc.gov/lotw/months/november/USlanguages.html

Moran，R. T.，Harris，P. R.，& Moran，S. V. (2011). Managing cultural differences (8th ed.). Burlington，MA：Butterworth-Heinemann.

Names of big numbers. (2004). Retrieved July 25，2004，from http://www.sizes.com/numbers/big_numName.htm

Samovar，L. A.，Porter，R. E.，& McDaniel，E. R. (2009). *Communication between cultures* (7th ed.). Belmont，CA：Thomson Learning.

Schmit，J.，Richards，R.，& Swingle，C. (1993，September 14). Travelers' bouts of foot-in-mouth disease. *USA Today*，p. 5E.

Stewart，E. C.，& Bennett，M. J. (1991). *American cultural patterns*. Yarmouth，ME：Intercultural Press.

Tannen，D. (2001). *You just don't understand*：*Women and men in conversation*. New York：Quill.

Tsunda，Y. (1986). *Language inequality and distortion*. Philadelphia，PA：John Benjamin.

U. S. News& World Report. (1995，February 18). In F. E. Jandt，*An introduction to intercultural communication* (4th ed.). Thousand Oaks，CA：Sage.

Weaver，G. R. (1998). American identity movements. Cross cultural confrontations. In G. R. Weaver (Ed.)，*Culture*，*communications*，*and conflict* (pp. 72-77). Needham Heights，MA：Simon & Schuster.

第6章

口头沟通和非语言沟通模式

学习目标

学完本章后，你将能够：

1. 学会评价思维模式及其与跨文化商务沟通的关系。
2. 理解副语言如何影响成功的商务沟通。
3. 领会对待时间的态度和对空间的利用如何在跨文化交流中传达非语言信息。
4. 理解眼神交流、嗅觉、颜色、触觉和肢体语言在不同文化的非语言沟通中起到的作用。
5. 学习不同文化中的人们如何用沉默来传达非语言信息。
6. 认识到在跨文化的非语言沟通中经常会出现非语言泄露。

成功的跨文化沟通在很大程度上依赖于有效的口头和非语言沟通，虽然在全球范围内主流的沟通方式是口头沟通，但非语言沟通的部分对口头沟通能够起到很好的理解和解释作用。**非语言沟通**（nonverbal communication）是指诸如手势、面部表情、身体距离、身体接触、眼神交流、气味和沉默等形式的交流。

对其他文化的口头和非语言沟通模式的不了解通常会带来代价极高的业务错误。了解跨文化交流中这些方面的知识对于在国际市场上开展业务非常必要。

6.1 思维模式

思维模式或分析和解决问题的方式并非在所有文化中都是一样的，但它们都对口头沟通有影响。

大多数美国人用演绎的方法来解决问题。**演绎法**（deductive method）是从普遍性的理论或观察出发，到具体的事例以确定事实，最后是问题的解决。而在许多其他文化的国家中，使用的推理方法主要是**归纳法**（inductive method）。人们从实际的情况和观察到的现象出发，推广到一般的情况。思维模式还包括解决问题或做出决定的速度。在美国，快速地做决定是高效管理者的一大特点，而在日本人看来，这种做法是非常鲁莽的。而慢速解决问题的方式通常会使美国人在与日本人进行商业交流时感到失落。认识到不同文化中人们思维模式的差异，对于在全球商业环境中成功进行沟通和谈判非常重要。

6.2　副语言

副语言（paralanguage）与口头沟通具有很重要的关系，它是指语速、音高、音量等声音的性质，可以打断或暂时代替谈话内容并影响信息的含义。副语言包括这些声音特质：语气（大声的或是轻柔的）；语调（高的或者低的）；重音（平缓的或是加重音的）；哭和笑的声音特质；发音间隔或停顿，如“嗯”“啊”之类的间隔词。副语言能帮助人们表达感情。例如不耐烦、害怕、生气等负面的情感相比满意、赞赏之类的正面情绪要更易于表达。语速提高可能意味着生气或者不耐烦，语速降低可能意味着缺乏兴趣或者正在思考。同样，音量提高可能意味着生气，音量降低则意味着没有威慑或者表示同情（Samovar，Porter，& McDaniel，2009）。

在美国，人们通常能够很容易地通过讲话识别出来自特定地域的居民。尽管不同地区的方言和讲话的速度不同，但这在沟通过程中一般不会引起大问题。

在与其他文化的人沟通时，了解在讲话时影响口头消息的细微差别非常有用。例如，说话音量是具有文化差异和性别差异的。阿拉伯人说话的声音特别大，他们认为这样的说话方式表达了力量和真诚。非律宾人说话则非常轻柔，他们认为轻声说话代表了良好的教养和高素质。泰国人说话也很轻柔，只有生气的时候才会大声说话。当他们第一次听到美国当地人说话时，他们会因为美国人说话的声音大而误认为美国人在生气。男性比女性说话时声音大，但是女性的音调要比男性高。不同地区的人语速也有差异，例如，美国北部地区居民说话的速度要普遍快于美国南部地区居民；意大利人和阿拉伯人说话的速度要比美国人快。语速慢的人有时会跟不上语速快的人的说话节奏，导致理解困难。口音也是副语言的一个方面，一些英国人能够通过口音来辨别某人的教育背景；在美国，口音甚至与公司的雇用决定相关。美国的一项调查研究显示：语音标准的人更易被授予管理层岗位，而有口音的人则更多处于半熟练的岗位上（Jandt，2010；Samovar et al.，2009）。

6.3 时间观念

不同文化群体的**时间观念**（chronemics）有很大差异。主要有两种时间观念：一种是客观的时间，主要指时钟和日历；另一种是主观的时间，主要指个人如何感知时间。例如，年轻人会感觉时间过得很慢，而老年人则会感觉时间过得很快。此外，我们心情好的时候会感觉时间过得飞快，而心情不好的时候则会感觉时间拖拖拉拉过得很慢。在西方国家，客观的时间观念要比主观的时间观念更流行（Klopf & McCroskey，2007）。

在国际商业贸易中最重要的两种时间体系是多元时间模式和单一时间模式。遵循**单一时间模式**（monochronic time，m-time）的国家和地区的人通常一次只做一件事情；遵循**多元时间模式**（polychronic time，p-time）的人可以同时做几件事情。

中国人的思维方式和时间观念是典型的多向计时制，很多人习惯于在一个时段同时处理多件事情，不一定会严格遵守制定出来的时间表。在对外的汉语课堂中，在一名学生提出的问题还没有得到解答的时候，老师可能会被别的同学的问题吸引过去，并且在课堂上可能会发生听说读写几种不同的教学方式穿插使用，并没有相对应的时间规律，这样的授课节奏非常容易引起海外学生的不满。如果一堂课的内容还没有讲完，老师可能会拖堂，直到结束某个知识点的讲解。在中国的教师看来，这是为学生着想，是负责任的表现；然而对于海外的学生来说，老师的这种行为可能会打乱他们已经制定好的计划表，引发不满。

美国是遵循单一时间模式的国家，英国、瑞士和德国都是单一时间文化的国家。在单一时间文化中，时间常常被当作一种有形的资源，人们经常会说“浪费时间”或者“花费时间”之类的词语，时间被看成是线性的并且可以对其加以管理。在单一时间文化中，同时做两件事情常常被认为是不礼貌的，比如在开会的时候看杂志、到你的办公室访问时给别人打电话。日程安排与遵守约定这些行为比较符合单一时间文化中人们的价值观（Klopf & McCroskey，2007）。

多元时间文化主要出现在拉丁美洲、欧洲南部和中东地区。这些地区的人都很习惯同时做几件事情，如果中间被打断了也不会很在意。对于多元时间文化的人来说，他们对人本身的重视程度远超过日程表。与单一时间文化的人相比，多元时间文化的人生活得更随性一些（Samovar et al.，2009）。

生活在低情境文化中的人更适应单一时间模式，而生活在高情境文化中的人更习惯多元时间模式。这两种时间体系不能融合，单一时间文化的人把截止日期和约定的时间看得很重要，而且极其守时。然而，多元时间文化的人并不把预定日期或时间看得很重要，他们经常会迟到（Klopf & McCroskey，2007）。

表 6－1 总结和对比了单一时间文化和多元时间文化中人们的特点。

表 6-1　单一时间模式和多元时间模式

单一时间模式	多元时间模式
一次只做一件事	同时做多件事
做事非常专注	做事不专心，容易被打断
时间观念强，注重效率	时间观念淡薄，做事的速度因关系而定
致力于任务	致力于人
重视私有财产，很少借或借给别人东西	经常借或借给别人东西
习惯建立短期关系	习惯建立终生关系

在美国，按时参加工作、会议、商业会谈、社交应酬等是非常重要的。守时被理解为一种非常积极的态度，向别人传达的是对对方的尊敬。迟到是一种非常不礼貌的行为，传达出不为别人考虑或者对工作或会议不感兴趣等信号。迟到还传达出一种非言语信息，即你没有很好的组织能力。准时参加会议在德国也很重要，德国人认为守时是尊敬和有礼貌的表现。中国、印度、新加坡以及世界上许多其他国家和地区的人都认为守时对于商业业务是非常重要的（Klopf & McCroskey，2007）。

在约会时等待的时间长短也传递出一定的信息。在美国，等待的时间是与人的社会地位和重要程度相关的。与具有较高社会地位的人约会时早到，会传达出这样一种讯息："你很重要，你的时间和我的一样重要。"在美国，通常让与自己有商务约定的人等 5 分钟是可以接受的。让你的客人等 15 分钟清楚地表明你认为自己要比客人更重要。如果等待时间长达 20～30 分钟，这种不尊重的意思会更加明显甚至带有一种蔑视和烦扰，这也传达了一种信号：别人的时间不重要（Fast，1991）。在具有时间观念的国家，了解不同等待时间的潜在含义对于避免无意中冒犯你欲与之建立商务关系的人很重要。

德国人和瑞士人的时间观念要比美国人强，实际上，欧洲南部的人把迟到看作不自律的表现。斯堪的纳维亚人也很守时；冰岛的居民时间观念较弱，他们所谓的守时会更灵活些。如果你有事被耽误的话，给对方一个电话非常有必要（Turkington，1999）。新加坡人也很注重守时。在马来西亚和印度尼西亚守时也非常重要，特别是在与地位高的人见面时守时更重要。伊拉克的居民也很守时，这点与其邻国的文化不同，如果你在伊拉克赴约，一定要按时到达（Devine & Braganti，1991）。同样，印度人很欣赏守时这一习惯，但是他们自己未必守时。在澳大利亚和新西兰，不论是商业会谈还是社交事务守时都是很重要的。参加会议或约会时迟到表示对待业务的态度不认真（Morrison & Conaway，2006）。

在阿尔及利亚，守时并不被广泛认可。居住在拉丁美洲国家的人都有拖延的习惯（把今天没做完的事情拖到明天再做），当他们与时间观念很强的美国管理者进行商业会晤时，这一习惯经常会把美国人弄得特别沮丧。由于拉丁美洲人把家人、朋友作为第一要务，他们通常会把家人、朋友的请求看得比商业会议更重要（Bosrock，1997）。阿拉伯人的时间观念与他们的宗教信仰相关，因此更显随意，他们认为事情应该在什么时间完成是由真主决定的（Engholm，1991）。

以美国为代表的单向计时制国家深受时钟的“铁腕控制”，他们甚至称自己是时间的奴隶（Slave to nothing but the clock）。

下面这段对话发生在一名美国经理和他的一名希腊员工之间：

- 经理（美籍）：你需要多长时间写完这篇报告？
- 员工（希腊籍）：我不清楚，应该要多长时间？
- 经理：你应该最有能力判断需要多长时间。
- 员工：10 天左右吧。
- 经理：给你 15 天时间，15 天之后把报告交给我。

15 天之后……

- 经理：你的报告呢？
- 员工：明天应该就行了。
- 经理：什么？我们不是说好 15 天完成吗？

在时间限度上，美籍经理把 15 天看成是合同，是不可随意更改的“死期”（deadline）。但在希腊员工眼里，15 天只是一个约定，不需要严格执行，只要 15 天左右完成即可。

生活在欧洲南部的人也不怎么具有时间观念，但是地位较高和具有特殊社会关系的人是要另加考虑的。例如，在西班牙，有一种特殊的不成文规定列出了哪些人在商务场合和社交场合可以迟到以及可以迟到多久。至于约会等待的时间还取决于是你有求于别人还是别人有求于你。到的太早也是不可取的，因为这通常意味着过于渴求（Engholm & Rowland，1996）。

为了保证能够与来自不同文化背景的人和谐相处，我们必须考虑到时间观念的差异。当遇到具有不同时间观念的商业伙伴时，你必须核实对方遵循的是何种时间观念，是拉丁美洲时间观念还是美国时间观念。

6.4 近体学

沟通时互动双方对空间距离的应用称为**近体学**（proxemics）。人与人交流时双方所保持的身体距离与地理距离一样受到文化的严重影响。

你应当考虑在与人沟通时的身体距离。霍尔（Hall，1990）指出，心理学家把美国人交流沟通时的身体距离分为四种：亲密距离、个人距离、社会距离、公共距离。**亲密距离**（intimate zone）：0～0.5 米，这是亲人或非常亲近的朋友之间的距离；当商业伙伴见面时也会短暂地进入这一距离，如双方握手时。**个人距离**（personal zone）：0.5～1.2 米，主要用于给别人指导或者与别人紧密合作时。**社交距离**（social zone）：1.2～3.6 米，该距离适宜大部分商务场合，人们之间的沟通更正式，没有任何私人感情，例如，在商业会议中的距离。**公共距离**（public zone）：大于 3.6 米，是在正式场合的距离，由于距离太远很少发生交流互动。

在北欧居住的人，都十分关注保护个人隐私，在自己的公寓场所，房产之间的界限标明得非常清楚，每个人都不会去侵占别人的领地，通常也会把自己的花园用篱笆和邻居的相互隔开。

在德国，有专门的法律条款规定了与使用花园相关的问题。栅栏只能建在地产线上。并且德国的人口较为密集，人们很珍视阳光，所以在这样的条文里也限制了栅栏的高度，确保自己家的栅栏不会遮挡附近家庭的花园。德国人在日常的生活中时刻显示着自己不愿侵扰他人也不愿被他人侵扰私人空间的心理，这种心理在强化的法律条文中也有所体现。

美国人比某些国家的人需要更多的空间，比如希腊人、拉丁美洲人、阿拉伯人。当与这些地方的人交流沟通时，美国人经常会感觉他们站得太近而往后退。另一方面，日本人在谈话时站得比美国人还要远。如果你站的位置太靠近，对于一个需要空间的人来说可能在传达一种消极的非言语信息：爱出风头或想偷听。站得太近也有可能被理解为一种不受欢迎的性要求。

人们通常也会利用桌椅的空间布置进行沟通。美国人在交流时，通常喜欢把椅子按照一个合适的角度面对面摆放。其他文化背景的人，如中国人，喜欢将椅子并排排列，这种摆放方式可能是与该文化背景中的人不喜欢直视对方眼睛这一习惯有关。

在美国，办公室的环境也能传达出一定的非言语信息，使用私人办公室和有窗户的办公室的人通常会比使用内侧的办公室的人有地位；使用大办公室的人要比小办公室的人有地位。除了办公室的大小，高管的办公室通常会比地位较低的员工的办公室受到更好的保护，门和秘书通常被作为接近他们的主要障碍。家具的选择和布置也会传达出代表权力和地位的信息。木质的桌椅和带扶手的椅子都象征着权力和地位。把桌椅摆放在窗户前或者在墙上摆放照片都会制造一种国王宝座的效果，增强了权力的象征（Chaney & Lyden，1996）。办公室的地理位置也暗示着有无权力和地位，办公室在四楼的人要比办公室在一楼的人更有地位。在美国和德国，顶楼的办公室里通常坐着最高层管理者。然而，在法国，最高层管理者的位置是在办公楼的中央，而下属们要围绕在他的周围。这样的布置是为了保证领导者能够对各项活动和工作都了如指掌，使整个公司都在掌控之中。日本人认为拥有私人办公室不太合适，在传统的日本企业中，只有最高层领导才会拥有自己的办公室，他们可能在公共的办公区域里也拥有自己的办公桌（Gudykunst & Ting-Toomey，1988）。

6.5　眼神

一些文化比其他文化更重视**眼神交流**（oculesics），美国、加拿大、英国和东欧地区的人们都喜欢直接的眼神交流。眼神交流并不会持续很长时间，一般也就一两秒钟。

在这些国家，眼神交流通常意味着尊敬和关注。总是回避眼神交流的人会被认为不安全、不友好、不可信、不尊敬或者怠慢。

美国中南部某大学学习商务沟通课程的学生被要求在美国鉴别注视和眼神交流这两个概念。方法是当车停在交通指示灯前面时，与邻车的乘客进行持续的眼神交流。回应方式各不相同，有的乘客做猥亵的手势，有的乘客做鬼脸，有的乘客进行回望。学生们得出的结论是：持续的眼神交流会让美国人感觉很不舒服。

在其他文化中，人们很少进行直接的眼神交流。日本人谈话时，把注视区域定在下巴以下的部位，如果在谈话中进行眼神交流他们会感觉非常不舒服。中国人和印度尼西亚人也会以眼睛低垂表示对别人的尊敬，他们认为持续的眼神交流是不礼貌的行为。同样，拉丁美洲和加勒比海的居民以及一些非洲地区的人，都是通过避免直接的眼神交流来显示对别人的尊重。在印度和埃及，眼神交流是与职位和性别相关的。在印度，不同社会阶层的人们之间不能有眼神交流；而在埃及，不相熟的男女之间不允许有眼神交流。德国人很重视眼神交流，而且他们的眼神交流程度比美国人所习惯的要强（Samovar et al.，2009）。另外，在中东地区，眼神交流的程度超出了大部分美国人所能接受的舒适程度。另外，长时间注视女性也是非常不合适的。

眼神交流从长时间注视到短暂注视程度不等，不同区域的差异情况如表6-2所示。

表6-2　不同区域的眼神交流

非常直接的眼神交流	中东地区 拉丁美洲部分地区 法国
中等程度的眼神交流	美国大部分地区 北欧地区 英国
轻微的眼神交流	东亚地区 东南亚地区 印度 印第安人

非常直接的眼神交流可能被误解为敌意、好斗、侵犯，而本意可能只是表达对某事感兴趣而已；而本意是表达尊敬或避免显得侵犯的轻微眼神交流可能会被误以为是不感兴趣、不诚实或者害怕、害羞等。

芭芭拉·沃尔特斯（Barbara Walters），一位电视台的新闻广播员，在采访奥马尔·穆阿迈尔·卡扎菲时很不理解为什么他不看自己的眼睛。后来她知道是为了避免直接的眼神交流以表达对她的尊重。阿拉伯的男人不能与女人有直接的眼神交流，除非这个女人是自己的家人。

在谈判时，眼睛具有很好的启迪作用，瞳孔会随着情绪回应的不同而收缩或扩张。训练有素的谈判者会通过观察对方瞳孔的变化来确定其是否愿意做出让步（Borden，1991）。

在美国、日本、韩国和泰国等地，长时间注视别人被认为是一种非常粗鲁的行为。在大多数文化中，男人都不会盯着女人看，而在法国和意大利，男人可以在公共场合盯着女人看。在美国，长时间盯着某个异性被认为对此人感兴趣，甚至会被理解为性暗示。

世界各族人们都会通过眼神来传达自己的信息，由于各地民族文化风俗的不同，产生了许多有趣的眼神礼：

- 注视礼：阿拉伯人在倾听尊长或宾朋谈话时，两眼总要直直地注视着对方以示敬重。日本人在交谈时，往往恭恭敬敬地注视着对方的颈部，以示礼貌。
- 远视礼：南美洲的一些印第安人，在同亲友或贵客谈话时，目光总要向着远方，似东张西望状。如果对三位以上亲朋讲话，则要背向听众，看着远方，以示尊敬。
- 眯目礼：在波兰的亚斯沃等地区，已婚女子同丈夫的兄长交谈时，要始终眯着双眼，以示谦恭。
- 眨眼礼：安哥拉的基姆崩杜人在迎接贵客的时候，总要不断地眨着左眼，以示欢迎。来宾则要眨着右眼，以表答谢。
- 挤眼礼：澳大利亚人路遇熟人时，除说“你好”以示礼遇之外，有时要行挤眼礼，挤一下左眼表示自己的友好。

6.6　嗅觉

嗅觉（olfactics）或称气味，是一种非常重要的非语言沟通形式。气味对于人们所传达的言语信息有正向的或者负向的影响。而且一个人离开之后他的气味还会留在我们的记忆里。

大多数美国人对不喜欢的气味会有消极的反应，例如，不好的体味、口气或者衣服上散发出的汗臭味。美国人很重视个人卫生，他们认为每天洗澡去除体味、每天刷牙消除口气是最正常不过的事情。美国电视、报纸、杂志上刊登了铺天盖地的广告，推销香水、香料、腋下除臭剂、漱口水等产品，这也可以看出美国人对于个人卫生的重视程度。有这样一则商业广告充分概括了美国人对体味的重视程度，这个广告是这样的：一位年轻女士说：“如果这人有体味，将会非常让人倒胃口。”然而美国人并不会很自然地谈论这个话题，在遇到有体味的人时他们通常不会直接告诉他，而是尽量避免靠近他或者想办法尽快结束谈话。

其他文化对于自然气味则有不同的理解，他们认为有气味是正常的，而以为美国人那样的态度是不正常的。例如，阿拉伯人就不会因为自然的气味感觉不舒服。而在不同文化背景的国家，例如日本人和萨摩亚人会非常在意气味。

> 一位来自沙特阿拉伯的医生将要结束他在美国南部一家医院的实习生活，这时，尴尬的事情发生了。病人拒绝接受这位医生的检查，经过询问病人透露了两个原因：(1) 他身上有不好的气味；(2) 他对着病人喘气。这位医生显然没有考虑到阿拉伯人与美国人对于气味感知方面的文化差异。

记住不同国家和地区对待气味的态度差别，有利于维持和谐的跨文化商业关系，可能的话，可以采用你开展业务所在国家的卫生习惯。

6.7 触觉

触觉（haptics）或接触，是通过身体接触进行的沟通。如果使用恰当，接触可以创造温暖和信任的感觉。万一使用不当，也可能会使信任降低或者造成其他烦恼（Fast，1991）。有些文化中的人习惯于身体接触，而另一些文化中却尽量避免身体接触。美国人认为恰当的身体接触主要是握手。在商业场合中，与上级或者同事接触时，类似拥抱或者其他类型的身体接触虽然能够增强亲密感，但通常被认为是不恰当的。因为拥抱可能被理解为性骚扰的一种形式，为了防止不适用情况的出现，应该在商务场合尽量避免使用这种身体接触方式。

美国人进行身体接触的另一个顾虑是层级关系的存在。较高级别的人（如公司董事）可以与较低级别的人（如公司职员）有身体接触，但是秘书不能主动与公司董事有身体接触。医生可以搂一下病人以示安慰，但是反过来病人不能触碰医生。成年人可以触碰孩子，而孩子却不能触碰成年人，除非他们很熟悉。同龄人之间可以相互触碰。一般的规则是：年长的可以触碰年幼的，地位高的可以触碰地位低的（Fast，1991）。

> 当卡特总统参加埃及和以色列之间的和平谈判时，埃及总统安瓦尔·萨达特不时地把手放在卡特总统的膝上，虽然表面上看这一动作是为了表达双方的友谊，但更微妙的意思是萨达特在向世界传达一种讯息：他和卡特是平等的（Fast，1991）。

阿克斯特尔（Axtell，1998）把以下国家和地区分成了适宜进行身体接触、不宜进行身体接触和中等程度三类（见表6-3）。

在许多宜触碰的文化中，例如意大利、希腊、西班牙、葡萄牙等国，走在路上你能

表 6-3　宜触碰和不宜触碰文化的划分

不宜触碰	中等程度	宜触碰
日本	澳大利亚	拉丁美洲国家
美国	法国	意大利
加拿大	中国	希腊
英国	爱尔兰	西班牙和葡萄牙
斯堪的纳维亚	印度	部分亚洲国家
其他北欧国家	中东国家	俄罗斯

资料来源：Based on a chart in *Gestures* (p. 40), by R. E. Axtell, 1998. Hoboken, NJ: John Wiley & Sons, Inc.

看到男男女女都是手牵手或者挎着胳膊。同性之间的身体接触程度也存在很大的差异。墨西哥、东欧和阿拉伯国家，拥抱和亲吻很常见，尤其是在朋友之间。而在芬兰，人们认为在公共场合的拥抱和亲吻都是非常不恰当的（Samovar et al.，2009）。在其他文化中，例如拉丁美洲，只有男人之间的身体接触是可以接受的（见图 6-1）。

图 6-1　触觉导向的文化

墨西哥的男性会跟他的男性同事站得很近，甚至会搂着他的脖子或是肩膀。中东地区人们的行为习惯基本类似，但有一点需要注意：尽量避免碰他们的左手，因为左手通常被认为是不干净的，是用作个人卫生检查的。而在其他国家，例如美国，男性之间的身体接触被理解为同性恋。

触觉沟通还有一个方面很关键，就是触碰的部位。在泰国和印度，摸别人的头是非常不礼貌的，因为在他们看来头部是神圣的。事实上，所有亚洲人都很忌讳被人摸头部，即便是小孩子也不行。另外，把手搭在亚洲同事的椅背上也是非常不适合的行为。穆斯林可以在拥抱时搂对方的肩膀，而韩国人却不能触碰比自己年长的人的肩膀（Axtell，1998）。身体接触行为是具有文化差异的，了解在不同的文化中何时以及如何发生身体接触对于开展跨文化的商务沟通是非常有必要的。

6.8 举止神态

举止神态（kinesics）是通过各种身体动作而进行的沟通行为，包括面部表情、手势、姿势、姿态以及其他能够协助或者替代语言沟通的行为。

6.8.1 面部表情

面部表情和眼睛是最能表达感情的身体语言，不同文化中的人们总想要通过控制面部表情来掩饰在特定场合下不恰当的情绪，例如在受到责备时哭泣或者听无聊的讲座时打哈欠。在某些国家，例如中国，人们可能很少表达情感；韩国人很少笑，他们认为经常笑会显得这个人比较肤浅。有一句韩国的格言是这样说的："经常笑的人比较虚伪。"泰国人很喜欢笑，这也是为什么泰国会被称作"笑容之乡"。日本人习惯用笑容来掩饰其他诸如生气、开心、伤心之类的感情，而在美国，笑就代表很开心。当亚洲人遭遇窘迫或者想要隐藏不舒适的感觉时，通常会微笑（Samovar et al.，2009）。为了正确地解读面部情感，必须把沟通环境和文化考虑在内。

> 微笑是人们内心世界的一面镜子。在商务谈判的场合，不同国家人的微笑有着不同的含义。美国人认为微笑是热情的象征，因而会在谈判过程中更多地展露笑容。法国人不常微笑，只在有非常明显的理由时才会微笑。日本人则是基本不笑，但是在掩饰自己的尴尬时会微笑或是在谈判结束进行签约时会展现友好的微笑，在谈判过程中频繁微笑会被日本人看作不严肃的表现。韩国人对于微笑的理解和日本人差不多。在拉丁美洲地区和阿拉伯国家，人们喜欢展现夸张的面部表情来展示自己的热情，视对方为朋友才会在谈判中微笑。

6.8.2 手势

手势是肢体语言的另一个重要方面。手势可以理解为象征或标志（"V"表示胜利），警示（警察举起手停止车流），监控（不停地看表暗示你赶时间），或者一种情感表达（尴尬时脸红）。

手势是用来强化或帮助口语表达的一种表达方式。手势的具体含义应该根据特定的情境而定，以下列出了比较典型的美国人手势的含义（Axtell，1998）。

- 与说话者持续的眼神交流、微笑或者点头表示对其谈话感兴趣。
- 通过张开双臂或手掌向上表示思想开放或无偏见。

● 坐立不安、不敢与说话人进行眼神交流或者拨弄钥匙、整理钱包里的钱等动作都是紧张的标志。

● 眼神漂移不定，触摸鼻子、眼睛或耳朵等小动作表示怀疑。

● 双臂在胸前交叉、握拳或双腿交叉表示防御。

● 在别人讲话时不停地看表或者盯着地板、天花板、窗外表示对谈话不感兴趣或是厌烦。

手势的含义存在地域的差别，美国人会适当地用一些比较典型的手势。他们很少会使用肘关节高于肩膀的手势，因为这样的手势通常意味着太情绪化甚至表示生气，当然挥手致意或者再见的时候是例外情况。意大利人、希腊人还有部分拉丁美洲人在说话时会使用丰富的手势动作，而中国人和日本人在说话时倾向于将双手和手臂紧贴身体。大多数文化都有标准的日常交际用的手势，比如如何打招呼、如何告别。在与具有不同文化背景的人交往时，一定要注意学习和尊重他们的手势文化。

在中国，竖起大拇指表示称赞，用来表扬他人“你真棒”，或者告诉对方“一切进展顺利”，蕴含的是一种积极的意味。但是在北美洲和欧洲的大部分地区，这个手势是十分不礼貌的，极具冒犯意味。

以下是一些附加的不同文化中的手势标识指南（Axtell，1998）：

●“V”代表胜利（见图 6－2）。手掌和手指向外，竖起两个手指。这个手势在美国和其他很多国家都是普遍使用的。而在英国和新西兰地区如果掌心向内侧摆出这个手势则代表粗鲁的意思。

图 6－2　胜利的手势

● 竖角手势。抬起拳头，伸出食指和小拇指（见图 6－3）。因与得克萨斯大学长角牛队相关而具有正面的意思，在巴西和委内瑞拉等地这个手势代表好运，而在意大利这个手势则是对人的侮辱。这个标识在美国的不同子文化中意义也不同，其中的一种含义是恶魔撒旦的象征，表示恶魔之角。在使用这个手势之前你一定要先确保对方了解它暗含的意思。

● 竖起拇指的手势。大部分地区都认为这一手势表示“万事俱备”或“进展顺利”等积极的含义，而在北美洲、欧洲大部分地区、澳大利亚和西非，这个手势被理解成非常不礼貌。

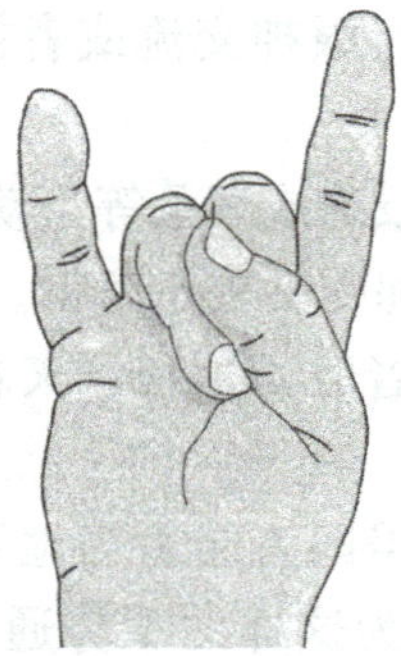

图 6-3　竖角手势

● “OK”手势，大拇指和食指围成一个圈。在美国，这是个非常积极的手势。而在巴西这个手势代表着猥亵。在日本，它还有另外一个意思表示钱。在比利时，这个手势仅仅表示零。在突尼斯一定要慎重使用这个手势，因为它代表“我要杀了你”。

一位美国工程师所在的美国公司收购了一家德国企业，他被调到德国的企业工作。他和一位德国工程师一起合作改造一台设备。这位美国工程师提出了改造设备的新想法，他的合作伙伴德国工程师照着他的想法实施了，正想要问他做的是否正确。这时，美国工程师将大拇指和食指围成一个圈，回应他一个美国式的“OK”手势。德国工程师立马放下手中的工具离开了，并且拒绝与美国工程师交流。后来这位美国人从他的上级口中得知，“OK”在德国的意思是“你是个白痴”（Axtell，1998）。

● 勾手指的手势（见图 6-4），食指朝上弯曲，掌心朝向身体。在菲律宾，这个手势是非常不礼貌的，因为它是用来召唤动物和家禽的。在越南和墨西哥，这个手势也是非常不礼貌的。

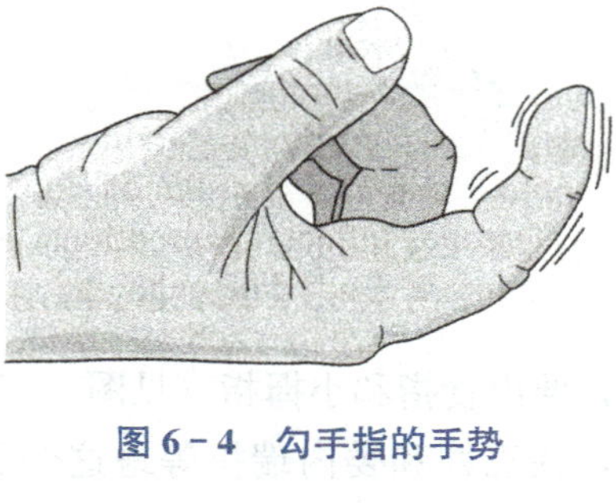

图 6-4　勾手指的手势

● 点头在大多数国家都代表“是的”，而在保加利亚的意思是“不”。

因为一种文化的手势可能会被另一种文化的人们误解，所以除非你非常了解所要使用手势的意思，否则尽量避免在跨文化沟通中使用手势。尤其是对于本身具有消极意义的手势，在跨文化沟通中要慎用。此外对于数字的手势表达也因国家文化的差异有所不同（见图 6-5）。

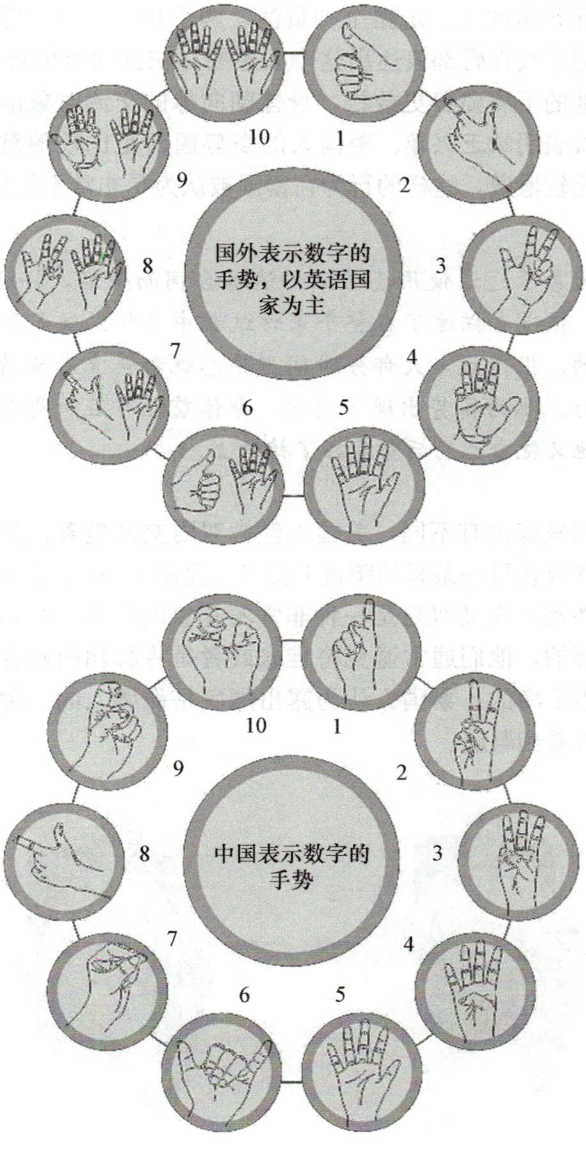

图6-5　数字的不同表达方式

6.8.3　姿势和姿态

姿势是一个人坐立、行走的方式，能够传达积极的或是消极的非语言信息。姿势可以表示赞成或者反对，例如，当在商业会议上人们观点一致时，他们的姿势很可能比较一致。当一个人的观点与其他人不同时，他所展现出的姿势也会与其他人不同。姿势可以传达出自信、地位和兴趣。自信的人通常姿势放松，站姿挺拔，步伐坚定。走路弓着肩，步伐缓慢犹豫则是缺乏安全感和没有自信的表现。目标明确并且摆动双臂表明他是一个目标导向的人。走路全神贯注，两手扣在身后，低头走路说明他是思考型的人。走路时把手放在臀部表达出这个人想要尽快到达目的地（Fast，1991）。地位高的人通常会比他的下属姿势更放松。身体朝向你的交流对象前倾表示对此人感兴趣，相反，靠后坐着表明缺乏兴趣。美国人的姿势通常是比较随意的，他们通常坐姿轻松，站的时候也比较懒散，这样的行为在德国被认为是非常不礼貌的。

里根总统因为善于通过使用姿势来传达潜台词而著名，1985 年《纽约时报》上的一篇文章中，报道者描述了在整个采访过程中里根总统是如何通过姿势变化来表达情感变化的。报道说，大部分时间里根总统都是靠后坐着的，当提及美国的星球大战计划时，他的姿势出现了变化，身体前倾并且听得非常专注。而当话题转向苏联时，他又把自己的后背靠在了椅背上。

不同文化的人们坐姿也有不同，美国人经常双腿交叉坐着，其中女人是在脚踝处交叉，男人是将脚踝放在另一条腿的膝盖上交叉（见图 6-6）。在中东大部分地区的人们看来，脚踝放在膝盖上交叉双腿是一种非常不礼貌的行为。在阿拉伯国家，保持恰当的坐姿是非常重要的，他们通常避免将鞋底或者是将脚朝向对方，因为身体最低的部位通常被认为是不干净的。泰国人认为露出脚底是侮辱人的一种做法，因此坐着的时候一定要避免被人看到鞋底。

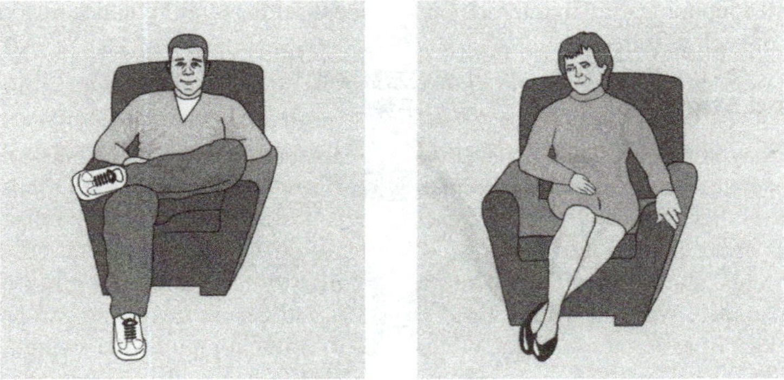

图 6-6　坐姿

当与不同文化的人们沟通时，遵从他们的做法，呈现出与他们相同的姿势。有一点需要记住，当年长的人或者是级别高的人进入或者离开房间时起身站立，这在大多数文化中都是对人尊重的表现。

了解面部表情、姿势、手势表达上的文化差异是跨文化沟通取得成功的关键，肢体语言能够对语言信息起到强化或者弱化的作用，尽管我们常说行动比语言更响亮，但在跨文化沟通中，所说的话要比辅助的肢体语言更能表达潜在的含义。一旦用错了肢体语言，将会妨碍对方理解正确的意思。最好的建议是在与不同文化背景的人们沟通时尽量减少姿势的使用，学习当地语言中的“是”“好”如何表达，而不要依赖于姿势。

6.9 色彩

色彩（chromatics）或颜色可以影响心情、情绪和对他人的印象。某些颜色既有正面又有负面的含义。在美国，黑色是一种复杂的颜色，通常表示伤心。白色是纯净与和平的象征，但在一些文化中它通常与哀悼联系在一起。蓝色通常代表和平与安宁，或者表示伤心和沮丧，例如英文中常说的“I am blue”。

红色象征着热情或者危险暴力。在中国的传统文化中，红色寓意着幸福和吉祥。在结婚的时候，新婚夫妇都要穿红色的礼服，过年的时候每家每户都会贴上红色的春联，希望新的一年喜气洋洋，红色灯笼则象征着阖家团圆。在中国红色还可以用来“辟邪”，人们在本命年的时候喜欢佩戴红色的配饰来趋吉避凶。

白色一般象征着干净和纯洁，西方的婚礼中，新娘都会穿洁白的婚纱，日本的新娘在结婚时会穿白底印花的和服。朝鲜人对于白色也十分喜爱，他们称自己是“白衣民族”，男性的传统服饰是白色的，韩国的国旗也是以白色为底色。但是在中国的传统文化当中，白色代表着死亡和不吉利，人们一般不会佩戴白色的头饰，看望病人的时候不会送白色的花，在葬礼上一般会穿白色的孝服。

颜色有时也象征着爱国等情感。美国人认为红、白、蓝这三种颜色象征爱国（他们的国旗是由这三种颜色组成的）。与颜色相关的文化差异主要有以下几种（Axtell，1998；Ricks，2006；Scott，2002）。

- 对于大部分的欧洲人和美国人来说，黑色代表着哀伤，而在日本和许多其他国家，葬礼上出现的通常是白色，在非洲国家，红色在葬礼上是常见的。
- 在美国，新娘都会穿白色的婚纱，然而在印度，新娘一般会穿红色或者黄色的衣服，在亚洲一些地区，白色一般表示哀悼。
- 紫色有时象征着王权或者是皇室的象征，但在许多拉丁美洲国家，紫色是死亡的象征。
- 红色（尤其是红玫瑰），在美国以及许多其他地区都是浪漫的象征，而在日本，用红色作为包装礼品的颜色是非常不适合的。
- 在埃及，绿色一般不能作为外包装的颜色，因为绿色是代表他们国家的颜色（就如同美国的颜色是红白蓝一样）。
- 蓝色在世界上许多国家都被看作一种男性化的、代表阳刚的颜色，但是在法国和英国，红色才是更能代表阳刚的颜色，在伊朗，蓝色是不受欢迎的一种颜色。
- 美国人认为粉红色是最能代表女性的一种颜色，然而在世界上许多其他国家黄色是一种更为女性化的颜色。

颜色对出口也有影响，在马登、海威特和罗斯（Madden，Hewett，& Roth，2000）所做的关于不同国家的消费者对于颜色的偏好的研究中，蓝色被澳大利亚人、中国人还有美国人列为最受欢迎的颜色（在巴西蓝色是排在第二位的颜色）；在这四个国家中排前五名的颜色还包括白色、绿色、黑色和红色。在其他国家销售产品的公司必须清楚产品包装的颜色很有可能会影响潜在消费者的消费决定。例如，红色包装的产品在中国会很受欢迎，而在韩国可能就不那么受欢迎（Scott，2002）。

所以，要确定各种颜色的文化含义以确保与此颜色相关的非语言信息所传达出的含义是积极的。

6.10　沉默

沉默是非语言沟通的一种形式，根据使用情境的不同、沉默时间的长短差异以及文化的不同，沉默有不同的含义。通常对于沉默的解释包括同意、不同意、缺乏兴趣或者蔑视。沉默也可能表示在对现有的谈话进行思考，在美国以及许多其他文化中，沉默意味着不乐意（Samovar et al.，2009）。

沉默的其他方面也应该予以考虑，如持续时间、适宜性、谈话者之间的关系。对某问题回应以长时间的沉默可以理解为确实不知道问题的答案。在不恰当的陈述之后的沉默，例如在听完一个不好笑的笑话之后的沉默，通常意味着不赞成。在与熟悉的人交谈时出现沉默表示不赞成或有异议（Samovar et al.，2009）。

美国人通常很不习惯沉默，除了与他们非常熟悉的人。美国人通常用谈论天气这样的填充语来避免沉默。在美国，谈话被认为是一种非常重要的交流方式，也是一种消遣时间的好办法。或许美国人被称作“闲谈的艺术大师”的一个原因就是他们爱闲谈，而且通常谈论非实质性的话题。除了美国，德国、阿拉伯国家、法国以及南欧许多国家的人们也会因为沉默而感觉特别不舒服。

在一些文化中，沟通中可以出现沉默。东亚人认为沉默是商业和社会交往的一个组成部分，他们并不认为沉默意味着沟通的失败。在东亚和芬兰，沉默也表示聆听和学习。沉默能够保护你的隐私和私人信息，也能显示出对别人隐私的尊重。在这样的文化中沉默被认为是谈话中适当的休息和间歇（Lewis，2006）。日本人对于适当的沉默会感觉很舒服，并且在与美国人谈判时会拿它作为讨价还价的工具。他们知道美国人在长时间的沉默中会感觉很不舒服，通常美国商人为了让谈判继续下去会做出价格的让步。跟日本人谈判一定要学会沉默，日本人很习惯沉默并且不喜欢被催促。如果一个人在交谈中没有停顿通常会被认为在说话时没有经过思考或者没有集中精力思考（Axtell，1998）。打破沉默有时也会给人留下印象，即你的建议是有缺陷的。日本有句俗语“知者不言，言者不知”，强调在这一文化中沉默的价值超过了话语。

在商务谈判的场景中，东方人处理问题习惯于以静制动，他们会表现得比较镇静，以此来展示自身的优雅、自信。“静”是中国人常做出的“沉默”行为，在不同的场合代表不同的含义。它可能是认可对方的看法，也可能是不赞同某个提议。反观西方人，他们更习惯于详细说出自己的条件和要求，若是对方没有给予积极的回应，而是以沉默应对，他们会自然而然地认为对方是持反对意见，或是打算进行讨价还价，甚至可能觉得对方对此次谈判不感兴趣。进而为了打破这种僵持的气氛，他们可能会主动退让，同意对方苛刻的条件，或是在对方还未开口前就进行一定程度的妥协，抬高自己的买入价格或是降低自己的售价。

需要适当注意的是在交谈过程中要注意观察你的交谈对象的行为，并且跟从他们的行为方式。例如，与亚洲人交谈时允许有停顿，而与来自中东地区的人交谈时应该避免停顿。了解沉默以及其他非语言沟通方式在使用时的文化差异，对与其他文化中的人们交流是非常有帮助的。

古代曾有一个小国家的使者到中国进贡，给当时的皇帝献上了三个一模一样的小金人。与此同时，使者还出了一道题：这三个小金人哪个价值最高？皇帝请金匠来查看，通过称重量、看做工等一系列检查后，发现都是一模一样。皇帝这时也犯愁，泱泱大国怎么能连这样的小问题都回答不了？

这时，一位已经退位的老大臣站出来说他有办法。皇帝将使者请来，看老大臣究竟是如何进行判断的。只见老大臣拿出了三根稻草，分别插进了三个金人的一只耳朵中。稻草从第一个金人的另一只耳朵中穿了出来；从第二个金人的嘴巴中掉了出来；只有第三个金人的稻草进入了肚子中。这时，老大臣说：第三个金人的价值最高。使者看到这儿不再说话，因为他知道无法难住中国人了。

“沉默是金”用英文来说是“Speech is silver，silence is gold”，可见很多时候不说话比说出来更有价值。因为沉默能使人静下心来听自己内心的声音，而当面临生活的巨浪时，说出的语言总是苍白无力的，此时的沉默并不代表退缩，而是蓄积能量。“收回拳头是为了更好地打出去”，下一步再积极寻找人生的方向。

6.11　非语言泄露

当人们在对其行为、姿势、面部表情和其他非语言沟通形式传递的信息尝试进行控制而不成功时，**非语言泄露**（nonverbal leakage）就发生了。一个人的真实想法或态度如果与他所说的话不同，就会在无意中暴露出来。人们通常能够成功地控制面部表情，然而，非语言泄露可能发生在手、胳膊、脚、腿上，因为这些部位相对难以控制。例如，隐瞒真相试图骗人的人通常会舔嘴唇、手握着扶手或者用手指轻敲桌子。另外，意欲骗人的人会将双脚乱放或者反复翘起再放下双腿。说谎话的人通常会咽口水、出汗或者玩笔，他们还会避免与别人靠近。当身体语言与口头语言不一致时，身体语言通常会比口头语言更能说明问题。在跨文化沟通中，观察非语言泄露可能会对了解人的暗含信息提供有用的线索。对方的生理变化，如瞳孔大小的变化、皮肤颜色的变化等，这些都是超出人的意识控制范围的，可能会成为真相的可靠指示。你需要学习其他文化中非语言泄露的含义，因为在不同文化中非语言泄露的含义会有所不同（Martin & Chaney，2012）。

到某些国际化大都市旅游的人们应该注意当地人的身体语言所传达信息的含义。在一项研究中，两名已经定罪的歹徒被分开调查，要求两人各自看一段公共场所行人的录像，并且指出他将要攻击的对象。两名歹徒确定了同一个行人作为最易攻击的对象（Fatt，1998）。

6.12 物件、标志和符号

物件、标志和符号是非语言沟通的有效方式，尤其是在存在语言障碍的跨文化情境中。

能够提供有用的非语言信息的物件主要是衣着类商品，除了衣服的种类能够传达信息，一些配饰例如太阳镜也能传达一定的非语言信息。

衣着也能够传递正面的或是负面的非语言信息，这在第 9 章会有详细论述。例如，休闲便装会让国际来宾认为他们没有重要到值得你穿正装。在一些文化中，与国际来宾进行商务会面时穿休闲便装是对人不尊重的表现。穿着也会传达出信誉高低的信息，穿正装的人会比不穿正装的人有更好的信誉。在一些文化中，衣着反映了文化价值。例如，在英国，穿着的保守程度与社会地位相关。同样，阿拉伯人也很重视衣着，对上流社会的阿拉伯人来说，服装是与社会地位、自尊和财富相关的（Klopf & McCroskey，2007；Martin & Chaney，2012）。

礼物在一些文化中能传达负面非语言信息的一个例子就是“送钟”，对这一事实，下面这位跨国公司代表了解得太晚了。

一位跨国公司的代表在进行了较为全面的准备工作后，打算分别与一家中国公司和一家日本公司合作，想要打开东方市场。在与中国公司的洽谈结束后，他前往公司进行实地考察，但这一趟考察后，中国公司表示可以继续维持伙伴关系，却不愿签订合同。之后他又投入了很大精力准备即将进行的与日本公司的会议洽谈。会议上，他很好地回答了日本公司的疑虑和困惑，并提出适当的解决方案，然而最后的结果是迟迟没有收到对方的回复。这两次失败的经历让他十分困惑。

原来，在实地参观中国企业时，最后交换礼物环节他送的是一块非常名贵的钟表。然而，他不知道的是在汉语中“送钟”和“送终”同音，这在中国的环境下是很忌讳的，尽管这是一块非常名贵的表，实际却是一个不礼貌的行为。在与日本企业的会议洽谈中，他无意识地跷起了二郎腿，这在日本人眼中是一个非常粗鲁的行为，没有给日本企业负责人留下一个良好的印象，自然也就没有后续的回复了。

除了衣着，非语言信息可以通过诸如办公室装饰这样的非个人物品来传递。为了表示公司拥有国际性的生意和合作伙伴，公司很可能会在大厅处装裱一幅世界地图或者安装多个标有不同城市名的时钟，比如伦敦、新德里或者东京。对富有的国际客户能产生积极影响的其他物品有古玩展示、艺术作品和价格极其昂贵的壁挂。

标志和符号对于不会说当地语言的旅游者非常有帮助。标志比符号简单，比如指示方向的箭头，跑步的标志表示出口，圈中间加一条斜线表示拒绝。符号是以图片为基础的，例如一家咖啡店用茶杯和茶碟作为象征性图片。符号也可以是随意的，例如用红色表示基督教的慈善事业（Jandt，2010）。带有符号的标志方便了开车旅游的人们，例如，刀叉的符号告诉旅游者去那里可以找到饭馆。其他还有包含公司广告标识的标志，例如麦当劳的金色拱门、壳牌带有深红色边框的黄色海贝壳轮廓、出入口处等这些标志都使得游客很方便地得到需要的服务信息。还有其他不用文字来提示司机需要注意的事项的符号，例如一个中间画有鳄鱼图片的黄色的标识，用来警告佛罗里达的游客小心在路上会遭遇鳄鱼。其他国家也使用类似的标志。在欧洲某些国家，用一个画有乌龟图片的红色矩形提醒司机在过马路时可能会碰上乌龟。符号组成的标识在机场也随处可见，帮助世界各地的游客找到各种服务，例如行李（手提箱）认领区，洗手间（男/女），地面交通工具（公交/出租）。还有许多普遍使用的符号，比如一条对角线切断一根燃烧的香烟的圆形图案，代表“禁止吸烟”。还有一个对角线划过了一个走路的行人的图案表示“禁止行走”。

有些标志很容易识别，也很容易解释，而有些标志只有一小部分群体能够理解。例如下面这个事件所阐释的。

一位中学老师看到一名学生的项链上面是喜剧人物和悲剧人物组成的双面玩偶，于是他评论说：“啊！我猜你是个演员吧。”听到这话，学生非常生气。这位老师不知道这个戏剧符号也是一种帮派符号，表示“这一秒你笑了，下一秒就让你哭”。这个学生生气的原因在于她不明白老师所说的演员的意思，她以为老师是在评论她的性取向（Dresser，2005）。

还有一个被美国人和其他国家的游客熟知的符号是自由女神像，坐落在纽约港的自由女神港。这是一个来自法国的礼物，用于庆祝美国独立100周年，被人们普遍认为是自由的象征。代表和平的符号在世界上也是公认的，但是，不同国家代表和平的符号可能会有区别。例如，古希腊人把橄榄枝作为和平的象征，而在远东地区的人把丹顶鹤看作和平的象征，意大利人心中的和平符号是彩虹旗，是把“和平”字样（意大利语）写在中心、七种颜色的条纹组成的彩虹旗。

有一些符号并不是所有人都能明白。例如，在许多国家，白色背景上面画着一个红色的十字表示紧急医疗救助，这个符号可以追溯到1863年，当时一名红十字会护士作为救助人员出现在战区。在许多国家，十字架代表基督，这也是新月会取用新月牙标志而不是十字标志的原因，最终在2006年国际红十字会组织又发布了第三个标志：将红水晶（放置在角落里的红色正方体）作为人道主义的一个象征符号。现如今，医护人员要进入战区时必须使用红十字、红月牙和红水晶这三种符号之一（Jandt，2010）。

近年来被广泛认可的新设计出的符号是艾滋病的红丝带，用来引起人们对艾滋病的关注。还有其他的丝带标志符号并没有像红丝带一样被广泛认可，例如对抗乳腺癌的粉红丝带标志，提醒人们关注受虐妇女的薰衣草带标志等（Jandt，2010）。

一个容易激发人的情绪反应的符号标志是国旗。例如由红白蓝三色组成的美国国旗也叫"星条旗"。美国公民都很熟悉其国旗设计的历史意义：50颗星星代表美国的50个州，13条条纹代表过去的13个殖民地。对待国旗要特别尊敬，对于它的使用、处理和处置都有特别的规章约束。英国国旗是大家熟悉的红白蓝旗，也称米字旗，是由三个旗组成的：圣乔治十字（英格兰）、圣安德烈十字（苏格兰）、圣帕特里克十字（北爱尔兰）。最近，英格兰旗（白色背景加红色十字）常在许多重要的场合出现，原因可能在于苏格兰和威尔士都有了自己的议会，英格兰想要借此来表达自己的民族主义。

> 在一家日本公司的美国子公司开工庆祝期间，肯塔基州州长向来访的日本代表展出了象征肯塔基州联邦的州旗，在打开州旗后，不了解美国如何对待州旗的日本代表把州旗拖在了地上。许多美国人都被他的这一不尊重行为冒犯。但是他们不知道的是，日本人对待旗帜的态度并不像美国那样，他们这么做并没有冒犯的意思（Ricks，2006）。

在跨文化情境中，物件、标志和符号都是非语言沟通的重要方式，它们能够打破语言障碍，使得跨国旅行更加容易。借助这些非语言沟通标志，旅行者能够顺利通过异国他乡的机场、公路，最终抵达目的地。

下面总结了与美国有密切国际商务往来的10个国家的非语言沟通习惯指南。

巴西

尽管在工作地点守时是非常重要的规则，但在大城市由于存在交通堵塞等问题，会议开始得比预计晚一点并不罕见。社交场合中，主人期望他们邀请的客人到达时间比约定时间晚15分钟左右。谈话时站得近一些是惯例，巴西人经常会在谈话中触碰对方，然而，在与陌生人或者非同级非同龄的人交谈时触碰对方是非常不合适的。他们在谈话过程中保持着眼神交流，而当和上级交谈时，巴西人通常会降低视线以表达对对方的尊敬。在谈话过程中出现沉默是比较不常见的，巴西人喜欢交谈而且通常会在谈话中打断对方。他们在谈话中经常会用到手，辅以各种手势，然而应该尽量避免使用一些粗俗的或者无礼的手势，其中包括“OK”手势、竖起中指、用紧握的拳头撞击摊开的手掌。

加拿大

加拿大人对待时间的态度与美国人相同，商业会议等都是要求准时到达的，晚宴等社交活动允许晚到 15 分钟。加拿大人的身体距离比拉丁美洲和远东地区人们之间的身体距离要远。谈话时标准的身体距离是 1.2～3.6 米，然而说法语的加拿大人的身体距离相对近一些。除非是亲戚或密友，加拿大人在谈话时很少发生触碰行为，而说法语的加拿大人在谈话中会经常触碰对方。在交谈或者打招呼时，进行眼神交流是很重要的，眼神交流代表着真诚，并且能够帮助建立信任。加拿大人对于姿势的使用也与美国人类似，由于姿势可能会冒犯特定文化中的群体，应该尽量减少使用。用食指指人被认为是非常不礼貌的，示意别人时应该用整只手。向别人招手时应该是掌心向内，手指朝上向身体弯曲。在美国表示拒绝或者是糟糕的拇指向下的手势，在魁北克省是非常无礼的手势，如同用拳头撞击摊开的手掌的手势。对于加拿大男士来说，恰当的坐姿可以是脚踝交叉、膝盖交叉或者脚踝放在另一只膝盖上面交叉；对于女性而言，恰当的坐姿是脚踝交叉。应避免两腿分开坐，也不要将脚放在家具上面（Axtell，1998；Martin & Chaney，2012，2009）。

中国

对中国人来说，守时是非常重要的。应邀参加晚宴或者参加会议时，应该提前到达以示尊重。中国人在交谈时很少发生触碰行为。在打招呼时也不会经常出现拥抱或者亲吻行为。在被别人介绍的时候笑会让人感觉不习惯。中国人之间的身体接触仅限于握手。公开表达感情是不易被接受的，即便是两口子。他们尽量避免在谈话时打断对方。总体而言中国人的身体距离比美国人要近一些。直接的眼神交流非常有限，他们很少会盯着别人看。中国人对于姿势的使用也比较有限，尽量使用张开的手掌而不是手指来指示，这点对中国人很重要。尽管中国对许多美国手势都很熟悉，但“OK”手势也不是每个中国人都能够理解的。对中国人来说，良好的坐姿非常重要，脚应该保持放在地面上，不能放在椅子或桌子上（Axtell，1998；Martin & Chaney，2012，2009；Yurkington，1999）。

德国

德国人比世界上其他国家的人在商业和社交活动中更加注重守时。只迟到 2～3 分钟就是对德国管理者的侮辱了，如果你被耽搁了应该打电话解释一下。在交流中应该有眼神交流，以表示真诚。如果在交谈中避免眼神交流，说明你这个人是不可信的。

要尊重德国人的空间需要，德国人总是保持自己办公室的门关着就是一种保持领土感的证明。在德国，把手插在口袋里或在公共场合嚼口香糖都是非常不恰当的行为表现。用食指指向太阳穴或者做扭曲运动都是对别人的侮辱，意思是“你疯了”。德国人用握拳然后将另一只手的手指叠放在拳头表面上的手势而不是手指交叉的手势来祈祷别人好运。挥手告别的手势是举起摊开的手掌，掌心朝外，手指上下动，而不是从一边到另一边挥动，后者在德国表示拒绝。当要引起某人比如服务员的注意时，应该举起手，掌心朝外，只伸出食指，而不要挥手。德国人避免公开表达情感，而且不会触碰对方。另外，德国人不允许任何人碰他们的车子。在德国，保持正确的坐姿也很重要，坐的时候一个膝盖搭在另一个膝盖上面交叉双腿，注意脚不要放在家具上面（Axtell，1998；Martin & Chaney，201，2009）。

日本

在日本，守时很重要。参加商业会议时迟到被认为是非常粗鲁的行为，但是在参加社交活动时迟到可以接受。因为日本的文化是“切勿触碰”，因此尽量避免与他们站得很近、拍他们的背部或者出现其他任何的长时间身体接触。长时间的眼神交流也要避免，日本人通过间接的眼神交流来表达尊敬。美国的“OK”手势在日本可能表示“钱”。召唤某人的手势是伸出胳膊，掌心朝下，做手指骚动的动作。在公共场合嚼口香糖或打哈欠都被认为是不礼貌的行为；站立的时候手插在口袋里也是非常不恰当的。日本人在生气的时候会避免大声喊叫或提高音调。日本人礼貌而且显示出极大的克制。正确的日本坐姿是两脚都放在地上，双手放在椅子扶手上或者是膝盖上。懒散地倚在靠背上或者是把脚放在桌子上都是非常不恰当的行为。双腿膝盖交叉或者脚踝交叉都是可以接受的，但是把脚踝放在膝盖上交叉坐着是非常不恰当的坐姿（Axtell，1998；Martin & Chaney，2009；Sabath，2002）。

墨西哥

墨西哥人不太注重守时。在他们看来，超过了规定的会议时间 30 分钟也还可以认为是守时的。然而，他们希望外国人能够准时参加商业会议。参加社交活动时，比约定时间晚到 30 分钟到 1 个小时被认为是恰当的。遵从美国式时间表示要准时到达，遵从墨西哥式时间标准意味着会有更多的弹性时间。墨西哥人在谈话时会站得很近，有时还会触摸别人的衣服、肩膀和手臂。在交谈时避免向后退，这样表示出不友好。频繁的触摸通常被看作关系亲近的表现。另外，墨西哥人在谈话中经常使用手势，大部分墨西哥人对美国的手势都很熟悉。然而，在美国代表胜利的“V”字手势，把鼻子置于“V”形的楔子中间、嘴巴被手掌挡住，这个手势在墨西哥代表非常粗鲁的含义；美国的“拇指朝下”手势在墨西哥代表非常粗俗的含义；“拇指朝上”的手势表示“赞成”。食指向上，掌心向前，将手从一边向另一边来回摆动表示“拒绝”。站立的时候避免把手放在臀部，因为这个动作表示你很生气。另外把手放在口袋里站着也是非常不礼貌的，这个姿势也代表生气（Axtell，1998）。

荷兰

荷兰人也很重视守时，不论是开会还是约会，他们都期望你能够准时到达。如果你有事不得不迟到，最好提前打电话解释原因。荷兰人是比较矜持的，荷兰人不会使用非语言沟通，即便许多欧洲国家的人都会使用。他们习惯直接的眼神交流，在谈话时大约会保持一只手臂的距离。除非是亲戚或密友，否则他们不会在公共场合拍对方的背，也不会拥抱或触摸对方。在公共场合嚼口香糖或是将手插在口袋里站着都是非常粗鲁的行为。使用荷兰人的一些解释性动作时一定要谨慎，因为他们的一些动作可能对于其他国家的人来说有着非常不一样的含义。例如，用食指在耳边画圈的动作在一些国家表示这个人是疯子，而在荷兰这个动作表示有人呼叫。表示某人疯了的动作是用手轻敲额头中间（Axtell，1998；Martin & Chaney，2009；Sabath，1999）。

新加坡

新加坡人在商业交往和社交活动中都很注重守时，让别人等待是对对方的侮辱。触碰或者是拍打别人都是应该避免的，这也被理解为是对别人的污蔑。长时间的眼神交流也是不恰当的，在被介绍或者是在谈话中应该避免长时间的眼神交流。在新加坡，微笑并不总是表示开心，也可能是表达尴尬或是不开心。有些姿势或动作例如碰别人的头、站立时把手放在臀部、用手掌撞击另一只拳头都应该避免。指人时应该是手张开，尽量避免用食指指人。新加坡人坐着的时候尽量避免将鞋底冲着别人。“OK”手势在新加坡也应该避免使用，它是非常无礼的。使西方人困惑的一个姿势是摇头，新加坡人认为头从一边摇向另一边是表示同意，而不是一般认为的不同意。

韩国

守时在韩国也是很重要的，但是高层管理人员可以偶尔在参加会议或约会时迟到。西方商人在跟他们做生意时要注意准时。直接的眼神交流是非常恰当的，但触碰别人的手臂和背部都是不被接受的。在公共场合，比如在购物时或者是在公交车上，由于空间限制人们通常会站得很近。在韩国，保持正确的坐姿非常重要。坐着时通常是双腿不交叉，不过双腿的膝盖处交叉也可以接受。把脚放在椅子上或者桌子上都是非常粗鲁的行为。外来的游客一定要注意韩国人在感到沮丧或者是尴尬时也会笑，他们的笑不只是因为某件事情有趣。他们在笑的时候还会用手捂住嘴巴，在韩国要尽量避免大声说话或者大声发笑。用食指召唤别人是非常不礼貌的，传送物品时用右手或是双手接是韩国人惯常的做法（Axtell，1998；Martin & Chaney，2012；Sabath，2002）。

英国（英格兰、苏格兰、威尔士和北爱尔兰）

对英国人来说守时是非常重要的，因为英国人非常有礼貌和优雅，他们尊重别人的个人空间而且不喜欢在谈话时与别人离得太近。英国人在谈话时并不总是看着对方，也不会触碰对方；注意不要用手臂环绕你的同事的肩膀，也不要拍打对方的背部。还要避免过分热情，英国人并不擅长表达情感。许多美国和加拿大地区的手势和动作也被英国人熟悉和使用，然而需要注意的是，表示胜利的"V"字手势（通常手掌向外）当手掌朝里使用时是非常粗鲁和冒犯的。对男人而言，可以接受的坐姿是在膝盖处交叉双腿，不能把脚踝放在另一条腿的膝盖上；对于女人，坐的时候在脚踝处交叉双腿是可以接受的（Axtell，1998；Martin & Chaney，2012，2009）。

美国

美国人也很注重守时，在参加商业活动或社交活动时迟到被认为是非常无礼的行为，迟到所传达出的讯息可以是对对方或对事件不尊重，也可以说明组织技能较差。美国人很重视个人空间，在他们接触时通常会保持一只手臂的距离，在交流时较少的触碰被认为是正常的。商业场合的身体接触仅限于握手，在社交场合，美国人通常用拥抱的方式问候，然而，这种问候方式并不是在整个宏观文化中被普遍接受的。不论在商业场合还是社交场合，直接的眼神交流都是非常重要的。但是注意不要传达负面的眼神交流信息，例如不尊重、不在乎或者不感兴趣等。美国人在进行眼神交流时通常会展现笑容，包括对完全陌生的人。使用温和的手势是美国人通用的交流方式，一些典型的手势包括大拇指朝上的手势或者"OK"手势用来表示事情进展顺利，"V"字手势表示胜利，拇指朝下的手势表示不同意。有些手势因为其不好的含义应该避免使用，包括用一根手指指人、竖起中指、使用前臂猛击等。美国人的坐姿相对比较随意，他们在坐的时候很放松，一般的坐姿是交叉双腿，女性在脚踝处交叉，男性将脚踝放在另一个膝盖上交叉。

关键词

色彩（chromatics）
时间观念（chronemics）
演绎法（deductive method）
触觉（haptics）
归纳法（inductive method）
亲密距离（intimate zone）
举止神态（kinesics）
单一时间模式（monochronic time，m-time）
非语言沟通（nonverbal communication）
非语言泄露（nonverbal leakage）
眼神交流（oculesics）
嗅觉（olfactics）
副语言（paralanguage）
个人距离（personal zone）
多元时间模式（polychronic time，p-time）
近体学（proxemics）
公共距离（public zone）
社交距离（social zone）

练习6.1

说明：正确的圈 T，错误的圈 F。

1. T　F　亚洲人一般使用演绎推理的方法解决问题。
2. T　F　美国人比意大利人和阿拉伯人说话快。
3. T　F　拉丁美洲人比美国人更需要空间。
4. T　F　阿尔及利亚人并不是都注重守时。
5. T　F　所有文化中私人办公室都是留给高管人员的。
6. T　F　在与日本人交谈时，整个谈话过程中都应该保持稳定的眼神交流。
7. T　F　所有文化中的人都对体味和口气有消极的反应。
8. T　F　西方人比阿拉伯人的身体接触要多。
9. T　F　触碰泰国人的头部是不被允许的。
10. T　F　在所有文化中，微笑都被理解为开心。

练习6.2

说明：将下列词条与定义匹配起来。

________1. 空间	A. 色彩
________2. 身体语言	B. 时间观念
________3. 气味	C. 演绎方法
________4. 凝视/眼神交流	D. 姿势
________5. 符号，插图，调节或情感表达	E. 触觉
________6. 从事实到一般化	F. 归纳方法
________7. 时间	G. 举止神态
________8. 颜色	H. 眼神
________9. 影响信息含义的音量、音高、语速等	I. 嗅觉
________10. 触觉	J. 副语言
	K. 近体学

问答

1. 解释美国和其他国家的思维方式以及解决问题方式的区别。
2. 讨论不同国家副语言的差别。
3. 阐述不同文化的时间观念的差别。
4. 讨论美国、日本、希腊和拉丁美洲国家个人空间需要的差别。
5. 区分习惯眼神交流的和避免眼神交流的文化。

6. 举例说明嗅觉是跨文化非语言沟通的重要方面。

7. 区分习惯身体接触的和避免身体接触的文化，并举例说明在美国哪些身体接触是适宜的，哪些是不适宜的。

8. 讨论美国、日本、中国、意大利、希腊和拉丁美洲的人们在身体语言方面存在怎样的文化差别。

9. 解释如何通过色彩传递非语言信息。

10. 区分哪些文化习惯沉默，哪些文化不习惯沉默，并讨论不同情境下出现的沉默的含义。

案例

采用下列步骤分析案例：(1) 仔细阅读案例，注意细节；(2) 阅读案例后面的问题；(3) 重读案例，留意或突出回答要用到的细节；(4) 辨别案例的相关事实、基础假设和关键问题；(5) 列出问题可能的答案；(6) 选择最符合逻辑的答案。你的老师可能会让你以书面形式提交案例问题的答案。

案例 1

芭芭拉在一家德国企业的美国分公司工作，她的工作是从德国订货并跟进货物运输状态。芭芭拉不会说、不会读，更不会写德语。但这并不是问题，因为她和联系人安娜用英语沟通，一般情况下，芭芭拉从安娜那里取得的邮件、信和传真都是英文的。最近，德国公司遇到了困难，芭芭拉也给安娜发邮件询问货物延期的问题，在最后一封邮件中，芭芭拉询问为什么德国公司不能按时进行货物的运送，而她收到的回复是德文的。讨论此情境所传达的非语言信息是什么，怎样做才能使局面好转。

案例 2

一家美国公司派了一位代表与一家日本公司进行合同的谈判。美国代表按照约定的时间到达并且被领到了会议室，6位日本代表接待了他，在整个演讲过程中，日本代表的头做上下运动，但是他们很少说话。由于美国代表被告知日本代表能听懂英语，因此演讲是用英文进行的。当美国代表问大家是否还有问题时，每个人都很礼貌地点头，没有人说一句话。过了几分钟，美国代表请日本代表签合同，一位日本代表说："我们比较难以决定。"这时美国代表说："我可以把这份合同留给你们吗？"日本代表说："可以。"美国代表回国后一直期待日本代表能够寄回合同，但是并没有。请解释日本代表点头的真正含义以及他们所说的"难以决定"意味着什么。

案例 3

哈利是一位美国的管理人员，他第一次来墨西哥，代表他的公司与一家墨西哥企业谈判，他被谈判伙伴邀请去参加晚宴，请柬上写着鸡尾酒会晚7点开始，所以哈利在那个时间准时到达。主人非常惊讶，当时一个客人也没有，大约晚上8点的时候才开始有客人入场。哈利确定自己没有记错时间，但是他感觉自己开场就很糟糕。你有什么好的建议给哈利吗？

案例4

弗雷德是一家美国大型书店的经理，他雇用了来自中国的吴青作为他的员工。为了能更好地了解吴青，弗雷德请她喝咖啡。在整个谈话过程中，弗雷德发现吴青一直都是低着头看地板，跟他没有任何眼神交流。他把这理解为对他缺乏尊重。讨论这一情境中存在的非语言沟通差异。

案例5

一位加拿大教授接受了一项为期两年的南美大学的教学任务。尽管在第一次班会时就已经强调了合理的课堂活动规范，但学生们还是会迟到20～30分钟。而且他们迟到了不是安静地坐在座位上，而是走到教室的前面去向老师和同学道歉，通常他们给出的迟到理由都与家庭问题有关。解释以上情境中的文化差异。

活动

1. 用一段话描述你所经历过的在与不同文化的人交流时遇到的语言沟通和非语言沟通障碍，并给出合理的解释。

2. 准备一段短剧来描述一位美国人在与你所选定国家的人交流时出现的非语言沟通的错误。

3. 示范一个手势（例如拇指向上或者是美国的“OK”手势），让你的同学解释它在特定文化中所代表的含义。

4. 示范在与拉丁美洲、美国和埃及的人们交流时所能接受的个人空间距离。

5. 解释美国、日本和中东地区的人们在交流时适宜的眼神交流程度。

6. 在线访问由专业协会设计的无版权费的50个国际符号，它们可以引导游客顺利通过全世界的运输设备。根据自己的旅游经历对这些符号提出改进和完善建议或是添加某些符号至列表中。

参考文献

Axtell, R. E. (1998). *Gestures*. New York: John Wiley & Sons, Inc.

Borden, G. A. (1991). *Cultural orientation: An approach to understanding intercultural communication*. Upper Saddle River, NJ: Prentice Hall.

Bosrock, M. M. (1997). *Put your best foot forward: South America*. St. Paul, MN: International Educational Systems.

Chaney, L. H. (2004, August/September). Curb appeal. *OfficePRO*, 66 (6), 28-29.

Chaney, L. H., & Lyden, J. A. (1996, April). Impression management: The office environment. *Supervision*, 57 (4), 3-5.

Devine, E., & Braganti, N. L. (1991). *The traveler's guide to Middle Eastern and North African customs and manners*. New York: St. Martin's Press.

Dresser, N. (2005). *Multicultural manners: Essential rules of etiquette for the 21st century*. Hoboken, NJ: John Wiley & Sons.

Engholm, C. (1991). *When business east meets business west*. New York: John Wiley & Sons, Inc.

Engholm, C., & Rowland, D. (1996). *International excellence*. New York: Kodansha International.

Fast, J. (1991). *Body language in the workplace*. New York: Penguin.

Fatt, J. P. T. (1998). Nonverbal communication and business success. *Management Research News*, 21 (1), 4-5.

Gudykunst, W. B., & Ting-Toomey, S. (1988). *Culture and interpersonal communication*. Newbury Park, CA: Sage.

Hall, E. T., & Hall, M. R. (1990). *Understanding cultural differences: Germans, French, and Americans*. Yarmouth, ME: Intercultural Press.

Jandt, F. E. (2010). *An introduction to intercultural communication: Identities in a global community* (6th ed.). Thousand Oaks, CA: Sage Publications.

Klopf, D. W., & McCroskey, J. C. (2007). *Intercultural communication encounters*. Boston, MA: Pearson Education.

Lewis, R. D. (2006). *When cultures collide: Leading across cultures* (3rd ed.). Boston, MA: Nicholas Brealey International.

Madden, T. J., Hewett, K., & Roth, M. S. (2000). Managing images in different cultures: A crossnational study of color meanings and preferences. *Journal of International Marketing*, 8 (4), 90-107.

Martin, J. S., & Chaney, L. H. (2009). *Passport to success: The essential guide to business culture and customs in America's largest trading partners*. Westport, CT: Praeger.

Martin, J. S., & Chaney, L. H. (2012). *Global business etiquette: A guide to international communication and customs* (2nd ed.). Westport, CT: Praeger.

Morrison, T., & Conaway, W. A. (2006). *Kiss, bow, or shake hands* (2nd ed.). Holbrook, MA: Bob Adams.

Ricks, D. A. (2006). *Blunders in international business* (4th ed.). Malden, MA: Blackwell.

Sabath, A. M. (1999). *International business etiquette: Europe*. Franklin Lakes, NJ: Career Press.

Sabath, A. M. (2002). *International business etiquette: Asia and the Pacific Rim*. New York: ASJA Press.

Samovar, L. A., Porter, R. E., & McDaniel, E. R. (2009). *Communication between cultures* (7th ed.). Belmont, CA: Thomson Learning.

Schultz, D. (2011, July 3). A grand old flag. *Parade*, pp. 14-15.

Scott, J. C. (2002, October). The colorful world of international business. *Business Education Forum*, 57 (1), 40-43.

Turkington, C. (1999). *The complete idiot's guide to cultural etiquette*. Indianapolis, IN: Alpha Books.

第7章

书面沟通模式

学习目标

学完本章后，你将能够：

1. 了解书写英文国际信件的指导方针。
2. 熟悉美国公司常用的书信格式以及与其他国家书信格式的区别。
3. 掌握传真机是如何在美国企业与其他国家企业之间广泛使用的。
4. 掌握不同文化中写作语气和写作风格的差异。
5. 掌握其他形式的书面沟通间存在的文化差异，例如个人简历、与求职相关的文件。

许多美国企业都与外国公司保持着联系，因此，充分认识书面沟通中在写作格式、写作语气和写作风格方面的不同是非常重要的。调查表明，在发出的国际信函中97%使用英语，西班牙语、法语和德语写成的信件各占1%。收到的国际信函中该比重基本不变：其中96%由英语写成，剩下4%则包含法语、德语和西班牙语信件（Green & Scott，1992）。正是因为绝大多数信件是由英语写成的，所以保证信件内容清晰明了是非常重要的。了解你的信件将要发往地区的文化中的商务沟通习惯能够帮助你有效地进行沟通。

7.1 国际英语

国际英语（international English）是为那些同母语非英语的文化所在地区做生意

的商人，或为以英语为第二语言的人们服务的，只包含3 000～4 000个最为常见的英语词汇。由科林（Collin）、洛依（Lowi）和维兰德（Weiland）编著的《初学者的美式英语使用手册》（*Beginner's Dictionary of American English Usage*）极具参考价值。在学习和运用国际英语时，有三个文化因素是需要着重考虑的：理解其他文化中的商务沟通；对其他文化中商务沟通的传递方式有所认识；意识到对其他文化的人来说，同语法错误相比，内容错误更难被发觉。

一门语言实则是一个国家或地区的文化的载体，在互译中需要深入了解不同语言的文化背景，才能做到翻译准确。比如一位作者想表达"桃李满天下"，他是这样翻译的——"Our English teacher has peaches and plums everywhere in China"。然而在英文中"peach"和"plum"只有水果的含义，并没有汉语中表示"学生"的引申义。因此这样简单的、不考虑语言文化背景的翻译不能让英语国家的读者了解其内涵。

内容错误是**词汇错误**（lexical errors），指的是含义上的错误。**语法错误**（syntactic errors）则是句子中词语顺序的错误。以某种语言为母语的人，同用词不当相比更容易发现句子中的语法错误。

词汇错误的典型例子如下：

We baste (based) this opinion on our many years of experience.

Thank you for your patients (patience).

The device omits (emits) a high-pitched signal when it is receiving.

It is there (their) material.

We except (accept) your invitation to dinner.

其他国家未必会像美国一样教授商务沟通的相关知识。即使有这样的学习机会，课程也不一定囊括有关沟通理论和发件人与收件人之间互动的相关知识。在一些国家，以同美国进行更多贸易互动为目的的商务沟通课程仅限于翻译教学。

遵循"国际化"的指导方针，英语已经发展到能够同时保证英语母语的人与非英语母语的人清楚地书写信件，以便减少不同文化背景间人们交流可能存在的误会。下面提到的指导思想改编自威斯（Weiss，2005）、里德尔与兰哈姆（Riddle & Lanham，1984—1985）等人发展形成的系统思想；无论沟通双方是否有非英语母语者，这些思想同样重要。

- 充分使用最为常见的3 000～4 000个词汇。通过同义代换避免使用不常用的词语，比如非常用词 onus 可使用 burden 代替；非常用词 flux 可使用 continual change 代替。
- 用词时注意选用含义单一的词汇。比如词语 high 有20余种含义，词语 expensive 则只有一个意思。当必须使用多义词时，尽量使用其最常见的意思。
- 使用特定动作含义的动词与名词短语时选用歧义较少或相近的短语。比如使用

cook breakfast 而不使用 make breakfast，使用 take a taxi 而不使用 get a taxi。

● 避免冗余烦琐（如 interoffice memorandum，意为部门纪要）；避免使用体育术语（如 ballpark figure，意为大略估计，初学者可能认为是棒球名人的意思）；避免使用会引起错误认识的词汇（如 red tape，意为繁文缛节，初学者可能认为是红色的录音带）；同样要避免丘吉尔所说的“状语过度修饰”的情况（如避免出现 thoroughly understand 或者 utterly reject，而是直接使用 understand 和 reject）。

● 避免使用含有两个或以上词语的动词短语（如 take offense at）；避免名词动用（如 impacting the economy 和 faxing a message）和过度名词化，也称作窒息动词（如 have knowledge of）。

● 避免在时间上过于冗长的表达方式，比如 interval of time（interval）与 three weeks time（three weeks）。

● 要特别注意那些在部分文化背景下具有独特含义的词汇，比如词汇 check 在美国以外的地区广泛代表一种金融工具（支票），并且经常这么拼写 chéque。

● 特别注意使用相同语言的国家在词汇拼写上的不同，比如“theatre/theater”，organisation/organization，colour/color 和 judgement/judgment。

● 避免假造或者使用流行语；避免使用俚语。

● 运用正式的语气与正确的标点符号使信息更加明了；信件中的称呼用语要避免使用对方的名。如果你了解对方国家的称呼语与结束语，就按照对方的习惯来。结束语一定要经过深思熟虑。

● 遵循语法要求；格外留心错置修饰语、悬垂分词和不完整的句子。

● 使用比通常情况下更短小、更简单的句子；避免使用复合句和并列复合句。

● 明确多义词在文中的含义。

● 如果了解收件人的文化背景，就需要将写作信件的语气加以调整以适应对方的文化。比如，如果收件人的文化背景需要，就使用真诚致歉的语调来写作。

● 在了解收件人文化背景的情况下努力抓住并适应其语言特色。例如，写给母语为西班牙语的人的信件，需要使用华丽的辞藻（经过精心修饰的表达方式），并且要长于一般的美国信件。

● 在写作信件、传真或者电子邮件的时候需要避免使用缩略词（ASAP、RSVP）、**表情符号**（emotions）（：-o）、速记符号（U 表示 you，4 表示 for）。

● 如果可以把副本传给其他成员，记得一定要传或者询问应该传给谁。

● 请牢记在一些国家，数字的书写方式有所差异，比如，7，000 有可能写作 7.000 或者 7000。此外，金钱符号的书写方式也有所不同。

美联社，伦敦，1999 年 6 月 19 日（周五）的《金融时报》报道因为在销售合同中点错一个逗号而导致洛克希德·马丁（美国航空航天公司）损失了 7 000 万美元。据这家伦敦的报纸报道，一份有关洛克希德·马丁公司 C-130J “大力神”运输机的合同中，用于调整通货膨胀率的变化对销售额带来的影响的公式中，有一个逗号点错了一个位数。在欧洲，不用句号而用逗号来表示位数。“这是一个失误，”报纸援引洛克希德公司航天分支机构董事长布莱克威尔（James A. “Micky” Blackwell）的话。但是洛克希德不愿公布其姓名的客户坚持按合同中的价格执行。“那个逗号让洛克希德蒙受了7 000万美元的损失，”布莱克威尔说道。

7.2 写作语气与写作风格

同美国公司所用的典型格式相比，其他国家所使用的写作语气与写作风格往往更加正式和传统。当信件使用的语调和风格与收件人的习惯大相径庭时，有可能导致对原本正面的内容出现负面的解读。

美国商务沟通教材的作者建议在书写正面新闻、直接请求/询问以及中性信息的时候使用直接法。而在写作负面消息新闻的时候使用间接法。直接法就是说在写正面新闻讯息的时候用正面的新闻或其他令人愉快的观点作为文章的开始；在写请求/询问性质的文章时以请求或询问作为开篇；在写中性信息的时候开篇点明最重要的观点。在使用间接法时，则建议使用过渡性段落作为开篇内容。**过渡段**（buffer）指的是一个用读者乐于接受的语气来陈述信件内容但不直接表明立场的段落。

帕克、狄龙以及米切尔（Park，Dillon，& Mitchell，1998）在他们的研究中比较了美国与韩国的商务信件，得出这样的结论：美国与韩国的商务信件中均使用了直接法与间接法两种写作策略。在这两个国家中，直接请求的结构都是“请”与祈使语气的综合使用（请通知我们您的卸货日期）。但是，间接法的使用有所不同。韩国的商务信件看起来更倾向于使用“希望”“期望”的请求形式（我们诚挚地希望您能够尽快调换损毁的货物）。而美国的商务信件则避免使用“希望”“渴望”的请求形式；他们要求采取具体的行动（我们强烈建议您更换损毁的货物）。

在美国，我们还教授使用一种以“你”为中心或者“读者导向”的写作方法，但是，在一个集体主义盛行的国家，你应当使用囊括全部的写作方法，比如通过使用“我们”和“我们的”这样的词来避免让读者感到尴尬或被排除在外。在一个以集体主义为背景的文化中，只写个人是不合适的，因为整个团队都为结果做出了贡献。

女性写给男性的国际信件必须在语调与用词上慎之又慎。如果想得到对方的重视，女性必须留给对方一个非常优秀的印象。在写给男性的信件中恭维对方的话语必须慎重选词，避免被对方误读为轻浮的表现。褒奖则需要以公司或者部门的名义给予而不能直接由女性个人给予。许多国家并不把女性商人当成严格的商人，如果她的措辞过于坚定与直接的话会被视为蛮横的象征。较为直接的用词比如“希望”和“恳求”等，应当替换为较为委婉的词汇，比如“这样做我们会很高兴”（DeVries，1994）。

尽管德国人偶尔会使用过渡性段落，但通常来说，他们对待负面新闻的方法要更加直接。拉丁美洲人则完全不使用过渡性段落；他们完全避免提及负面消息，因为他们认为给他人带来坏消息有失礼节。而这种省略过渡性段落的写作方式已经在科学家康纳维和沃德罗普（Conaway & Wardrope，2004）对拉丁美洲人沟通方式的研究中被证实。因此，美国人必须能够从一封来自拉丁美洲商人的信件中读出其字里行间隐藏的意思。日本人往往以一个热情、私人性质的称谓作为信件的开篇，但这么做在美国是不可取的。日本人通常用一种积极的写作方式来阐述负面消息，而这种行为方式有时会使来自美国的合作伙伴认为他有所隐瞒。在一项由东武志（Takeshi Azuma，1998）主导的研究中，区分了美国人与日本人对于负面消息的不同写作策略，研究结果发现日本的信件中往往包含美国信件所不涉及的三部分内容，分别是对天气与季节的评论、对收件人成就或成功的祝贺以及请求对方的原谅和理解。

日本人不论写什么性质的消息，都会以针对季节的描述开篇："春天到了，樱花向着蓝天在微笑。"而阿拉伯人则使用这样的句子作为开篇："愿真主保佑你"。

使用收件人受用的当地惯用语是一种表达尊敬的方式。大多数国家都认为在商务会面中彬彬有礼是一种很重要的品质。如果你的恭维还能表达出你对对方国家文化传承的了解，就再好不过了。

美国的商人倾向于开门见山地谈论商务议题，不浪费任何人的时间。但是，在世界上的大多数国家中，礼貌的表现与简短轻松的话题讨论是一种合理的生意手段。

另外，对于同样的内容来说，如果措辞不合适，美国人会认为这是简单的请求，而另一个文化背景的人则可能认为这是吹牛、说大话或者傲慢的表现。

在美国，以一种积极的方式作为负面消息的结尾是非常重要的，尽管法国人不认可这么做。法国商务信件的开篇与结尾都非常正式，但是结尾更倾向于使用较为华丽的辞藻，比如："阁下，请您接受我最诚挚的祝福。"而对于某些类型的商务信件，法国人的处理方式则不尽相同。他们会为自己的错误或对对方造成的不便而致歉。另一方面，对于美国的商务信件作者来说，他们避免使用歉意的表达而只是陈述采取行动的客观原因。德国人的信件结尾也是比较正式的（Kilpatrick，1984；Varner，1987，1988）。

意识到书面沟通中写作格式、语气和风格的文化差异对于建立跨文化的商务互信有重要意义。如果你收到一封这样称呼自己的信件"敬爱的朱迪思·西蒙教授/博士"，那么你要做的就是略过那些相对不重要的写作形式与语气的变化，而直接寻找信件的主要意图。在很多国家中礼貌用语的广泛使用是很常见的，而这一点不会干扰到美国的读者。但是，作为一位作者，将这些文化差异牢记于心能够帮助避免出现一些对读者来说显而易见的武断与粗心。

> 同芬兰作家相比，英国作家通常对知识分享有所保留（Lampi，1992）。对一群荷兰商人来说，当他们使用母语和使用英语时，其礼貌策略有所不同。当使用第二语言的时候礼貌用语的出现频次和使用方式都会有所变化（Geluyckens & van Rillaer，1996）。

同其他文化背景相比，美国的信件更为简短。为了表达友好，美国的商人应当在写给其他文化背景的商人的信件中改变他们的写作语气。在充分了解收件人及其文化的情况下，美国人在写作信件时表现出的**狭隘主义**（parochialism）和民族优越感就会缓和许多。

7.3　信件格式

在别的国家中所习惯使用的商业信件格式往往与美国所使用的有所差异。一些国家，比如法国，仍然在使用缩进式的信件格式与封闭式的标点形式。而拉丁美洲国家更愿意使用改进的齐头格式，这种格式的特点就是日期与结尾句采用居中格式，正文段落则左起开头（Conaway & Wardrope，2004）。在美国使用的主要格式有齐头式（所有内容均保持左起开头）与改进的齐头式（日期与结尾句采用居中格式，其他内容采用齐头式）。而写作风格有使用标准标点风格的（即在问候语之后接冒号，结尾之后接句点），也有使用开放式标点风格的（即在问候语和结尾句后均没有标点符号）。

法国人在写商务信件时倾向于选用缩进式写作格式。法国人往往将信件的发出地名称写在日期之前（Norvége，le 15 décembre 2×××）。（可以使用文字处理软件中的重复打印功能、代号功能或者多国字符嵌入功能来输入其他语言中所用的特殊符号。）

关于收信人地址的格式也有区别。在美国，收件人的称谓与姓名放在第一行；街道号码与街道名称则放在第二行；最后一行是城市名、州名和邮政编码。德国人所用的格式则是将收件人的称谓放在首行（Herr，Frau，or Fräulein）；收件人的全名放在第二行；街道名称与紧接着的街道号码放在第三行；而邮政编码、城市名与州名则放在最后一行。使用西班牙语的作者同样将收件人的称谓（señor，señora，señorita）置于名字之前一并放在首行（Conaway & Wardrope，2004）。在墨西哥与美国南部地区写作信件时街道号码也放在街道名称之后。

美国信件总是将日期放在收信人地址之前，而法国人有时则会将日期写在收信人地址之后。在他们的信件中，收信人地址以邮编在前城市名在后的方式放在右侧

(74010 PARIS)；在美国的信件中，收件人地址则放在左侧。法国信件所使用的标点格式与美国同行所使用的不尽相同，法国信件在问候语之后往往跟着的是句号，而不是美国信件中所使用的标准与开放式标点格式要求的冒号或没有标点。法语商务信件中，用祝福语作为结尾是极为正式的格式；发件人的称谓在姓名之前。因此在书写收件人地址与信封地址的格式时需要非常慎重，因为它们在来信时会直接体现出来。

当你没有一个现成的地址格式可以效仿的时候，在写信封地址时需要注意下列指南：

某某先生/夫人/女士/或者其他合适的称谓＋名＋姓氏。

街道号码在前，街道名称在后。

邮政编码有时放在城市名之前，有时则放在其后。

国家名称需要全部以大写字母拼写（国家名与城市名是放在联系地址的开头还是结尾，取决于收件人所在地区的社会是集体主义性质还是个人主义性质）。

示例如下：

Herr Hans-Dieter Duden	JAPAN，Tokyo	Mr. John R. Smith
Bosch Gmbh	Hachioji-shi	2350 Walnut Grove
1600 Bretton Due	47-25 Nanyodai	Memphis，TN 38152
GERMANY	Nakamura Yoko	USA

日期的书写方式同样有所不同。尽管美国人一般写为 January 5，2×××，而在很多其他国家，日期的书写方式为 5th of January 2×××或者 5 January 2×××。日期和月份不能均使用数字的形式表达，否则会使人难以辨别哪一个是月份，哪一个是日期。

美国的商务信件一般采用单倍行距，但是在其他很多国家，既有可能使用单倍行距，也有可能使用双倍行距。在美国的信件中，发件人姓名一般放在结尾祝福语之后四行的位置，并另起一行标注作者的职位名称。在德语信件中，发件公司名称直接放在结尾祝福语之后一行；作者会在信中签名，但是作者姓名与职位不会通过输入的方式出现在署名区。在日本与中国，姓氏一般放在名的前面（例如史密斯·杰克而不是杰克·史密斯）。

对于日本人、中国人或者远东商人来说，他们的国际化程度决定了他们是否会改变自己的姓名以方便他人。

例如，Wu Chei 会将他的姓名转换成 Chei Wu（姓氏后置）以方便你使用。

在很多其他国家中，问候语与结束语都较为正式。德语信件中的问候语往往与英语中的“琼斯夫人，我非常荣幸地……”以及拉丁美洲国家语言的“我尊敬的格林博士……”类似。而结尾祝福语则与英语中的“某某谨上”类似（Kilpatrick，1984；Varner，1987，1988）。

头衔与问候方式

头衔与称谓	问候语
大使	
阁下（男性）/殿下（女性）＋（姓名）	阁下：
（国家名）的大使	亲爱的大使先生/夫人：
代办	
尊敬的（姓名）	亲爱的先生/夫人：
（国家名）的代办	部长：
尊敬的（姓名）	亲爱的先生/夫人：
（国家名）的部长	亲爱的部长先生/夫人：
总领事	
尊敬的（姓名）	亲爱的（姓名）先生/夫人：
（国家名）的总领事	
领事	
尊敬的（姓名）	亲爱的（姓名）先生/夫人：
（国家名）的领事	

资料来源：*Put your best foot forward*：*Europe*（p. 54）by M. M. Bosrock，1995，St. Paul，MN：International Education Systems.

日本信件、法国信件、西班牙信件、英国信件和美国信件的样板在图7-1至图7-3和图7-5、图7-6中分别展示出来。中国人写作英文信件的样板由图7-4展现出来。

日本的传统信件格式是在问候之后有一段对季节和天气的评论。

其次会有关于送礼物、提供帮助或赞助的语句。随后是正文的主要内容并且会在结尾处祝福收信人身体健康、事业顺利等（Hanede & Shima，1982）。从事国际商务的日本人正在改变和调整他们的写作方式。他们关于季节的寒暄变得更短，并尽快切入正题。研究表明，日本商人使用归纳和演绎两种写作手法（Kubota，1997）。

在法国人寄来的信件中，留意“以自我为中心”的态度和不直接道歉的习惯；还要注意解释情况的方式和信件的格式：姓氏都用大写字母来写，日期、称呼和结尾的写作也都与美国信件不同。

AZ409
4月7日，2×××

昭和机械有限公司
销售部

5-1守山马古路
名古屋市
守山区463号
佳奈贸易有限责任公司

董事长：信明岩井

首先，请允许我们向您
致以最诚挚的问候：

冬去春来，樱花绽放，万象更新。我们诚挚地预祝您在今后的工作中更加成功。

我们收到一位来自海外客户的询盘，如果您能够为我们提供满足下列参数要求的型号设备的最优价位以及操作手册的话，我们将感激不尽：

拔丝机
数量：6台，中国上海

规格：
1. 成品尺寸：0.04～0.10mm
2. 绕卷轴数目：单个
3. 工作速度：每分钟1 500米
4. 绕卷轴型号：涨缩心轴
5. 绞盘规格：必须覆有陶瓷
6. 绕卷轴尺寸：外径215mm
内径163mm
钻孔直径97mm
横贯尺寸200mm

上述参数是这次询盘提供的全部信息。我们请您帮助推荐一种能够满足这些要求的设备。

如果您能够认真研究该询盘并尽快答复我们的话，我们将感激不尽。我们诚挚地请求您的帮助。

此致
敬礼

图7-1　日本信件格式

马里·波塔费克斯
菲利克斯大道 7 号
75541　巴黎
MTP/GM/05.22

皮埃尔·德斯蒙德先生
政治经济学教授
法国大学科技学院商业技术专业
迪恩高斯广场
38000 格勒诺布尔

巴黎，9 月 25 日，2×××

先生，

我们收到了您的来信并对您的要求给予了高度重视。

非常遗憾地通知您，我们不能满足您的要求。

事实上我们对于您的兴趣和支持表示万分感激，但是我们必须考虑到媒体以后的基本出版物的要求。

再次表示歉意和感谢。先生，请相信我们的感情是诚挚的。

公共关系总监
马里·波塔费克斯

图 7－2　法国信件格式

8 日，6 月，2×××

优雅擦鞋有限责任公司
第五梅道
加拉加斯，委内瑞拉

尊敬的顾客朋友：

请允许我们通知您，Miss Modalo 这款鞋子的面料强制停产了，因此很遗憾不能再为您提供这种产品了。

我们一直都希望能满足您的请求，如果您在附录中找到另一款喜欢的模型，我们将非常乐意为您服务。

对于给您造成的损失我们表示非常抱歉，希望能在您其他任何有需要的地方为您服务。

非常诚挚的，
CIA. 拉丁美洲，南美洲
总经理：何塞·门多萨·洛佩兹
姓名/年龄
附件：一份商品目录

图 7－3　西班牙信件格式

季节问候的范例如下：

1月——寒冷的日子还在继续，我感觉自己的身体被冻僵了。

“冬将军”已经完全到来了（使用了将军和自然天气的类比）。

2月——希望你正在度过寒冷季节的最后一段时间。

寒冷的冬天依然强劲。

3月——春天刚刚在日历上开始了，但冬天的寒冷还会不时地提醒我们冬天还没有结束。

很高兴嗅到了被冬雪覆盖了一个冬季的土壤的味道。

4月——樱桃树的叶蕾正在慢慢长大。

春天已经到来，每一片土壤都被花朵覆盖。

5月——风吹过田野，感觉像是夏天的开始。

风筝在天空中随风摇摆，看起来美极了。

6月——就要开始种植水稻了。

随着连绵雨季的结束，美好的天气已经来了。

7月——一年中最热的时候。

这是一个盛夏欢庆的季节，人们尽情欢乐。

8月——印度的夏季还在徘徊。

我内心里还保存着很多夏季的美好记忆。

9月——天气转冷，祝您身体健康。

太阳光还很强，太阳投射下来的阴影提醒我夏季还没结束。

10月——秋天到了，天空很蓝，人们的胃口也变好了。

松茸的气味时常提醒着秋天到了。

11月——林荫大道的树木都落光了叶子。

整座山都被深红色的树叶覆盖。

12月——地上开始结霜，人们开始呼出白气。

一年快要到头了。

资料来源：M. Tsuji，personal interview，October 27，1998.

西班牙书信和美国书信有相同之处，也有不同之处，其中包括日期、称呼和结尾。

图7-4是某人收到的一封来自中国人的书信，注意人们在不使用自己的母语的情况下是如何出现语法错误的，还要注意因为考虑到其他国家的文化差异作者使用了美国信件的形式。

如图7-5所示，英国书信中在Mr，Mrs，Ms或Dr后面不加句点，英国人很重视标题和地址的格式，他们也希望其他人能够使用恰当的格式（Janner，1997）。英国的阶层体系不再那么严格，对别人的称呼不再像几年前那样正式。然而，如果你不熟悉这个人，最好是称呼他的头衔或是姓氏。当在信件中要写到某个人时，应该在名字之后附带这个人的军人或公民身份的缩写、最高学位或文凭、专业会员资格和职业等。

在打印签名行，在括号中加上你想要指定的别人对你的称谓，如 Ms.（Scott，1998）。

April 5，2×××

Prof. L. S. St. Clair
71 South Perkins Extd.
Memphis，TN 38117-3211

Dear Prof. St. Clair：

I've received your letter of Jan. 30 and your report passed on to me by Dr. Jones of CSU, Long Beach. Thank you deeply for your kindness to let me have it.
I have perused it and found it very creative and enlightening，I especially admire your servant and ingenious analysis. I fully support your suggestion to establish course in intercultural business communication. Never has it been so important to globalize business communication education as it is today. It is time now to join our effort in this important area.

I made a report on the development of BC in the U. S. at a convention in Chicago last month. You are welcome to visit China and help us with the development of business communication in china.

Sincerely,

Feng Xiang Chun
Vice President

图 7－4　中国人写作的一封英文书信

小史蒂文斯 · 马丁先生
空军指挥官
1627 号拜黑利亚路
科利尔维，TN 38067

亲爱的马丁先生：

我很高兴奉上我们的报价，具体如下：

- 截至目前的费用：
  第 9 章　设计。目前所有供美国承包商建造使用的设计和工作图纸。
  1,500.00
  第 10 章　模型。生产、包装和运输中所需的模型。
  1,100.00
- 设备翻新：
  9,425.00

我希望上述报价能得到您的批准，如果您有任何疑问，请随时联系在 Walker Roast 的阿兰 · 罗斯特。

至关重要的是，我们的承包商为满足交货期限今天要奉命出发。对您的决定时间施压我表示非常抱歉，但是现在时间实在是很关键。

您最诚挚的，
爱德华 · 贝尔斯

图 7－5　英国书信

在一封传达坏消息的美国信件中（见图 7－6），注意第一段使用的不是负面消息的过渡段，在第二段中，坏消息被放在次要位置以减轻它的影响。信件要以积极的行动作为结尾，避免提到任何坏消息的言论。这种信件的格式都采用标准的标点符号。

9 月 15 日，2×××

拉里 · 格林先生
2871 号法院街
孟菲斯，TN 38817

亲爱的格林先生：

一条美丽的车道不但会增加家的美丽，还会提升家的价值。

尽管 6 年前我们为您家安装的车道已经不在保修期内了，我们还是会派出一名服务代表检查您的车道情况，并为您提供关于维修还是更换的免费咨询。

请拨打 767-6334 预约合适的时间以便我们安排服务代理为您检查车道状况。

您最真挚的，

托马斯 · 约翰逊

pl

图 7－6 美国书信

7.4 传真

美国的跨国贸易公司发现传真要比其他许多国家的邮件服务更可靠。但是在某些国家电话系统并不完善，这种不完善的电话系统使得传真的使用并不会好过电子邮件。许多国家都会出现这样的情况，在雷雨季节不论是电话系统还是邮件服务都会变得很差。另外，许多国家在其偏远地区都缺少普通邮件和电话服务。然而，由于通信卫星和手机信号塔的存在，在世界上许多国家电话服务正变得比邮件更可靠。

传真与写信类似，如果你要发送生产计划、预算或其他类型的书面信息，应该用一个说明封面或传送表来方便操作者知道这是发给谁的传真、这些资料的来源以及共有多少页。图 7－7 就是传真的一个范例。

给：吉姆·凯恩董事长
Cainable Vegetables 公司

来自：吴·H. 楚

非常高兴收到您的传真。工作顺利吗？我真的认为选择我们要好过其他任何韩国公司。如果您能录制一盘关于农场工作方式的录像，那就再好不过了。您可以将录像带、设计图纸一起通过空邮而不是船运的方式发给我，不论是特殊的还是常规的收费我都将不胜感激。在我的蔬菜农场设计过程中，我将会好好考虑您的实用性建议。非常感谢，期待您更多的建议。

图 7-7 韩国传真

7.5 电子邮件

一个经常出现的问题就是电子邮件是否适用于国际通信。一些国家的人们可能更喜欢发送传统信件并附加一封电子邮件，这封电子邮件只写一句话作为信已发出的通知。例如，在法国这样的国家，如果重要信息通过随意的电子邮件传送，收件人会产生一种不好的印象。即便选择了使用传统信件作为附件的信件方式，还有很多需要考虑的问题，例如收件人是否习惯使用附件，收件人使用的系统是否能够下载超大附件。由于对电子邮件的态度不仅因行业和国家不同而不同，而且因通信者的年龄不同也不同，因此，或许慎重考虑电子邮件是不是最合适国际商务来往的沟通渠道反而比较明智（Weiss，2005）。

一家加拿大公司的副总裁出生在南非，在来加拿大之前一直居住在英国，她非常注意不同地区所使用的电子邮件格式的差别。她说："北美洲人使用的电子邮件沟通方式直接而且突兀，一点人情味都没有。"她补充说，在那些重视关系超过重视任务的国家，应该多花些时间去建立关系而不应该只局限于交代任务。她进一步说，在第一封写给中国同事的邮件中，美国人应该介绍他们自己并且问候中国同事的家人。她说："如果能建立好你们之间的关系，将会更容易完成任务。"(Gohring，2004，p. 45)

在国际范围内使用电子邮件时，应该使用与书信相同的写作技巧。但是，因为电子邮件的格式正是前面已经说过的收信人、寄信人、日期和主题的形式，所以不再详细介绍。

适当的电子邮件礼仪包括在开头第一句就提及接收者的名字（例如，斯洛伐克先生，感谢您发给我之前我想要的数据）。避免直呼其名，除非经过允许可以如此。每天至少检查一次电子邮件的收件箱并且及时回复，最好是在 24 小时之内回复对方。保证信息简明扼要，大多数信息的长度要控制在两屏以内。电子邮件不同于纸质信件，它不会像纸质信件一样印有公司抬头，因此，设计电子签名也是非常有必要的（Sabath，2002）。

拉什（Lash，2007）为国际同事提供了下面这些写作电子邮件的建议：

- 在电子邮件开头，应该包括用对方语言书写的“您好”“再见”等常见短语。如果你在对方的国家旅游过，尽量提及你喜欢游玩的地方。
- 用合作的口吻，并在邮件结尾请求反馈。向对方表明你很享受与他的合作，并使用“感谢”或是“谢谢您的反馈”等短语或类似的句子。避免幽默，因为幽默在不同文化间不易理解。
- 避免侧重于文化差异，将注意力集中在相似的经历和态度上。承认自己的不足和缺点。
- 使用简短、精悍的句子，显示谦卑和恭敬之意，避免省略、缩写、所有格和辅助性的短语，避免使用俚语、行话或成语。只用现在时和过去时，避免使用进行时。
- 表述明确，强调你渴望得到反馈，在信件中提及时间时，一定要说明与格林尼治标准时间的关系（例如，格林尼治标准时间减去7个小时）。
- 不要全部使用大写字母，并且避免使用感叹号。另外，不要以“为什么”开始一个问题，因为这样的问题似乎要求读者为自己的立场辩护。
- 不要吝惜赞美。多做这样的评论：“我喜欢你的建议”，“很高兴你会考虑”。
- 在组织你的电子邮件时要保持一致的模式，在信息反复出现的情况下，使用样本段是非常有用的，比如交货说明。
- 学习如何处理特殊情况。当你不明白对方的意思时，请求对方确认和澄清。当生气时，避免在电子邮件中表现出来。简单地提出问题，指出你想消除一些误会。如果真犯了错误，记得道歉——即便你并不认为自己犯了错。不要试图推卸责任。

世界上的各大城市都有网络连接，也可以借助电子邮件往来，电子邮件是一种非常方便的发送文件的方式，它的表达清晰度要高于传真许多倍。在一些国家，电话线路依旧存在问题，而且电话费用可能要比美国高很多（具体见第8章的讨论）。

7.6 简历和求职信息

国际化无疑扩展了人们在他国求职所需的信息。简历的内容和类型存在很大差别，求职信的内容、风格和形式也有很多差异。

> 穆罕默德·阿里（Mohammed Al-Ali，2004）发现依据说英语还是说阿拉伯语的不同，作者会选择使用不同的修辞策略。英语求职信使用支持性的讨论以支持作者的候选资格以及对于参加面试的明确请求。阿拉伯语求职信件并不是如此。阿拉伯语求职信会更多地赞美他们所联系的公司并且请求同情，英语求职信则不会如此。

在巴西、加拿大、中国、德国、日本、墨西哥、荷兰、新加坡、韩国、英国、美国找工作所需要的求职信息如下。

巴西

巴西有许多能帮助你找到工作的贸易、专业人员和社会网络组织。诸如 http://www.goingglobal 和 http://www.jobline.net 这样的网站列出了在哪里可以找到工作并讨论在巴西找工作的要求和需要。在巴西获得工作签证是一个非常冗长的过程，所以最好尽早开始找工作。在巴西找工作需要的个人简历信息与美国的基本类似，不同的是，巴西的简历还包括例如婚姻状况、孩子个数和参加组织等个人信息，许多欧洲国家也需要这些个人信息。

因为巴西更多是接触导向的文化，所以在与巴西人谈话时会出现较多的如拥抱、触摸胳膊等身体接触。又因为巴西是关系导向的国家，求职者需要计划一次长时间的面试以使得巴西人能够很好地了解他们。

由于巴西的高校毕业生人数要多于空缺岗位的数量，因此国外来的求职者很难在巴西找到工作。在巴西，官僚主义统管一切，所以在这个国家中学习如何做事非常重要。求职者最好是能够说一口流利的葡萄牙语，并且在对方说得很快的情况下能够听懂葡萄牙语。猎头公司只有在存在确切职位与求职者所找工作匹配时，才能帮求职者找到工作。

加拿大

加拿大招聘人员喜欢的简历与美国简历包含的内容基本一致：教育背景、工作经历、技能、成就和介绍信。加拿大的简历中没有个人信息介绍。加拿大雇主强调关键词筛选的重要性，包括在描述技能和资格时所使用的专业行话和术语，一些大公司甚至使用简历扫描软件进行筛选。像美国雇主一样，对于在工作经历上有欠缺的求职者，加拿大雇主推荐他们使用混合形式的简历，而不是单纯的功能性或是时间顺序的简历。他们还会强调针对特定公司写一封推荐信的重要性，注意不能有拼写和语法错误。登录 http://www.goingglobal.com 可以找到更多加拿大的求职信息。

Workopolis.com 提供英语和法语两种版本，它是加拿大最大的在线求职网站。每天这个网站都会提供蒙特利尔和多伦多以及其他加拿大城市的超过 30 000 份工作职位。求职者可以通过地理位置、关键词、工作种类等进行搜索和查找。《多伦多星报》是加拿大发行量最大的报纸，上面列有大量的工作信息。

在加拿大很难得到长期的工作签证，不过，短期的学术访问和工作都是可能的。

中国

中国的求职简历是包含个人信息的。除了姓名、地址、联系电话、电子邮箱等信息，还有出生日期、出生地、性别、婚姻状况等。在个人信息之后是工作目标，随后会依据其相关性的强弱出现教育经历和工作经历，毕业院校也要列出入学时间、所在地和获得的学位等信息。教育经历之后是专业培训的部分，这部分包括电脑技能、语言能力（包括普通话水平）。工作经历包括公司名称、地点、入职时间、工作类型等信息。教育和工作经历都使用倒叙的时间顺序，最近的教育和工作经历放在最前面。推荐信通常是可以省略的——按照要求提供推荐信的字样通常放在简历的最后。关于中国的求职信息也可以参考：

- 前程无忧：https://www.51job.com。
- 智联招聘：http://www.zhaopin.com。
- 58 同城：https://www.58.com。

这几个网站是当前中国集多种媒介资源优势的专业人力资源服务机构，它们集合了传统媒体、网络媒体及先进的信息技术，加上经验丰富的专业顾问队伍，提供包括招聘猎头、培训测评和人事外包在内的全方位专业人力资源服务。网站目标有两大部分：致力于为学生、白领、高端人才（专业人士或管理人士）提供更好的职业发展机会。同时，致力于为企业搜寻、招募到更优秀的人才。

那些麻烦又昂贵的单次入境签证已经成为历史。美国人现在可以向中国大使馆申请 10 年多次往返签证。你从大使馆网站下载表格，填好申请，再带上行程单的副本去往当地的领事馆或大使馆（这取决于你所在地点）。付费 140 美元，再等上几天，就一切就绪了。也有有偿的签证服务，可以替你去领事馆递交申请。在中国，有许多商业组织和贸易协会能帮助人们找工作。

德国

德国简历是求职者的完整档案，20～30 页的长度很常见。简历应该包括求职者所申请的岗位、所获得证书和学位的复印件、推荐信、先前的就业证明、近照、对电脑技能和语言能力的说明，如果求职者说德语的话会更受欢迎。其他信息还包括求职者父母的姓名、职业、兄弟、姐妹、配偶、孩子的姓名、宗教信仰、所承担的债务等。除了文凭和学位，还应该提供成绩单，以作为完成的所有课程的证明。专业活动包括公益活动和个人兴趣活动等也要列出。打印版的 1～2 页的求职信也应该放在简历里，格式注意要保守和正式。

德国学生通常在大学时就与公司签订合约，大学实习非常重要。经常刊登招聘广告的两大报纸是《法兰克福汇报》和《南德日报》。更多招聘信息请参照 http://www.goingglobal.com。

日本

想要在日本找到一份工作通常需要具备与该职位直接相关的技能，还要有一份个人简介。工作许可证或工作签证必须是经求职者所在国的当地使馆或日本领事馆办理的。没有一份确切的介绍信，你可能不会收到面试通知。

日本的简历应该是手写的，列有你的受教育地点和日期以及工作经历。在日本，关系网很重要，如果有合适的人给你引荐，面试可能就只是个形式。如果你参加一个面试，雇主不仅要看资格，还要看你与公司是否匹配。更多信息请参考 http://www.goingglobal.com。

墨西哥

在墨西哥找工作要通过联系人和关系网。在墨西哥停留时间超过 180 天需要签证、返程机票和护照，护照的有效期要超过离境日期半年。墨西哥的许多国际公司都在寻找国外的雇工，或从国外向墨西哥输送人才。

墨西哥的简历很长，包括一张写着求职者姓名和“简历”字样的封皮。除了教育经历、工作经历和工作目标等一般内容，还包括年龄、婚姻状况、性别、住址、出生日期和照片等个人信息。因为教育在墨西哥非常重要，所以简历中还包括所修课程、获得奖项和接受的培训等。同样，头衔也很重要，在选择介绍信时一定列出介绍人的头衔和职称。西班牙语的拼写和语法很重要，一定要找个人帮你仔细校对简历。更多信息请参考 http://www.goingglobal.com。

荷兰

在荷兰停留超过 3 个月需要一张居留许可证和社保卡。由于申请的人数太多，很多人都被拒绝了。在荷兰，少量的信息要好过大量的信息，简历的形式沿用美国简历的形式，一般有 1～2 页，包括姓名、出生日期、出生地、地址、电子邮箱、驾驶证号码、教育经历、工作经历、兴趣爱好和志愿活动等，用荷兰语写简历是正确的做法。如果你正被考虑是否录用，那么接下来会要求你提供学校成绩和介绍信。在面试中（可能有几次）面试者可能被问到一些个人问题，比如婚姻状况；应聘者可以询问工资和公司福利等有关问题。

许多报纸例如《人民报》《大众日报》等都列有职位空缺。各大网站如欧洲就业流动入口网站、Monsterboard.nl 和 Werk.nl 都列有工作空缺和求职建议。更多信息请参考 http://www.goingglobal.com。

新加坡

新加坡的简历以个人信息开头（姓名、地址、电话号码、电子邮箱、国籍、出生年月和性别等）。接下来的信息是教育背景和任职资格、工作经历、活动和爱好、特殊技能和培训（电脑技能、语言读写能力）。服兵役情况也要说明。简历的长度通常为 1 页，最多不超过 3 页，附信应该寄给某个特定的人。申请人要记得如果是华人，名应该写在姓后。

求职网站有 Monster、连线新加坡、求职工作街和求职中心。

韩国

即便是一个有签证的人在进入韩国时，也有可能被拒绝。应该在到达前取得签证，但是并不意味着就能进入。为了在韩国取得一份工作，个人关系非常重要。然而，招聘人员和政府就业机构也是很有帮助的。

在韩国求职需要求职信和简历，建议在列出工作经验和教育经历的相关信息时使用时间倒序方式。简历中还包括求职者的姓名、地址、工作头衔、取得的具体成就和在其中的职责。求职者还要完成一份由韩国公司提供的标准的求职申请表。

每年都会在韩国会展中心举办几次招聘会，为求职者提供机会见到众多韩国中型企业的代表。更多信息请参考 http://www.goingglobal.com。

英国（英格兰、苏格兰、威尔士和北爱尔兰）

在英国的简历或称履历一般是 1～2 页纸的长度，打印版，不包括求职者的照片。简历附带一张求职信，简历中包括求职目标、姓名、地址、联系电话、电子邮箱、专业经历、教育背景、兴趣爱好和其他活动以及推荐信。在简历的最后要写“可根据要求提供推荐信”。服兵役情况和个人信息都不会在简历中出现。

在英国工作也需要签证并且会涉及其他文件。在许多报纸上列有求职信息，如《英国卫报》《英国每日电讯报》《星期日泰晤士报》《金融时报》等，更多关于英国的求职信息请参考 http://www.goingglobal.com。

美国

美国招聘官员表示喜欢 1～2 页长度的简历，重要的简历条目包括个人信息（姓名、地址、电话号码、电子邮箱等）、工作目标（告诉读者对于渴望的工作类型的想法和提前做出的计划）、工作经历（目前的职位、公司名称、公司地址、工作类型、任职时间、职责和成就等）、教育背景（就读的学校和获得的学位）。大多数招聘人员要求 3～4 个推荐人（能够核实你的工作经历、教育背景和性格特质的人的姓名）。关于你的家庭、年龄、宗教信仰、民族、性别等个人信息都不包括在内，连照片也不在简历上出现。简历应该附带一份求职信。

在美国，好的工作机会出现在那些你所感兴趣的城市的主要报纸的周日版，《华尔街日报》周二有一个特别的就业版块，也有一份专门的报纸《每周就业》，上面收集了上周美国所有地区刊登在《华尔街日报》上的全部招聘广告。在一些较大的城市，公共或私人的职业介绍所也很擅长介绍工作。

现在很多公司在其网站上贴出职位空缺，这样求职者就可以直接到公司的网站上进行职位申请。关系网是在美国获取工作岗位的最好途径之一。美国的招聘人员希望面试者在面试前能对雇主、竞争者和顾客都有所了解。

在美国签证分为移民（永久居民）签证和非移民（临时居民）签证。所有的工作者都需要一张社会保障卡。

大量的书籍、网站和政府公文都提供了防止失礼（社交失误或礼仪错误）的指导。美国国务院的各国家（地区）背景说明、世界地理文化知识系列书籍、美国商务部的海外业务报告、全球基本国家（地区）情况、政治家的年鉴和 http://www.goingglobal.com 都是查询不同文化特殊信息和不同国家（地区）的求职信息的重要来源。

关键词

过渡段（buffer）
表情符号（emotions）
国际英语（international English）
词汇错误（lexical errors）
狭隘主义（parochialism）
语法错误（syntactic errors）

练习

说明：正确的圈T，错误的圈F。

1. T F 说某种语言的本地居民相比语法错误而言更容易发现词汇错误。
2. T F 美国信件比其他外国通信者所写的信件风格要更正式。
3. T F 使用过渡段来传递坏消息是拉丁美洲人写作的典型风格。
4. T F 日本人习惯用积极的方式来传达负面消息。
5. T F 用积极的结束语来结束信件对美国和法国信件都是很重要的。
6. T F 法国商业信件使用缩进的格式。
7. T F 德国信件的称呼语比美国信件更正式。
8. T F 日本信件通常以谈论天气和季节开头。
9. T F 向德国公司提交的简历通常比向美国公司提交的长。
10. T F 西班牙简历通常采用书信的格式。

问答

1. 解释美国与拉丁美洲国家商业信函格式的区别。
2. 日本和美国信件的写作风格和写作口吻有怎样的区别？
3. 使用国际英语应该理解哪些文化因素的影响？
4. 解释词汇错误与语法错误的区别。
5. 解释为什么说相同语言但来自两种不同文化的人们会存在沟通障碍。
6. 界定过渡段及其用法。
7. 哪些国家希望读者能够解读出字里行间的含义？
8. 给国际同事写电子邮件信息的指导建议有哪些？
9. 当今美国的一般简历中包括哪些条目？
10. 解释美国与其他不同文化简历的主要区别。

案例

采用下列步骤分析案例：（1）仔细阅读案例，注意细节；（2）阅读案例后面的问题；(3) 重读案例，留意或突出回答要用到的细节；(4) 辨别案例的相关事实、基础假设和关键问题；(5) 列出问题可能的答案；(6) 选择最符合逻辑的答案。你的老师可能会让你以书面形式提交案例问题的答案。

案例 1

你在一家跨国公司的人力资源部工作，被要求提供一份德国分公司管理职位的候选人名单，由于法律限制，你想要筛选德国籍的候选人。你会怎样进行简历的审核？

案例 2

你正在与一家外国公司进行贸易往来，这家公司没有一个人将英语作为第一或第二语言。你们公司与这家外国公司能合作的必要条件是什么？如果是一家美国公司遇到一家不会说英语的外国公司会怎么办？如果一家公司同时选择两家之一，一家是有人说自己的语言，一家是没有人说自己的语言，哪一家公司可能会赢得订单？

案例 3

一位美国主管正与英国的会议展台建造方合作，英方并没有专注于建造这个展台，因此不能向美方提供完成日期和交货日期。连续六周美国主管都打电话询问展台的建造情况。一天，美国主管接到电话，被告知再普通不过的冗长枯燥的借口，于是，他给英方下了最后通牒。一个星期之后，英方并没有对最后通牒做出回应。因此美国主管警告英国建造公司，他会请一家货运公司把展台运送到美国。而这家货运公司连续两次去取展台都被英国公司告知它并没有被授权运送展台。最后美国主管不得不雇用最初联系这家展台制造商的英国广告公司参与干涉并把展台运走。而当展台运至美国时，包装甚至还需要进一步的加工。这一情境中涉及的文化差异是什么？美国高管怎样处理能使结果有所不同？

案例 4

一位英国公民被派到美国分公司工作。他是一位管理层的工程师，负责建造公司的新工厂。他最初被要求参加跨文化培训。但是由于这两个国家说同样的语言他感觉任务很轻松，因此拒绝了。英国工程师后来向总部抱怨说他没有得到所需要的合作。总部派了一名跨文化培训员到他的办公室审查商业信件并且旁听他的一些会议。这位跨文化培训员发现美国员工不能理解英国工程师。英国工程师在口头沟通和电子邮件中总会时不时地插入一些英式的幽默和讽刺。美国下属不知道何时该把他的话当真，何时应该把他的话忽略。什么样的例子可以说明一些美国人向外国人传达幽默并且希望外国人能明白的情况？

案例 5

虚拟团队是指由处在不同地方的人使用电子邮件或其他通信技术，合作完成一项共同的任务，这种方式在与国际同事的合作中变得越来越普遍。虚拟团队存在很多优势，包括避免了旅途劳顿，消除了团队中的负面行为，例如成员迟到、打断别人讲话或是滔滔不绝说个不停等。还有一项额外的优势在于来自不同文化的人们更习惯用书面沟通而不是口头沟通来表达自己。然而，也存在一些缺点，尤其是涉及来自不同文化的成员时。由来自中国、法国、墨西哥和美国的成员组成的虚拟团队，主要通过电子邮件进行沟通，在合作过程中会出现什么问题?

活动

1. 检查简单的和复杂的英语单词中的拉丁或日耳曼词源。

2. 拿一篇用其他语言写的杂志或教材中的文章，按照相似的段落和句子长度，将其与用英文写的杂志或教材的文章做比较。

3. 修改一封传达坏消息的书信，使其对日本、法国、西班牙和德国的读者都有效。

4. 搜索当地报纸上的招聘广告，把一家跨国公司涉及海外旅游或是工作地点在国外的职位公告带到课堂上去。

5. 向跨国公司发送一份简历，申请在你选择的国家的海外业务。

6. 写一份求职信以匹配活动5中的简历。

7. 按照国际英语指南用英语给一个把英语作为第二语言的人写一封信。

8. 找出图7-4中的错误，解释为什么会出现这些典型的错误。

9. 有一位国际学生用英语给你写了一封信，使用的是自己本国的语言风格、语调和格式，与使用美国书信的语言风格、语调和格式的书信做比较。

参考文献

Al-Ali，M. N. (2004). How to get yourself in the door of a job：A cross-cultural contrastive study of Arabic and English job application letters. *Journal of Multilingual and Multicultural Development*，25 (1)，1-23.

Azuma，S. (1998). How do Japanese say "no" in the written mode? *Academy of Managerial Communications Journal*，2 (2)，18-29.

Bosrock，M. M. (1995). *Put your best foot forward*：*Europe*. St. Paul，MN：International Education Systems.

Collin，P. H.，Lowi，M.，& Weiland，C. (2002). *Beginner's dictionary of American English usage*. Lincolnwood，IL：National Textbook Company.

Conaway，R. N.，& Wardrope，W. J. (2004，December). Communication in Latin America.

DeVries，M. A. (1994). *Internationally yours*：*Writing and communicating successfully in today's global marketplace*. Boston，MA：Houghton Mifflin.

Geluyckens，R.，& van Rillaer，G. (1996，March 26-31). *Face-threatening acts in international business communication*：*A quantitative investigation into business writing*. Paper presented at the 22nd and 23rd LAUD Symposium，Duisburg.

Green，D. J.，& Scott，J. C. (1992). International business correspondence：Practices and perspectives of major U. S. companies with related implications for business education. *NABTE Review*, 19, 39–43.

Gohring, N. (2004, November). Face time. *PM Network*, pp. 41–45.

Haneda, S., & Shima, H. (1982). Japanese communication behavior as reflected in letter writing. *Journal of Business Communication*, 19 (1), 21–32.

Janner, G. (1977). *The businessman's guide to letter writing and to the law on letters* (2nd ed.). London: Business Books.

Kilpatrick, R. H. (1984). International business communication practices. *Journal of Business Communications*, 21 (4), 40–42.

Kubota, R. (1997). A reevaluation of the uniqueness of Japanese written discourse. *Written Communication*, 14 (4), 460–481.

Lampi, M. (1992). Rhetorical strategies in "Chairman's Statement" sections in the annual reports of Finnish and British companies: Report on a pilot study. In P. Nuolijarvi & L. Tiittula (Eds.), *Talous ja Kieli* 1 [Language and Economics 1] (pp. 127–143). Helsinki: Helsinki School of Economics and Business Administration. Helsingin kauppakorkeakoulun julkaisuja D–169.

Lash, B. (2007, May). Communicating across cultures by e-mail: Advice for consultants. *Intercom*, 54 (5), 23–25, 42.

Park, M. Y., Dillon, W. T., & Mitchell, K. L. (1998, July). Korean business letters: Strategies for effective complaints in cross-cultural communication. *The Journal of Business Communication*, 35 (3), 328–345.

Riddle, D. I., & Lanham, Z. D. (1984—1985, Winter). Internationalizing written business English: 20 propositions for native English speakers. *Journal of Language for International Business*, 1, 1–11.

Sabath, A. M. (2002). *Business etiquette: 101 ways to conduct business with charm and savvy*. Franklin Lakes, NJ: Career Press.

Scott, J. C. (1998). Dear: Understanding British forms of address. *Business Communication Quarterly*, 61 (3), 50–61.

Varner, I. I. (1987). Internationalizing business communication courses. *Bulletin of the Association for Business Communication*, 1 (4), 7–11.

Varner, I. I. (1988). A comparison of American and French business correspondence. *Journal of Business Communication*, 25 (4), 55–65.

Weiss, E. H. (2005). *The elements of international English style*. Armonk, NY: M. E. Sharpe.

第8章

国际礼仪

学习目标

学完本章后，你将能够：

1. 了解介绍、问候、握手以及名片交换习俗方面的文化差异。
2. 了解职位和身份如何影响跨文化沟通。
3. 熟悉通过电话和电子邮件与其他文化的人进行沟通时的礼仪规范。
4. 了解用餐习俗的文化差异如何影响跨文化沟通。
5. 熟悉给小费在不同文化中的细微差别。
6. 了解送礼物如何随文化的不同而不同以及送礼物在建立良好的跨文化关系中的作用。
7. 认识到旅行礼仪在传递公司和国家正面形象方面的重要性。

当你在国外或在美国与其他文化的人做生意时，了解商务和社交礼节的一些规范很重要。**礼仪**（etiquette）指在社交和商务情境下可以接受的规矩和行为。**外交礼节**（protocol）指与不同文化的人进行诸如谈判等官方往来时，应有的外交礼仪和礼貌方面的习俗和规范。谈判中的外交礼节将在第 10 章和第 11 章中进行详细的介绍。

中国人介绍他人时总是习惯于用积极的、赞扬的措辞。比如当介绍一位从美国来的女教师时，会这样说：

Ladies and gentlemen，I'm delighted to introduce to you a very pretty girl，Miss Brown. She is a very good teacher from the USA.

然而这样的话却会让美国女教师感到难堪。这是因为在美国人的思想中，第一次介绍时不需要有主观性的词汇，即使是赞扬性的，也会给人一种唐突之感。因此上面的介绍中“pretty”“good”这两个词让这位女教师感到尴尬，正确的应当是突出被介绍人的身份、学历以及职务等客观的措辞，而不仅仅停留在外貌和抽象的评论。比较而言，下面的介绍可能会让美国客人听起来更合适：

Ladies and gentlemen，I'm delighted to introduce to you a new teacher from the USA，Miss Ann Brown. She is a doctor of American literature with experience of teaching English as a foreign language.

适当的社交行为包括认识到在做介绍、交换名片、识别职位和身份、跨文化交流、就餐行为、给小费、送礼物和旅行等各个方面的文化差异。

8.1 介绍、问候与握手

在做介绍的时候保持对文化差异的敏感性会让你在与其他国家的人第一次见面时就留下一个好印象。第一印象虽是一次造就成的，但是会留在记忆里很长时间。

做介绍的步骤因文化的不同而不同。美国人和英国人会立刻说出名字，而在其他文化中介绍会更正式一些。当介绍德国人和意大利人时要使用头衔，头衔通常表明一个人的职业或教育水平。德国人在办公室内外都经常称呼彼此是Guenther先生（Herr Guenther）或Kurr夫人（Frau Kurr），只对亲密的朋友和家人称呼名字。

要记住在一些文化中，比如中国，姓在前而名在后，应该称呼Ching Lo Chang为Ching先生。

一次在韩国召开的会议上，克林顿总统称呼韩国总统金泳三的妻子孙命顺夫人为金夫人，实际上，他应该称呼其为孙夫人，因为韩国的习俗是女性在结婚后仍保留其娘家姓（Kim，1993，p. A5）。

拉丁美洲国家的人经常在他们的姓氏中加入其母亲的娘家姓，所以应该用倒数第二个名字来称呼他们。因此，应该称呼Evelyn Rodrigues Castillo为Rodrigues女士。女人结婚后，就把其名字中母亲的姓氏换成丈夫的父亲的姓氏。如有疑问，可询问应该使用什么名字（Martin & Chaney，2012）。埃及人用头衔加名字来做介绍。在某些情况下，法国人称呼女士时会使用诸如苏珊夫人这样的称呼。在伊拉克和印度，在介绍别人时，会将诸如教授和博士这样的头衔与姓氏一起使用。在非洲国家，比如尼日利亚和肯尼亚，只有当你和他们很熟悉并且他们让你用姓氏称呼他们时，头衔和姓氏才会一起使用（Devine & Braganti，1991，1995，2000）。由于在使用头衔时有这么多不同的习俗，因此明智的做法应该是调查商务来往中涉及的特殊文化习俗。

伴随介绍的握手、拥抱或鞠躬都取决于所涉及的文化。握手有不同的形式，如英国人是温柔的握手而美国人是坚定的握手。介绍时拥抱在美国商务活动中被认为是不合适的，而在南美国家却很普遍。在日本比较普遍的鞠躬在许多其他国家都很少见。

通常打招呼的方式因文化的不同而不同。来自其他文化的人们惊讶于美国人的不拘礼节，即美国人经常与完全不认识的人打招呼，在大部分国家，这种情况很少见。美国人在使用标准的问候“你好，最近怎么样?”时通常被认为是不真诚的，因为这样的问题不是真的在询问一个人的身体状态。这种外向的表达友好的方式经常被人们误解，原因是美国人实际上很关注隐私，建立友谊的过程也很慢。当传递更真诚的信息时，使用“你好，很高兴认识你”更合适。

一位美国同事感冒了，中国同事表示关心：

- Chinese：You look pale. What's the matter?
- American：I'm feeling sick. A cold，maybe.
- Chinese：Go and see the doctor. Drink more water. Did you take any pills? Chinese medicine works wonderful. Would you like to try? Put on more clothes. Have a good rest.
- American：You are not my mother，are you?

该对话体现了比较明显的文化差异，美国人比较看重个人的独立，他们会觉得被人照顾是弱者的表现。而在为他人提建议时，也要注意不能让对方觉得是看不起他的能力。比如美国人对上面第二句话的回应通常是“Take care of yourself. I hope you'll be better soon.”然而，中国人则是以为对方着想、出主意来表示关心，这对于美国人的思维来说是行不通的。

在英国出生的记者亨利·费尔利（Henry Fairlie）在《我喜欢美国的原因》一文中回忆起他刚到达美国郊区时，遇到一个骑着自行车的4岁男孩：当我经过他的时候，他说“嗨”，从来没有一个4岁男孩会在之前没有介绍的情况下像他这样跟我打招呼。当我从这种震惊中回过神来后，我发现自己竟然自然而然地回复他“嗨”。他很满意地骑着自行车离开了。

在费尔利所在的国家，你可以根据人们的问候语判断出其所处的阶层，他认为用“嗨”来问候是一种民主的体现。在美国，任何人之间都可以用“嗨”来问候（Fairlie，1983）。

在与人打招呼时，除了经常使用非正式的“嗨”，美国人还有其他习惯性的问候方式。当问候办公室同事时，会说：“早上好，你好吗?”合适的回答是：“很好，谢谢，你呢?”一些人会忘记这只是个单纯的礼节而错误地开始描述他们的身体状况。要记住，合适的回答是：“很好，谢谢。”

> 冈特·伦斯格斯（Gunter Lensges）是来自德国的交换生，他回忆了上完第一天课回到其与三个美国学生同住的学校公寓时经历的惯例性问候。
>
> 其中一个舍友说：“嗨，哥们儿，发生什么事了？”他很感动于他们对他过去的这一天很感兴趣，于是开始详细叙述他在课堂上的经历。当注意到舍友脸上奇怪的表情后，他问：“我说错什么了吗？”然后他们向他解释说：“当我们说‘嗨，哥们儿，发生什么事了？’时，我们并不是真的想知道到底发生了什么事。你应该回答‘没事，哥们儿，你呢？’然后我们会说‘没什么事。’”

在很多国家，在打招呼时通常会握手。埃及人，不管是男性还是女性，在被介绍时都会握手。印度男性只与男性握手而不与女性握手。在非洲国家，比如尼日利亚和肯尼亚，握手是一种习俗。在沙特阿拉伯，握手很常见且含义深刻。在芬兰，握手对所有男女来说都是很正式、很典型的问候行为，其中通常应该由女性先问候。虽然在美国用力地去握手被认为是一种规范，但在其他文化中可能会被认为是不礼貌的。在其他文化中，握手的差异很大，有英国人温柔的握手方式，也有德国人豪爽的握手方式。表 8-1 是不同文化中关于什么是合适的握手方式的各种不同观点的一个概括。

表 8-1　不同文化中的握手

文化	握手类型
美国	有力的，用力的，坚定的
亚洲	温和的
英国	温柔的
法国	又轻又快（对长者或上级不提倡如此）；在见面和分开时会再次握手
德国	豪爽的，有力的；在见面和分开时会再次握手
拉丁美洲	小心地一握；通常会重复握手
中东	温和的；通常会重复握手

资料来源：Adapted from these books：*International Business Etiquette*：*Asia and Pacific Rim*（2002）；*International Business Etiquette*：*Europe*（1999）；and *International Business Etiquette*：*Latin America*（2000）by Ann Marie Sabath，Franklin Lakes，NJ：Career Press.

西方学者在研究中把世界上的文化氛围分为接触文化和非接触文化。其中高接触文化有地中海文化（包括法国、西班牙、葡萄牙、意大利）、阿拉伯文化以及拉丁美洲文化；中等接触文化有美国、英国、德国、北欧等；低接触文化有东亚、东南亚等，比如日本、柬埔寨、泰国等国的人们见面都不习惯握手，而是鞠躬，避免有其他的身体接触。

中国属于低接触文化，陌生人彼此见面时只是握手，而其他身体部位是不会有任何接触的。握手这个行为是世界较为普遍的见面礼，但是在不同的国家文化中握手的方式也有差别，比如在中国，人们表示热情会先用一只手握住对方，然后再把另一只手放上去握在一起，并且时间较长。

虽然亲吻和拥抱作为一种问候方式在美国被认为是不妥的，但在其他国家很常见。比如，在沙特阿拉伯，握手时通常会伴随着一个轻轻的吻，即使是沙特阿拉伯的男性在握手后也会彼此亲吻对方的脸颊。在俄罗斯，男性朋友间在用力地握手后会有个“熊抱”，而其邻居芬兰人却不拥抱、亲吻或与陌生人有身体接触。在拉丁美洲国家中也会拥抱问候，并通常会在后背上轻拍两下（Samovar，Porter，& McDaniel，2009），如图 8 - 1 所示。与一些非洲国家的女性一样，如果是亲密的朋友，埃及女人通常也会用拥抱或亲吻彼此作为一种问候方式。

图 8 - 1　在拉丁美洲国家问候的方式

亚洲人、北欧人和大部分北美人对于身体接触和拥抱都感到不舒服。希腊人在问候时没有固定的习惯，他们可以在刚与人见面时或每次见面时都握手、拥抱或亲吻。在日本，鞠躬是问候时一种常见的方式。在中国，鞠躬也很常见，但握手也被人们接受。在和日本人或中国人做生意时，通常会将握手和鞠躬结合起来，这样每种文化都向对方表示了适当的尊重（Baldrige，1993；Samovar et al.，2009），如图 8 - 2 所示。在印度，传统的问候方式是合十礼，即人们在说话的同时双手合在一起，手指朝上放在下巴下方，当要向上级或其他你想表示尊重的人问候时，通常会伴随轻微的鞠躬（*CultureGrams*，2010）。

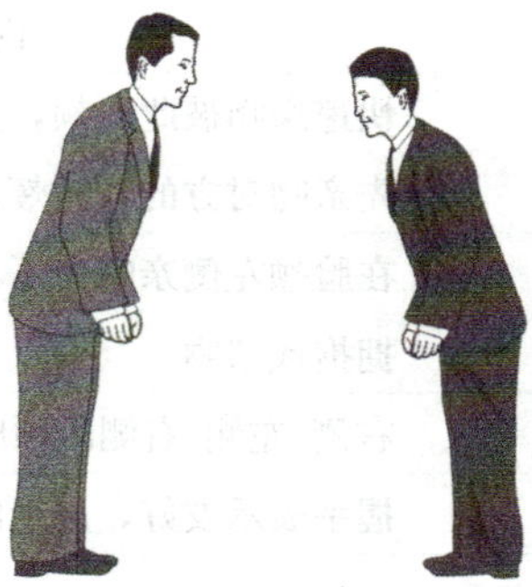

图 8 - 2　在日本问候时同时弯腰鞠躬

日本人见面时，不仅打招呼，鞠躬这个行为也是非常重要的，因为恭敬的鞠躬会让对方觉得舒服，也是一个社会人应当学会的基本礼仪，并且在不同场合有着不同的鞠躬方式。现在日本年轻人在日常生活中已经很少有鞠躬的习惯了，鞠得有礼且有风度的人越来越少，很多人都只是弓着背点头，手也无处安放。正确的方式应当是定好站姿以及手的位置，身体打直。

以下是三个日本文化躬身礼仪。第一个（图 8-3）是颔首（轻微点头）呈 15 度倾斜：上下班问候、进入退出、跟上级或客人擦身而过时等常用；第二个（图 8-4）是中礼（通常鞠躬倾斜的角度是 30 度）：迎送客人、拜访客户时等常用；第三个（图 8-5）是敬礼（郑重鞠躬）呈 45 度倾斜：用在成人式、婚丧节日以及表示感谢、道歉时。

图 8-3　15 度

图 8-4　30 度

图 8-5　45 度

鞠躬的要点如下：

- 双腿合拢（脚尖稍分开）站定。
- 手交叉放在身前，或者垂直贴在裤子两侧（男性）。
- 身子打直形成直线，抬头，看着对方的眼睛。
- 腰部以上，上半身迅速倾下（倾下时要快，起身要慢，显得郑重）。
- 俯身稍等片刻，再慢慢抬起上身。

此外，在国际商务会面时也要注意不同的问候方式，提前预习，避免出现不愉快，部分国家的问候方式如表 8-2 所示。

表 8-2　部分国家的问候方式

国家	问候方式
意大利	快速亲吻彼此脸颊，先右侧，后左侧
法国	先亲吻对方的右脸颊，次数因地区而异
德国	在脸颊左侧亲吻一下，很少拥抱
英国	拥抱或亲吻
荷兰	右侧-左侧-右侧的顺序亲吻三下
希腊	握手表示友好，亲近的人则拥抱和亲吻

8.2　交换商务名片

商务礼仪的一个重要方面就是在交换名片时要有合适的步骤。因为所有的商务接触都需要商务名片，一家知名信用卡公司的告诫在这里比较适用，“没有卡片（名片）就不要出门”。

虽然大部分美国商人都带着名片，但他们通常在见面时不交换名片，除非稍后会再联系。级别、头衔和职业在一些文化中很受重视，所以在名片上除了公司名字，加上职位与头衔或等级是非常重要的。名片上还要包括传真号和电子邮箱地址，必要时还要包含公司的海外总部。不要使用彩色的字体和纸张，最好选择白底黑字的名片（Martin & Chaney，2012）。

在呈递名片时存在文化差异。美国人扫一眼名片就立刻将其放在口袋里的行为在日本这样的国家看来被认为是非常无礼的。日本人在接受名片时会仔细地看看并做一番评论后再收起来。在会议上，要将其他与会人员的名片放在面前的会议桌上，以便自己能正确地把握他们的名字、级别和头衔。在日本，递名片时要用双手，并将名片朝向对方以方便对方阅读（Axtell，1993；Baldrige，1993；Chaney & Martin，2007），如图 8-6 所示。

图 8-6　在日本递名片的方式

在欧洲，所有的商务介绍与大部分私人介绍都涉及交换名片，包括斯堪的纳维亚国家。因为斯堪的纳维亚人敬重时间的久远，如果你所在的公司历史久远，你的名片中一定要包含公司成立的时间（Turkington，1999）。在世界上其他地区，包括中东、环太平洋国家、亚洲和加勒比海，交换名片是一种惯例。澳大利亚商人不经常带名片，因此当你给他们名片时可能不会收到对方的名片。在拉丁美洲国家，商务头衔很重要，所以一定要在你的名片上列有此项内容（Moran，Harris，& Moran，2011）。在东南亚、非洲和中东（除了以色列）的大部分国家，要避免用左手递名片，因为在这些地区，左手是用来清理身体卫生的。在非英语国家，要把名片上的信息一面用英语，另一面用当地语言。

➡ 8.3 职位和身份

职位和身份会影响跨文化沟通的成功。不存在适用于所有国家的对社会地位的标准定义，因为不同文化中的人们有自己界定社会地位的方式。一些文化认为人们应该各处其位并且一些人理应比别人更受尊重。许多其他文化的人很在意地位和权力，不过大部分美国人不怎么重视地位和权力。

虽然美国不被认为是一个有等级制度的国家，但职位和地位上的区别还是存在的，因为等级的区别在美国很微妙，所以来自其他文化的游客一般不会察觉等级结构的存在，很可能会相信官方宣传的社会平等。然而，到纽约、华盛顿和其他城市的游客都会在公共场所同时看到无家可归的人和很富裕的人。虽然继承头衔和等级的制度在美国并不存在，但是基于一些因素，还是可以区分为上层、中上阶层、中产阶层和中下阶层。就像第3章所述，金钱是一个与阶层相关的因素，更大的区别存在于那些继承了财产而目前没有工作的人和那些继承了财产现在也有工作的人之间。风格、品位和认识水平这些因素也同样重要，社会阶层与教育机会和一个人的职业或专业也有关系（Fussell，1983）。

在很多文化中，身份和学历相关。在介绍中，学术头衔用来对一个人的学术成就表示尊重与认可。在德国和意大利，领导和其他专业人员很自豪地将他们的学术头衔放在名字前面，因为这通常反映了他们的学历或专业。有大学学历的人有权被称为博士（意大利语中使用 dottore），同样的情况也适用于建筑师和律师。在德国，公司中与美国的董事长或总经理同级别的人被称为 Herr Hirktor，女医生被称为 Frau Doktor，女工程师被称为 Frau Ingenieur。在墨西哥，称呼律师为 Licenciado，这个头衔非常重要。在英国，对皇室、同龄人、牧师及其他人的称呼存在特殊的规定。英国公司中的总经理通常是公司的最高官员，与美国公司中的董事长是一个级别。美国公司的副董事长在国外没有什么影响力（Axtell，1990）。

在一些文化中，比如印度，存在很严格的社会阶层制度，社会被分成不同的种姓。一个人的种姓在其出生时就决定了，每种**种姓制度**（caste system）都有其特定的身份、权利和义务。虽然在很多地区对种姓的歧视是不合法的，但在印度，特别是在农村地区，这仍然会对人们的生活造成巨大的影响。在印度严格的种姓制度下，不同种姓成员之间的互动很有限，就像印度底层的“贱民”之间的互动有限一样（Samovar & Porter，2003）。

关于社会中女性的身份问题也存在文化差异。一些文化中的女性在商业中扮演的角色没有男性重要。在韩国，女性被认为比男性低一等，因此社会地位较低。即使那些拥有大学学历的女性也很少会成为公司的高管，她们通常的工作是教师或秘书。在马来西亚和新加坡等地，男性和女性之间社会和经济的不平等很明显，掌权者通常都是男性（Chaney & Martin，2007；Turkington，1999）。

阿拉伯人已经开始习惯女性高管，并且开始接受来自其他国家的女性高管。美国女性在与阿拉伯人做生意时应该懂得这种在文化态度上的差异，并且应该特别注意适当地表现自己，包括要谨慎地穿衣打扮。在一些中东国家，男性或许会拒绝与女性一起工作。在拉丁美洲，女性高管可能不会受到与男性高管同样的尊重。

在美国，女性被给予更多的机会去商务旅行、担任海外业务的管理职位以及调任到海外工作。美国女性在工作上的进步被很多人看作为其他国家的女性创造了先例，因为美国通常被看作世界性变化的催化剂。

在一些文化中，例如中国，人们很重视年龄。年龄被看作资历的象征。除了亚洲，阿拉伯世界对年龄也很尊重。年长几岁就代表着智慧和受尊重，年龄排在等级前面，但等级依然很重要。在日本，了解你所接触的人的等级很重要。大公司中的中层经理要比小公司中的部门领导等级高。你被介绍的对象等级越高，你鞠躬时要越深。等级较低的人先鞠躬并鞠躬最深。在进门或进电梯时，谁先进也会显示出地位的差别，那些等级较低者要等地位较高的人先进。如果你是外国客人，你也许会在其他人之前先进门，所以如果你被示意进门，要马上照做。中国人和日本人进门时，通常会按惯例次序进入，地位最高的人先进门。他们会假定谈判团队中首先进门的那个人是该团队中的领导，拥有比较高的地位。在会议中按从高到低的等级次序就座也很有帮助（Axtell，1998；Turkington，1999）。

中国是一个历史悠久的国家，是礼仪之邦，讲究“上下有义、贵贱有分、长幼有序”，对于不同人的称呼也有所不同，这反映了一个人的素质修养。在职场中的称呼更要庄重规范，常见的称呼方式有：

● 称职务。在工作中，通常是以交流对象的职务相称，以此展示身份的不同和表示敬意。比如，王总、张主任、李经理等，这样既显示了对方的身份，又表示了尊重，得体恰当。

● 称职称。对于有高级职称的人，在工作中应当直接以姓氏加职称相称，比如刘工程师、赵教授等。因为中国人始终有一种地位崇拜的观念，所以以职称来称呼能够满足对方拥有权力的心理认知。

● 称职业。即直接以被称呼者的职业作为称呼。如医生、老师、教练、律师、警官、会计等，还可以加上姓或姓名，如张老师、张华医生。

由于中国的权力距离较大，强调距离感，对于职务的高低划分得很明确，尤其是在政府机关、企事业单位这类组织中，职责非常分明，要公事公办，通过职位名、职业名或职称名等社会称谓可以很巧妙地显示对方所处的职位，展现对其的尊重和认可。

一家咨询公司想在一个墨西哥客户和美国客户之间建立伙伴关系，因此在当地酒店安排了一个派对来庆祝新业务的建立。他们向每个人都发出了邀请，最后墨西哥方面只有行政助理参加了派对，经理都没有参加。派对组织者后来才知道，墨西哥公司的等级制度非常严格，他们不和其他等级的人一起参加社会活动。墨西哥的经理在知道行政人员也被邀请参加派对后，选择了不去派对（Wilen，2000，pp. 71-72）。

8.4 电子通信礼仪

与成功的跨文化沟通相关的礼仪包括电话礼仪和网络空间中的礼仪，有时也称为**网络礼仪**（netiquette）。

许多跨文化的接触都是通过电话进行的。当在电话中讨论事情时，最初印象的形成主要通过音质（70%），而不是语言（30%）。因此，观点的形成很大程度上在于说话的方式和语气，而不在于人们实际说了什么（Mitchell，2000）。

正确的电话礼仪包括电话响第一声或第二声后就及时接听电话，通过报出你的部门和名字来适当地介绍自己，在通话过程中要有礼貌，要多使用“请”和“谢谢”等礼貌用语。成功的电话沟通包括识别并规避那些会引起对方不愉快的行为。在电话中不要让对方一直等候，因为这是最使人不愉快的行为。其他不好的行为也应该避免，包括嘴巴出声、不集中注意力以及态度消极或粗鲁。打电话者比较赞赏的行为是带着微笑的说话声，他们通常也比较赞赏乐观开朗的态度。

在使用语音邮件时，留言要简洁完整，要包括名字、公司、日期和留言的时间。要慢慢地说出电话号码并且总结留言的内容。

由于越来越多的公司开始通过电子邮件交流，因此应该注意一些礼仪规范。电子邮件没有信件或备忘录正式，因此不适合传递某些类型的信息。诸如个人没有得到升职这样的负面信息以及诸如通知婴儿出生这样的私人信息，都不适合使用电子邮件。合适的网络礼仪要避免以下情况：

- **大喊大叫**（shouting）——将所有的字母都大写。
- **侮辱**（dissing）——说某些人的坏话。
- **欺骗**（flaming）——发送错误的、污蔑性的信息。
- **发送垃圾邮件**（spamming）——包含商业广告或发布在众多新闻媒体上的商业材料的大量邮件（Segaloff，1998）。

除了这些建议，要避免使用幽默和讽刺，记住，对于幽默的定义存在文化差异。还要避免批评的语气，即使是轻微的批评（Miller，2001）。在第 7 章还有一些其他建议。

由于公司对于泄露到网上的信息需要承担责任，因此员工要对他们发出的信息多加小心。最好遵守这条原则：如果你不想你的信息被粘贴在公司的宣传栏上，就不要通过电子邮件发送信息。在发送了信息后按下删除键并不意味着不会追溯到你这里（Miller，2001）。

在决定如何发送信息时要特别注意。使用电子邮件的优点有：不用充分准备、发送时间快、私人并且对于接收者来说很方便。缺点是：缺乏保密性，并且缺乏非语言的互动（Kenton & Valentine，1997）。当然，并不是所有国家都经常使用电子邮件。根据 2011 年 6 月 30 日的互联网世界统计数据，拥有网民数最多的两个国家是中国和美国，分别拥有世界 23%和 11.6%的网民。在中国，网民数为 4.85 亿，占人口总数的 36.3%①；在美国，网民数为 2.45 亿，占人口总数的 78.2%。其他网民数处于前 10 位的国家（从高到低）是印度、日本、巴西、德国、俄罗斯、英国、法国和尼日利亚。

在与国际人士通过电子邮件通信时，避免用名字中的第一个字来称呼别人。当说明日期时，一定要写出月份，说明电话号码时要包含国家区号，并且在有“我会在周五下午 2 点给你打电话”这样的说明时要指出你所指的时区。

国家之间越来越多地使用传真作为一种快速通信的方式。发传真的基本原则在第 7 章有讲述；在发送传真时应遵守的礼仪如下：

- 提前打电话确认传真号并且告知接收传真的人你要发传真了，以防其传真机和别人的电话共用一条线。传真的信息要控制在 15 分钟内传完。
- 一些文件不能传真，如超过 10 页的文件、私人的或保密的信息以及负面消息。
- 当印象很重要时要避免使用传真。用传真纸提交的简历和建议书受到的重视不如用质量好的亚麻纸提交的简历和建议书（Ford，2003；Glassman，1998）。

8.5 用餐习俗

不同文化之间的用餐习俗存在广泛的差别。世界上的很多地方，一天中最主要的一餐是在中午，美国的主餐却是在晚上。在墨西哥，午餐是一天中的主餐，时间是从下午 2 点到 4 点。然而在靠近美国与墨西哥交界的地方，当地企业与美国的午餐时间更一致一些，即从中午 12 点到下午 2 点。晚餐时间各地也存在差异。在美国，晚餐时间是从下午 5 点到 7 点，但诸如西班牙这样的国家，可能会到晚上 10 点。在一些文化中，商务餐是在私人家里享用的，但是在其他文化中，一般是在饭店享用。当宴请来自其他国家的客人时，要考虑周到，询问他们是更愿意在中午还是在晚上吃正餐，最好带他们去饭店，让他们选择是吃清淡点还是吃丰盛点（Devine & Braganti，2000；Martin & Chaney，2012）。

文化差异还存在于上菜数量方面。正式的午宴通常包括 2～3 道菜，正式的晚宴包括 3～7 道菜。在一些国家，包括拉丁美洲的国家，即使是便餐也会有很多道菜。在意

① 2021 年 2 月 3 日，中国互联网络信息中心（CNNIC）发布第 47 次《中国互联网络发展状况统计报告》，数据显示，截至 2020 年 12 月，中国网民规模达 9.89 亿，互联网普及率达 70.4%。

大利和法国，沙拉通常在正餐后而不是在正餐前上。

不同的文化对用餐习俗有不同的看法。美国有一种用餐习俗在其他文化的人看来很不寻常：在大部分餐馆会提供一杯冰水，其他国家是在提供水的时候不加冰或者是提供瓶装矿泉水。另一种被认为很不可思议的用餐习俗是在用餐前就上咖啡；在大部分文化中，用餐结束时上咖啡是比较常见的。在美国流行的不加咖啡因的咖啡还没有传播到其他国家，所以游客们经常会很惊讶于服务员的问题："你是要正常的咖啡还是要不含咖啡因的咖啡?"另一个有时会使其他文化的人们惊讶的美国习俗是标出饭店中的吸烟区和无烟区域。在其他文化看来不明智的美国习俗还有在早餐时间谈生意等。法国人特别不喜欢早餐会，他们更喜欢有一个悠闲的早餐，能有时间来看报纸。法国人会在吃午餐的时候谈生意，午饭会持续两个小时或更长时间。另一个被其他文化质疑的美国习俗是在餐前有很长的鸡尾酒时间。意大利人评论道：在点餐前那无数轮的鸡尾酒很劳神，并且可能会导致毫无意义的讨论（Baldrige，1993；Martin & Chaney，2012）。

用餐的方式也有很多种类。**美国式饮食风格**（U. S. eating style）中使用锯齿形的工具：用右手拿刀切肉，左手拿着叉子，将肉切好后将刀放在盘子上，然后换成右手拿叉子开始吃。用餐者遵循**大陆式饮食风格**（continental eating style）用餐时，左手拿叉，右手拿刀；（与美式吃法不同的是）他们用刀把食物推到叉子末端，然后叉尖朝下将食物送到嘴里。亚洲人用餐通常使用筷子，特别是吃米饭时，但是在喝汤时可能用也可能不用勺子。他们非常赞赏外国人尝试使用筷子的行为，也特别愿意展示正确的筷子用法。在用餐结束或者在用餐间隙，筷子应该放在筷架上，不能垂直插在饭碗中（Martin & Chaney，2012；Sabath，2002）。

用餐时还存在其他文化差异。塔希提人吃饭用手指。在中东，如果主人用手指来吃饭，你也要准备好这样做，不过只能使用右手。在玻利维亚，你应该吃光盘子里的食物；而埃及人和菲律宾人却认为吃掉盘子里的所有东西是不礼貌的行为（Axtell，1993；Turkington，1999）。

当在其他国家用餐时，要注意到在一些国家中被认为是美食的动物在其他国家被看作宠物。比如，狗可能会在韩国这样的亚洲国家的菜单上出现，而在美国，狗被当作宠物。

在日本，尤其是在日本人的家里，吃饭时需要以跪姿坐在榻榻米上。男士将其两膝分开 10 厘米左右，女士将其两膝并在一起。要想让自己跪下到这个姿势并且优雅地站起来需要不断练习。如果你和日本人经常接触，练习这种技术是必需的（Axtell，1993）。

中国人的用餐礼仪如下：

- 晚辈或客人要在长辈或是主宾动筷之后，才可以动筷。
- 共饮第一杯酒时，要等主位的人说"请"字之后，才能举杯相碰喝一小口。
- 夹菜时只能夹自己面前的那道菜，不能伸手到他人面前去夹菜。
- 盛汤时要用公用勺子，不能将自己的勺子放进汤中。

- 就餐时应当相互敬让。
- 无论给他人递什么东西都要用双手交付。
- 在倒完茶后，茶壶的嘴不能对着人。

电影《喜福会》中展现了外国人参加中国人举办的宴会时所经历的尴尬情境。影片中，一位来自美国的男士在第一次到自己华裔女朋友家做客进餐时，发生了一系列让人啼笑皆非的故事。最开始，还没等女友的父亲劝酒，他就一口气连喝了两大杯，还只夹自己喜欢的菜吃。最尴尬的是，中国人都喜欢说一些谦虚的客套话，女友的妈妈也不例外，当她端上自己最满意的清蒸排骨这道菜后，说了句“哎呀，这菜不咸，淡而无味”。谁知美国小伙理解为菜真的过于淡了，立马就将手边的酱油倒进这道菜中，还非常高兴地说这样更好吃了。看着倒了黑黑酱油的排骨，女友一家人一时都无话可说。

8.6 小费

“小费”这一传统最早可追溯到 18 世纪的伦敦，那时餐馆的桌子上会放一个写着“To Insure Prompt Service”（确保及时服务）的小碗，顾客将零钱放进去，就能更快得到更优质的服务。由于这一段话的首字母是 TIPS，之后在英文中表示“小费”就沿用了这个词。其实，在中国古代也有类似给小费的习惯，这从中国古代的文学作品中对一些富人到店吃饭或住宿时的描写可以看出，他们会给店小二、跟脚等人钱财或是一些物品作为赏赐。中世纪末，德国酒店的服务人员会向顾客收取小费，作为给侍者的饮酒钱，因为当时在酒店里当帮工的女服务生和伙计是不给报酬的，只能用收到的小费作为薪水。

人们通过给小费的行为可以传递非语言的信息；那些很吝啬的人和那些很慷慨的人通过他们给小费的行为会透露出其自身的特点。虽然建立明确的给小费的规范很困难，但通常来说，当服务很好或者当服务人员在其服务职责之外主动帮忙时，给小费是理所应当的。如果服务很不好，你就不应该留下小费而应该向经理报告这种情况。“侮辱性的小费”即只留一些硬币，是不尊重人的表现，不管服务有多糟糕都是不合适的。

给小费的趋势在过去的几年中有所改变。过去在好的餐馆给账单的 15%作为小费就被认为是很慷慨的，但现在，当服务很好时给账单的 20%作为小费只是接近标准而已。

在不同国家，具体是否需要付小费、支付多少，都有所区别。美国和加拿大这两个国家非常流行付小费。在美国，旅游时涉及很多应该给小费的情况。口袋里应该常有1美元和5美元的小费给出租车司机、旅馆服务员和其他帮你拿行李、召唤出租车或提供其他服务的服务人员，比如到酒店房间给你送食物或小家电的服务人员。旅行中的小费应该算在旅游花费的预算中，在一个度假胜地或豪华饭店给服务人员小费可能会增加25%的额外费用（Chaney & Martin，2007；Martin & Chaney，2012）。

在餐厅中，给小费的标准一般是餐费的15%～20%，这是因为如果只给10%的小费会让对方觉得你对服务不够满意，或是让对方认为你是一个吝啬的人。当然，到更高端的餐厅中就餐，小费比例也会相应上升。而在酒店里，一般每天在枕头下放1～2美元给保洁人员，给搬运行李人员的小费会依据行李的多少来判断，一般是5美元以上。乘坐出租车时，美国需要付10%的小费，而加拿大则需要15%，值得一提的是，打Uber或是Lyft是不需要给小费的。

在多数欧洲国家是不强制要求给小费的，这是由于所付的费用中已经包括服务费，如果你对所提供的服务非常满意，也可以额外给予小费。

在德国、奥地利、希腊这几个国家用餐时，通常给的小费是餐费的5%～10%；在酒店搬运行李的小费是每搬运一件行李给1欧元；乘坐出租车时，奥地利人会给出车费的5%～10%作为小费，而德国、希腊人则是将找零的车费作为小费。

法国的小费是公开的，服务行业被允许收取多于10%作为小费，同时，国家财政税收也会计入小费。当在餐厅看到“Service Compris”（Service included）的字样时，表明账单中已经包含小费，但法国人通常依然会给10%左右的小费。如果没有这样的字样，则就需要留下10%的小费。

在不给小费的文化中给小费会冒犯或侮辱到该文化中的人。但是，给那些特别乐于助人的人包括酒店经理写感谢信是很受欢迎的。在日本给小费是不好的，这里的人们认为帮你搬行李是一种好客的表现，如果你给小费就会冒犯他们。如果酒店雇员的额外服务让你很想感谢他的话，要将日元放在一个信封里，因为日本人认为公开接受金钱很难为情或者很“丢脸”。同样，在新加坡和韩国，给小费也不受欢迎，虽然这种惯例在有很多国际商务人士入住的酒店中正在改变（Martin & Chaney，2012）。

> 一个没有什么旅游经验的教授参加一个在墨西哥巴亚尔塔港举行的商务会议时，去了一家会议酒店的看门人推荐的很不错的餐馆。接到账单时，她注意到加了15%的费用，她以为这就是小费，离开时就没有留额外的钱。在她离开餐馆时，服务员追上她，指着账单说：“La propina（小费，加泰罗尼亚语）！”教授试着解释说小费是包括在账单里的，但那个服务员很明显因为没有收到小费而不快（教授不知道的是那个加的费用只是税，她应该再留下15%～20%的小费）（Martin & Chaney，2012，p. 121）。

在很多地方，如欧洲，服务费用会加在餐馆和酒店的账单中。虽然不用额外给小费，但趋势是应该留下额外的费用作为小费，尤其是如果服务很好的时候。在没有收服务费的情况下，在美国通常建议留下 15%～20%的小费。注意到给小费的文化差异会默默地传达出这样的信息，即你研究了那个国家，并且认为当地的风俗非常重要（Axtell，1993；Sabath，1999，2000，2002）。

8.7　送礼物

每个国家都有送礼物的季节和场合。在一些文化中，送礼物是一种艺术，并且被认为是建立跨文化的职业关系和社会关系中不可分割的一部分。仔细挑选、包装一份礼物并把它在合适的时间很优雅地送出去，会向其他人展现出你的社交敏感性和良好习惯。

在美国，商务礼品的价格很低，因为税收条例一般都限制在 25 美元以内。礼物一般在如生日或圣诞节这样的场合送给员工。此外，在秘书节（Secretaries' Day）一般会给秘书送花或请吃午餐。记住给员工的商务礼品应该是私人的，电动卷笔刀就不大合适。但礼物也不应该太私人，给异性送古龙香水或者女士内衣会造成误会，用人们最喜欢的餐馆或专卖店的礼券作为礼物就很有品位。下级要等上级来定送礼物的规矩，如果你是办公室里的新人，要询问在交换礼物时该遵守的传统。几年前，当办公室圣诞派对还很流行的时候，同事之间经常把交换礼物当成该场合中的一部分。如今，同事之间交换礼物——即使是象征性的礼物（办公室摸彩袋）——的习俗在很多公司已经不存在了，这些公司都赞同把花在这些礼物上的钱捐给当地的食物银行或者将那些赠送的食物或钱集中起来交给保管人员（Martin & Chaney，2012）。

在美国，礼物要当着送礼物的人的面打开。对礼物的喜欢和感谢要用语言表达出来，除非礼物很小或者是作为广告品（比如带有公司 logo 的镇纸），不然应该口头感谢后还要再写一封感谢信。送给公司或部门的商务礼品，如一篮水果或一盒糖果，要立刻打开让所有人分享。经理若将礼品带回家给其家人分享就会被认为是不礼貌的行为。经理要写封感谢信给送礼物的公司并且要传达员工的感激之情（Samovar & Porter，2004）。在巴西和比利时，礼物通常也要当着送礼物的人的面打开。在阿拉伯国家，必须在其他人在场的时候送礼物，这样才不会被认为是贿赂。然而，在一些国家和地区，礼物不能当着送礼物的人的面打开。在中国，礼物不应该在送礼物的人面前打开，并且应该用双手接受（Bosrock，1995，1997a，1997b）。

虽然鲜花通常是比较合适的礼物，但要学习与颜色、种类和数目有关的文化禁忌。在一些文化中，红玫瑰通常与浪漫联系在一起。在一些国家中，白色是服丧的颜色，剑兰通常被用在丧礼花架上，因此，用白色的剑兰作为礼物在那里是不合适的。大多数巴西人都认为用任何颜色的鲜花作礼物都合适，但还是要避免使用紫色的鲜花，因为在一些人看来它们与死亡联系在一起。在大部分欧洲国家，避免用康乃馨作为礼物，康乃馨通常用于墓地。在比利时、日本和意大利，菊花的寓意不好，它们通常和葬礼、服丧联系在一起。虽然墨西哥主人不会要求客人送鲜花，但如果送的话，他们会很感激，但是要避免送黄色、红色或白色的鲜花，因为这些颜色对一些墨西哥人来说有不好的含义。在一些文化中，送鲜花的数量很重要（Barnum & Wolniansky，1989），美国人在高兴的场合送奇数数量的鲜花，偶数数量的鲜花与死亡有联系。对中国人来说，4 是最不好的数字，4 听起来像死这个字，所以应该尽量避免 4 朵花或者任何 4 个其他东西（Dresser，2005）。在泰国 3 是个幸运数字，所以礼物的数量要以 3 个为一组计（Bsorock，1997a）。东道国的花店是获取关于当地送花习俗信息的最好地方（Sabath，2002）。

在诸如日本这样的国家送礼物是做生意的一部分。日本送礼物的主要时间是在 7 月 15 日和 12 月。公司送礼物给客户是表达对过去和将来生意的感谢。它们在这些日子里还会用很多奖金来奖励员工。那些与日本人有持续业务关系的美国公司应该记住在这两个日子里要送礼物。由于日本是美国最大的商务伙伴，懂得与日本人送礼物相关的细微差别，被认为是与该文化中的人们相处的礼仪中一个很重要的方面（Samovar et al.，2009）。

日本人是一个很有礼貌的民族，给他们送礼物是一种艺术，包装礼物以及送礼物的方式就像礼物本身一样重要。在美国，礼物通常会包装得很漂亮但没有华丽的蝴蝶结和其他装饰，而日本则不同。外包装的颜色应该与场合相符：红色、金色和白色用于高兴的事情，黑色、紫色或黑白色用于其他事情。日本人不在送礼物人面前打开礼物，所以你应该避免当着他们的面打开礼物，同时还要避免在有其他人在场的情况下打开礼物。不要用送礼物来给你的日本主人惊喜，因为这可能会使其感到尴尬。如果要送礼物的话应该通过提示让主人提前了解情况，比如提示这样的信息：你找到一枚特别的纪念币可以加入其收藏。日本人最喜欢的礼物有进口酒、高质量的消费品和含有诸如古驰、蒂凡尼、Mark Cross 这些名字的定制产品。CD 也是很好的选择。

> 一个日裔美国人的公司在日本经营业务，他讲述了自己如何避免了几乎要发生在美日关系中的一场灾难。他的公司挑选并写了 500 张圣诞节贺卡给其日本合作伙伴。贺卡是红色的，在日本，讣告是红色的。该日裔美国经理及时阻止了贺卡的邮寄。他说："我们差点儿就寄出了 500 张葬礼卡给我们的日本伙伴！"（Engholm，1991，p. 228）

在给亚洲国家的人送礼物时应该遵守以下指南，因为这些方面对于发展和维持良好的业务关系很重要：

- 花时间研究一下什么礼物最好；礼物应该和相应人的职业或爱好相关。投其所好是再好不过的。为某人增添一件他喜爱的收藏品也很不错。
- 礼物通常要包装，可以不用蝴蝶结，但要有一张合适的卡片。虽然可以用红色（幸运的颜色）的纸包装礼物，但当写卡片或写便条时并不能用红色的字。

• 注意与礼物相关的迷信和禁忌。避免任何描述白狼的礼物，因为白狼是残忍和贪婪的象征。

• 意识到在送礼物时数字的重要性。3 在泰国是幸运数字，8 和 9 在中国是幸运数字（8 的发音听起来就像发财的发；9 与长长久久的久同音）。

• 要预料到，在一些亚洲国家，礼物通常会被礼貌地拒收至少一次，然后才会被接受。你应该先拒绝收礼物，然后再感谢并接受礼物（Engholm，1991）。由于送礼物在日本文化中很重要，因此推荐你从日本同事或其他曾在日本居住的人那里寻求建议（Axtell，1993；Yager，2001）。

了解什么时候送商务礼物也很重要。在韩国，通常在正式谈判开始时送礼物。而在德国，很少在谈判开始时交换礼物，但可能在谈判结束时交换礼物。在拉丁美洲国家，只在谈判结束时送礼物。

在不同文化中，其他送礼物的习俗和指南有以下这些：

• 在西欧，当去别人家里吃饭时，要在你到达时就送出礼物，这样才不会显得你是在为这顿饭付钱。

• 在私人关系建立之前避免给法国人送礼物。避免送香水或葡萄酒，这些是他们那里的特产。

• 送给德国人的礼物不应该包装成黑色、棕色或白色。

• 在中国，避免把时钟作为礼物，因为时钟被认为是不吉利的象征（而在韩国，时钟是比较合适的礼物，被认为是好运的象征）。

• 条纹领带作为礼物送给英国人是不合适的，它代表着英国的旧式军团的制服领带，并不是个人使用的。

• 在拉丁美洲，要避免送刀或手帕。刀被认为是想要断绝关系，手帕通常和眼泪联系在一起。

• 避免送阿拉伯人烈酒或葡萄酒。因为在伊斯兰教文化中，酒精是违法的，这种礼物会被海关没收。

• 由于牛在印度是很神圣的，因此不要送任何用牛皮做的礼物。

• 在伊斯兰教国家，对主人的收藏品表达赞赏要适度，否则主人会将它作为礼物送给你。

美国人在为其他国家的人选择商务礼物时，应该记得礼物应是美国生产的，要实用并且有内涵。好的选择包括能代表美国的东西，比如，印第安艺术品或珠宝、美国电影的 DVD、美国生产的运动装备或者美国特有的食物，比如糖果、坚果和加州葡萄酒。要避免恶作剧的礼物，它们不受某些其他文化的人喜欢（Stewart，1997）。

8.8 旅游礼仪

旅游礼仪开始于一个愉快、积极的态度和一种冒险的精神，特别是国际旅游。那些怀着热切期望进行国际旅游的人——期待认识新朋友、看到新的地方以及体验一种新文化的人——似乎会比那些怀着不好预感的人拥有更美好的体验。换句话说，人们会得到他们所期待的东西。

由于许多国际旅行需要乘飞机，这里的礼仪主要集中在飞行途中，包括诸如穿着和打包行李、在飞机上表现得体以及处理突发状况这样的话题。

旅行着装非常重要，因为你见到的包括售票员在内的人都是陌生人，他们会根据你的外表来对你做出判断。良好的着装会给人留下良好的印象，并且在很多文化中，良好的着装与能力和受到的尊重有联系。你是你们公司和国家的代表，衣着庄重会给人们传递这样的信息，即你很在乎你给同胞和其他文化的人留下的印象。在旅行时着装体面（穿套西服或办公用休闲服）的另一个好处是你会从航空公司工作人员那里，以及在你到达目的地时从酒店员工那里得到更好的服务。女士可以穿着商务衬衫和夹克再搭配合适的裤子，将裙子放在行李箱里，在着陆前在飞机的卫生间里换上。当会谈安排在当天或者当你会与来自东道国的业务伙伴在飞机场见面时，这尤其重要（Chaney & Martin，2007）。

在打包行李时，要记住，保守的商务着装通常在其他国家比较受欢迎。这意味着人们应穿戴深色的西服、经典款式的皮鞋和质量好的配饰。你的行李箱也应该质量较好，以给人留下良好的印象。所有的物品都应该打包在行李箱里，将个人物品放在购物袋中会传达出不专业的信号。尽量不要用大的手提箱，将随身行李限制在航空公司规定的大小和数量内非常重要。女士应该记住要自己负责自己的行李，包括在飞机上将行李箱放到头顶上方的行李架上。有轮子的行李箱比较好，如果有很多袋子，就需要叫个搬运工或者用手推车。

旅行礼仪还包括要礼貌地对待航空公司的员工。当航班晚点或被取消时，游客应该保持平静，并且有礼貌地对待正在为把旅客带到目的地而绞尽脑汁的工作人员。当遇到不便时仍然保持礼貌的旅客经常会比那些粗鲁和不顾他人感受的旅客受到更好的待遇，包括免费食品和住宿。乘务人员也应该受到尊重，虽然乘务人员和机长一样都不收小费，在他们站在出口附近时应该受到感谢（Chaney & Martin，2007）。

> 一位旅客在航空公司售票处排队的时候，听到了一个人在对售票员大喊大叫。在那个疯狂的、粗鲁的旅客离开后，该旅客夸奖那个售票员有耐心、态度好以及举止从容。那个售票员回答道："谢谢你的夸奖，但是不用担心，这很好。"该旅客问："这怎么会好呢？"售票员答道："这很好是因为，你看，那个人要去克利夫兰，但他的行李将会去新加坡。"（Dosick，2000，p. 50）

在飞行过程中举止得体尤其重要，因为人们之间的身体距离很近，陌生人被迫进入到另一个人的亲密空间中。因此，飞机乘客应该特别体谅周围的人，并注意自己的行为不能冒犯他人。由于有限的空间，乘客应该避免使用太浓的香水。应该尊重邻座人谈话的偏好，那些不想聊天的人可以拿出书或报纸来看，以避免别人与其聊天。在机舱内在没有征得你座位后面的人的同意前，不要把自己的座位调到往后倾斜的位置。由于空间有限，当你的座位向后倾斜时，坐在你后面的人出去、吃饭、喝水或在其面前的位置上工作都会很困难。乘客应该记住要尽量远离过道并且要限制打电话和去洗漱间的时间。如果和家人一起旅游，乘客应该确保孩子不要淘气，如不要踢前面乘客的座位后背，不要站在座位上盯着后面的人看（Chaney & Martin，2007）。

有时候由于其他乘客不知道或者没有采用适当的礼仪，会出现一些问题。当遇到一个不停说话的人时，你可以说："我还想再说一会儿，但我必须得完成这份报告。"对于那些倾斜其座位的人，你可以回复："在我吃东西的时候你可以将你的座位往前一些吗?"（请求空乘人员提出这样的要求也可以。）如果你坐在一个哭闹的小孩或一个很吵、很讨厌的人旁边时，你可以请求空乘人员帮你调换另一个位置。

旅行通常是国际女性商人工作的一部分；了解和遵守一些指南会使她们受益，使旅行经历安全且愉快。安全提示有：到目的地后要打车而不是乘公交车，选择一个好的酒店并在那里就餐，避免在别的国家开车。（在特殊地带旅行时推荐雇用当地的司机或者打车。）关注酒店安全，确保没人知道你的房间号，检查逃生通道以防紧急撤离，将值钱的东西放在房间的保险箱中，不管什么时候只要在房间就要在门外放一个"请勿打扰"的牌子，有陌生人敲门时不要开门。如果你计划购物或游览城市，问一下门卫城市里哪些地方对女性来说不安全（Axtell，Briggs，Corcoran & Lamb，1997；Martin & Chaney，2012）。女性旅行者应当采取适当的街头防范措施：将自己的手提包用长带子挂在脖子上并紧贴身体（或者将手提包放在自己的风衣之下）并随身携带你所在酒店赠送的宣传册，以防在自己乘坐出租车返回的时候遇到一位语言不通的司机（宣传册中往往包含酒店的名称、地址以及电话）。随身携带一个个人安全装置，比如警报器，可以带来安全感。不要早起去慢跑，可以带一根跳绳在房间里锻炼（Martin & Chaney，2012）。

美国人在进行大部分国际贸易时应该遵守的 10 个国家的商务和社交礼仪规范的总结如下。

巴西

在做介绍时要使用头衔。为了表示尊重，应该使用 Doutor 或者 Doutoro（博士）这个头衔，尤其是对于老年人，即使他们可能没有医学博士学位或普通的博士学位。巴西人用握手来问候彼此。在私人问候中，女性在握手的同时会有 1～4 次轻吻脸颊。轻吻的数量有特别的含义，已婚女性通常轻吻 2 次，而单身女性通常轻吻 3 次。虽然男性在私人问候时不亲吻彼此，但他们通常轻拍彼此的后背。商务名片应该一面印刷成英语，另一面印刷成葡萄牙语。巴西人是大陆式饮食风格。游客应该记住要避免用手来吃东西，在吃饭时要将两只手都放在桌子上。此外，喝东西时要用酒杯或玻璃杯，不能用瓶子或罐子。在餐馆里，当小费没有加在账单里时，账单的 10%～15%作为小费比较合适。商务礼物很受欢迎，但初次见面时通常不送礼物。游客自己国家的纪念品是比较合适的礼物，不合适的礼物包括刀或任何锋利的东西（暗示想断绝关系）和手帕（与丧事有关）。礼物应当着送礼物的人的面打开。

加拿大

加拿大的社交和商务礼仪与美国类似，但是，加拿大人比美国人要保守。像在美国一样，在见到某人时，有力地握手伴随着眼神交流是问候的惯例，在分别时要再次握手。说法语的人们之间在问候时通常会包含亲吻脸颊。美式和大陆式的饮食风格都很常见。在街上走路时不要吃东西，吃东西时通常要坐着或站着。在不冒犯别人的情况下可以拒绝别人给的食物。大部分商务宴请都在餐馆里，给小费的习俗与美国的一样。到加拿大的游客应该记住，账单中除了包括商品和服务税，应该给额外15%～20%的小费。由于加拿大的一些地区受法国影响比较大，很多餐馆都提供法国菜。如果被邀请到某人的家里，带着鲜花（但是不要带白色的百合花，因为它们通常与葬礼联系在一起）到主人家里，巧克力也是不错的选择。礼物要当着送礼物的人的面打开（Axtell，1993；Martin & Chaney，2009，2012；Powell，2005）。

中国

当问候西方人时，他们通常会握手。记住，等级制度在中国很重要，因此应该先问候地位较高的人。在建立业务关系时，吃饭扮演着很重要的角色。商务宴请通常在中午或晚上在餐馆进行。因为座位礼仪很重要，所以要等中国东道主指示你应该坐的位置。在盘子里留一点食物可以很好地表明你对食物很满意。虽然中国人都不给小费，但是外国人应该给小费。给餐馆服务员或出租车司机小费的习惯做法是给他们一把零钱。除了第一次见面，送礼物是一种惯例。中国人不在送礼物的人面前拆礼物，因此当你接受礼物时也不要当面拆开。推荐用红色包装的质量好的钢笔或镇纸作为礼物。避免送钟表、白色的鲜花和手帕，因为它们通常和死亡联系在一起。此外，应该避免小刀和其他刀具作为礼物，因为它们暗示想要断绝关系（Martin & Chaney，2009，2012；Powell，2005；Sabath，2002）。

德国

当你在德国与人打招呼时，记住要使用姓氏来称呼别人，在握手时要很有力，在介绍的时候要保持眼神交流。身份的不同被大家广泛接受，在进门或进电梯时，男性让身份高的人或年长一些的女性走在他们前面。在饭店吃饭时，通常要在费用之外再加10%～15%的服务费。虽然不需要再额外留小费，但是惯例还是应该给一点儿。应该避免给太多小费，因为这被认为是炫耀。尝试一些德国的特产：啤酒、香肠和土豆烤饼。吃光盘子里的所有东西是不礼貌的。当被邀请去德国人家里时，给主人带些鲜花作为礼物，鲜花的数量应该是除13以外的奇数，并且不能是红玫瑰。给德国东道主的礼物应该简单且不能太贵，因为德国人认为拿太贵的礼物是一种没有品位的表现。品质好的葡萄酒是一种很受欢迎的礼物，但是，不要把啤酒当作礼物，因为德国是世界啤酒的鼻祖（Braganti & Devine，1992；Powell，2005；Sabath，1999）。

日本

在日本，问候的常见方式是鞠躬而不是握手，但是，许多经常与其他文化的人打交道的日本人会鞠躬并握手，要遵守日本主人的引导。交换商务名片很常见，所以要确保你的名片拿得出手。名片应该一面印英语，另一面印日语。记住要用姓氏来称呼日本主人，只有家人和好友才用名来称呼。许多商务宴请是在日本餐馆进行的。日本的特产有米酒和生鱼片。在餐馆时不用给小费，如果你给的话，服务员会把钱退回来。尽管一般不会被邀请到日本人家里做客，但是如果被邀请的话，记住在门口就把鞋脱掉。一盒糖果对女主人来说是比鲜花更合适的礼物。在日本，社交和商务礼仪与他国有很大不同，因此，你在去日本之前要对其文化和习俗做彻底的调查（Axtell，1993；Devine & Braganti，1998；Martin & Chaney，2009，2012；Sabath，2002）。

去日本朋友家拜访时的注意事项如下：

● 事先打好招呼。日本是十分注重礼节的国家，如果没有提前告知主人，突然上门拜访是不礼貌的。正确的做法是先联系主人，一同协调好时间。但有时在沟通中，对方说得较模糊没有具体时间，如“我都可以，看你的时间”，这也不能随意确定拜访时间，要避免在清晨、深夜和饭点去拜访。

● 拜访前准备好伴手礼。确定拜访时间后，要准备一些如小点心等当伴手礼，这样会显示出对主人的重视。挑选伴手礼时，要依据对方及其家庭成员的喜好，最好多买一些，而不是仅仅买正好等于家庭成员人数的数量。同时 4 和 9 在日本文化中是不吉利的数字，所以在挑选数量的时候也要避开这些数字。还要注意的是最好不要在对方住所附近挑选礼物，因为这样会让对方认为有些随意，没有显示你的尊重和诚意。

● 拿捏好到达的时间。何时到达主人家也要拿捏好，在平时我们常强调一定要准时或是早些到达，然而在去他人家拜访时，准点或是稍稍有些迟到（最好是比约定的时间迟到 3～5 分钟）可以避免主人还在整理房间等情况。但假如预计迟到的时间超过 10 分钟，则要及时与对方联系，说明情况，这样可以让对方放心，也可以让对方有其他的准备或安排。

● 到达拜访处的礼仪。如果是第一次拜访，抵达拜访地点后，在玄关处的表现也会决定对方对你的第一印象。首先在按响门铃前要先脱掉帽子，如果穿着大衣，根据实际情况要在进玄关前脱掉外套。进入门中要先向主人简单打招呼“打扰了”，进门后可以说好久未见等，同时将携带的伴手礼递给对方，并说“小小礼物不成敬意”。此外，进门脱鞋时要面朝屋子的方向，不能用屁股对着主人，之后要将鞋朝外放在玄关的一个角落。接着要穿上主人准备好的拖鞋，不能光脚进门，这样不仅不礼貌，还会给人留下不干净的印象。

● 拜访的停留时间。拜访的时长也要注意，通常初次拜访，停留时间在 1 小时左右为好，停留时间过长会给对方带来困扰。当然如果对方很健谈不介意时间，则不用注重时长问题，只要在适当的时候提出将要离开就好。结束拜访时如果主人在门口目送你离开，此时最好向对方行礼后再走。

中国人常说“入乡随俗”，处于像日本这样比较重视礼节的国家，要了解和学会这些拜访礼仪，从而在跨文化沟通中给对方留下一个积极的、有礼貌的、认真的印象。

墨西哥

握手在墨西哥是常见的问候方式，人们在说再见的时候也会握手。朋友之间问候时会拥抱或碰下对方的肘部，亲吻脸颊也很常见。当被介绍给女士时，男士应该稍稍鞠躬，当对方伸出手后要与其握手。要用姓氏来称呼别人，在刚开始见面时不要用名来称呼。在第一次见面时应该交换名片，但是要记住在名片上要包含西班牙语翻译。要指出你在公司的职位和你的学历。要敬重那些年龄大、社会地位和职位高的人。墨西哥城的海拔可能会影响你的消化情况，所以饮食要清淡并且要特别注意。要点瓶装水，因为自来水不安全。虽然墨西哥人比较希望你能品尝一些美味，但如果你拒绝吃诸如动物内脏（羊的胃）这样的菜他们也会理解。不像很多欧洲文化的人那样，墨西哥人不希望你吃掉盘子里的所有东西。你或许想要尝试一些经典菜肴，如 mole poblano de guajolote（用香料、草药和巧克力烹制的土鸡）、quesadillas（奶酪馅的玉米饼）和 frijoles refritos（煎菜豆泥，即捣烂并油炸的熟菜豆）。如果你被邀请到一个墨西哥人家里，提前送去鲜花，避免送万寿菊（用来装饰墓地的）和红色的鲜花（用来下咒语的）。合适的礼物有美国香烟、金色的打火机、金色的钢笔、艺术书籍或苏格兰威士忌（Devine & Braganti，2000；Martin & Chaney，2009；Powell，2005；Sabath，2000）。

荷兰

在荷兰，男士和女士在问候彼此时都会握手，握手要有力并且要伴随着眼神交流。在与远处的人打招呼时可以挥手，但喊叫是不礼貌的。男性之间在问候时不亲吻彼此，但女性好友之间在问候时会亲吻两颊。名片基本是在第一次见面时交换，由于大部分荷兰商人都说英语，所以名片可以只用英语。荷兰人希望你能吃完盘子里的东西，并且吃饭时把双手都放在桌子上。游客或许想尝试一些荷兰特产，如 erwtensoep（豌豆浓汤）和 lamstongen met rozijnensaus（白葡萄酒配羊舌）。在荷兰饭店吃饭非常贵，所以你可以尝试很多其他选择，如小吃店、咖啡店、街边摊和那些只卖煎饼的餐馆。由于饭店已经在账单中包含10%的服务费，你就没有必要再额外付费了。但是，当服务非常好时，再付10%的小费也可以。当被邀请去荷兰人家里做客时，带鲜花去或者第二天再送都可以。只有与荷兰伙伴建立了很好的业务关系时才应该送礼物，合适的礼物包括桌上办公用品或者书籍（Devine & Braganti，1992；*CultureGrams*，2010；Martin & Chaney，2012；Powell，2005；Sabath，1999）。

新加坡

新加坡的问候方式随文化的不同而不同，但大部分人现在习惯握手。由于新加坡男性一般不太确定女性商人是否愿意握手，所以女性应该首先握手或者在被介绍给别人时简单地点头以做回应。因为在问候时有鞠躬、身体接触和握手这些方面的差异，所以应该遵照新加坡主人的引导。在介绍后要交换名片，名片应该只用英语印制，交换时要用双手。饭店的小费一般是 10%～15%，会包括在账单中。一般不用给出租车司机和酒店员工小费，除非他们提供了额外的服务。饮食习俗随文化的不同而不同，比如，马来西亚人和印度人在吃饭时坐在地板上，而不是在餐桌旁。送礼物在新加坡与在亚洲其他国家同样重要，合适的礼物有品牌商品以及你所在城市或你所在国家的某个地方特有的礼物。避免送剪刀或匕首（意思是想断绝关系）、钟表（带来厄运）或者鲜花和手帕（有丧事的含义）。由于数字对中国和印度的业务伙伴有重要意义，因此要送偶数件礼物给华人，送奇数件礼物给印度人，在印度奇数表示好运。

韩国

在韩国，男人之间常见的问候方式是鞠躬并握手。为了表示尊重，在握手时要将左手放在右前臂下托着。女性一般不像男性那样经常握手。在初次见面时，职业人士之间在握手后通常会交换名片，递名片和接名片时都要用双手。在问候时要考虑对方的年龄和社会地位。因为韩国人非常自豪于他们的烹饪方式，所以你应该尝试一些辣的食物和美味，如 pulkogi（腌制和烧烤的条状牛肉）和经常与主食一起上的酒精饮料 soju（烧酒）。在韩国做生意的人应该记住，在业务交流之前的一段时间通常是用来安静地吃饭的。当被邀请去韩国人家里时，要带些小礼物，如水果、鲜花或糖果。商务礼物虽然不是必要的，但如果送的话还是很受欢迎，并且应该产自送礼物人自己的国家。礼物应该有好的质量，但不必很贵，礼物要在私下打开而不是当着送礼物的人的面打开（Bosrock，1997a；*CultureGrams*，2010；Martin & Chaney，2012；Sabath，2002）。

在韩国旅行的注意事项如下：

- 进门先脱鞋。在韩国，去他人家做客时，必须先脱鞋，如果不这么做会被认为是失礼的行为。韩国人的生活离不开地板，他们不能忍受地板变脏，因为他们经常会坐在地板上，甚至直接在地板上睡觉。

- 忌讳数字“4”。韩国文化对数字“4”较为忌讳，因为这个与“死”是同音同字的，被认为是不吉利的，所以在韩国找不到 4 号楼、4 层楼、4 号房，甚至军队中都没有第 4 师，宴会厅中没有 4 桌，敬酒时不能敬 4 杯等。

- 社会礼节。由于历史的缘由，韩国受到中国儒家思想的影响很深，现在还是可以在他们的很多生活细节中发现封建等级制度的痕迹，比如在握手前要先鞠躬，韩国人通常在道谢、迎送客人时都要鞠躬，并且会依据对方的身份来决定鞠躬的角度。在韩国，说话的语气分为三种，在沟通交流时要考虑到对方的年龄、地位等选择尊重、略微尊重和不尊重的语气，其中除了对自己的家人外，对比自己年长 4 岁以上的人不能使用不尊重的语气。

- 送国货作为礼物。韩国人的民族自尊心很强，他们很不喜欢崇洋媚外，会大力宣传国货。因此在挑选拜访礼物时，可以选择鲜花、酒类和一些工艺品，尽量避免日本产品。

英国（英格兰、苏格兰、威尔士和北爱尔兰）

在英国，轻轻地握手并伴随着“你好”是常见的问候方式。虽然用“嗨”这种典型的美国问候方式在非正式场合也可以接受，但是对于商务场合来说显得太不正式。此外，在分开时避免说“祝你今天快乐”，英国人认为这是一种命令。像美国一样，名只在认识的时间不长时使用。在英国的不同地方吃饭时，你应该尝试下他们的特产：烤饼、牛排腰子馅饼或苏格兰蛋，苏格兰蛋是将煮过的鸡蛋外包上一层香肠肉和面包屑再油炸。大部分商务宴请都在酒吧和饭店，而不在私人家里。尽管饭店通常都算上了服务费，当服务很好时，还是应该再加10%的小费。当被邀请去英国人家里吃饭时，花束（除了白色百合花）对女主人来说是很好的礼物，好的葡萄酒也是比较好的选择（Axtell，1993；Martin & Chaney，2009，2012；Powell，2005；Sabath，1999）。

美国

在美国，介绍对于留下良好的第一印象非常重要。在介绍时，要先介绍社会地位最高的人的名字，年龄和性别的顺序已不再那么重要。在商务场合，在被介绍给别人时，男女都应该站起来、微笑并且握手。（在社交场合，女士可以选择坐着并且可以不用握手。）典型的美式握手应该是简单有力的，持续几秒钟即可，在握手时，应该保持眼神交流。在商务场合，只有当双方想以后还要联系彼此时才会交换名片。在交换名片方面没有约定俗成的惯例。美国人用的是美式饮食风格。好的餐桌礼仪非常重要，拒绝别人夹的食物是不礼貌的，应该至少吃一点儿。人们通常在盘子中留一部分食物以表示他们吃饱了。给小费是应该的，饭店中给小费的金额依服务和饭店的不同，在15%～20%之间。在美国送礼物要很谨慎，商务礼物的花费不能超过25美元的法定上限。美国人送给外国人的礼物应该是美国产的，当地的工艺品、印第安原住民艺术品、葡萄酒或酒精饮料以及小食品都是很好的选择。

在大部分文化中，要记住的一个有用规则是遵照当地人的引导。如果他们握手，你也握手。在他们吃饭时，他们吃什么你吃什么。如果别人送你礼物，要回送礼物。在你旅游之前，建议你要调查、研究要去的国家。

关键词

种姓制度（caste system）
大陆式饮食风格（continental eating style）
侮辱（dissing）
礼仪（etiquette）
欺骗（flaming）
网络礼仪（netiquette）
外交礼节（protocol）
大喊大叫（shouting）
发送垃圾邮件（spamming）
美式饮食风格（U.S. eating style）

练习

说明：正确的圈T，错误的圈F。

1. T F 在日本，商务名片应该双手奉上。
2. T F 在拉丁美洲，一天中的主餐是在晚上。
3. T F 欺骗和侮辱是与“礼仪”相关的词。
4. T F 在德国介绍要比在美国更正式。
5. T F 玻利维亚人希望访客吃掉盘子里的所有东西。
6. T F 在美国给小费比在中国和日本更常见。
7. T F 在吃饭时上一杯水的习惯很普遍。
8. T F 在中国把钟表作为礼物，因为它是幸运的象征。
9. T F 在德国，通常在正式谈判前交换商务礼物。
10. T F 在选择旅行服装时，最主要的考虑是要舒适。

问答

1. 美国和其他文化在做介绍时有什么不同?
2. 描述交换名片方面的文化差异。
3. 解释美国和印度的阶层差异。
4. 在美国，性别和年龄与职位和身份有什么联系?
5. 界定一些合适的电话礼仪指南。
6. 解释与礼仪相关的关键词欺骗与侮辱的区别。
7. 使用电子邮件时的优缺点有哪些?
8. 界定一些饮食习惯方面的文化差异。
9. 解释美式和大陆式饮食风格的区别。
10. 正确的给小费的指南有哪些? 给小费的习俗有什么差异?
11. 在美国，恰当地赠送商务礼物的准则有哪些?
12. 在送礼物习俗方面有哪些文化差异? 一个美国人给来自其他文化的人送礼物，什么礼物比较合适?
13. 界定在把鲜花当作礼物送人时的一些文化禁忌。
14. 对飞机旅行着装给一些指导，对在飞行中什么是合适的表现给一些建议。
15. 对于国际女性商人来说，有哪些旅行指南?

案例

采用下列步骤分析案例：(1) 仔细阅读案例，注意细节；(2) 阅读案例后面的问题；(3) 重读案例，留意或突出回答要用到的细节；(4) 辨别案例的相关事实、基础假设和关键问题；(5) 列出问题可能的答案；(6) 选择最符合逻辑的答案。你的老师可能会让你以书面形式提交案例问题的答案。

案例 1

马克负责要去日本谈判的一个团队。在认识到送礼物在该文化中对建立成功的商务关系的重要性后，临行前，他让秘书包装了以下礼物：一只带有公司 logo 的钟表、一个皮包、一只火腿和一个标有“日本生产”的钢笔和铅笔套装。秘书将这些礼物用醒目的红色纸包起来打上蝴蝶结，然后邮给了日本东道主。在该文化中送合适的礼物方面，以上举动遵守了哪些规定？违反了哪些规定？

案例 2

一位美国经理受邀去一位拉丁美洲商人家里吃饭。晚饭邀请的时间是晚上 9 点。这个美国经理晚上 9 点准时赴约，拿了一瓶未包装的苏格兰酒送给男主人，一束黄色和白色的菊花给其妻子。讨论该美国经理行为的合理性。

案例 3

安东尼是一位美国大学生，在墨西哥城的一家国际保健品公司开始了为期一学期的实习。在他到达那里大约一周后，一些男员工邀请他去酒吧尝试下当地的特产：公牛的睾丸。安东尼听说过这种习俗是墨西哥年轻人的男子气概的象征。他对这种邀请不感兴趣，因为最近他吃的一些东西使他感到很恶心。那么安东尼应该怎么选择呢？每种选择的含义或后果是什么呢？在这种情况下，你会怎么做？

案例 4

当萨拉从纽约登上到巴塞罗那的飞机时，位置一边是一个最近都没有洗澡的不干净的人，另一边是一个总哭闹的小孩，她前面的人一上飞机就把座位向后倾斜了。萨拉知道在这种情况下，她接下来 7 个小时的旅程将很难受。萨拉可以怎么做以使她的旅程稍好些呢？

案例 5

一位来自新加坡的商人第一次到美国，对美国的小费习俗不了解。当他没有给带他到达拉斯酒店的出租车司机、帮他提行李的传达员、为他提供特别服务的看门人和酒店的服务员这些人小费时，他不明白自己为什么受到冷淡的对待。解释来自新加坡的游客应该知道的在每种场合下相关的小费习俗，包括数额和百分比。可以使用含美国小费信息的礼仪方面的书籍。

活动

1. 练习介绍你的美国经理给以下每个人：

(1) 一位有大学学历的意大利经理 John Giovanni。

(2) 一位来自中国的经理 Chung Lo Wang。

(3) 一位来自巴西的商务伙伴 Marco Comerlato Velasquez。

(4) 一位被授予爵位的英国伙伴 Thomas Edward Peacock。

2. 就如何递名片给一个来自日本的人进行角色扮演活动。

3. 查看《华尔街日报》或者其他新闻杂志如《时代周刊》，获取有关访美人士与美国访外人士在礼仪上出现失误的相关文章，并复制下来，与同学分享这些信息。

4. 调查一下津巴布韦、萨摩亚、坦桑尼亚这些国家的饮食习惯，写一页纸的总结来阐述美国饮食习惯和这些国家的饮食习惯的差别。

5. 调查一个欧洲国家和一个亚洲国家的小费习俗，并与美国的小费习俗进行比较。向同学报告你的发现。

6. 调查以下国家或地区送礼物的习俗，并向全班做报告，如日本、埃及、阿根廷或德国。要包括什么是合适的礼物，什么是不合适的礼物以及其他相关信息，例如如何送礼物和接受礼物。

参考文献

Axtell, R. E. (1990). *Do's and taboos of hosting international visitors*. New York: John Wiley & Sons, Inc.

Axtell, R. E. (1993). *Do's and taboos around the world*. New York: John Wiley & Sons, Inc.

Axtell, R. E. (1998). *Gestures: The do's and taboos of body language around the world*. New York: John Wiley & Sons, Inc.

Axtell. R. E., Briggs, T., Corcoran, M., & Lamb, ME (1997). *Do's and taboos around the world for women in business*. New York: John Wiley & Sons, Inc.

Baldrige, L. (1993). *Letitia Baldrige's new complete guide to executive manners*. New York: Rawson Associates.

Barnum, C., & Wolniansky, N. (1989, April). Glitches in global gift giving. *Management Review*, 78, 61-63.

Bosrock, M. M. (1995). *Put your best foot forward: Europe*. St. Paul, MN: International Education Systems.

Bosrock, M. M. (1997a). *Put your best foot forward: Asia*. St. Paul, MN: International Education Systems.

Bosrock, M. M. (1997b). *Put your best foot forward: South America*. St. Paul, MN: International Education Systems.

Braganti, N. L., & Devine, E. (1992). *European customs and manners*. New York: Meadowbrook.

Chaney, L. H., & Martin, J. S. (2007). *The essential guide to business etiquette*. Westport, CT: Praeger.

CultureGrams. (2010). Ann Arbor, MI: ProQuest CSA.

Devine, E., & Braganti, N. L. (1991). *The travelers' guide to Middle Eastern and North African customs and manners*. New York: St. Martin's Press.

Devine, E., & Braganti, N. L. (1995). *The travelers' guide to African customs and manners*. New York: St. Martin's Griffin.

Devine, E., & Braganti, N. L. (1998). *The travelers' guide to Asian customs and manners*. New York: St. Martin's Griffin.

Devine, E., & Braganti, N. L. (2000). *The travelers' guide to Latin American customs and manners*. New York: St. Martin's Griffin.

Dosick, W. (2000). *The business bible*. Woodstock, UT: Jewish Lights Publishing.

Dresser, N. (2005). *Multicultural manners*. Hoboken, NJ: John Wiley & Sons, Inc.

Engholm, C. (1991). *When business east meets business west: The guide to practice and protocol in the Pacific Rim*. New York: John Wiley & Sons, Inc.

Fairlie, H. (1983, July 4). Why I love America. *The New Republic*, p. 12.

Ford, C. (2003). *21st-century etiquette*. Guilford, CT: Penguin Putnam Publishing.

Fussell, P. (1983). *Class*. New York: Ballantine.

Glassman, A. (1998). *Can I FAX a thank-you note?* New York: Berkley.

Internet World Stats Usage and Population Statistics. (2011, June 30). Retrieved February 5, 2012, from http://www.internetworldstats.com/top20.htm

Kenton, S. B., & Valentine, D. (1997). *Crosstalk: Communicating in a multicultural workplace*. Upper Saddle River, NJ: Prentice Hall.

Kim, J. Y. (1993, July 11). Clinton couldn't get protocol right to save his Seoul. *The Commercial Appeal*, p. A5.

Martin, J. S., & Chaney, L. H. (2009). *Passport to success: The essential guide to business culture and customs in America's largest trading partners*. Westport, CT: Praeger.

Martin, J. S., & Chaney, L. H. (2012). *Global business etiquette: A guide to international communication and customs* (2nd ed.). Westport, CT: Praeger.

Miller, S. (2001). *E-mail etiquette*. New York: Warner Books.

Mitchell, M. (2000). *The complete idiot's guide to etiquette*. New York: Alpha Books.

Moran, R. T., Harris, P. R., & Moran, S. V. (2011). *Managing cultural differences* (8th ed.). Burlington, MA: Butterworth-Heinemann.

Powell, M. (2005). *Behave yourself! The essential guide to international etiquette*. Guilford, CT: The Globe Pequot Press.

Ricks, D. A. (2006). *Blunders in international business*. Malden, MA: Blackwell.

Sabath, A. M. (1999). *International business etiquette: Europe*. Franklin Lakes, NJ: Career Press.

Sabath, A. M. (2000). *International business etiquette: Latin America*. Franklin Lakes, NJ: Career Press.

Sabath, A. M. (2002). *International business etiquette: Asia and the Pacific Rim*. New York: ASJA Press.

Samovar, L. A., & Porter, R. E. (2003). *Intercultural communication: A reader* (10th ed.). Belmont, CA: Wadsworth.

Samovar, L. A., & Porter, R. E. (2004). *Communication between cultures* (5th ed.). Belmont, CA: Wadsworth.

Samovar, L. A., Porter, R. E., & McDaniel, E. R. (2009). *Communication between cultures* (7th ed.). Belmont, CA: Thomson Learning.

Segaloff, N. (1998). *The everything etiquette book*. Holbrook, MA: Adams Media Corporation.

Stewart, M. Y. (1997). *The new etiquette*. New York: St. Martin's.

Turkington, C. (1999). *The complete idiot's guide to cultural etiquette*. Indianapolis, IN: Alpha Books.

Wilen, T. (2000). *International business: A basic guide for women*. n. p.: Xlibris Corporation.

Yager, J. (2001). *Business protocol: How to survive & succeed in business*. New York: John Wiley & Sons, Inc.

第9章

商务和社会习俗

学习目标

学完本章后，你将能够：

1. 认识不同国家人们的常用语。

2. 了解关于男性/女性关系以及工作环境平等性的知识对于跨文化交流成功的重要性。

3. 认识幽默、迷信以及禁忌在了解其他文化中的人们时所起的作用。

4. 了解服饰和外貌在与其他文化中的人们交流时所起的作用。

5. 认识到在你所旅行或进行商务往来的国家中，了解其与假日和宗教节日相关的风俗礼仪的重要性。

6. 了解办公室礼仪因文化不同而存在的差异。

7. 了解恰当的言行举止在跨文化交流中的重要性。

8. 认识到贿赂与文化是相关的，并且在不同文化背景下扮演着非官方的角色。

9. 认识不同文化中基本的饮食和就餐习俗，并了解如何对其他国家的消费禁忌表示尊重。

习俗（customs）一般是指在特定场合中被期望的行为，是在社交中能够被接受的行为方式，它在特定情境中形成。在不同国家，甚至在同一个国家的不同地区或者不同地理位置，其习俗都可能不同。比如，在美国，习俗沿着南—北线和城市—乡村线而发生变化。此外，宗教背景和民族认同也是导致习俗差异的因素。

美国人在一些特定节日也有其惯例，比如在感恩节吃火鸡、在圣诞节互赠礼物、在新年前守夜等。其他的习惯行为通常与问候和语言表达、男性/女性关系、衣着和外表、幽默的使用、特色食品和饮食禁忌相关。尽管要了解一种特定文化中的所有习俗是不可能的，但是在跨文化商务往来中了解一些习俗仍然是非常重要的。

> 了解你将与之进行商务合作的对象所在国家的习俗，显示了你对他们的尊重并且承载了你对于建立成功的商务关系的诚挚诺言（Stoller，2007）。

9.1　语言表达

尽管你不需要学习所有商业合作伙伴所在国家的语言，但是如果你打算与一些特定文化的合作伙伴建立一种长期的合作关系，那么学习他们的语言（尤其是常用的语言表达）就显得尤为重要，因为你接触的人可能不会说你的语言。

努力学习这些文化中人们的一些基本表达，如请和谢谢、问候语以及其他一些常用短语。表 9－1 列出了法国、德国和西班牙的一些常用短语。

表 9－1　不同文化及基本表达

英语	法语	德语	西班牙语
Good day	Bonjour（bawn-JHOOR）	Guten Tag（GOO-tun TAHK）	Buenos días（BWAY-nos DEE-ahs）
Good-bye	Au revoir（o reh-VWAHR）	Auf Wiedersehen（owf VEE-der-zeyn）	Adiós（ah-DYOS）
Please	S'il vous plait（seel-voo-PLEH）	Bitte（BIT-teh）	Por favor（POR fah-vor）
Thank you	Merci（mehr-SEE）	Danke（DUNK-uh）	Gracias（GRAH-see-ahs）
Good evening	Bonsoir（bawn-SWAHR）	Guten Abend（GOO-tun AH-bent）	Buenas noches（BWAY-nahs NO-chase）
Excuse	Excusez-moi（ex-kyou-zay MWAH）	Verzeihung（fare-TSY-oong）	Perdóneme（per-DOH-nay-mayb）

除了学习这些简单表达，了解其他一些习惯性口语表达也非常有用。在美国，人们经常用一个词来回应对方：sure（当然），okay（好的），nope（没有）。尽管这些简洁的表达以外国的标准来看是粗俗和无理的，但是它体现了典型美国人的随性。一些表达只出现在美国的特定地区。比如，居住在南部的美国人同某人说再见时，说 Y'all come to see us，而他们期待的回答是 Thanks，Y'all come to see us，too。这种口语交流不会被当作一个欢迎来做客的邀请，只是一种友善的习惯性表达。然而，在美国的其他文化和特定地区中，这样的表达意味着邀请对方来做客（Martin & Chaney，2012）。

其他的一些表达，比如 Don't mention it（别提了），Think nothing of it（别当回事

儿）作为一种别人向自己感谢好意和帮助时的回应，在其他文化的一些人看来则是粗俗的。然而，这些语言表达与美国人秉持的应该保持谦卑、不能吹嘘自我的观念是一致的。有些人会对人们的赞美或感谢感到手足无措，不知道该如何回应。当好意被感谢时，应该说不用客气。在美国经常使用的其他一些令人困惑的语言表达有 what's up 和 how's it going，对于那些英语为第二语言的人来说，他们不能完全理解这些句子的意思。当和那些刚开始说英语的人交流时，尽量不要使用俚语和谚语，因为他们主要是通过词汇的字面意思来理解的。比如，一个刚到美国的人绝对不会接受一份 graveyard shift（倒夜班）的工作，因为他们会认为这是在墓地工作（Dresser，2005）。

对于那些第一次见面的人，美国人喜欢**闲聊**（chitchat）（寒暄或者轻松的交谈）。寒暄是在进行正式商务活动之前了解对方的一个很重要的部分。在大多数文化中，忽略掉寒暄的商务交谈是粗俗而不顾他人感受的。闲聊通常包括谈论天气、周围环境、当天新闻或者其他任何非实质性的话题（Baldrige，1993）。美国人非常擅长寒暄，加拿大人和澳大利亚人也是。英国人和法国人同样经常寒暄。在美国，寒暄的内容不会包含与政治、宗教信仰、个人收入或者私人生活相关的话题。同样，在沙特阿拉伯，谈论家庭成员通常也不合适。然而，在拉丁美洲和墨西哥，不仅谈论家庭成员是恰当的，而且长时间谈论家人的幸福生活都是合适的。在美国，对于家庭成员的任何询问都很简短，比如，对于“你妻子好吗?”的回答应是“很好，谢谢关心”。寒暄对一些文化中的人们来说，可能会带来很多问题。例如，在德国，人们基本上不寒暄。在瑞典，通常人们都能说流利的英语，瑞典人除了花 10～15 分钟谈论工作，几乎很少说别的。芬兰人甚至会买书来研究寒暄的艺术（Lewis，2006）。

在赠送礼物方面，中西方是有很大差别的。中国人在看到礼物时会客气地说“人来了就好，还带什么礼物”或是“您这礼物太贵重了”等。但这种话语会让西方人觉得客气是为了保持距离。西方人在收到礼物后，会说：“太好了，我最近正需要呢，先打开看一看。”可见，不同的文化背景有着不同的沟通语言，展现的都是客气和尊重，若对这种差异没有一定的了解，就很容易产生沟通障碍。

在亚洲和环太平洋国家，差异不仅存在于闲聊的使用方面，而且存在于哪些话题被认为是恰当的。日本人就不喜欢寒暄。中国人认为初次见面时寒暄很有用，适合的话题包括旅行经历以及一些私人话题，包括薪水和婚姻状况。韩国人也认为问一些私人问题是恰当的。澳大利亚人和新西兰人很喜欢闲聊，并且经常在俱乐部或者其他公共场所和陌生人交谈；他们喜欢谈论运动、天气和国际政治（Martin & Chaney，2012）。

当和其他文化的人闲聊时，最好的建议是跟随对方的引导。当一个来自其他文化的人谈论其家庭时，你也要谈你的家庭。如果他开始的话题是关于政治的，那么继续谈论你在这方面的观点。

9.2　男性/女性关系和工作环境的平等

在高语境文化中，比如阿拉伯国家，人们对于男性和女性之间哪些行为是恰当的都有明确的概念。在低语境文化，比如美国，对这些却没有一致的说法。美国人和来自其他文化的人都很难明白在美国应该怎样处理男性/女性关系，因为人们能够看到各种各样的行为方式。

在每种文化中都有一个问题，即人们对可接受的男性/女性关系的理解存在刻板印象。比如，对美国女性的成见主要来自美国的电视节目和电影，她们给人的感觉是积极进取、富有魅力和关系混乱（Axtell，Briggs，Corcoran & Lamb，1997）。同样地，美国男性被认为是软弱的，他们允许被女性主宰。

在美国，关于男性和女性在工作环境中的平等一直都是一个敏感话题。虽然 60% 处于就业年龄的美国女性都在工作，但是她们仍然没有获得同男性相同的报酬和职权。一些美国男性感到被那些越来越独断的美国女性所扮演的角色威胁。然而，大多数人还是认为男性和女性在并肩工作并且不发生性关系的情况下也可以建立起友谊。美国的男性和女性经常和异性成为商业伙伴。这些工作关系可能包括商务旅行，而并不涉及性关系。

然而，在其他国家，男性和女性在工作环境中受到的待遇和美国的情况有很大区别。比如，在墨西哥，男性领导通常会在早晨亲吻女性秘书的脸颊或者拥抱她。除了这个习俗（美国管理人员觉得是不妥的），据墨西哥管理人员说，在墨西哥很少有性骚扰和性别歧视的问题。然而，接受采访的美国管理人员说，在墨西哥管理人员中确实存在以上问题（Stephens & Greer，1995）。

斯堪的纳维亚半岛上的国家对待男性和女性是平等的。瑞典企业的中层管理职位很多都由女性担任，同时，女性也出任政治职务，包括国会职务。女性在冰岛的工作环境中的表现非常引人注目，冰岛也是第一个拥有女性政党的国家。事实上，挪威女性占非农业领域就业人口的 48%，在国家议会中的席位比例为 41.4%，而冰岛女性在非农业领域就业人口中占 47.9%，在国家议会中的席位比例为 38.1%。在芬兰，女性在非农业领域就业人口中占 49%，在国家议会中的席位比例为 42%。即便如此，在这些国家中，女性的薪酬仍然普遍低于男性。

在印度，女性在非农业领域的就业比例相对较低，为近 18.6%，在国家议会中的席位比例更是仅有 11.6%，可见印度女性并不能和男性享受同等待遇。此外，在沙特阿拉伯，女性的地位低于男性，女性相对于男性接受中等教育的比率为 0.77，女性在非农业领域就业人口中占 14.9%。在埃及，从业人员中只有 14.9%为女性。她们的职位包括医生和秘书，很少有女性处于管理岗位。

韩国女性历来不在政府和企业中任主要职位。尽管韩国女性地位有所提升，女性接受高等教育的比例仅为 15.4%，很少有女性从事中级和高级管理职位，她们仍然从事一些较低层级的工作。中国也是一个男性主导的国家，但是女性在企业中也会担任重要的管理职位，女性在全国人民代表大会中的比例为24.9%。

在荷兰，女性在非农业领域就业人口中占46.3%，在国会中的席位比例为35.6%，而女性的失业率远远大于男性，两者比率为1.18，女性在高级和中级管理职位的就业比例仅为24.5%，多从事低收入工作，很少担任管理职位。在德国和比利时，女性在中级和高级管理职位的就业比例分别为28.1%和32%，女性更多从事一些支持性工作而不是管理工作。在这两个国家中，女性在获得领导职位方面有了很大的进步，女性在国家议会中的席位比例达31.5%，越来越多的人认可女性在职场中的表现。

9.3 商务活动中的幽默感

随着越来越多的公司生意越来越国际化，商务人员存在越来越多的机会进行互动来尝试建立良好的商务关系。在国际商务会谈开始前使用幽默轶事是一种打破僵局并营造轻松气氛的手段。

尽管幽默感是人类共有的特征，但是对幽默的认识随文化的不同而不同。在美国，演讲往往会以一个与主题相关的笑话或者动画作为开始。除了美国，大多数欧洲国家也会在会谈进行的过程中展现幽默感。尤其是在英国，幽默故事总是伴随着商务讨论的进行。然而，在与亚洲人进行的商务会谈中使用幽默，却没人会被逗笑（韩国人是个例外，他们似乎总是能被别人的笑话逗乐）。英国式幽默往往是自嘲式幽默。埃及人同样喜欢自嘲式幽默。但是，外来者一般不喜欢这种幽默方式。尽管埃及人对幽自己一默习以为常，但是其他人未必这么想（Turkington，1999）。亚洲式的幽默不会涉及性、宗教或少数民族，但是亚洲人会在听到笑话之后礼节性地笑一下。他们只能明白笑话字面上的意思却不能完全明白美式幽默。同样，德国人在正式商务会谈中拒绝幽默。他们把商务活动看得非常严肃，不希望玩笑话出现在谈判过程中。在德国，如果演讲时用动画的方式调侃欧洲的文化差异作为开篇，在场没有人会发笑。但是随着时间的推移，人们会渐渐意识到这个笑料的幽默所在并开始发笑，之后演讲者就会明白这段动画在这种陌生人在的场合中有多么不合适了。但是，在谈判结束时，德国人喜欢放松一下并讲一些在当地酒吧和饭店听到的笑话（Axtell，1999；Trompenaars & Hampden-Turner，1998）。

> 在一个商场中，一位顾客向服务员抱怨他买到的龙虾少了一只虾钳。
>
> 顾客：This lobster only got one claw.（这只龙虾只有一只爪。）
>
> 服务员：I guess he was failed in a fight，sir.（我猜它在一次战斗中失败了，先生。）

顾客：Well，please bring me the winner.（好吧，请你把胜利者拿出来。）

从这段对话中可以看出，面对顾客的抱怨，服务员通过幽默的语言缓和了不愉快的气氛，掩饰了自己的过失。同时顾客也用幽默的语言维护了自己的礼仪，还没有破坏这种和谐的协调沟通氛围。

所谓的国际幽默究竟存在吗？是的，它们的确存在——一些幽默方式的确能够被不同国家的人接受，比如滑稽剧、餐桌笑话、与高尔夫球员有关的幽默故事。但是，即使在国际性笑话之中，人们为了逗乐自己文化中的人，在讲笑话方面仍然存在细微的差别。比如，在美国，幽默感总是伴随着善意挖苦与调侃；在澳大利亚，幽默感包含讽刺与挑逗（Lewis，2006）。在一些国家，人们喜欢用邻国的人作为他们笑话的主角。比如，比利时人喜欢幽自己的邻居——荷兰人一默，而与之相似，荷兰人同样喜欢以比利时人为笑料。这样的现象同样可以在英国人与爱尔兰人身上看到（Axtell，1999）。

一些拥有跨国商务经验的商务人士建议在与多种文化的人们打交道时避免讲笑话；他们认为美式幽默很难被他人接受。尽管幽默的初衷是为了让国际同事放松并营造一个轻松的气氛，但是仍然有可能因此冒犯到他人或者笑话以冷场收尾。简而言之，人和人的笑点不同（Axtell，1999）。

一名经常前往日本做生意的纽约商人总是会在自己讲话的时候让随身翻译进行翻译。在一次讲话结束之后，他了解到他的日语翻译对他的开场白的翻译版本如下：这名美国商人正在将他讲的笑话作为开场白。我并不知道为什么，但是所有的美国商人都认为需要用笑话来开始他们的演讲。（间断）他正在讲笑话，但是说实话你们不会明白这个笑话的笑点，所以我就不翻译它了。他认为我正在翻译他的笑话呢。为了表示礼貌请在他结束的时候笑出来。（间断）他马上就要讲完啦。（间断）就是现在！

听众不光心领神会地大笑，而且站起来鼓掌。之后这名美国商人这样评价他的随身翻译，“这些年来我一直在这个国家做演讲，而你是第一个明白如何讲出一个好笑话的翻译。”（Axtell，1990）

9.4　迷信与禁忌

迷信（superstitions）就是那些与现代已知的科学规律或者公认的真实和理性不一致的信仰。迷信的例子包括相信拥有超自然力量的特殊魔法、征兆或者仪式。在欧洲与北美地区，迷信往往不会被认真对待，但是在其他一些国家，迷信则很受重视。尽管在美国，没人会因商务问题去咨询占卜师或预言师，但是在其他一些地区，神学师极受重视并且可能参与商务决策。当与那些会从先知那里获取商务建议的人做生意时，你最好尊重他们的信仰。比如，在亚洲的部分地区，预言师与手相师对当地人的生活以及商务决策有很大的影响力。

英语文化中，“fat”也就是“胖”字是一个禁忌词，在正常人际交往中，一般不会使用这个单词。这是由于肥胖已经是西方发达国家一个较为严重的社会问题，人们不希望肥胖，所以也就不希望听到用“fat”这个词语形容自己。

在美国形容年龄老也是比较避讳的，假如直接使用“old person”称呼老年人，这是一种不礼貌的语言，通常会说“the elderly”或是更正式的“senior citizen”。

在许多文化背景中，霉运甚至死亡总是与特定的数字联系在一起。例如，美国人认为数字13是不吉利的。大多数美国的酒店都没有第13层，并且甚至以13为结尾的酒店编号都是不可接受的。13日的星期五被认为是倒霉的一天。许多美国人都不会把重要的事情安排在这一天，例如结婚或者重要的外科手术。中国人同样认为吉利与倒霉同特定的数字相联系，他们认为4是最不吉利的数字，因为在中文的读音中它的发音与“死”非常接近。中国有些酒店没有第4层，并且一些亚洲的机场没有4号登机口。与之相对，一些数字被认为具有积极正面的含义。比如，在中国，6代表幸福顺利，而9则代表长命百岁。其他有关数字与送礼物时的迷信方式（比如送特定数目的花作为礼物）已经在前述章节送礼物的礼仪中进行了叙述。

在一些文化中人们相信的其他迷信如下：

- 新年第一天发生的事情能够预示整年内将要发生的事。
- 在新年第一天扫地会扫除新年的好运气；与之相似，这一天洗澡也会洗去你的好运气。
- 执行特定的仪式将能够保护新生儿不受鬼怪的袭扰。
- 在新婚夫妇的车里放上旧鞋能确保他们多子多福。
- 在梯子下面行走或者打碎镜子会带来霉运。
- 对新生儿给予太多的关注会使他蒙受危险；如果受到太多关注，鬼怪就会伤害他们（Dresser，2005）。

许多南美人的迷信如下：

- 携带珊瑚或者贝壳进入房间会带来霉运。
- 将钱包放在地上会使金钱“跑掉”。
- 重要的事情不应当安排在13号的星期二，因为这一天不吉利（Bosrock，1997b）。

禁忌（taboos）指的是一个社会或者文化中那些不合适或不可接受的行为以及语

言。禁忌往往扎根于特定地区或者特定文化的人们的信仰之中，并一代一代地传递下来。比如，在阿拉伯国家，询问一名男子的妻子的健康情况是禁忌。在中国，信件不能使用红色的墨水书写，因为那具有死亡的含义。而用红笔书写他人姓名的行为同样被韩国人、部分墨西哥人以及部分中国人认为是不吉利的（Lewis，2006）。

一名美国的英语教师在她学生的试卷上用红笔做出了批注与建设性的批评意见。美国的学生对此习以为常，但她的韩国学生则没有。这些红色的笔迹让这些韩国学生的家庭极为震惊，他们都将它同死亡联系在了一起。当这些家庭向校长阐述了这一禁忌之后，校长要求所有教师停止使用红笔批阅学生试卷（Dresser，2005）。

在马来西亚，用食指指向别人是禁忌，但是你可以用大拇指。印度尼西亚有一些与头部相关的禁忌，因为头部被认为是身体上神圣的部位，不应当被他人随意触碰。在美国较为常见的拍孩子额头的行为则会在印度尼西亚带来大麻烦。另一个禁忌就是将自己的头部放在一个比年长人头部更高的位置。俄罗斯人有大量禁忌，包括在道路上禁止鸣笛与在公园草地上禁止进食。马达加斯加人的禁忌是比较奇特的：孕妇禁止食用动物大脑，也禁止坐在门口；女人不应当清洗她们兄弟的衣物，并且，小孩不能直呼其父亲的名字，也不能提及父亲身体的任何部位（Lewis，2006）。

9.5 衣着与外表

你的穿着打扮传递着关于你自己与你所在公司的非语言信息。正是因为衣着可以提升或者摧毁你的可靠程度，所以你应当依据造访国家或地区的风俗习惯来选择穿着打扮。依阿克斯特尔（Axtell，1993）所述，各地都普遍适用的商务活动规则就是“保守内敛”：对男士来说穿着保守的西装与领带，对女士来说穿着保守的职业女装或者套裙。

一档美国电视节目调查了富有魅力、衣着整洁的外表在社交场合与商务场合的作用。“衣着整洁的男女与那些不修边幅、未经仔细打理的参与者处于完全相同的情境之下时，那些打扮更得体的人不仅收获了源源不断的约会与帮助，而且得到了更多的工作机会与更好的薪酬。”（Bixler，1997，p. 16）

基于美国研究人员以及形象顾问的结论，无论男女，穿着西服的人比那些穿着其他款式服饰的人，都被认为显得更专业。如果一个人想被认真地对待，那么建议他穿职业套装。对于男士，职业套装包括炭灰色或者藏蓝色的深色西装外套与白色或者条纹的长袖棉质衬衣；对于女士，职业套装包括亮蓝色或者藏蓝色的西装搭配白色的女士衬衫。另外一种针对女士的搭配选择是米黄色的西装搭配浅蓝色的女士衬衫（Baldrige，1993；Molloy，1996）。布料选材对显示信誉、地位以及权力来说非常重要。纯纤维布料（丝、羊绒以及纯棉）或者看起来像是纯纤维的布料，同人造纤维，比如尼龙相比，更能传递出主人的信誉与地位。对男士与女士的共同最佳选择就是 100%羊毛西装（Martin & Chaney，2012；Molloy，1996）。

在加拿大、英国、法国、德国、日本以及墨西哥的商务穿着大体同美国一样，只有些许不同。在加拿大，同美国相比人们穿着更加保守和正式。而法国人则非常具有时尚意识，因为法国一直是时尚界的领导者。当在欧洲进行商务活动时，牢记穿着打扮需要非常正式，外套与领带都是有商务要求的。尽管天气炎热，但是夹克衫仍然是办公室与餐厅穿着的不二之选（Braganti & Devine，1992）。在日本商务穿着同样要求正式。日本的女性穿着非常保守，并且经常在办公室穿着哑色服饰。（这个习惯在大城市里看起来多少已经在发生变化，尤其是在那些有跨国业务的大公司。）在这些国家的公共场所穿非常休闲的服饰时需要格外谨慎，因为这么做很可能被认为不合适（Devine & Braganti，1992）。

如同许多欧洲企业的衣着标准一样，美国工作场所的衣着标准自 20 世纪 90 年代开始变得越来越宽松。但是，在美国，办公室穿着随意化的变化趋势似乎停止了（Fenton，2002）。企业开始变得关注公司形象，因为许多员工似乎无法区别休闲与懒散。结果是，大量企业在衣着要求放宽的潮流兴起 10 多年后，又撤销了有关休闲着装的规定；在工作场所休闲服饰几乎销声匿迹，一些公司觉得穿着太随意会损害企业的生意（Hudson，2002）。因为一些人，尤其是其他文化的人，倾向于只通过衣着打扮来判断一个人的受教育程度、地位和收入，所以那些有志于晋升或者对国际商务感兴趣的人可能需要穿着传统的商务套装——即男士穿西装，女士穿西装或者裙装（Martin & Chaney，2012）。

一年，美国教授到中国参加为期四周的学术研讨会。一位中国女教授作为研讨会主席最初没有特别强调着装，因为她认为大家对于研讨会和到企业参观这种场合下的穿着应当都很清楚。因此当一些教授穿着短裤和 T 恤衫出现时，她才意识到着装问题。主席告诉他们需要正式的穿着，要穿西服、衬衫，打领带。这些美国教授立即开始与中国女教授商谈，设法降低对着装的要求。作为一个中国女性，让她来告诉这些男教授如何着装使她感到尴尬，但她还是直言不讳。

那些在美国有些不够正式的休闲服饰在某些文化中则是合适的穿着。在菲律宾，男人穿着 barong——一款宽松、白色或者米白色的露出尾部的衬衫，且不搭配夹克衫或者领带。在印度尼西亚，人们穿着 batiks（一款亮色的衬衣且不搭配领带或者夹克衫）（Axtell，1993）。

尽管西方商务穿着已经被其他文化广为接受，你也可能想了解合理商务着装的文化差异。比如，在沙特阿拉伯，沙特人也许会穿着白色、平滑的传统阿拉伯式长袍并戴着头巾。但是你不太可能尝试类似的穿着。你的穿着还是应该和你在美国办公室参加重要会议时一致。

服饰的颜色同样是穿着打扮的重要考量，因为在一些文化中，颜色富有深意。在泰国不要穿着黑色或者纯白色的服饰，因为这些颜色有葬礼的含义。在中国避免穿着全白的服饰，因为白色是祭奠的象征。造访马来西亚的时候避免穿着黄色服饰，因为在这里，只有王室成员才可以穿着这种颜色的服饰。去德国时，女性不应当穿着带有印花布料的服饰，因为那样的服饰暗示着轻浮花心（Binkley，2007）。在美国，黑色服饰一般在葬礼上穿，但是在商务场合，黑色没有特别的意思（Martin & Chaney，2012）。

在不同文化的特定场合中，鞋可能会被视为不合理的穿着。穆斯林的清真寺与佛教徒的寺庙是不允许穿鞋进入的。在进入大多数亚洲家庭或饭店的时候也需要脱鞋，应该将它们整齐地放在门口。建议跟随主人的举止；如果主人脱鞋，你也脱鞋。记住在阿拉伯文化中，脚底板是不能露出来的，所以保证自己的双脚随时着地或者包裹住自己的脚底。

在国外从事商业活动的女性尤其应当注意遵循当地合理的穿着风俗。比如，在阿拉伯国家做生意的女性应当避免穿着长裤，并且应当穿着不暴露的服饰，比如长袖女装和长过膝盖的裙装。在欧洲，女性在办公室或者去高档饭店的时候不应当穿裤装。出门之前要打听，向熟悉目的地文化的同事寻求帮助（Axtell，1993；Devine & Braganti，1998，2000；Turkington，1999）。

一位马来西亚的大学官员曾邀请来自瑞典的访问学者和他十几岁的女儿一同参与一场正式的午宴。在宴会上，这个女孩穿着一件端庄但无袖的衣服，并一一拜见主人、他的妻子和母亲。主人亲切和蔼、热情有礼，他把客人引导到座位上，和大家坐在一起，等每个人点好菜，他结账后便起身离开到其他地方。这么做主要是因为在马来西亚，即使这位官员的妻子在场，他也不能同着装露出身体的女性一同进餐，这样不仅会使他感到尴尬，还有损他的职业声望和威信。

9.6　与节假日和宗教节日相关的风俗

了解其他文化的节假日以及宗教节日对于合理安排商务电话以及商务旅行来说非常重要。

节假日也许是为了庆祝某位名人的生日（乔治·华盛顿的生日）；或者庆祝某个著

名历史事件（美国独立日）；或者对某些团体表达敬仰（越南战争纪念日以及阵亡将士纪念日）。宗教节日则是与宗教惯例相联系（斋月、圣诞节、复活节以及犹太人的赎罪日）。因为在这些特殊的日子里，人们是不谈生意的，所以在规划国际商务旅行的时候要把这一点考虑在内。

例如，前往美国旅行的人需要了解在圣诞节与感恩节的时候做生意是不符合习俗的。每年的7月4日，也就是美国独立日这天也鲜有做生意的，因为人们都在用烟花、野餐、花车游行和聚会来庆祝。在周日，除零售业以外的许多商铺都会歇业，因为对很多地区来说这一天是安息日。然而，以色列的安息日则是每周的周六，阿拉伯地区的安息日则在周五。

在一些国家，那里的节假日与美国拥有的节假日非常相似。一些天主教国家拥有狂欢节（与新奥尔良市的狂欢节类似），这段时间不适合做生意。许多国家都庆祝新年，而它们的起源、持续时间以及一年中庆祝开始的时间可能有所不同。比如，在墨西哥，圣诞节连同新年庆典的两周时间不适合做生意，而复活节前的两周时间同样不是做生意的好时机。这段时间内，生意人往往同家人在外旅游。

下面列出了美国遵循的节日以及那些同美国国际贸易往来最频繁的10个国家的节日（*CultureGrams*，2010；Sabath，1999，2002）。

巴西	狂欢节（圣灰星期三之后的五天庆典活动） 蒂拉登特斯日（4月21日） 复活节 劳动节（5月1日） 独立日（9月7日） 阵亡将士纪念日（11月2日） 共和国日（11月15日） 平安夜与圣诞节
加拿大	新年庆典（1月1日） 复活节* 劳动节（5月1日） 维多利亚日（5月的第三个周一） 加拿大日（7月1日） 感恩节（10月的第二个周一） 圣诞节（12月25日） 节礼日（12月26日） 魁北克省有两个额外的节日：魁北克冬季狂欢节（2月）和圣·让·巴普蒂斯特纪念日（6月24日）
中国	元旦（1月1日） 春节* 妇女节（3月8日） 清明节* 劳动节（5月1日）

中国	青年节（5 月 4 日） 儿童节（6 月 1 日） 端午节* 中国人民解放军建军纪念日（8 月 1 日） 中秋节* 国庆节（10 月 1 日）
德国	元旦（1 月 1 日） 好运星期五* 复活节* 劳动节（5 月 1 日） 飞升日* 圣灵降临节* 德国统一日（10 月 3 日） 万圣节（11 月 1 日） 忏悔节* 圣诞节（12 月 25 日）
日本	元旦（1 月 1 日） 成人节（1 月 15 日） 建国日（2 月 11 日） 天皇诞辰（2 月 23 日） 春分日（3 月 21 日） 绿色之日（4 月 29 日） 行宪纪念日（5 月 3 日） 儿童节（5 月 5 日） 盂兰盆节（8 月 15 日） 敬老日（9 月 15 日） 秋分节（9 月 23 日） 体育节（10 月 10 日） 文化节（11 月 3 日） 勤劳感谢日（11 月 23 日）
墨西哥	元旦（1 月 1 日） 圣安东尼节（1 月 17 日） 宪法日（2 月 5 日） 狂欢周* 胡亚雷斯诞辰（3 月 21 日） 复活节* 劳动节（5 月 1 日） 五月五日节（5 月 5 日） 基督圣体节* 圣母升天节（8 月 15 日） 总统发表国情咨文（9 月 1 日） 独立日（9 月 16 日） 哥伦布发现美洲纪念日（10 月 12 日） 万圣节（11 月 1 日） 亡灵节（11 月 2 日） 革命纪念日（11 月 20 日） 瓜达卢佩圣母节（12 月 12 日） 圣诞节（12 月 25 日）

荷兰	元旦（1 月 1 日） 女王节（4 月 30 日） 解放日（5 月 5 日） 圣诞节（12 月 25—26 日）
新加坡	元旦（1 月 1 日） 中国农历新年* 复活节* 卫塞节* 劳动节（5 月 1 日） 国庆节（8 月 9 日） 圣诞节（12 月 25 日）
韩国	元旦（1 月 1—3 日） 农历新年（1 月或者 2 月） 独立日（3 月 1 日） 佛祖生日*（4 月或 5 月） 阵亡将士纪念日（6 月 6 日） 行宪纪念日（7 月 17 日） 中秋节（9 月或 10 月） 开天节（10 月 3 日） 圣诞节（12 月 25 日）
英国	元旦（1 月 1 日） 好运星期五* 劳动节* 复活节* 春季银行休假日* 夏季银行休假日* 圣诞节（12 月 25 日） 节礼日（12 月 26 日） 北爱尔兰同时庆祝圣帕特里克日（3 月 17 日）与奥兰治日（7 月 12 日） 威尔士同时庆祝圣灵保护日或圣大卫日（3 月 1 日） 苏格兰同时庆祝罗伯特 · 伯恩斯诞辰（1 月 25 日）与纪念日（最接近 11 月 11 日的一个周末）
美国	元旦（1 月 1 日） 马丁 · 路德 · 金纪念日（1 月的第三个周一） 总统日（2 月的第三个周一） 阵亡将士纪念日（5 月最后一个周一） 独立日（7 月 4 日） 劳动节（9 月的第一个周一） 哥伦布日（10 月的第二个周一） 感恩节（11 月的第四个周四） 圣诞节（12 月 25 日）

* 表示庆祝日期不固定。

除了节假日，有些国家有一些减少商务活动的时间段。不要盼望在 8 月去欧洲做生意，因为这个月被大家当作休假月，很多人都会在这段时间暂停商务活动。除了安息日，也没有商人会在阿拉伯斋月期间同阿拉伯地区做生意，斋月对伊斯兰教意义重大。在日本，许多企业都在 4 月 29 日至 5 月 5 日期间歇业以庆祝不同的假日与诞辰日。

泰国泼水节又称宋干节，每年的 4 月 13 日开始，历时三天，是泰国的重要节日。该节日寓意着清除所有的邪恶、不幸和罪恶，并怀着一切美好和纯净开始新的一年。近年来，泼水节为泰国带来许多旅游收入，游客们在欢度节日的同时，也要注意尊重当地习俗，避免触碰节日禁忌。

- 穿着不能裸露。为了维护兰纳王朝传统文化的形象，泰国政府禁止女性穿着暴露，甚至是湿水不雅的衣服都不可以穿。他们鼓励参加泼水节的人们都穿上传统服饰，游客最好也能入乡随俗穿上当地的服装。
- 严禁酒精、赌博、毒品。泼水节期间严禁在任何活动现场饮用酒精饮料、赌博或者使用毒品。
- 用干净的水。泼水节期间只能使用干净的水，禁止使用混合粉末、冰块、泡沫的水，避免伤人害己。
- 严禁使用喷射力道强烈的水枪。泼水节期间泰国政府严禁参与者使用喷射力道强烈的水枪，以及任何会造成意外伤害的工具。
- 禁止驾驶小卡车载人向行人泼水。法令严明禁止任何人驾驶小卡车载人在社区以及活动现场泼水，当然也严禁行人向快速行驶的车上泼水，违者罚款。
- 不能泼 65 岁以上的长者、僧人、2 岁以下的儿童等。泼水节期间不是随便每个人都能乱泼，如果泼水时波及 65 岁以上的长者、僧人、2 岁以下的儿童、病人或者执行公务的人员（如警察），可能会惹祸上身。

9.7　办公室习俗

办公室习俗包括工作时间、午餐和休息的时间分布、约束程度以及雇用/解雇程序。

通常，美国的办公时间是上午 9 点到下午 5 点。员工要迅速进入工作状态并在任务少的时候也保持忙碌。这就是说，员工要主动发现需要完成的工作并且不空闲下来。与之相反，在许多国家，员工可以在没有工作堆积的时候读读报纸或和同事闲聊，尤其是在上级不在办公室的时候。

其他国家的工作时间有所不同。例如，在伊朗，工作时间是周一至周五，每天上午 9 点半至下午 1 点，然后再由下午 2 点到下午 5 点。在一些南美洲国家，比如巴西和哥伦比亚，工作时间是周一至周五，每天上午 8 点至下午 6 点。一些办公室与商店会在中午 12 点到 2 点期间歇业以用于午餐。秘鲁则是世界上工作时间最长的国家：一周 48 小时，至少工作 6 天（Bosrock，1997b）。

美国企业的午餐时间由最短 30 分钟到最长 1 个小时不等，休息时间通常是上午一次 15 分钟的休息与下午一次 15 分钟的休息。这些都应当依据时间安排规定执行；私自延长休息时间会受到严厉斥责，因为在美国“时间就是金钱”。作为极具时间观念与生产效率意识的美国人，他们严重质疑那些常见于整个欧洲的工作时间习惯。比如，欧洲人有 1 个小时到 1 小时 30 分钟的午餐休息时间，各 20 分钟的上午休息与下午休息时间（通常都会有喝酒消遣），并且在工作日结束之前还有 15 分钟的清扫时间。这样，他们每天 9 小时的工作时间实际上只有 7 小时（Utroska，1992）。

雇用员工与解雇员工的习俗随文化的不同而不同。在美国，那些被录用的员工都明白保住工作或者寻求晋升所依靠的是令人满意的表现与和睦的人际关系。也可以这样说，得到录用与保住工作靠的是工作效率与工作表现。尽管在没有正当理由的情况下解雇员工是非法的，但是每个人都了解工作不是“铁饭碗”。与之相反，在欧洲，每个员工都与公司签订了工作合同，里面的条款事实上保证了无论公司的经济情况如何，公司与员工的雇佣关系都是稳固的。与之相似，在日本这样的国家，雇主认为雇员的工作是稳固的，除非员工做了违法之事或者道德败坏。在像法国与英国这样的国家，使人丢掉工作的唯一可能就是犯罪行为。而那些在美国丢掉工作的人可以依据美国标准收到数额不菲的补偿金。被解雇的员工可以在找工作时享受 3 个月的全额工资与福利待遇。对于经理来说，他们会得到更为慷慨的补偿金“套餐”：一年年薪加上按年工龄数计算的月薪以及额外的假期薪水（Utroska，1992）。在一些亚洲文化中，公司被当作家族的延伸。在美国，员工仅仅是雇员，而公司也不像一个大家族那样运作。当日本的企业接手美国公司之后有时会出现一些问题。因为日本的经理默认他们的员工会将自己的毕生职业生涯同公司联系在一起，他们认为自己有权过问那些有前途雇员的与家庭生活相关的个人问题，甚至可以对他们的外表提出改进建议。随后他们发现，这些问题和评论在美国是不合适的（Dresser，2005）。

美国办公室的正式程度差异很大，在大部分公司，特别是在金融机构和大城市的公司，要比乡村的小公司更正式一些。非正式氛围的特点有：不管什么阶层都称呼其名字、经常性的闲聊和开玩笑以及近年来更随意的着装。这种非正式的氛围不代表就像许多欧洲国家认为的那样缺乏尊重。

办公室关系的另一个重要方面是在工作中是否可以表现出个人的情绪。那些注重情感的文化认为表现出情绪是可以接受的，那些情感中立的人会控制或掩饰他们的情感。特姆彭纳斯和汉普顿-特纳（Trompenaars & Hampden-Turner，1998）的一项研究询问了来自不同文化的参与者，如果在工作中对某些事情变得不安，他们是否会坦率地将自己的感受表达出来。会将他们的情绪坦率地表达出来的人占比最高的几个国家有埃塞俄比亚、日本和波兰，相反，该比例最低的几个国家有科威特、埃及、西班牙和古巴。按大洲来表示的话没有明显的模式，美国排在中间的位置，有 43%的人表示他们不会在工作中表现出情绪。

9.8 风度/行为习惯

在某种文化中是惯例的行为却可能不被另一种文化接受。**风度**（demeanor）包含个人的行为或举止，并且会受到文化的影响。公共场合的行为是具有文化特殊性的，美国人在公共场合说话声音要比德国人大，巴西人或尼日利亚人说话的声音要比美国人还大。公共场合的类型也会影响对说话音量的接受程度。人们在观看体育赛事时比在购物商城或健身俱乐部时能接受更大的噪声。身在外国时，建议观察当地人的行为，避免说话声音比周围的人大，从而引起他人的注意。

以下一些规则会让你在美国的公共场合保持举止得体：

- 在商城或在街上走路时要靠右行。
- 在邮局、银行或剧院时要排队等候。
- 先到的人优先，而不是和在亚洲文化中一样，让年长者或体弱者优先。
- 不要阻碍交通。
- 在球赛或其他公共赛事时，不要阻挡别人的视线。
- 要照顾到不吸烟的人。
- 礼貌对待并尊重店员、出租车司机和其他服务人员，因为在美国平等原则盛行。

礼貌实际上在美国的大部分区域都很重要。在你提出请求时应该使用“请”，当某人满足了你的请求或为你提供了帮助时应该说“谢谢你”。所有社会和教育背景的人都遵循同样的礼貌行为。

另一种因文化不同而不同的行为是在公共场合身体接触的程度。美国人通常会在公共场合避免触碰到陌生人。他们不乘坐拥挤的电梯，因为他们对于身体接触很不习惯。如果必须乘坐拥挤的电梯，他们会遵守“电梯礼仪”，不说话、面对电梯门站立并且看着楼层指示。但地铁是个例外，在这里人们经常拥挤到无法挪步。然而，南美洲的人认为往拥挤的公交车或电梯里挤以及推开拥挤的人群都没有关系。

美国通常被称为一个“自助的”社会。不管财富、职位或社会地位怎么样，美国人经常自己动手除草、洗车或建造露台。形成这种习惯的原因有很多，一些美国人认为，雇用做家务的人或园丁意味着会失去隐私。他们更愿意亲自做这些工作的其他原因是，他们宁愿将花在这些服务上的钱花在度假、运动和节省劳力的设备上。当家里所有的成年人都在工作时，可能一周会雇用家庭清洁工或佣人来做几个小时的工作。在很多欧洲和南美洲国家，有很多服务人员都是被商人、政府机构和职业人士雇用的。每个家庭通常都会有一个厨师、女佣和园丁。

9.9　贿赂

贿赂作为一项习俗，近年来经受了相当严密的审查。**贿赂**（bribery）就是通过给予或许诺一些东西，通常是金钱，来影响他人的行为。贿赂，在墨西哥被称为 mordida，在东南亚被称为 kumshaw，在中东被称为 baksheesh。虽然贿赂在任何国家都未经官方认可或原谅，但在很多文化中是商务活动的一部分。这种惯例在很多国家通常被称为“打通关节”且不会被认为是违反常规或不道德的。比如，在尼日利亚，要离开机场就必须得给海关一点钱，在泰国和印度尼西亚，办理驾驶执照也要给办事员小费（Engholm & Rowland，1996）。

根据印度尼西亚人的说法，在与拥有最终决定权的高官打交道时，贿赂可以节省时间和精力。在该国，商人们发现，贿赂高官得到大合同花费的时间要远比准备一个好的投标建议花费的时间少（Hodge，2000，p. 222）。

美国拥有世界上最严厉的反贿赂法。被发现有非法贿赂国外官员行为的公司要被罚100万美元，公司行贿人员个人也要被罚1万美元（Engholm，1991）。许多美国公司的竞争者，包括意大利、德国和日本公司，不仅在国际交易中使用贿赂手段，而且把贿赂的金额作为一种必要的商业成本申请减税。

美国的零售业巨头沃尔玛因墨西哥的行贿案面临警方的调查。经过一系列的调查后，美国《时代周刊》上发表了一篇报道，其中写到沃尔玛在墨西哥的行贿额超过2 400万美元。文章提出，虽然沃尔玛超市给墨西哥当地居民带来了生活上的便利和快捷，也为当地提供了就业岗位，但其在墨西哥的扩张是否真的符合规定有待证实。事实上沃尔玛在得知墨西哥有行贿之风后，为了在短时间内拿到经营许可权，通过行贿大大缩短了审核时间，在几周内就拿到了许可权，达到在墨西哥扩张的目的。文中还提到，沃尔玛其实在2006年就曾通过行贿的方式来快速获得经营许可权。沃尔玛的一位前高管也承认，他曾参与贿赂市长、市政府议员的活动，并且说沃尔玛内部人员其实对这种行贿的举动已司空见惯。也有人认为是沃尔玛墨西哥公司新任CEO卡斯特罗·赖特加速了这种贿赂行为，他是一个野心勃勃的人，并认为贿赂是更快更多扩张、阻止竞争者进入的一种策略。他为此付出的努力非常成功，很快被提升到了更高的职位。

美国经理面临的情况是，在他们国家被认为是不合法的行为，在其他国家不仅是合法的而且是公认的做生意的一部分。因此，随着业务全球化，他们必须意识到，不同国家对使用某些物质刺激是否合适存在不同的观点。对贿赂的认识与文化相关，就像人们的行为会变得“文化使然”。在一种文化中被认为是小费（确保及时性）的行为在另一种文化中却被认为是不合法的（Moran，Harris，& Moran，2011）。虽然美国人不允许接受贿赂，但许多美国商人为其中意的客户提供体育赛事的包厢座位或很奢侈地招待他们（Dresser，2005）。一些人认为这种行为也是贿赂。关于贿赂的详细信息请参看第12章。

➡ 9.10 特色食品和饮食禁忌

大部分文化中都有一些在其他文化的人看来比较奇怪甚至是厌恶的食物。一些在美国比较常见但在其他文化的人看来很奇怪的食物有：煮玉米（在一些国家被看作给动物的食物）、粗燕麦粉、爆米花、棉花糖和小龙虾（Axtell，1993）（见图9-1）。

一些使美国人不舒服的其他文化的食物有：日本的寿司（生鱼片）、韩国的狗肉和沙特阿拉伯的羊眼。在墨西哥的一些地区，鸡汤里可能会有凤爪；在中国，可能会供应鸭掌（见图9-2）。

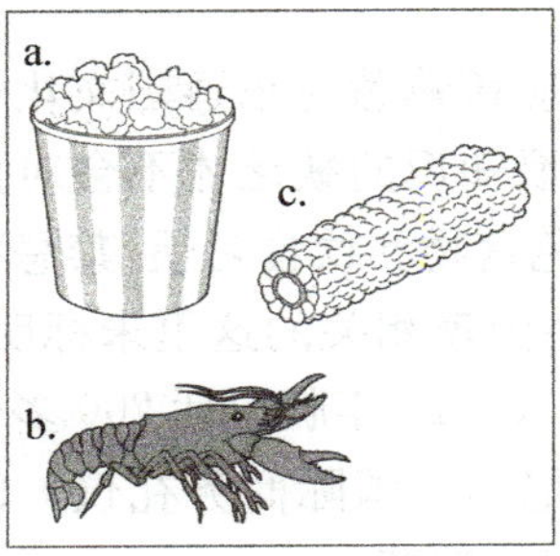

图9-1 爆米花（a）、小龙虾（b）及煮玉米（c）

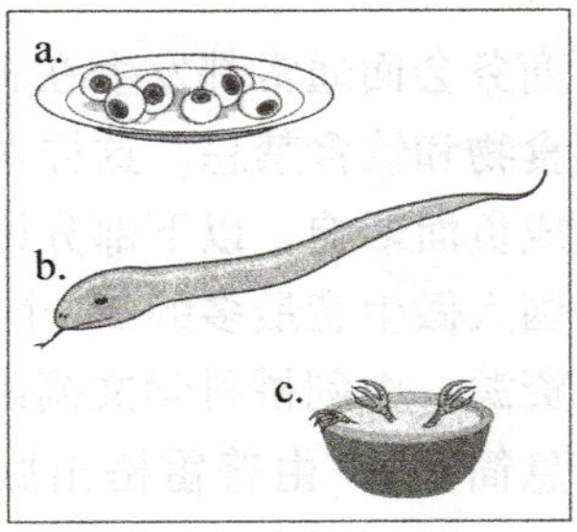

图9-2 羊眼（a）、蛇（b）及凤爪鸡汤（c）

一位来自美国的大学教授刚到玻利维亚的拉巴斯，她在当地大学有两年的教学任务，被邀请和美国同事去当地一个很有名的饭店吃饭。她认为最好的晚饭选择就是小饭店的特色菜——什锦烤肉——餐桌上的很多肉一起烧烤。在吃了一口很难嚼的东西后，她问这是什么，但顿时意识到不应该问，因为回答是：牛的乳头（Martin & Chaney，2012，p.113）。

一位美国商人去西班牙，被请吃一种看起来像面条的食物，但其实是小鳗鱼。她看到桌上的其他人都没有这个食物，后来才知道，小鳗鱼非常贵。虽然可以理解，但是她知道不吃这道美食的话会很没有礼貌，于是她就说自己非常喜欢吃。在另一次到墨西哥城的旅行中，这个商人又被请吃用大蒜调的蛆。这位商人这样建议：当别人请你吃一些看起来很奇怪的东西时，告诉自己既然别人可以吃这道菜，那么你也可以吃（Whitmore，2005）。

因为在别的国家，人们希望你吃掉他们请你吃的东西，所以建议你快速地吞下去，而不要问是什么东西，或者可以通过移动食物将其形状改变而假装吃掉。那些有经验的旅行者还建议将食物切成小片，并将那些不寻常的食物如蛇肉或狗肉想象成看起来或尝起来很美味的食物，如鸡肉。

精通五种语言的帕特里克·拉布森（Patrick Larbuisson）在沙特阿拉伯吃了羊杂来帮助其赢得生意订单。尽管他吃的时候面带微笑，但是第二天会“像下地狱一样难受”（Jones，1993）。

了解东道国文化的饮食禁忌是很重要的。例如，虽然没有与之相关的宗教禁忌，但美国人不吃马肉。韩国人认为狗肉是一种美味。犹太人不吃猪肉和甲壳类水生动物，他们还遵守这样的规则，即不同时上肉和奶制品，并且规定牲畜和禽类要在敬神仪式上屠杀（即要符合犹太教的规定）。印度教徒不吃牛肉，因为他们认为牛是神圣之物。由于个人和宗教信仰，来自诸如印度这样国家的人经常是素食主义者（Axtell，1993）。

因为商务会面通常都发生在特定的社交场合，你应该熟悉与东道国文化相关的一些特别的食物和饮食禁忌，这样对不同文化中饮食习惯知识的缺乏才不会对商务交流的过程造成负面影响。以下部分说明了一些国家的特色食物和饮食习惯/禁忌，包括美国及和美国人做生意最多的12个国家。要查找与这些国家相关的这里未标明的信息，查阅如下资源：由剑桥科学文摘出版的*CultureGrams*（2010年版包括200多个国家或地区的信息简介），由普雷格出版社出版的马丁和钱尼的《国际商务礼仪》以及《成功》（2009），以下国家关于饮食习俗的信息很多来自以上资源。

巴西

在巴西，早餐通常是café com leite（牛奶咖啡）、水果和黄油面包。里约热内卢的特产有feijoada（黑豆配猪肉、香肠、牛肉和牛舌）、moqueca（海鲜炖）和carurur（辣椒、洋葱、虾和秋葵混在一起）。bife *à* cavalo com fritas（肉配鸡蛋和薯条）是很多地方的巴西人都最爱吃的食物。除了咖啡、牛奶、果汁和软饮料，一种被称为mate的草本茶是南方一些州的人们最爱喝的饮料。

加拿大

虽然大部分加拿大人经常吃的食物与美国人一样，但是加拿大很多地方的餐馆明显受到了法国的影响。沿美国东岸的加拿大人保持着吃海鲜的习惯，包括龙虾和海藻。太平洋沿岸的加拿大人喜欢吃熏制鲑鱼。内陆的加拿大人吃的谷物产品和红肉更多。就像美国一样，在大都市有很多民族风味美食和国际料理。加拿大人偏爱甜食，喜欢白兰地，忌食虾酱、鱼露等有怪味和腥味的食物以及动物内脏。在朋友家做客时，若涂了口红，为避免粘杯，饭前可以用纸巾擦一下唇印。就餐的过程中，无论何时刀刃都不可向外。如果想表示自己已经吃饱了，可以将刀叉呈“八”字形摆在桌上。

中国

中国的特色食物随着地区的不同而不同。与薄饼一起食用的北京烤鸭是中国北方著名的菜品。在广州，其特色就是点心，点心是一种便餐，一般包含有很多小份儿的食物，如蒸笼上的小笼包和虾饺。酿豆腐也是一道广州特色美食。在上海，糖醋排骨是一道风味菜。在中国的其他地方，馒头也是一种美食。面条、大米、土豆和豆腐是中国人食物中的主要原料。奶制品不常见，季节性的新鲜水果和蔬菜都很受欢迎。餐后甜点通常会包含水果；各种坚果也是典型的零食。

中国人的主食以大米、小麦为主，喜欢吃熟食、热食，基本上都是使用筷子进食。由于中国国土面积相对较大，地域辽阔，不同地区形成了各自的菜系文化，普遍承认的有八大菜系：鲁菜、川菜、粤菜、苏菜、闽菜、浙菜、湘菜和徽菜。在不同的季节饮食也有所不同，中国各地会根据季节变化来调味、配菜，冬天味醇浓厚，夏天清淡凉爽，冬天多炖焖煨，夏天多凉拌冷冻，这是中国烹饪的又一大特征。中国的烹饪技术精湛，同时也讲究对美感的追求，俗话说“色香味俱全”，中国人十分注意食物的色、香、味、形、器的协调一致。在餐盘上，无论是红萝卜还是白萝卜都可以雕出各种各样的造型，让人在享受食物美味的同时也有视觉上的享受。

去中国朋友家做客时，着装不必过于正式，但要把主位留给主人，不要浪费粮食，通常情况是大家在饭桌上边吃边谈，营造一种热闹的氛围，最好不要推辞他人的敬酒。

德国

和英国一样，德国也倾向于烹饪肉和土豆。因为很多肉质地很硬，大部分食物都要做很久或者要切碎蘸酱吃。以美国标准衡量，很奇怪的食物有：eisbein（咸猪肘）、schavelfleish（生的汉堡）和 hasenpfeffer（红烩腌泡兔肉）。在德国，热啤酒、葡萄酒和软饮料都很常见。德国人十分讨厌浪费，所以与他们一同就餐时要记得光盘，即使是剩下的汤也要蘸着面包吃下去或者喝光。去德国朋友家就餐时，吃鱼的刀叉不可用来吃肉或者奶酪，餐盘里不要堆积太多的食物，再热也不能用纸巾扇风，如果主人同时准备了啤酒和葡萄酒，最好啤酒在前，这样做被认为是比较健康的。

日本

美国人认为很奇怪的一种日式食物是墨鱼干，它是幸福的象征，一般在日本的新年食用。另一种不常见的食物是 fugu（河豚），它需要特别处理，因为其肝脏和卵巢里含有有毒物质。日本人的饮食中包括很少的肉和大量的米饭和蔬菜。咖啡已经超过茶成为更受欢迎的饮品。日本盘饰是一顿饭中非常重要的一部分。日本人一般不吃肥肉和猪内脏，招待客人也忌讳把饭装太满。去日本朋友家就餐时最好要求吃第二碗米饭，只吃一碗米饭象征无缘，还不能舔筷子，这被认为是失礼的行为。此外，在饭没有咽下之前不要说话，否则会被认为缺乏教养，在喝汤时要避免发出声音，但在吃面条时发出吸溜声是被允许的。

墨西哥

典型的墨西哥美食有玉米粉圆饼、豆类和各式汤，如 sopa de lima（鸡肉酸橙汤）。美国人会觉得奇怪的一种开胃食品是 chicharrôn（辣酱猪排）。在墨西哥的一些地区，大家最爱吃的菜是 pollo borracho（龙舌兰酒味鸡）。其他食物有 ceviche（含有洋葱、番茄、柠檬汁和辣椒的浇汁生鱼片）和 huevos motuleños（用黑豆、火腿、荷包蛋和番茄酱做的多味玉米饼）。许多食物都很辣，如面包和米饭等清淡的食物通常会与辣的调料一起吃。

荷兰

荷兰以甜点著名。早餐和午餐，大部分荷兰人喜欢吃甜食，如涂有巧克力的面包或者葡萄干酒。海鲜也是他们主食的一部分，包括鳗鱼和青鱼。荷兰人喜欢吃薯条，但都和蛋黄酱而不是番茄酱一起吃。众所周知，荷兰人在上午 10 点和下午 4 点都会短暂休息，这时，他们通常喝含冰激凌和糖的咖啡，吃甜点或饼干。

新加坡

新加坡人的饮食偏好因民族文化的不同而不同，不同的民族有华人、印度人（很多都是印度教信徒）和马来西亚人（很多是穆斯林）。印度教徒和佛教徒的食物中不含牛肉，穆斯林的食物中不含猪肉。此外，新加坡的很多居民都是素食主义者。新加坡特色食物有沙茶的、腌制的、串烧的和烤制的肉，包括牛肉、鸡肉、鱼肉、羊肉或豆腐。其他好吃的食物有印度抛饼和沙河粉。各种汤和面食也很受欢迎，有中国的饺子等点心。小甜点有红豆冰、仙草（黑色的果冻）和 Chendol（一种椰子口味的甜点），常见的水果有香蕉、杧果和木瓜。

韩国

韩国的食物也有很多是辣的，如泡菜。他们的汤和菜种类都很多，通常会将大米和红豆这类食物以及鸡肉和牛肉这样的肉一起吃。鱼和鱿鱼、海参、章鱼这类海鲜也是韩国食物的一部分。大麦茶是韩国人最爱喝的饮料。游客可能不愿意品尝狗肉汤和活章鱼。虽然酒精饮料是商务宴请的重要部分，但是韩国女性只喝不含酒精的饮料，如果汁或苏打水。去韩国朋友家就餐时，最好不要交谈，这容易引起主人的反感，最好不要拒绝来自主人的酒杯，这也被认为是一种无礼的行为。

英国（英格兰、苏格兰、威尔士和北爱尔兰）

英国人的饮食习俗在一定程度上和美国人很相似，例如，英国人现在开始越来越多地吃快餐食品。实际上，汉堡包餐厅在当今几乎和炸鱼薯条餐厅一样流行，比萨饼店也开始流行起来。家禽类的菜和意大利面条也比传统的牛肉和土豆更受大家喜爱。英国人对有些食物的偏好与美国人还是有很大不同。例如，约克郡布丁与牛排和腰子馅饼是英国的传统食物。此外，Cawl（一种汤）和 bara brith（巴拉伯里斯水果面包）是产自威尔士的食物。在苏格兰，haggis（将辣椒和燕麦与羊的内脏一起烹饪）是当地特色菜。爱尔兰炖肉、蛋挞和馅饼是北爱尔兰的传统菜品。甜点，通常是糖果或布丁，一般在饭后食用。英国人在吃饭时忌讳碰响水杯，他们认为这会带来不幸。

菲律宾

菲律宾人的主食以大米、玉米为主，他们喜欢吃鱼，不喝牛奶。他们的烹调很简单，喜欢使用有刺激性的调味品，会用手抓饭吃，有时会用蔬菜和水果伴着玉米和薯粉吃。菲律宾人最喜欢吃的是椰子汁煮木薯、椰子汁煮饭。玉米作为食物，先晒干，磨成粉，然后做成各种食品。此外，菲律宾的海鲜和烧烤也久负盛名。去菲律宾朋友家就餐时，你只需耐心等待享用美食就可以。

泰国

泰国人爱吃大米，一日三餐都以大米为主食。泰国大米颗粒长且饱满，光泽好，煮成米饭香柔滑嫩。用当地大米做出来的饭也非常美味，咖喱饭就是其中的一种。泰国人吃得杂，老鼠、蜗牛、田鸡、乳猪、鸽子、蛇、蝗虫都能当菜肴，有些蔬菜、海产放些调料就生吃。特殊的气候条件造成了泰国人民对酸味和辣味的依赖。泰式料理的招牌菜有冬阴功（酸辣海鲜汤）、椰汁嫩鸡汤、咖喱鱼饼、绿咖喱鸡肉、炭烧蟹、炭烧虾、猪颈肉、咖喱蟹杧果香饭等。去泰国朋友家就餐时，你要做好心理准备迎接各种味蕾挑战。

美国

大多数美国人都吃特定动物的肉，除了动物的某些部位，如脚和眼睛。美国人基本都会对吃那些不易辨别出来的东西感到不舒服。常吃的肉有牛肉、猪肉、家禽、鱼和贝类。美国人一般不吃马肉，因为马是西部牛仔的好朋友。但是，在比利时、法国和日本的饭店菜单上可能会有马肉。人们也不吃狗肉，因为狗被认为是宠物，但是，在一些国家如韩国，狗肉是一种美味。此外，美国人不吃蚱蜢，在泰国北部却被看作一种开胃食品（Chaney & Martin，2007）。去美国朋友家做客时，在就餐过程中尽量不要发出声音，不要替人夹菜，也不要劝酒，更不可当众脱衣。

美国人是快餐产业的有力支持者，时常出入以下餐厅：麦当劳、必胜客、肯德基和塔可钟。在大都市，民族风味食物和国际菜肴都很常见。

关键词

贿赂（bribery）	习俗（customs）
闲聊（chitchat）	风度（demeanor）

迷信（superstitions） 禁忌（taboos）

练习

说明：正确的圈T，错误的圈F。

1. T F 除了国家之间，在一国的不同地区间，习俗也会不同。
2. T F 在印度，女性和男性享有同样的权利。
3. T F 在大部分文化中，项目成本是闲聊时一个合适的话题。
4. T F 墨西哥人不把时间花费在闲聊上，而是直接开始谈论生意话题。
5. T F 美国女性的典型特征是积极向上。
6. T F 在美国被认为是幽默的话题在日本可能并不幽默。
7. T F 在别的国家做生意时，要穿那个国家的人常穿的衣服。
8. T F 在一些文化中，厄运通常和一些数字联系在一起。
9. T F 在美国，员工将他们的工作看作永久的工作。
10. T F 对贿赂的定义与文化有关。

问答

1. 解释社会的开放程度如何对男女关系产生不同的影响。
2. 鉴别出那些美国人经常使用，但对于非英语母语的人来说没有明确含义并有可能造成误解的表达方式。
3. 举例说明美国各地区所使用的英语存在的差异。
4. 用法语、德语和西班牙语如何说再见？
5. 解释在美国和德国商务中使用幽默的差异。
6. 解释美国和墨西哥女性在生意中受到的不同对待。
7. 美国人和中国人对于数字持有哪些看法？
8. 哪些国家的商务着装与美国相似？
9. 哪些文化中的商务着装与美国不同？
10. 女性在自身文化以外的文化中应遵循什么商务着装规范？
11. 描述美国和日本的雇用和解雇习俗有哪些不同。
12. 识别一些在美国公共场合中对于什么是得体举止的规定。
13. 当与其他国家的人做生意时，对于节假日和宗教节日的了解对其有什么帮助？
14. 其他文化的人觉得奇怪的美国食物有哪些？美国人觉得奇怪的其他文化的食物有哪些？
15. 列举不同文化的人们的一些饮食禁忌。

案例

采用下列步骤分析案例：(1) 仔细阅读案例，注意细节；(2) 阅读案例后面的问题；(3) 重读案例，留意或突出回答要用到的细节；(4) 辨别案例的相关事实、基础假设和关键问题；(5) 列出问题可能的答案；(6) 选择最符合逻辑的答案。你的老师可能会让你以书面形式提交案例问题的答案。

案例1

你们组织要在美国为全世界的分销商举办一个大型聚会。因为会有来自世界各地的人，你会提供一些什么食物以避免冒犯到他人呢？

案例2

在狂欢节你无意中到了墨西哥。由于人们都忙着聚会和庆祝，他们没有兴趣见你与你谈生意。但是，由于你在这里，他们邀请你加入。你应该接受还是拒绝他们的邀请呢？

案例3

一位第一次到美国的日本商人很高兴被邀请到美国经理家喝鸡尾酒。他在上午7点准时到了。主人将他介绍给了一小群人后就回到前门去招待其他人。这个日本商人对于他们讨论的话题没什么想说的。几分钟后，这群人中的其他人分散开加入其他人中，只剩下他一个人。由于主人没有回来将他介绍给派对中的其他人，他离开了那里回到酒店。他违反了哪些礼仪规范？

案例4

胡安·委拉斯凯兹是一位阿根廷商人，他第一次见到一位美国经理米娜·范·博恩时，夸奖了她的外貌并邀请她当天晚上出去喝酒吃饭。米娜·范·博恩女士拒绝了，说她更愿意将他们的关系保持在职业关系的水平上。讨论一下胡安·委拉斯凯兹先生的邀请与米娜·范·博恩女士的回复是否合适，以及如何建立牢固的商务关系。

案例5

在中国，商务着装很常见。例如，女性经常穿着扣子扣到领口的衬衫、黑色的套裙和朴素的低跟鞋。长发女性往往将头发盘成一个圆形髻或者扎成马尾辫。面对一位穿着亮色调的合身女装、短裙以及长发披肩的美国女性在台上演讲，中国人对此会有怎样的看法？

活动

1. 调查印度、以色列、泰国或沙特阿拉伯中任一国家合适的商务和社交着装。
2. 列举美国文化或你所选择的一种文化中一些与食物相关的宗教禁忌。
3. 写一段话总结你第一次尝试一种食物的经历。
4. 练习用法语、德语和西班牙说“请”“谢谢”“再见”“打扰了”。

5. 选择一个国家，调查那里的迷信并向全班做口头汇报。

6. 选择一个国家（除了文中列举的国家），在网上调查他们会庆祝的节日。选择一个或两个该国家的人们庆祝的节日。准备一个一页纸的摘要来概述一下是如何庆祝该节日的，包括游行、跳舞和聚会，还要包括与庆祝相关的特色食物。

参考文献

Alvarez-Correa，W. (1996，October). Relax，it's Friday. *The Washingtonian*，pp. 134–137.

Axtell，R. E. (1990). *Do's and taboos of hosting international visitors*. New York：John Wiley & Sons，Inc.

Axtell，R. E. (1993). *Do's and taboos around the world*. New York：John Wiley & Sons，Inc.

Axtell，R. E. (1999). *Do's and taboos of humor around the world*. New York：John Wiley & Sons，Inc.

Axtell，R. E.，Briggs，T.，Corcoran，M.，& Lamb，M. E. (1997). *Do's and taboos around the world for women in business*. New York：John Wiley & Sons，Inc.

Baldrige，L. (1993). *Letitia Baldrige's new complete guide to executive manners*. New York：Rawson Associates.

Binkley，C. (2007，December 6). Where yellow's a faux pas and white is death. *The Wall Street Journal*，pp. D1，D8.

Bixler，S. (1997). *The new professional image*. Holbrook，MA：Adams Media Corporation.

Bosrock，M. M. (1995). *Put your best foot forward*：*Europe*. St. Paul，MN：International Education Systems.

Bosrock，M. M. (1997a). *Put your best foot forward*：*Asia*. St. Paul，MN：International Education Systems.

Bosrock，M. M. (1997b). *Put your best foot forward*：*South America*. St. Paul，MN：International Education Systems.

Braganti，N. L.，& Devine，E. (1992). *European customs and manners*. New York：Meadowbrook.

Chaney，L. H.，& Martin，J. S. (2007). *The essential guide to business etiquette*. Westport，CT：Praeger.

CultureGrams. (2010). Ann Arbor，MI：ProQuest CSA.

Devine，E.，& Braganti，N. L. (1998). *The travelers' guide to Asian customs and manners*. New York：St. Martin's Griffin.

Devine, E., & Braganti, N. L. (2000). *The travelers' guide to Latin American customs and manners*. New York: St. Martin's Griffin.

Dresser, N. (2005). *Multicultural manners*. Hoboken, NJ: John Wiley & Sons, Inc.

Engholm, C. (1991). *When business east meets business west*. New York: John Wiley & Sons, Inc.

Engholm, C., & Rowland, D. (1996). *International excellence*. New York: Kodansha International.

Fenton, L. (2002, March 24). Casual-dress craze in the workplace is over. *The Commercial Appeal*, p. E8.

Hodge, S. (2000). *Global smarts: The art of communicating and deal making anywhere in the world*. New York: John Wiley & Sons.

Hudson, R. (2002, April 15). "Business casual" on the wane. *Seattle Post-Intelligencer*, p. E4.

Jones, D. (1993, September 14). More business travelers going global. *USA Today*, p. E1.

Lewis, R. D. (2006). *When cultures collide: Leading across cultures* (3rd ed.). Boston, MA: Nicholas Brealey International.

Martin, J. S., & Chaney, L. H. (2009). *Passport to success: The essential guide to business culture and customs in America's largest trading partners*. Westport, CT: Praeger.

Martin, J. S., & Chaney, L. H. (2012). *Global business etiquette: A guide to international communication and customs* (2nd ed.). Westport, CT: Praeger.

Molloy, J. T. (1996). *New women's dress for success*. New York: Warner.

Moran, R. T., Harris, P. R., & Moran, S. V. (2011). *Managing cultural differences* (8th ed.). Burlington, MA: Butterworth-Heinemann.

Sabath, A. M. (1999). *International business etiquette: Europe*. Franklin Lakes, NJ: Career Press.

Sabath, A. M. (2002). *International business etiquette: Asia and the Pacific Rim*. Franklin Lakes, NJ: Career Press.

Schmidt, W. V., Conaway, R. N., Easton, S. S., & Wardrope, W. J. (2007). *Communicating globally*. Thousand Oaks, CA: Sage.

Stephens, G. K., & Greer, C. R. (1995, Summer). Doing business in Mexico: Understanding cultural differences. *Organizational Dynamics*, 24 (1), 39-56.

Stoller, G. (2007, August 24). Doing business abroad? Simple faux pas can sink you. *USA Today*, p. B2.

Trompenaars, F., & Hampden-Turner, C. (1998). *Riding the waves of cul-*

ture (2nd ed.). New York: McGraw-Hill.

Turkington, C. (1999). *The complete idiot's guide to cultural etiquette*. Indianapolis, IN: Alpha Books.

Utroska, D. R. (1992, November). Management in Europe: More than just etiquette. *Management Review*, 81, 21–24.

Whitmore, J. (2005). *Business class: Etiquette essentials for success at work*. New York: St. Martin's Press.

第10章

跨文化谈判过程

学习目标

学完本章后，你将能够：

1. 定义跨文化谈判过程。
2. 理解谈判过程的步骤。
3. 了解如何避免在跨文化谈判中经常出现的错误。
4. 了解跨文化谈判模型。
5. 熟悉谈判战略，包括在跨文化谈判中的冲突解决方法。
6. 熟悉影响跨文化谈判的贸易协定。

不断增长的工业全球化增加了对战略联盟的需要，进而增加了对跨文化谈判的需要。**跨文化谈判**（intercultural negotiation）指不同文化背景下为共同利益而达成共识工作的人们之间，对大家共同的并产生冲突的利益问题进行的讨论。如何能在国内外都有能力并具有竞争力，以及如何处理其他文化背景下顾客和供应商之间的关系，将决定一个公司国际化成功的程度。国际合资企业和战略联盟逐步增多的原因有很多，包括经济管制放松、技术进步飞快、资本需求巨大、政府支持产业发展、经济发展成熟以及通信技术提高。

国际谈判与国内谈判之间最重要的区别就是文化。谈判者要找出他们的对手可能会使用的谈判模式，并和他们自己所使用的模式进行比较和对比，一个主要的错误就是认为一种国家的文化是一成不变的。尽管我们可以了解很多关于人们在另一种文化背景下谈判的方式，但是即使是来自同一国家的谈判者也不会是完全一样的。你会发现文化异质性越大的国家，谈判类型的范围跨度就越大。本章的内容包括谈判过程的步骤、跨文化谈判模型以及谈判战略；第11章也会涉及一些本章中提到的内容。

10.1　谈判的过程

由于与来自其他文化的人谈判可以说是一种挑战，因此首先通过检查以下典型步骤来对谈判过程有个总体了解是很重要的。这些步骤包括选择地点和团队、建立关系、展开谈判、讨论以及达成共识。谈判过程为进行跨国交易做好了准备。

10.1.1　准备阶段以及选择地点

当准备和其他文化的人谈判时，除了产品的价格和条款问题，还要考虑以下变量：风俗、礼节、语言和信仰。同时也建议咨询那些在对方国家生活过或者工作过的人。此外，关于同不同国家谈判的书面材料和影像资料也是很有用的资源。

美国气象学家洛伦兹（Edward Norton Lorenz）提出了蝴蝶效应这一说法：在一个动态活动中，初始条件下十分微小的变化经过不断放大，其未来状态可能与最初的有天壤之别。这一活动的持续时间越长，复杂性越高，其变化的程度就越显著。

谈判就是一种动态活动，因此上述的蝴蝶效应也非常适用。参与谈判的人通过不断发现新的信息，会据此采取一系列的战术改变和特殊举动。所以一些看似随意的举动会随着谈判的发展产生关键作用，因此，要学会对影响谈判变动的各种相关因素有所判断和计划，随时进行调整。

谈判地点对美国人来说是相对不重要的；他们可以在办公室谈判，通过电话谈判，或者到其他国家谈判。然而在一些国家，谈判地点是一个重要的考虑因素。很有可能你会被要求前往他们的国家，例如拉丁美洲人和亚洲人会希望你首先前往他们的国家，在自己的领土上他们会感觉更舒服（Leaptrott，1996）。

谈判的主方可以决定在哪个城市、哪座建筑物中进行会谈，假如谈判的地点定在主方办公楼的会议室中，那么主方能享受很多资源优势，他们更加熟悉自己的工作场所，文件可以随时复印，问题可以及时沟通。而从来访者的角度看，即使当今信息科技发达，能让来访者和自己公司内的人及时联系，但毕竟是在一个陌生的环境里，需要来访者努力去适应，这在一定程度上分散了对谈判目标的注意力。

另一项准备工作就是找到一个适合的房间足够容纳需要的座位，要记住在普遍承认等级制度的文化里，座位的安排是很重要的。此外，还要记住新加坡更喜欢圆桌会议，而韩国和日本则使用矩形桌。没有人坐在桌子的最后；客人要坐在“荣誉墙”的一侧，即离门最远的那面墙附近的桌子旁（Wilen，2000）。

10.1.2　选择团队

想要获得谈判的成功，认真选择团队成员是很重要的。成员的数量、年龄、性别、级别、专业知识以及性格都是重要的考虑因素。如果有可能，应当吸纳一些来自目标文化国家或者到过那里的人。语言方面的专业知识也是一个考虑因素，除非团队成员有人会说对方的语言，否则就需要翻译人员。在美国和墨西哥的团队中，成员数量主要是 2～3 人，日本则是 4～7 人。建议提前询问对方成员的数量以确保双方人数的均衡。年龄、性别和级别在大多数亚洲、非洲以及中东国家都是重要的考虑因素。在整个谈判过程中保持固定的团队成员不变对于建立牢固的业务关系是很重要的（在第 11 章中介绍了关于团队选择的其他内容）。

谈判者的选择是解决冲突的重要一环。谈判者的选择应考虑其背景（专业或社会背景）、性情、价值观以及对事物的看法。找到最符合即将进行的谈判所要求条件的人是很重要的。其中一些需要考虑到的条件有性别、年龄、政治面貌、社会地位、协调能力、权力主义、冒险倾向等。从其他方面对沟通者进行评估会帮助你选择或者适应战略（Cohen，1998）。

在具体情形的限制下，将你自己作为跨文化谈判者进行评估同样重要。要确保你很清楚地知道自己的目标，认清事实，并且慎重地选择了你的战略和战术。谈判本质上就是编码者和解码者之间的沟通，编码者与解码者双方观点的一致程度，决定了双方之间信息传递和接收与预期吻合的程度。在自己的社会里与他人进行成功的沟通常常是困难的；当加入不同的文化观念、不同的经历以及不同的语言和词义时，沟通失误的可能性会增加（Cohen，1998）。

10.1.3　建立关系

尽管在美国建立关系相对不重要，然而在一些国家里，你必须花费足够的时间熟悉你将要进行业务往来的人。和其他拉丁美洲国家一样，在阿根廷人际关系是很重要的。如果和政府代表进行业务往来，即使是预约也需要中间人的帮助。事实上，所有拉丁美洲国家都有专门为当地公司和国外公司之间建立联系的代理机构（Leaptrott，1996）。在印度，谈判过程中闲聊和喝茶是很重要的方面。要在首次拒绝后再接受提供的甜奶茶，完全拒绝提供的茶点被看作一种不礼貌的行为（Morrison & Conaway，2006）。在中欧以及东欧，开展业务之前建立关系也是很重要的，建立关系的必要部分就是进行介绍。在阿拉伯国家建立关系也同样重要，因为阿拉伯人只和朋友开展业务，所以花时间来建立友谊是十分必要的。然而，与友谊同时存在的是要默许在需要时给予帮助和支持。尽管在亚洲国家人际关系对业务往来十分必要，但和潜在的商业伙伴建立友谊并不是必需的，建议锁定一家代理机构作为与目标公司接洽的中间人（Leaptrott，1996）。

10.1.4　展开谈判

和许多文化一样，美国的谈判会准时开始，通常会有一小段闲聊时间。当与澳大利亚人谈判时，最好在正式开始之前用很短的时间与他们闲聊一下来建立融洽的关系（Morrison & Conaway，2006）。在斯堪的纳维亚国家，展开谈判的过程中通常会考虑的问题则有所不同。一方面，瑞典人会准时到达，会有会议议程，也会闲聊。然而以玩笑作为开场白却是错误的，因为瑞典人不会在谈判中使用幽默。另一方面，在芬兰不存在闲聊，他们更喜欢迅速进入主题（Turkington，1999）。在美国人们以积极的态度看待议程，但在一些国家和地区比如拉丁美洲和中东，人们却没那么积极。他们更喜欢开放性的互动，认为议程是进行有效谈判的一种障碍。同样，在日本也不太使用议程，因为日本人谈判时更喜欢同时讨论几个话题。当与亚洲人谈判时，谈判开始时他们会希望你的高层主管在场，这一点很重要（Leaptrott，1996）。

在说阿拉伯语的伊斯兰文化里，从两个角度看待时间：一是从生到死的在地球上的存在，二是没有开始和结束的在天堂的存在。当这两种时间观念共享时间单位时，其比率是地球上一天相当于天堂上 50 000 天。此外，天堂时间要支配地球时间。地球时间更多的是面向事件而不是面向时钟的。在阿拉伯世界同时存在事件时间和时钟时间。事件时间发生在诸如一顿饭这样的事情准备就绪的时候。在过去并没有约定时间，时间只能靠完成一项工作花费的时间来估量。在西方时间是指时钟时间，并且在西方人的生活里掌控着一切（Alon & Brett，2007）。

10.1.5　讨论

在讨论中，要记住很重要的一点是在某些国家会把人们的各种行为看作其国家的行为规范。例如在阿根廷，谈判者可能会比较情绪化，即使是在法国，你也可以预料到一场生动的谈话，因为他们喜欢辩论，所以你应当提前考虑到在讨论中让步，并且要巧妙地操作。计划让步时一定要考虑到，在一些国家，比如墨西哥和中东，妥协被看作消极的表现。此外，妥协的时间以及次数应根据国家而定。在澳大利亚，谈判中的妥协趋于增加，而在印度则趋于减少。在与亚洲人讨论时，要记住他们微笑很可能暗示着他们没有理解，他们说“是”，实际上可能是指“是的，我明白”。在与亚洲人谈判时，有时候将讨论安排在更为轻松的场合比较好，比如饭店或者高尔夫球场（Leaptrott，1996）。

10.1.6　达成共识

适当结束谈判是十分重要的。在印度这样的国家很可能会有时间拖延，因此建议对完成交易要给予充足的时间。同样在印度，当谈判完成时，最好在达成最终谈判协议之前获得关于税收和法律的建议（Morrison & Conaway，2006）。在亚洲和拉丁美洲国家延期也很普遍；在达成共识之后，获得最终的批复通常要经过漫长的等待。相对于美国标准来说最终的书面合同是含糊的，和有约束力的美国协议相比，它们被看作对未来谈判的指导。因此，即使双方已经签订协议，有时候你可能还需要继续谈判（Leaptrott，1996）。在对谈判共识形成书面材料这一阶段中，需要慎重地处理好谈判双方的文化差异（King & Segain，2007）。

为达成成功的分销协议，阿克斯特尔（Axtell，1994）提出应当包括以下几点来确保成功：

1. 协议的有效日期；
2. 协议末尾处的买卖特权；
3. 管辖范围；
4. 协议到期之前的终止条款；
5. 仲裁；
6. 地理边界；
7. 独家经销的程度；
8. 分销产品的描述；
9. 协定销售配额；
10. 进口、运输、保险的责任方；
11. 仓库、存货控制、账单的责任方；
12. 必须告知采购公司的信息；
13. 用于支付的货币；
14. 支付条款；
15. 保密规定；
16. 是否可携带竞争性产品；
17. 担保和维修责任；
18. 广告、促销及公关责任；
19. 专利及商标保护；
20. 联系直接装运和支付的责任；
21. 佣金和红利的支付条款；
22. 税负责任方；
23. 赔偿责任方；
24. 翻译责任方；
25. 对法定转让、弃权、不可抗力、通知、可分割性以及反海外腐败法的考虑；
26. 定价责任方。

在美国公司之间进行的谈判，很多条款都可以在谈判之前得到解决，并且由律师监控。然而，当进行跨文化以及多国之间的交易时，这些条款就需要协商，以使每个人都能理解合同的条款和意图。

当谈判产生障碍时，如果谈判对公司来说很重要，则需要谈判者富有创造性。谈判者必须筛选信息来找到冲突，看到隐藏在需求背后的目标，找到使双方和解的方法，如果无法达成协议，要决定是否为了继续谈判而改变目标（Pruitt，2000）。

10.2 谈判过程中常犯的错误

尽管有效的沟通者通常都试图使谈判成功，但有时在谈判过程中仍然会犯一些对结果产生负面影响的错误。塞利奇（Cellich，1997）列出了谈判者有时会犯的错误：

1. 留下一个负面的第一印象；
2. 没有仔细倾听并且说的过多；
3. 假设其他文化背景的人熟悉自己的文化背景；
4. 没有提出重要的问题；
5. 用沉默表达不快；
6. 使用对方不熟悉的语言和俚语；
7. 打断发言者；
8. 没有读懂非语言暗示；
9. 没有注意要点；
10. 发表激烈的或者反对性的声明；
11. 没有准备要讨论问题的清单；
12. 容易分神；
13. 没有以条件要约开场；
14. 没有总结或者重申来确保对方理解；
15. 只选择听自己想听到的内容；
16. 没有使用丰富的支持材料。

熟练的谈判者应当避免上述常见错误，强调达成共识的领域，并且考虑这一共识的长期影响。出于对时间限制的考虑，美国谈判者有时会犯下过早让步的错误。很多时候还需要做出更大的让步，而往往还有更多时间去考虑。如果让步太快，或者让步的程度过大，那么对手很可能不会将你的让步看作一种收获。俄罗斯人和中国人非常善于利用让步。美国人会从法律的角度看待谈判，大多数文化则并不关心法律问题，而更看重达成好的协议、拥有共同的看法，以及对方给予的信任（Berger，2006）。

10.3 跨文化谈判模式

跨文化谈判时你选择的谈判模式取决于与你谈判的人以及你的个人偏好。研究表明社会、文化、政治和法律问题，交货时间，支付方式，支付条款，顾问角色，以及制定有约束力的决策会占据大部分的谈判时间，因此对特定的公司及其文化进行研究可以大大减少谈判的时间（Ghauri，1983）。

除非人们意识到需要适应另一种文化，否则他们会倾向于像在自己的文化中一样进行跨文化谈判。在跨文化谈判中文化的影响是相对的。谈判能否顺利进行与所有谈判人员感知并适应彼此文化约束的能力有关。例如，俄罗斯人的谈判策略就包括对权力的需要、规避风险的需要、控制的需要。谈判风格并不是中立的；它基于文化并且某种程度上存在于潜意识中。谈判风格的冲突会导致谈判障碍（Cohen，1998）。

外交礼节能够帮助维系一个国家文化的价值，因此，那些将要去不同于自己文化的地方谈判的商务人士就需要尽可能多地了解目标文化。当你理解了对方时，就可以更精确地规划行动方案来实现目标（Leaptrott，1996）。

博弈论认为外交礼节确保双方具有相同的行为规则，如果一方没有理解这个规则，他将无法赢得这场谈判。

例如，日本人的外交礼节是绝不说“不”。谈判者必须知道并理解“是”的多种含义，这样才能知道是否即将要达成协议（Leaptrott，1996）。

现在使用的两种谈判风格是问题解决法和竞争法。在不同文化间谈判时，**问题解决法**（problem-solving approach）需要考虑导致沟通差别的国家文化差异以及组织文化差异。**竞争法**（competitive approach）则更加利己主义并且面向劝导。竞争法着眼于对谈判者一方最好的而不是双赢的解决方案。问题解决法会导致谈判的一方通过所需要交换的信息对另一方进行适应，这主要通过从对方人员那里获得信息来实现。各种谈判议题都会受到谈判双方外交礼节文化的影响，双方外交礼节上的文化差异越大，随之而来在解决谈判议题时存在的问题就越多。谈判者越是问题解决导向型，在谈判时就越会使用问题解决法。商务人士的跨文化沟通能力将决定他们使用问题解决法的有效程度（Chaisrakeo & Speece，2004）。

还有其他三种谈判方法：让步法、强迫法以及诉诸法律法。**让步法**（compromising approach）试图找到双方之间的中间地带。尽管让步法平等分配了双方的结果，却未使共同利益最大化。**强迫法**（forcing approach）用来使对方同意自己，与竞争法相近。**诉诸法律法**（legalism approach）用法律文件来迫使对方同意自己，也与竞争法相近（Lin & Miller，2003）。

一位在瑞士跨国公司工作的泰国人说：“国家文化总是直接或间接地影响谈判风格……在我们的国家里文化从各个方面渗透到生活中。所以毫无疑问……它一定会影响我们的谈判风格。”

相反，一位英国工人说：“我并不认为文化会影响我的谈判风格。我从我的工作经验中获得了谈判技巧，也从我的上级和朋友那里得到了一些。个人性格应当是影响谈判风格的一个因素，而不是国家文化。”（Chaisrakeo & Speece，2004，p. 274）

一个人的谈判战略可能会获得一个折中协议（分配协议）或综合协议（综合交易）。当双方在他们各自的目标之间找到一个共同点的时候会达成**折中协议**（compromise agreement），结果会导致较低的共同利益。例如，如果一方提出以 35 美元/单位销售一种产品，另一方提出以 25 美元购买，那么则会达成 30 美元的折中价格，这使得共同利益降低。通过**综合协议**（integrative agreement），双方为得到较高的共同利益会协调各自的利益。谈判者应当尝试综合协议而不是折中协议，因为综合协议更倾向于稳定、互利，并且通常对双方所代表的更大的团体有益。研究并不支持一种文化只使用综合战略或分配战略，谈判者更趋于在谈判中两种战略都使用（Brett，2007）。

由普鲁伊特（Pruitt，2000）描述的五种达成综合协议的方法是把蛋糕做大、非特殊性补偿、互相合作、削减成本以及搭建桥梁。把蛋糕做大需要获得额外的资源；非特殊性补偿需要在某些不相关的方面回报那些没有得到他所需要的东西的当事人；互相合作可能会被看作非特殊性补偿的一个变种，它涉及双方而非单方，针对对方所做出的妥协进行补偿，每一方以在低优先级的问题上做出的让步来交换对方在高优先级问题上的让步；削减成本解决方案需要一方削减成本从而使另一方能得到其所需要的；搭建桥梁需要在双方都没能得到其最初需求的情形时设计一个新的备选方案（Brett，2007；Pruitt，2000）。

谈判者的国家文化（高情境或低情境）、组织文化、谈判者自身的文化背景以及对方的文化背景，决定了在谈判过程中谈判者适应双方的能力。组织成员将对方文化观点与自己文化的理解力进行融合的能力对组织在其他文化下取得谈判成功来说是至关重要的。

为使谈判有效，人们必须致力于达成协议。这需要人们努力建立关系而不仅仅是进行交易，他们需要开诚布公地交换信息。谈判者必须谨慎使用说服策略。西方社会喜欢理性的讨论，有时或许是有侵略性和有竞争性的，他们的东方对手却更倾向于有礼貌的和克制的讨论（Thomas & Inkson，2004）。

科兹齐（Kozicki，1998）提出了一种四阶段谈判模型——调查研究、陈述介绍、讨价还价以及达成协议。调查研究阶段包括对对方及其目标的准备和认识。由于文化、感知、环境以及权力的差别，陈述介绍阶段具有挑战性。讨价还价阶段取决于文化差别以及保持自律和控制的能力。在达成协议阶段，谈判者最终完成交易，并为建立继续合作关系打好基础。通常人们只将谈判与讨价还价阶段联系在一起，但谈判不仅仅是讨价还价。

尽管这四个阶段在美国是有效的，但当进行国际谈判时，改变战略或许更为明智。根据布雷特（Brett，2007）所说，那些进行高净值的综合式以及分销式交易的跨文化谈判者可以描述为务实利己主义者、合作实用主义者以及间接战略家。务实利己主义者设置高目标、收集信息、做出权衡并且避免权力分散。务实利己主义者的缺点就是短视，因为他们的合作者可能会认为未能建立一种长期的关系。合作实用主义者关心各方的结果，他们会提出并回答许多问题，权力会被间接处理。合作实用主义者进行综合式交易谈判，并实现分配的结果。只要谈判中双方存在信任，就很少会出现问题。

然而，由于合作实用主义者需要信任，因此务实利己主义者可能会利用合作实用主义者。间接战略家对权力局势并不确定，并且选择间接地收集信息。这在使用间接战略的文化中更可能成功，但是当与不使用间接战略的文化谈判时就可能会出现问题。间接战略所使用的暗示对很多文化来说都过于微妙。对于来自使用间接战略文化的谈判者来说，与来自使用直接战略文化的成员进行谈判是困难的。当你同时面对直接和间接谈判者时，冲突很可能会使得综合协议无法达成，而更有可能达成分销式协议。由于这三种模式适用于不同的文化，成功的谈判者需要全部掌握并能使用最适合他们与之谈判的特殊文化的方法。特别地，美国人需要意识到自己的缺点，这些缺点已被大多数对手掌握。对于很多文化的人来说，美国人看起来总是很匆忙，并且可能不会像对方那样准备充分。

一位年轻的美国商人提到了一个与一家日本公司合资的企业谈判的故事。随着谈判的进行，很明显日本公司知晓美国公司的一切——包括其顾客群、生产能力、销售历史、财务状况，而美国公司仅有很少的关于日本公司的数据。日方原本期待美方能更好地为其拜访做准备，最终日方未与美方进行交易。

10.4 谈判战略

谈判战略（negotiation strategies）指为达成预期目标而制定的计划。战略用于引起期望的回应。谈判可以采取多种形式，预测对手的反应对战略计划来说是十分必要的。对大多数文化来说，跨文化谈判战略和内文化谈判是不同的。

马克·麦科马克（Mark McCormack）在其《那些哈佛商学院没能教你的事情》(*What They don't Teach You at Harvard Business School*）一书中解释了如何使谈判实现双赢：

> 我发现试着提前找出对方喜欢在哪里结束——他会在哪一点上完成交易并且还会觉得自己是有所收获的——对你会有所帮助。这与“他会走多远”是不同的。很多时候你可以将对方逼到绝境并达成协议，但是他的怨恨将会以各种方式困扰你（McCormack，1984，p. 149）。

谈判战略是根据什么制定的？假设是人们根据自己的最佳利益制定的，那么问题就变为如何确定这个交易可以接受，或者更宽泛地讲，如何确定真相。不同文化在谈判中通过以下三种方式获得真相：信任、事实以及感觉。选择通过信任获得真相的人们在意你的宗教信仰或者政治意识形态是否与他们的相匹配。例如，主张自给自足的小国家很可能会拒绝一次很好的交易，因为他们想要与自己国家的人交易，即使你的产品明显更好并且价格更低，因此，向这些人陈述说明事实是没有用的。选择相信事实的人通常是可以预料的：他们会与低价竞标者签约。大多数人其实更关注感觉和关系：他们会相信随着时间建立起来的关系，而不会仅仅因为价格较低就从别处购买。双方必须知道他们的最佳可替代方案（best alternative to a negotiated agreement, BATNA)。BATNA是确定那些十分不利的条款以及符合你的利益的可接受条款的过程，这样可以确保你并没有拒绝可接受的条款而拒绝了那些不利的条款。BATNA是你的谈判临界值，即你所能接受的最低价格（Berger，2006）。

美国人倾向于为对手的行为相应做出较少的调整，和其他文化相比，当进行跨文化交易时，他们很少会改变谈判战略。这一倾向部分是由于在进行谈判时美国人缺乏足够的动机去改变其行为，因为过去全世界都想要美国生产出来的产品。然而，美国的谈判者越是了解其他文化的谈判风格，就越会开始做出调整。

谈判战略还包括准备工作、策略、冲突解决和调解，以及观察、分析和评价。

10.4.1 准备工作

在准备工作中首先应当考虑的是选择谈判会议的地点。当会议在你方举行时，你拥有更多的权力，但同样你也对照料对方负有更多的责任。如果会议在对方地点举行，他将拥有上述权力和责任。当会议在一个中立地点举行时，双方负责照顾好自己。

除了选择地点和确定该地的文化礼节，利普特罗特（Leaptrott，1996）还指出准备工作应包括收集对方团队成员的信息，确定目标，准备一个战略性计划，收集在允许范围内运用你方战略的主意，研究对方文化的礼节，将谈判看作为了达成目标而进行的一场障碍赛。准备这些问题很重要，保护那些你不想与别人分享的战略性信息同样重要。

10.4.2 策略

策略（tactics）是用来获得优势或成功的。策略可以采取语言策略、非语言策略、情境策略等形式。信息接收者附加给策略的属性可能会分散注意力，以至于对沟通的要点产生扭曲的认识。美国人经常用开玩笑来打破僵局，就是这种策略的例子。尽管这在美国的公司之间进行谈判时是很有效的，但当与其他文化进行谈判时，玩笑通常无法被很好地翻译过来。玩笑常常被理解为对某人的一种贬损，而在以群体为导向的文化里，这种幽默可能会被认为是冒犯（Berger，2006）。

除了玩笑，其他的语言策略有承诺、威胁、建议、警告、奖励、惩罚、标准性上诉、保证、自我表露、询问以及命令。非语言策略包括声调、面部表情、身体距离、服饰、手势、沉默以及符号。情境策略包括地点、时间限制以及物体布置。

采取转移注意力的策略对于谈判过程可能是不利的。允许谈判时间不充足是想要直入主题的文化的典型特点。这样做对方可能会觉得你对建立长期关系不感兴趣，他们也不会对你的团队说什么感兴趣。

谈判的气氛是支持性的还是抵御性的取决于谈判双方如何看待彼此。很可能一方认为是防御性的、强势的、报复性的以及具有威胁性的，另一方却认为是正常的。然而，如果一个谈判者给对方的感知是防御性或是支持性的，不论对错，对方都只会根据这种感知而不是其本意做出反应。气氛是一个很重要的研究领域，它可以让你正确解读对手。避免在谈判中具有抵御性的方法是提问并了解对手的想法。澄清和重申你对已陈述的内容的理解，并询问对方是否正确。要试着去遵循对方对这些问题的探讨，而不要总是承担领导者的角色，使用角色转换站在对方的位置上去理解并领会。

10.4.3 冲突解决和调解

冲突解决涉及一系列问题：我们如何知道是否存在冲突？冲突是增加还是减少了？现在是否到了该解决冲突的时候？解决冲突的策略是什么？冲突是无法解决的吗？如何区分是产生了冲突还是只是一次生动的辩论？对一种文化来说那些情绪化的、言语上的分歧对另一种文化很可能只是一种真诚的表达。在许多国家和文化中，法院是第三方调解者。

学习其他谈判者的社会制度和文化价值将帮助你识别冲突的迹象或阻止冲突的发展。知道是否要培养一段人际关系、知道等级和职位、理解其他谈判者的思维模式以及知道如何建立信任对成功解决冲突都是必不可少的。由于存在文化差异，谈判者可能集中在谈判的不同方面，认为其更为重要。例如，一个美国的谈判者可能更集中于法律和财务协议，而墨西哥或日本的谈判者则可能会强调个人关系（Samovar，Porter，& McDaniel，2009）。表示尊重、无偏见、意识到观点因人而异、表示同感以及容忍不确定性可以帮助你避免冲突并取得谈判的成功。

> 一位美国的软件工程师在与以色列客户的一个合作项目中，发现了以色列处理和讨论问题的方式不同。他发现："在以色列的文化里有一件事情十分常见，那就是他们喜欢争论。我试图更加合作，而对我而言局势变得非常紧张，直到我弄清如何进行文化融合。"（Brett，2007，p. 33）

如果已经完成了工作任务，而仍有与决议相违背的冲突，你可能需要转向第三方，一个调解者。调解是指使用第三方来消除谈判双方的分歧并使他们达成共识。调解或许是发现谈判障碍的最快方法。如果你与来自这样文化的人进行交易，他们不喜欢对质、害怕丢脸或者他们会使你丢脸，那么使用调解者或许是最好的办法了（Berger，2006）。

按照莱维奇、巴里、桑德斯和巴里（Lewicki，Barry，Saunders，& Barry，2011）所说，调解者有时可以有效地解决争议。调解者首先要稳定现状，包括迎接参与者、安排座位、认识每个人、陈述调解的目的并确定自己的中立立场。在此之后，参与者委托调解者以正式的方式继续进行谈判。第二步可以帮助双方进行有序的沟通。调解者决定由谁最先发言并为其提供说明。当每个参与者发言时，调解者做记录，积极重申他们提出的观点，调解者应作为一种平静的影响力出现并且确保发言集中于问题。然后调解者要做总结，并征询发言者的意见。接下来调解者要帮助参与者设置优先级。第三步用来帮助双方解决分歧。谈判者需要让每个人列出备选的可行解决方案，同时增加对这些方案的理解，并在必要时复述它们。第四步包括澄清协议、确保双方达成共识并且理解各项条款、敲定后续进程，强调协议是属于谈判双方的而不是调解者的，并祝贺谈判双方问题得到解决。

避免冲突的最好方法就是在谈判开始之前了解并尊重谈判对手的文化。要确保你知道并遵守对方文化的习惯，并且注意手势、意思表达的细微差别以及其他文化的禁忌。要避免使用术语、习语和俚语。要意识到即使有知道双方文化的口译人员在场，不同的语言之间通常也不存在相等的概念。很多时候一张图片会有助于解释，因此，你或许需要带一些照片、图片、幻灯片、样品或者任何能帮助对方理解你的陈述的东西。

为了使谈判过程迅速地进行，观察、分析并评价双方之间发生的事情是很重要的。

10.4.4 观察、分析和评价

随着谈判的进行，你需要非常善于观察你最初期望的变化，分析差别并相应地修改你的谈判战略。要想在谈判中尽可能地处于有利位置，就必须对语言、非语言以及团队之间的互动进行持续的评价。

为使谈判成功，必须让双方都有所收获，即双赢，尽管双方的所得并不可能相等。

分析包括对问题的确定，这可以通过对可能性、价值、风险态度、时间的偏好、对方选择的结构和排序以及其他事项的分离和主观评定来进行。此外，需要对谈判所涉及人员的谈判风格、国家文化、文化之间的差别以及口译人员和翻译人员进行分析和评价。观察、分析和评价过程随着谈判过程每一步骤的进行而完成。谈判过程中需要持续观察、分析和评价的项目的详细提纲如下（Casse & Deol，1991）：

1. 谈判地点

- 管理能力；
- 时间和机会管理——在高竞争情境下能够基于机会分析做出及时行动。

2. 谈判中的议事日程或政策问题

- 谈判的基本概念；
- 谈判者的选择；
- 个人期望的角色；
- 对外交礼节的关注；
- 问题的重要性。

3. 初步声明以及限制因素

- 语言的复杂性——需要清楚沟通的方法；
- 有说服力的论据的性质；
- 时间价值；
- 对文化差别的了解——预期对方的行动；
- 互相理解；
- 谈判更多的是艺术而不是科学——要自然一些；
- 对谈判预期的声明。

4. 对一些问题的商议和解决以及对未能达成共识的问题的识别

- 信任的基础；
- 冒险倾向；
- 内部的决策机制；
- 说服——建立可信度；
- 销售——创造需求。

5. 最终谈判的初步措施

- 减少差异——达成一致；
- 强调共同利益；
- 熟悉对手的局限——利用同情；
- 系统地搜索替代方案；
- 运用冲突管理。

6. 最终谈判

- 议价过程中进行必要的讨价还价；
- 为了产生正面情绪进行双赢谈判。

7. 合同或者协议确认

- 双方满意的协议；
- 包括解决争议的国家；
- 相关国家书面文件的重要性。

8. 协议的履行

- 关于谈判的书面和口头的方面都是重要的。

跨文化谈判假定谈判方来自不同的文化并且具有不同的价值观、信仰、需求以及思维模式。在谈判的互动期间，双方持有不同的价值观、信仰、需求以及思维模式会导致许多难以预料的问题。谈判者必须熟练地——通过不断的观察、分析和评价——找出问题并相应地调整谈判战略。

10.5 贸易协定

贸易协定是美国出口贸易必须遵循的法律。所有的出口商品都受其生产国的政府控制。贸易许可证有通用许可证和有效许可证两种类型。由于通用许可证并未在真正意义上发出过，因此许多公司并未意识到它们是在这样一个许可证下运营的。有效许可证是十分详细明确的，并且商务部就它所提供的规则给企业提供帮助。**有效许可证**（validated license）允许特定的出口商出口特定的商品到特定的地点。可以从美国商务部得到一份《出口管理条例》来找出更多关于有效许可证的信息。美国商务部的另一本名叫《基本出口指导》（*Basic Guide to Exporting*）的书将给跨国谈判者提供更多的帮助。

自由贸易区（free trade zones，FTZ）**或贸易集团**（trade blocs）是指那些国外或国内的商品可以不需要正式进口报关就能进行国际通商的区域。NAFTA 是 FTZ 概念的扩展，欧盟（EU）也是。

NAFTA 是 1993 年在美国、加拿大和墨西哥之间正式获得认可的，它在 1994 年 1 月 1 日生效。2008 年取消了三国之间所有合格商品的进出口税，并且所有合格材料和服务都在三国之间免费流通。NAFTA 涉及货物贸易、技术性贸易壁垒、政府采购、投资、服务及相关事宜、知识产权以及行政制度方面的规定。NAFTA 的目的如下：

1. 消除贸易壁垒并促进产品和服务的跨国流动；
2. 促进公平竞争；
3. 增加投资机会；
4. 给知识产权提供充足有效的保护；
5. 形成解决争议的有效程序；
6. 扩大三国之间的合作，增加收益（NAFTA，1992）。

NAFTA 覆盖了许多不同的产品；2006 年完成了关税的减免。世界范围内正在进行区域经济整合，表 10－1 列出了一些现有的贸易集团（ALADI，2012；Asia-Pacific Economic Cooperation，2008；Bolivarian，2012；Community，2011，European Union，2008；Free trade agreement，2012；Foxley，2010；Trade bloc，2008）。

表 10－1　贸易集团与贸易协定

英文缩写	全称	成员
AEC	非洲经济共同体	萨赫勒-撒哈拉国家共同体，东部和南部非洲共同市场，西非国家经济共同体，南部非洲发展共同体，中非国家经济共同体，东非共同体，政府间发展组织，阿拉伯马格里布联盟
ALADI	拉丁美洲一体化协会	阿根廷，玻利维亚，巴西，哥伦比亚，智利，厄瓜多尔，墨西哥，巴拉圭，秘鲁，乌拉圭，委内瑞拉，古巴，巴拿马
ALBA	美洲玻利瓦尔联盟	安提瓜和巴布达，玻利维亚，古巴，多米尼克，尼加拉瓜，圣文森特和格林纳丁斯，委内瑞拉，圣基茨和尼维斯，格林纳达，圣卢西亚
APEC	亚太经合组织	澳大利亚，文莱，加拿大，智利，中国，印度尼西亚，日本，韩国，墨西哥，马来西亚，新西兰，巴布亚新几内亚，秘鲁，菲律宾，俄罗斯，新加坡，泰国，美国，越南

续表

英文缩写	全称	成员
ASEAN	东南亚国家联盟（东盟）	文莱，柬埔寨，印度尼西亚，老挝，马来西亚，缅甸，菲律宾，新加坡，泰国，越南
CACM	中美洲共同市场	危地马拉，哥斯达黎加，萨尔瓦多，洪都拉斯，尼加拉瓜
DR-CAFTA	多米尼加-中美洲自由贸易协定	美国，哥斯达黎加，萨尔瓦多，危地马拉，洪都拉斯，尼加拉瓜，多米尼加
CAN	安第斯共同体	玻利维亚，哥伦比亚，厄瓜多尔，秘鲁
CARICOM	加勒比共同体	安提瓜和巴布达，巴哈马，巴巴多斯，伯利兹，多米尼克，格林纳达，圭亚那，海地，牙买加，圣基茨和尼维斯，圣卢西亚，圣文森特和格林纳丁斯，苏里南，特立尼达和多巴哥
CEFTA	中欧自由贸易协定	克罗地亚，阿尔巴尼亚，波黑，马其顿，摩尔多瓦，塞尔维亚，黑山
CELAC	拉丁美洲和加勒比国家共同体	安提瓜和巴布达，阿根廷，巴哈马，巴巴多斯，伯利兹，玻利维亚，巴西，智利，哥伦比亚，哥斯达黎加，古巴，多米尼加，多米尼克，厄瓜多尔，萨尔瓦多，格林纳达，危地马拉，圭亚那，海地，洪都拉斯，牙买加，墨西哥，尼加拉瓜，巴拿马，巴拉圭，秘鲁，圣卢西亚，圣基茨和尼维斯，圣文森特和格林纳丁斯，苏里南，特立尼达和多巴哥，乌拉圭、委内瑞拉
CEMAC	中部非洲经济与货币共同体	喀麦隆，中非共和国，乍得，刚果共和国，赤道几内亚，加蓬
COMESA	东部和南部非洲共同市场	苏丹，埃塞俄比亚，厄立特里亚，吉布提，科摩罗，布隆迪，刚果民主共和国，肯尼亚，利比亚，马达加斯加，马拉维，毛里求斯，卢旺达，塞舌尔，斯威士兰，乌干达，赞比亚，津巴布韦
EAC	东非共同体	布隆迪，肯尼亚，卢旺达，坦桑尼亚，乌干达，南苏丹
ECOWAS	西非国家经济共同体	贝宁，布基纳法索，佛得角，科特迪瓦，冈比亚，加纳，几内亚，几内亚比绍，利比里亚，马里，尼日尔，尼日利亚，塞内加尔，塞拉利昂，多哥，上沃尔特（今布基纳法索）
EU	欧盟	奥地利，比利时，保加利亚，塞浦路斯，捷克，丹麦，爱沙尼亚，芬兰，法国，德国，希腊，匈牙利，爱尔兰，意大利，拉脱维亚，立陶宛，卢森堡，马耳他，荷兰，波兰，葡萄牙，罗马尼亚，斯洛伐克，斯洛文尼亚，西班牙，瑞典
EEC	欧亚经济共同体	白俄罗斯，哈萨克斯坦，吉尔吉斯斯坦，俄罗斯，塔吉克斯坦，乌兹别克斯坦
EFTA	欧洲自由贸易联盟	冰岛，挪威，瑞士，列支敦士登
GAFTA	大阿拉伯自由贸易区	巴林，埃及，伊拉克，约旦，科威特，黎巴嫩，利比亚，摩洛哥，阿曼，巴勒斯坦，卡塔尔，沙特阿拉伯，苏丹，叙利亚，突尼斯，阿拉伯联合酋长国，也门，阿尔及利亚，科摩罗，吉布提，毛利塔利亚，巴勒斯坦，卡塔尔，索马里

续表

英文缩写	全称	成员
G-3	三国自由贸易协议	墨西哥，哥伦比亚，委内瑞拉
GUAM	古阿姆民主和经济发展组织	阿塞拜疆，格鲁吉亚，摩尔多瓦，乌克兰
MCCA	中美洲共同市场	哥斯达黎加，萨尔瓦多，危地马拉，洪都拉斯，尼加拉瓜
MERCOSUR	南方共同市场	巴西，阿根廷，巴拉圭，乌拉圭
NAFTA	北美自由贸易协定	加拿大，美国，墨西哥
PARTA/PIF	太平洋区域贸易协议	斐济，基里巴斯，马绍尔群岛，密克罗尼西亚，瑙鲁，帕劳，巴布亚新几内亚，萨摩亚，所罗门群岛，汤加，图瓦卢，瓦努阿图
PICTA	太平洋岛国贸易协定	库克群岛，斐济，基里巴斯，瑙鲁，纽埃，帕劳，巴布亚新几内亚，萨摩亚，所罗门群岛，汤加，图瓦卢，瓦努阿图，澳大利亚，新西兰，密克罗尼西亚联邦，马绍尔群岛，库克群岛，纽埃，法属波利尼西亚，法属新喀里多尼亚
SAARC	南亚区域合作联盟	阿富汗，孟加拉国，布丹，印度，马尔代夫，尼泊尔，巴基斯坦，斯里兰卡
SACU	南非关税联盟	博茨瓦纳，莱索托，纳米比亚，南非，斯威士兰
SAFTA	南亚自由贸易协定	印度，巴基斯坦，尼泊尔，斯里兰卡，孟加拉国，不丹，马尔代夫
UNASUR/UNASUL	南美国家联盟（将增加南方共同市场和安第斯共同体）	阿根廷，玻利维亚，巴西，智利，哥伦比亚，厄瓜多尔，圭亚那，巴拉圭，秘鲁，苏里南，乌拉圭，委内瑞拉

自由贸易区也不是没有问题的。巴西政府代表在签订西半球自由贸易区协议之前就说过，美国过于逼迫巴西了。美洲自由贸易区（FTAA）谈判在关键的时候停止了。美国要求其私有企业有权就国际投资问题控告巴西政府，巴西对此并不满意；对加强美国制药专利权的要求，巴西也稍显不满（Samor，2004）。FTAA 在 2005 年正式生效。

世界贸易组织（WTO）是一份包括美国在内的多国或地区的贸易协议。WTO 条款的确定经过了持续反复的谈判。各国或地区争相保护特殊产业或商品导致了很多僵局的出现。WTO 涉及知识产权、服务、服务方面的国民待遇（和自己的服务供应商相比，成员方必须平等或者更好地对待其他成员方）、服务市场准入、境外投资、反倾销政策、补贴、纺织品、农业、市场准入、纠纷解决以及通信。对一种产品的细微改动就可能改变其关税等级。

欧盟是个持续吸纳新国家进入的自由贸易区。欧盟还要解决一些问题，但人们还是预期未来欧盟的普及程度将会提高。美国与其他国家针对特定产品签订的有效贸易协定的数量每年都在增加。

美国与 17 个国家签订了自由贸易协定：澳大利亚、巴林、加拿大、智利、哥斯达黎加、多米尼加、萨尔瓦多、危地马拉、洪都拉斯、以色列、约旦、墨西哥、摩洛哥、尼加拉瓜、阿曼、秘鲁以及新加坡。自 2011 年 10 月 21 日起，奥巴马总统相继与哥伦比亚、韩国以及巴拿马签订了自由贸易协定（Free-trade Agreements，2012）。

10.6 谈判风格

下面的内容总结了美国以及一些挑选出来的国家或地区的谈判风格，包括那些与美国进行最多国际贸易的国家。由于所有的文化各自存在差异，因此对你计划要与之进行商务往来的国家的谈判风格进行研究是明智的做法。

巴西

与巴西人谈判会很花费时间，因为在做生意之前与巴西人建立关系很重要。巴西人会选择那些见多识广并且接受过良好教育的人作为谈判小组成员。要在谈判过程中保持固定的成员，因为巴西人重视个人关系，中途更改谈判小组成员就必须重新建立关系，而这将延长谈判。小组成员应当同步而不是顺序地就合同的所有方面进行讨论。建议使用当地的会计和律师。因为巴西社会是等级分明的，了解他们如何进行决策是很有必要的。与其他拉丁美洲的国家相比，巴西人更加个人主义一些，因此小组意见的一致性并不是主要的考虑因素。由于巴西人认为他们是美洲人（Americans），因此美国的谈判者在谈及美国的时候应当避免使用 America，而是使用 the United States（Moran，Harris，& Moran，2011；Morrison & Conaway，2006）。

加拿大

加拿大是一个双语国家，在魁北克省使用法语作为主要语言，而在其他省使用英语。一些地区偏向于使用英式英语，而另一些地区则偏向美式英语。加拿大人看起来很开放友好，然而他们同样含蓄、保守并且拘谨。他们也很爱国守法，并且遵守严格的礼仪规范。加拿大人与美国人是不同的，并且他们也不喜欢别人这样认为，他们同样不认为自己的国家是美国的一部分。加拿大人倾向于个人主义。要尊重这些事实，加拿大人对他们的传统十分自豪，他们是反独立者的后裔，并且没有为从英格兰的独立而战。除了这些，其他的谈判技巧与美国相似。

中国

西方人与中国人做生意存在困难，因为他们缺乏对中国文化的了解，同时东西方习惯上存在固有的差异。谈判中要遵守的礼仪包括送给他们并不贵重的小礼物。中国人需要和与他们做生意的人实现高度人际互动，并且对方要具有较高的品格。与中国人发展关系是十分有必要的；他们坚信这需要花些时间，并且无法仅仅依靠在会议室的来往实现（Owen，Javalgi，& Scherer，2007；Sprong，2004）。中国人可能不会在谈判期间公开陈述所有的事情。他们很会利用沉默、延迟当前的讨论或者通过更改话题来表明他们的反对。然而，由于达成共识的愿望，反对一个外国人的意见是可以接受的。他们越是想达成协议，就会越多地包容对方。如果对协议满意，他们会展露笑容，但当有所不满时，他们几乎不会显露负面的情绪。他们会很委婉地处理不满，比如提出一个替代方案。比起书面沟通，中国的谈判者更喜欢面对面的会议（Ngai，2000）。

中国古代等级森严，这在一定程度上对现在产生着影响，每个人都注重自己的社会地位和身份，人们会尊敬和服从领导、上级或是有经验的长者。因此，在谈判桌上，中方代表通常称呼对方的头衔而不是直呼其名。此外，在中国谈判桌座位的安排也是有讲究的，每个人应当按照他的社会地位和身份依次入座，领导坐在谈判桌的中央或面朝正北坐，其他下属依据职位高低坐在领导的周围。发言的顺序也是如此，领导首先发言，不能打断领导的发言，否则被看作失礼的行为。

中国是一个高语境文化的国家，在谈判中，中方会把合同看成合作双方整体上达成一致，意在建立和增强与对方的合作关系，而不是拘泥于确定每一项详细的规定。在这种理念下签订合同，假如内外部环境发生了改变，中方通常会提出修改现有合同条款。而在提议修改时，为了保全面子，常会选择含蓄委婉的方式提出，但这样会花费大量的时间成本在信息交流沟通上。

中国人相信那些在某些方面与他们所信任的人有关联的人。找个共同的朋友介绍一下有助于更快建立这种关系。然而，中国人是世界上最坚强的谈判者之一。对谈判者来说，技巧上的能力和不屈服的态度是同等必要的。为了在谈判中获得竞争优势，中国人会彻底研究他们的竞争对手。签约前一切都不是最终结果；他们更喜欢使用中间人。中国人在使用语言方面属于高语境，他们通常不会直接表明自己的要求。即使中国谈判者暗示没有妥协的余地或者没有其他选择了，但事实上还是有很大的让步空间的。中国人看重长期关系，并擅长在谈判中拖延（DeLozier & Chi，2000；Moran et al.，2011；Owen et al.，2007）。

法国

法国是在德国再度统一之前西欧最大的国家。毫无疑问，这一变化并未加强法国人的自大。法国人希望在进行业务往来的时候所有人都按照他们的行为做事，包括讲法语。他们是个人主义者，具有一种自豪感，有时这被理解为霸权。他们享受为了交谈而交谈，但他们对谈判中协议草案的细节也同样讲究务实。在谈判以外的谈话中，要记住法国人认为自己是世界时尚、艺术、文学、烹饪以及外交的引领者。在谈判时，法国人遵守一种被称为笛卡尔式的逻辑；它基于先前建立的原则，从已知事物中以逐点对照的方式，直至达成协议。

礼仪、举止、地位、教育、家庭以及个人成就是与法国人交易时成功的关键所在（Moran et al.，2011）。你必须赢得他们的信任，他们看重结果。法国人更喜欢详细的约束性合同。

美国和法国在认知模式和方式上的不同，可以通过法国人对待理查德·尼克松和比尔·克林顿的丑闻的反应上看出。法国人难以理解为什么美国人会因为道德或伦理问题而要求总统辞职。法国人认为美国不必在国际上做到道德上的公正。

德国

伴随着 1989 年柏林墙的推倒，德国重新统一。在商业方面，德国人是典型的群体导向，然而，作为个人而言，他们又相当个人主义。礼仪和规则是很重要的。在谈判中，德国人更喜欢明确的合同和规则，并且会运用权力（Tinsley，2001）。强烈建议在谈判中穿着得体，同时使用正确的姿势和礼仪。德国人会在会议开始和结束时握手。当向谈判小组成员致辞时要记得使用头衔，并且要大量使用“请”“谢谢”等。因为德国人认为友谊和人际关系会使谈判变得复杂，所以他们更喜欢与其他谈判者保持距离。

德国人倾向于注重细节，所以谈判小组中有技术人员是很重要的。准时是必须做到的。必须遵守合同就是公司的方针。共同的决策由高层制定，但也伴随着许多工人的参与。品质十分重要，并且决策要经过仔细考虑和谨慎检查，以确保他们承接的所有项目都具备品质。对一个美国人来说，由于德国人具有容纳所有可能的消极方面的能力，他们或许看似悲观，然而在承接一个项目之后，德国人却能保证其百分之百地成功实现（Samovar et al.，2009；Tinsley，2001）。

印度

在印度，商务往来以一种正式又轻松的方式展开。贿赂现象很普遍，并且掌握这些关系很重要。左手不能用来打招呼和吃饭；在吸烟、进入房间或坐下之前请求许可是很重要的。建立关系很重要，并且需要有人引荐，要使用称呼头衔来表达尊敬。对印度人来说，了解当地的事情很重要。通常会使用中间人。因为印度人看重关系的建立，若以美国的标准来看，谈判过程会相当漫长。印度的管理是对下属采取家长式作风。由于地位不同，印度人通常不采用群体导向；决策由高层管理人员制定。为了保持和谐，印度人可能会和对方说其想要听到的话。不能按表面意思理解“没问题”这个词。印度人不赞成表露情绪。谈判者必须有耐心并且允许在谈判中以印度人为首。在强调准时的同时也需要耐心（Moran et al.，2011）。

日本

日本公司的谈判行为是基于企业集团系统的。**企业集团系统**（keiretsu system）是指一个由主公司和为其提供零部件、设备、资金支持或最终产品配送的合作公司所组成的企业集团。在日本，每一个企业集团内的公司都致力于以最低的价格提供给消费者最好的产品，并且保持可接受的投资回报。企业集团被看作一种长期的保证（Yonekura，1991）。

与日本人沟通是十分复杂的。为了避免有人丢脸、失去团队和谐或令对方不满意，日本人会使用十分隐晦和复杂的语言及非语言暗示。你需要解读他们的言外之意，相比美国，要运用更多的沉默和更少的眼神接触。因为日本人不使用“不”，而用一些隐晦的语言及非语言暗示，所以一定要提出大量的问题来确保你懂得了谈话的真正本意所在（Brett，2007）。沉默是日本人非语言沟通的一个重要方面并且不该打破。销售人员站在桌旁没精打采、乱涂乱画、跷起腿或者其他非正式行为都会被看作失礼。日本人在谈判中运用地位和权力，同时也运用兴趣策略以及规则论证（Tinsley，2001）。

如果在签订书面协议后发现了问题，日本人将会通过与对方相互协商解决分歧，因为他们一直认为合同就是一种灵活的工具。因为按照美国标准日本只有很少数量的律师，日本人对包含律师的谈判小组十分疑心。

日本松下电器创始人松下幸之助在刚出道时，曾被对手通过寒暄的方式了解到了自己的底细，最后使得产品销售遭受很大的损失。

在他初次前往东京和批发商进行谈判时，批发商一见面就非常友善地对他说：“我以前好像没有见过你，我们是第一次打交道吧？”批发商这样说实则是想用寒暄的托词来判断对方是有经验的老手还是初出茅庐的新手。那时松下由于缺乏经验，所以恭敬地回答：“我是第一次来，很多都不太懂，请多关照。”就这样简单的一句话让已经在生意场上颇有经验的批发商了解到他是一个新手。因此，他问松下：“你计划用什么价格出售你的产品？”“我的成本为每件 20 元，所以我打算以每件 25 元的价格销售。”

听到这些，批发商判断松下想要打开东京市场，但对市场的情况并不太了解，于是趁机砍价道“你初次到东京的市场，应当用低一点的价格进入，所以每件 20 元如何？”初来乍到的松下先生便以这样亏本的价格出售给了批发商。

拉丁美洲国家

拉丁美洲人包括墨西哥人和中南美洲国家的人，在商务往来上其行为方式与美国人有很大不同。因为拉丁美洲人和美国人之间有信任问题，所以谈判者必须注意维护拉丁美洲人的自尊。当信任被质疑或者丧失时，或许你同样也失去了谈判的机会。出于联络的需要，人际关系是很重要的。贿赂现象很普遍，所以在当地的联系可以帮助你决定谁可以使业务开展起来。政府很大程度地卷入商业。

拉丁美洲人强调一般原则多于解决问题，一位美国商人讲述的故事例证了这种差别。这个美国商人被一位危地马拉人邀请，给他计划在美国开设的谷物工厂提供设备。美国人关注的是对购买进行的融资、对方的信用等级以及对方的支付方式。而最终得到了这个生产线订单的一位德国签约者，关注的是如何运作这条生产线和满足对方的需求。德国人甚至派出一个公司代表在生产开始后的 3 个月到危地马拉方的生产现场去。美国人关注合同财务方面的问题对危地马拉人来说是件很烦的事情（Axtell，1994）。

他们基于家庭关系、政治影响、教育情况以及性别选择谈判者。拉丁美洲人在经商方面是十分个人主义的，然而就家庭和朋友而言他们又是群体导向的。握手、询问健康情况及他们的家庭和业务往来进展情况是必要的。

因为大多数协议过了午饭时间才能签订，因此准备相应的午餐是很重要的。许多会议都允许发展个人关系。许多会议都是常规性的，时间并不是很重要。拉丁美洲人是人际关系导向而不是任务导向的。因为他们的肢体语言很重要并且和美国人有所不同，因此建议对非语言沟通加以研究（Moran et al.，2011）。

荷兰

由于贸易上的依赖性，荷兰一直是面向国际的。荷兰人十分开放，并且为他们的传统和文化感到骄傲。

荷兰的谈判者讲究效率并且坦率。然而因为决策是基于达成一致而制定的，因此决策过程可能相当漫长。荷兰人十分宽容，愿意倾听与自己不同的观点。然而当决策制定后继续推进项目时，相关参与人员将会迅速行动起来。在谈判中守时是十分重要的，信守承诺也同样重要。谈判中应展示那些可以支持你的主张的事实。与荷兰人谈判时，要记住他们欣赏教育、幽默、诚实以及谦逊（Morrison & Conaway，2006）。

尼日利亚

在尼日利亚，人们从童年时期就开始在市场上以讨价还价的形式练习谈判。因此，尼日利亚人都是十分有技巧的谈判者。因为尼日利亚人是个人主义者，谈判被看作一个竞争过程。年龄就等同于智慧，年龄也是选择谈判者的一项重要标准。性别、文化背景以及学历也都是重要的考虑因素。

发展个人关系对于谈判者获得成功非常重要。时间并不是特别重要，因此谈判或许会很长。应当让中间人做一下初步介绍。穿着得体很重要，同时也应当有意识地显示出礼貌和关心。当双方达成口头上的协议时，谈判就算成功地完成了。合同是灵活可变的，可以是口头的，也可以是书面的。个人的承诺比法律文件更重要。商务关系由个人友谊而来。尼日利亚对他们的家庭和宗族十分忠诚，并且信任十分重要（Moran et al.，2011）。

俄罗斯

俄罗斯历史上经历了多次的政治和经济变迁。在经过了各种各样的管理实践之后，有些谈判策略仍旧有效，而其他策略将可能改变。在过去，与俄罗斯人的谈判会议一直持续很久，并且是由俄罗斯人控制着会议日程及事项。俄罗斯人将妥协看作一种软弱的表现，并且总是试图等到对手做出更多的让步为止。俄罗斯谈判者在讨论时表现得十分活跃。他们似乎比较关心年龄、等级以及礼节。他们习惯被称呼全名并且偏于正式。与美国人相似，俄罗斯人认为时间就是金钱，而友谊在商务往来中不是特别重要。他们不关心合作伙伴之间的公平性，而只关心将自己的利益最大化。合同是需要被严格翻译解释的（Elashmawi & Harris，1998；Samovar et al.，2009）。

新加坡

新加坡人就其种族背景而言是十分独特的，包括华人、马来西亚人和印度人。这三个种族间的文化差异使得你需要知道你的谈判对手属于哪个种族。他们所说的英语掺杂了英语、广东话、闽南语以及马来西亚语。所以尽管新加坡人讲英语，但或许这个英语与你所习惯的有些不同。因此，你要确保谈判双方都理解了谈判的细节。准时很重要，不过就这个城市的人口数量来看，准时到达目的地并非易事。

谈判将以非常文明的方式完成，会给予充足的时间让发言者互相理解。保全颜面十分重要，如果有人发笑，这可能会十分尴尬。新加坡人谈判时会尽量随心所欲，但这并不意味着他们不是好的谈判者。关系很重要，所以在与新加坡人谈判时不要更改你方人员（Morrison & Conaway，2006）。

韩国

与韩国人谈判时，在开始洽谈业务之前了解彼此是很重要的。因为关系很重要，所以要花费时间去建立牢固的商务关系。他们制定决策可能会慢一些，尤其对欧洲和北美人来说。因为韩国人很看重年龄和地位，所以建议你在谈判小组中要有公司里年龄偏长的高级管理人员。谈判中有时对方的沉默意味着他们没能理解你的意思，所以最好询问他们是否需要额外的信息或者重新解释一下之前的意思。最初的报价应为谈判留下空间，因为韩国人是典型的以其极限价格开始谈判的；为保证双赢的局面他们愿意让步。要记住正如其他亚洲人一样，他们不像美国人那样直接坦率；他们很可能会说对方想听到的话而不是直接说出自己的意思（Morrison & Conaway，2006）。

英国（英格兰、苏格兰、威尔士及北爱尔兰）

英国的谈判者反映出了他们的文化特征；他们正式、有礼貌并且认为适当的礼节十分重要。他们也很在意得体的礼仪。英国人不会像美国人那样随意或迅速地与人交朋友，但这不是与英国人做生意时必须考虑的因素。英国人会坚决无情；他们擅长情报收集和政治勒索。因为他们有时候看起来会很古怪，所以其他文化中的谈判者可能会低估他们的技巧。因为美国的法律是建立在英国法律基础之上的，对美国谈判者来说理解英国合同的内容相对容易一些。在苏格兰、威尔士、英格兰以及其他族群间，人们的行为也存在差异。许多苏格兰人、威尔士人和爱尔兰人并不喜欢被当作英国人提及，尽管英格兰人愿意称他们为英国人（Cohen，1998；Moran et al.，2011)。

正如里茨尔（Ritzer，2007）所强调的，全球性规模的谈判会带来巨大的机遇。企业可以借此扩张市场、提高收益和生产力并且降低成本。

美国

相比中国人的庄重，美国人偏向于非正式的谈判风格。美方代表不会拘束于规则的条框，对年龄、性别、工作性质等个人背景情况不过多强调，只是非常注重彼此间平等的权利。因此美方的谈判较为自由灵活，会直呼对方的名字，不习惯于称呼对方的头衔，同时他们还喜欢运用丰富的肢体语言和面部表情来表达自己的情绪。美国人十分看重合同，他们会在合同中详细写明各项条款的内容，还会有面对突发情况时如何应对的条款，美国人将这些看作一种对自身权益的保护，希望通过前期双方制定的合同条款来避免或降低未来合作中的许多风险。

美国人习惯于直抒胸臆，直奔主题，所以谈判时他们会直接点出核心问题，不拐弯抹角，然后按照实际情况积极寻找方法去解决问题，因此谈判的节奏较快。

根据格雷厄姆和赫伯格（Graham & Herberger，1983）所说，美国人谈判风格的特点如下：

- “我可以自己解决这件事”（为了表现个人主义）。
- “请叫我史蒂夫”（通过非正式的称呼来让对方放松）。
- “请原谅我的法语”（为了让对方原谅自己讲错了话）。
- “让我们言归正传”（为了加快决定）。
- “大声说出你的想法”（为了避免沉默）。
- “让我们开诚布公”（为了表示希望对方诚实回答）。
- “生意就是生意”（为了表示希望对方能尊重协议）。

美国人对于空间的要求与他们的谈判直接相关。如果进入到美国人的私密空间（大概 0.5 米）会令他们很不舒服。与美国人谈判的另一个考虑因素就是他们对于保留颜面的态度。因为美国人不像其他文化的人们那样在意颜面，因此他们会快速地提出建设性的批评，而这会让其他文化中的人感到不舒服甚至是羞辱。

由于个人主义、平等主义以及长期导向的价值观，过去美国谈判者一直较为关注兴趣策略，而这种倾向正在发生变化（Tinsley，2001）。

日本一家著名的汽车公司在进入美国市场后，急需找到一家美国本土代理商来销售其产品，帮助它更快打开美国市场。日本汽车公司要与美国的一家销售代理进行谈判的当天，日本公司代表在路上因堵车而迟到，美国公司抓住这件事不放，想以此来获得更多的优惠。在经过多方的沟通后，日本代表感到没有谈判的余地后站起来说道：“我们十分抱歉耽误了贵方宝贵的时间，没有提前对美国的交通有所了解是我们的过错。但假如你们因此事对我们想要合作的诚意有所质疑，那我们可能要遗憾地结束这次谈判。我觉得，我司的这种代理优惠在美国并不难找到其他合作伙伴。”当日本代表说完这番话后，美国公司代表面面相觑，因为他们并不想失去赚钱的机会，于是接下来的谈判进行得非常顺利。

从这次的谈判中可以看出日本人对“优胜劣汰”理念的贯彻，做事不会拖泥带水，坚持自己的底线。对于本次谈判，日本代表的发言中首先对自身条件进行了分析，并提出“我们通过自身优越的条件，完全能够开拓美国市场”以及“你并不是我唯一的选择”，扭转了谈判的局势。但美国公司的代表也发现了对方的弱点，就是日本人注重面子，如果抓住这点，他们获利的机会也会增加，但为了留住日本公司的代理权，他们不得不向利益低头。

关键词

竞争法（competitive approach）
折中协议（compromise agreement）
让步法（compromising approach）
强迫法（forcing approach）
自由贸易区（free trade zones）
跨文化谈判（intercultural negotiation）
综合协议（integrative agreement）
企业集团系统（keiretsu system）
诉诸法律法（legalism approach）
谈判战略（negotiation strategies）
问题解决法（problem-solving approach）
策略（tactics）
有效许可证（validated license）
贸易集团（trade blocs）

练习

说明：正确的圈 T，错误的圈 F。

1. T F 在跨文化谈判中，会议地点与权力和责任有关。
2. T F 在进行谈判者的选择时，社会地位并不重要。
3. T F 没有倾听或者说得太多是在谈判中会犯的错误。
4. T F 在阿拉伯和拉丁美洲国家建立关系是很重要的。
5. T F 谈判中对谈判者的语言和非语言行为进行持续的评价是不必要的。
6. T F 与法国人交易时，礼仪十分重要。
7. T F 在印度进行商务往来，贿赂是很普遍的。
8. T F 比起独自一人谈判，日本人更喜欢谈判小组的形式。
9. T F 在拉丁美洲国家谈判，性别很重要。
10. T F 俄罗斯谈判策略包括需要去控制。

问答

1. 给出三个全球性合作及战略联盟持续增加的原因。
2. 谈判过程包括哪几个步骤？
3. 分析谈判情境的模式有哪些。
4. 请解释为什么用“入乡随俗”来形容谈判过程很恰当？
5. 大多数谈判冲突都是由于文化引起的吗？
6. 如何为谈判中的文化冲突进行准备？
7. 折中协议和综合协议的区别是什么？
8. 区域自由贸易区正在兴起。这种贸易区的利弊分别是什么？它们如何帮助或妨碍全球化组织？
9. 与加拿大人谈判时，在谈判模式的开发中应考虑哪些因素？
10. 跨文化谈判有许多含义。请就其中两点讨论它们是如何对美国谈判小组和日本谈判小组之间的谈判产生影响的，以及它们是如何对日本小组和墨西哥小组之间的谈判产生影响的。

案例

采用下列步骤分析案例：(1) 仔细阅读案例，注意细节；(2) 阅读案例后面的问题；(3) 重读案例，留意或突出回答要用到的细节；(4) 辨别案例的相关事实、基础假设和关键问题；(5) 列出问题可能的答案；(6) 选择最符合逻辑的答案。你的老师可能会让你以书面形式提交案例问题的答案。

案例 1

一家美国公司派出四人与来自俄罗斯公司的小组会面。由于小组之间之前已经进行过接触和谈判，美国小组希望这次可以达成协议返程。第一次会议持续了 12 个小时并以僵局结束。在约定第二天继续会议之后，一位美国谈判者注意到俄罗斯小组离开这个城镇一整晚。到了第二天，除了会议时间变短以便俄罗斯人去打高尔夫球，会议的情况与前一天完全一样。所有人又决定明早继续会议。美方的谈判代表只能请求公司多给一些时间来等候俄罗斯人。三个星期以后（期间进行了许多没有让步的重复会议），俄方开始让步。

问题：

请就你所了解的俄罗斯文化解释发生这一情况的原因。

是美方采取了正确的行动，还是压力促使俄方加快了进程？

案例 2

一位美国销售员与一个西班牙公司在西班牙就一项合同进行谈判。他向他的西班牙同事表达了他对观看斗牛的兴趣，因此他的同事便邀请他去观看。在第一头牛上场时，那个销售员开玩笑地说："谁会赢呢？我赌牛赢。"而西班牙人并没有说话。销售员在接下来的比赛中感到非常不舒服。

问题：

请解释这个销售员的失礼之处，以及这对他接下来的工作带来的负面影响。

如果这个销售员事先研究一下斗牛，他将怎样更好地应对这种情况？

案例 3

跨国谈判者将要得到一份合同或销售订单时，他必须立刻判断出意义、动机以及目的。为了签订合同如何让一个人变得没有种族优越感并且入乡随俗？以往的经验会在多大的程度上促进或阻碍销售的进程？

案例 4

表 10－2（Ping，2000，p. 523）是用来对比一位美国人想要将一台昂贵的设备销售给一位中国人的过程中双方的不同。如你所见，他们并没有解读、感知以及期望同样的事。通过这个表格，讨论这样的谈判将可能会发生什么问题，如果双方产生不适应，原因何在。再考虑一下为了使谈判达到双赢的局面，必须改变哪些个人因素。

表 10－2 美国人与中国人的预期和行为

	个人期望	期望谈话的内容	行为表现	期望未得到满足
美国人	完成工作 获得合同 完成交易	设备 规格 价格 合同条款	专业的 技术导向	感到失望和困惑
中国人	建立长期关系 获得合同 确认建立了关系 开始面向未来的工作	背景 公司介绍 培训及服务	热情友好的 较少的技术导向	感到失望并且不被尊重

案例 5

下面的案例是关于 KE 电子公司（韩国公司）和 JCP 公司（日本公司）间对许可使用彼此的专利进行的谈判。JCP 公司和 KE 公司正就 KE 公司等离子显示器的生产进行讨论。

KE 公司声称 JCP 公司要求了过多的专利税，并且已向韩国政府提出，要求限制 JCP 的进口产品在韩国销售，KE 公司还考虑让 WTO 解决这个专利侵权问题，并认为 JCP 公司通过法律诉讼来转移注意力，目的是控制 KE 公司在这一行业的增长。JCP 公司已经在日本申请了法律禁令，禁止 KE 公司的等离子显示器在日本销售。JCP 公司声称 KE 公司侵犯了其面板操作时的散热专利，并已向东京海关申请暂停对 KE 公司等离子显示器的进口。

请描述该案例的要点，以及这两个公司所显示出的跨文化谈判构成要素及条款上的区别。

活动

1. 邀请3～4位有跨国谈判经验的商务人士作为座谈嘉宾，讨论“与日本人的谈判”(也可自行选择其他文化)。

2. 为将要与一家墨西哥制造企业的代表进行谈判的人准备一份谈判情况简述，要包括语言和非语言的要求和禁忌。

3. 选择一本包含跨国谈判相关内容的书，例如珍妮·布雷特（Jeanne M. Brett，2007）的《全球化谈判》(*Negotiating Globally*) 和阿克斯特尔（Axtell，1994）的《跨国贸易的要求和禁忌》(*The Dos and Taboos of International Trade*)，并准备一页纸的关于与你选定的文化的人们进行谈判时在非语言方面的注意事项的总结。

4. 回顾一下近期的商务期刊或杂志，找出一篇关于跨文化谈判的文章用作课堂讨论。

5. 列出一位美国女性商务人士在与阿拉伯人谈判时可能会遇到的问题。

参考文献

ALADI (2012). Retrieved March, 2012, from http://www.aladi.org/nsfaladi/arquitec.nsf/VSITIOWEB/paises_miembros

Alon, I., & Brett, J. M. (2007). Perceptions of time and their impact on negotiations in the Arabic-speaking Islamic world. *Negotiation Journal*, 23 (1), 55-73.

Asia-Pacific Economic Cooperation. (2008). Retrieved July 14, 2008, from http://www.apec.org/apec/member_economies.html

Axtell, R. E. (1994). *The do's and taboos of international trade*. New York: John Wiley & Sons, Inc.

Berger, K. P. (2006). *Private dispute resolution in international business: Negotiation, mediation, arbitration, Volume 11: Handbook*. The Netherlands: Kluwer Law International.

Bolivarian Alternative for the Americas. (2012). Retrieved from http://en.wikipedia.org/wiki/Bolivarian_Alternative_for_the_Americas

Brett, J. M. (2007). *Negotiating globally: How to negotiate deals, resolve disputes, and make decisions across cultural boundaries* (2nd ed.). San Francisco, CA: Jossey-Bass.

Casse, P., & Deol, S. (1991). *Managing intercultural negotiations*. Washington, DC: Sietar.

Cellich, C. (1997, July 1). Communication skills for negotiations. *International Trade Forum*, 3, 22-28.

Chaisrakeo, S., & Speece, M. (2004). Culture, intercultural communication competence, and sales negotiation: A qualitative research approach. *Journal of Business & Industrial Marketing*, 19 (4), 267－282. Retrieved September 6, 2004, from the Emerald.

Cohen, R. (1998). *Negotiating across cultures*. Washington, DC: United States Institute of Peace Press.

Community of Latin American and Caribbean States (2011). Retrieved from http://en.wikipedia.org/wiki/Community_of_Latin_American_and_Caribbean_States

DeLozier, M. W., & Chi, Y. (2000). Rules to follow for successful Chinese business relationships. In D. L. Moore & S. Fullerton (Eds.), *International business practices: Contemporary readings* (pp. 179－184). Ypsilanti, MI: Academy of Business Administration.

Elashmawi, F., & Harris, P. (1993). *Multicultural management 2000*. Houston, TX: Butterworth-Heinemann.

European Union. (2008, July 14). Retrieved July 14, 2008, from http://europa.eu/abc/european_countries/index_en.htm

Foxley, A. (2010). *Regional trade blocs: The way to the future?* Washington, DC: Carnegie Endowment for International Peace.

Free Trade Agreements. (2012). Retrieved March, 2012, from http://www.ustr.gov/trade-agreements/free-trade-agreements

Ghauri, P. N. (1983). *Negotiating international package deals*. Doctoral dissertation, Acta Universitatis Upsaliensis Studia Oeconomiae Negotiorum.

Graham, J., & Herberger, R. (1983). Negotiators abroad: Don't shoot from the hip. *Harvard Business Review*, 61 (4), 160－169.

King, C., & Segain, H. (2007). Cross border negotiated deals: Why culture matters? *European Company & Financial Law Review*, 4 (1), 126－166.

Kozicki, S. (1998). *Creative negotiating*. Holbrook, MA: Adams Media Corporation.

Leaptrott, N. (1996). *Rules of the game: Global business protocol*. Cincinnati, OH: Thomson Executive Press.

Lewicki, R. J., Barry, B., Saunders, D. M., & Barry, B. (2011). *Essentials of negotiation* (5th ed.). New York: McGraw-Hill.

Lin, X., & Miller, S. J. (2003). Negotiation approaches: Direct and indirect effect of national culture. *International Marketing Review*, 20 (3), 286－303.

McCormack, M. (1984). *What they don't teach you at Harvard Business School*. New York: Bantam.

Moran, R. T., Harris, P. R., & Moran, S. V. (2011). *Managing cultural differences* (8th ed.). Burlington, MA: Butterworth-Heinemann.

Morrison, T., & Conaway, W. A. (2006). *Kiss, bow, or shake hands* (2nd ed.). Avon, MA: Adams Media.

Ngai, P. B. (2000). Nonverbal communicative behavior in intercultural negotiations: Insights and applications based on findings from Ethiopia, Tanzania, and China. *World Communication*, 29 (4), 5–34.

North American Free Trade Agreement between the government of the United States of America, the government of Canada, and the government of the United Mexican States. (1992). Washington, DC: U. S. Government Printing Office.

Owen, C. L., Javalgi, R. G., & Scherer, R. F. (2007). Success strategies for expatriate women managers in China. *Review of Business*, 27 (3), 24–31.

Ping, M. D. (2000). Culture and business: Interacting effectively to achieve mutual goals. In G. R. Weaver (Ed.), *Culture, communication, and conflict* (pp. 518–526). Boston, MA: Pearson.

Pruitt, D. G. (2000). Achieving integrative agreements in negotiation. In G. R. Weaver (Ed.), *Culture, communication, and conflict* (pp. 499–507). Boston, MA: Pearson.

Ritzer, G. (2007). *The globalization of nothing 2*. Thousand Oaks, CA: Pine Forge.

Samor, G. (2004, November 16). Gaps between Brazil, U. S. threaten trade talks. *Wall Street Journal*, p. A22. Retrieved November 18, 2004, from ProQuest.

Samovar, L. A., Porter, R. E., & McDaniel, E. R. (2009). *Communication between cultures* (7th ed.). Belmont, CA: Wadsworth/Thomson Learning.

Sprong, J. W. (2004). *The truth about sourcing*. Vital Sourcing, LLC. Retrieved July 13, 2008, from http://vitalsourcing.com.

Thomas, D. C., & Inkson, K. (2004). *Cultural intelligence: People skills for global business*. San Francisco, CA: Berrett-Koehler Publishers, Inc.

Tinsley, C. H. (2001). How negotiators get to yes: Predicting the constellation of strategies used across cultures to negotiate conflict. *Journal of Applied Psychology*, 86 (4), 583–593.

Trade bloc. (2008, July 10). Retrieved July 13, 2008, from http://en.wikipedia.org/wiki/Trade_bloc

Turkington, C. (1999). *The complete idiots guide to cultural etiquette*. Indianapolis, IN: Alpha Books.

Wilen, T. (2000). *International business: A basic guide for women*. n. p.: Xlibris Corporation.

Yonekura, S. (1991). *What's the "keiretsu?"* Unpublished paper, Hitotsubashi University, Japan.

第11章

跨文化谈判的组成

学习目标

学完本章后，你将能够：

1. 了解跨文化谈判的要素。
2. 思考会影响跨文化谈判的成见。
3. 考虑相应的谈判风格。
4. 识别出有效谈判者的性格特征。
5. 懂得跨文化谈判中礼节的重要性。
6. 了解群体导向和个体导向、面对面策略以及媒体对谈判的影响。
7. 了解个体建构对谈判的影响。

跨文化谈判需要依据谈判者所具有的众多文化和个人的特征选择适合的沟通策略。文化差异越大，理解错误导致负面结果的可能性就越大。

11.1 跨文化谈判的要素

在与其他文化中的人进行谈判之前，你应该考虑到以下要素：成员和情境、文化噪声、国民性格、权力和授权、感知、口译和翻译人员的使用、性别、环境、关系及实质性的冲突。

11.1.1 成员和情境

根据费舍尔（Fisher，1980）所说，你应当学会如何选择谈判者和谈判小组。试着通过对方成员的背景来预测对手的行为。确定其他谈判者的期望、他们的谈判风格以及他们在过去的谈判中扮演的角色，努力提供一种没有压力、有利于交换想法和解决问题的环境。

成功的公司都会谨慎选择小组成员。如果可能的话，在小组中要有一个当地的人来负责介绍、翻译、解释文化差异、办理许可证以及指导该国的法律及关税等问题。大多数时候可以通过当地的律师事务所、会计师、银行及贸易组织来雇用这样的人员。如果在一个等级社会中进行谈判，那么一定要确保谈判小组的成员处于同等的资历水平。正如马来西亚人所说："要实力相当。"同样，如果有管理人员随行，他们也应当加入谈判小组。由于许多文化都认为关系是至关重要的，在洽谈合同以后更换谈判人员会带来负面影响。公司不得不考虑小组成员的谈判经验、资历、政治面貌、性别、种族、家族关系、技术知识以及个人特质将与对方成员有着怎样的联系（Moran，Harris，& Moran，2011）。在谈判中介绍大致情况时，美国人需要学习利用机会来了解对手的个性，美国人对这一过程进行得有些仓促或是忽视了它的重要性。情况的介绍能让双方获得对手有价值的信息。在很多文化中建立关系都是很重要的。

在很多组织中都是由销售人员负责谈判和关系的发展的。在一项对民族、组织及个体层面的文化问题调查中发现，文化影响着销售人员的谈判风格。问题解决导向强的销售人员很有可能采用问题导向法，该方法更趋于合作并且会使两个组织间建立起合作关系。对于那些能够依据文化环境来相应改变其行动的具有高文化意识和敏感性的人来说，更容易进行成功的跨文化沟通。一个组织的支持力度或者官僚程度也能使一个人具有或者丧失有效地使用解决问题方法的能力。由于组织中的规则，官僚制组织的销售人员会失去其进行跨文化沟通的能力，而支持性组织的文化则会加强其成员进行跨文化沟通的能力（Chaisrakeo & Speece，2004）。

11.1.2　文化噪声

文化噪声（cultural noise）包括所有对沟通信息产生干扰或分散沟通者注意力的事情。非语言信息，比如肢体语言、空间以及馈赠礼物，都能阻碍或者促进谈判。例如，赠送不适当的礼物或者包装得不恰当都是文化噪声的一种表现形式。此外，一个人所说的话也会导致文化噪声，比如谈判者对其对手的批评或者对其产品的贬低。

11.1.3　国民性格

费舍尔（Fisher，1980）认为，"在享有共同文化的群体中确实存在性格模式。"国民性格在很大程度上影响了谈判过程。正如前面章节中所提到的，美国人看重时间；遵守时间是很重要的。在很大程度上，他们也坚信自己主宰着自己的命运。而拉丁美洲人就不那么在意时间，并且接受自己的命运安排。而这两种文化在价值观上还存在许多不同，不论合同条款如何具有吸引力，两国之间存在的这两种态度方面的差异会阻碍谈判的进行。拉丁美洲人在人种上也是由本土、欧洲、太平洋沿岸和非洲人混合而成的。在世界上的不同地区民族特性会各有差异。

在肯尼亚，马赛族的首领们（不包括玛格达部落的成员）一直就在玛格达增加第二家苏打矿厂进行着谈判。玛格达部落的首领们说马赛族的首领们妨碍了这一谈判的进行。在玛格达，赞助和贿赂很常见。玛格达苏打公司的工人与管理层之间在恶劣的工作条件、较低的医疗保险、就业机会缺乏、裙带关系较多以及教育、水、安全的缺乏上也存在矛盾（Tiampati，2004）。这就是在国民性格和本土人民存在问题的例子。

关于民族文化对谈判结果影响的研究已经证明美国和日本之间的文化差异限制了合作伙伴的联合利益。研究者将谈判的缺陷归因于对对手的民族文化中的优先事项缺乏了解并且没有意识到这种了解的必要性（Brett & Okumura，2004）。公平的治理结构、对谈判者利益整合的谈判偏好、彼此都信奉集体主义是联盟成功的重点所在（Cai，Wilson，& Drake，2000；Tinsley，1998）。

在准备谈判时研究一个民族的文化将给你提供一个民族大多数人的普遍特征，却不能提供进行成功谈判你所需要知道的组织内部或个体的差异。这同样无法为你提供谈判对手中存在多少种文化。民族文化只是我们身上都具有的众多文化中的一种。其他文化还包括职业、社会地位、种族、区域、性别以及组织或公司方面的文化（Sebenius，2002b）。

11.1.4　权力和授权

权力（power）是影响他人的能力；授权是发号施令并做出最终决策的权力。伴随影响他人的能力的是对所采取行动的责任。权力能够让人以及公司产生依赖或者比较独立。权力既可能成为优势，也可能成为劣势，这要视其使用情况而定。但人们必须在道德和伦理的范围内行使权力（Lewicki，Saunders，& Barry，2011）。

谈判者要运用权力影响战略。直接影响战略包括提问、出价、摆姿态以及劝说。间接影响战略包括要求赞同、提及谈判中涉及的利害关系、提及地位。直接战略的用意在于帮助对手；间接战略则是要对手帮助你。直接或间接战略的使用依文化的不同而有所差别。如果是为了获得较高的共同利益，就应当立即进行信息共享；摆姿态和劝说也应当在谈判中早点使用（Brett，2007）。

为了使权力具有意义，权力必须被接受。**授权**（authority）（与权力联系在一起）就是一个联盟如何选择进行决策、战略设定以及互相影响。当你接受权力时，你就给了它你能接受的控制程度的授权。权力接受者的个人构念决定了权力发挥的力量。为了在全球商务伙伴之间开展合作，公司必须拥有平衡性授权。**平衡性授权**（balanced authority）允许每个合作者共享制定决策的角色（Bradenburger & Nalebuff，1996）。如果其中一人发现其拥有了超过其他合作者的**权力优势**（authority advantage），这种情况通常发生在联盟中拥有优势资源或优势地位的情况下，联盟将很有可能瓦解（Teegen，1998）。这样做的动机是在谈判中以及谈判结束以后与联盟中的合作伙伴既合作又竞争（Bradenburger & Nalebuff，1996）。

合作者之间授权的平衡对联盟的绩效会产生积极的影响（Saxton，1997）。如果每个合作者都有权力对其专业或专门化领域进行管理，那么通常你能实现双赢。许多研究者都发现不平衡或不对称的授权关系本身是不稳定、易于瓦解的（Anderson & Weitz，1989；Lorange & Roos，1991；Nooteboom，Berger，& Noorderhaven，1997；Teegen & Doh，2002）。

日本谈判者发现他们能使美国谈判者同意做出让步，因为他们可以“长久地等待”没有耐心的美国人（Engholm，1991）（见图 11-1）。

图 11-1　谈判的等待游戏

之后只要了解那些拥有决定谈判中“交易是否可以进行、是否应该继续谈判或者是否到了接受出价的时候”等权力的人就可以了。

11.1.5　感知

感知（perception）是个体将意图归因于环境的过程；它在很大程度上受文化的影响。谈判的压力会导致错误的知觉，但更多时候它是由相关文化里语言和非语言所暗示的不同含义导致的。例如，在与德国谈判小组谈判时，美国人在说话的时候会用手势来澄清或强调特殊的地方。德国人很可能会误解这些手势，因为他们会认为这种无意识的情感流露是不礼貌的。同样，如果公司只派一个人与日本人谈判，日本人会认为公司并没有认真对待谈判（Lewicki et al.，2011）。

有一位在中国任教的美国教师，她的中国同事常对她说“有空来家坐坐”。可是，时间过去很久了，这位美国教师并未上门，于是，中国同事又对她说：“我真的十分欢迎你来我家里玩，如果没时间来，我们也可以打电话聊一聊。”一年下来，美国教师既没有去同事家，也没有主动打过电话，但她经常因为没有人邀请而苦恼。

事实上，在中国去亲朋好友和同事家串门通常不会郑重其事征得对方的同意，邀请者也通常不会设定具体的时间。然而在美国，人们相互之间走动较少，只有在大的节日时，亲戚朋友才会到家中聚餐。在平时若是有事上门拜访，一定要提前和主人预约具体的时间。若是没有得到允许，最好不要随意登门拜访。因此，美国教师对于“有空来家坐坐”一话的感知是一句客套话，而不是正式的邀请。另外，美国人不习惯无事打电话和同事闲聊，在他们的想法中，这是一种打扰他人的私人时间的不礼貌行为，可能会影响到对方的活动安排。

刺激物既有物理尺寸，也有社会环境下的含义，这在相同文化下或者跨文化时对每个人来说都是不同的。我们的经历决定了什么样的刺激物对我们来说是敏感或者不敏感的。尽管对于美国人和日本人来说两国文化的差别是很明显的，但这对同样也有许多文化上差别的美国人和加拿大人就没那么明显了。有时认为大家都是相似的要比了解我们是不同的并且注意我们的语言和非语言行为要危险些。

研究发现，对联盟谈判目标的感知，尤其是不确定性规避，会导致谈判中出现问题（Schneider & De Meyer，1991）。

11.1.6　口译和翻译人员的使用

谈判时对语言方面的考虑应包括如下内容：

- 语言充当文化的钥匙。
- 谈判时应当有谁在场并进行谈话？
- 谈判桌上的这些人其社会身份是什么？
- 对谈话的推进是一个漫长的过程（D'Amico & Rubinstein，1999）。

使用口译和翻译人员对谈判的过程既能产生积极的影响，也能产生消极的影响。从积极的方面来看，当你所说的话被翻译的时候，你可以有更多的时间去思考接下来所要说的。由于翻译需要花费时间，你同样需要仔细斟酌使你的陈述更加简洁。就消极的方面来说，因为语言和文化交织在一起，而所涉及的语言的意思会有细微的差别，因此翻译人员可能无法表达出暗含的信息。其他关于使用口译和翻译人员的建议参见第5章。

11.1.7　作为国际谈判者的女性

尽管在一些国家里谈判小组通常不包含女性成员，但在许多国家谈判桌上她们是被同等对待的。这些国家有丹麦、英国、法国、印度、以色列、挪威、瑞典、瑞士以及美国等。在这些国家，国际型的谈判小组是欢迎女性成员加入的，由于其人际交往能力、耐心、社交能力、同情心、理解力、倾听技巧以及接受他人价值观的意愿，女性被公认为小组成功的重要贡献者。有研究表明实际上在谈判中女性要比男性更具有优势，因为她们更擅长解读非语言信息，能从其他小组成员的肢体语言、声音、语调以及眼神上获得信息。此外，通常和男性相比女性会被认为具有更小的威胁和竞争性，而这一事实在解决问题的情境下会成为优势（Martin & Chaney，2012；Wilen，2000）。

- 社会性别、谈判与权力的关系。卡琳·埃里克森（Karin Hederos Eriksson）和安娜·桑德伯格（Anna Sandberg）通过实证检验后指出，男人比女人更容易发起一项谈判：42%的男性参加者和 28%的女性参加者发起了谈判。当谈判对手是男性的时候，性别差异只有 5%，在统计学上并不显著；但如果谈判对手是一名女性，性别差异会显著增加到 24%。
- 两难处境——女性在谈判中的不利地位。女性在谈判桌上会比男性面临更多的困难，人们会将重担推给女性，从而让她们不得不提出要求，面临“两难处境”（double binds）以及很多压制。在《谈判桌前的女性：陷阱与前景》中，凯瑟琳·廷斯利（Catherine H. Tinsley）等提出了“核心女性刻板印象”（core feminine stereotype）的概念，意指女性具有养育、保护他人的特征。作者认为，女性在谈判桌前表现自信时，会受到来自外界的抵制，只有以提升他人利益为目的进行谈判，将“核心女性刻板印象”与充满自信的讨价还价相结合，她们才能得到认可。
- 工作谈判与家庭谈判的内在联系：女性要学会谈判。西方学者经过大量研究得出结论，女性在谈判桌上通常没有太大的优势。但也有研究证明，谈判这个途径不仅是女性参加工作、获得晋升、巩固地位等的重要方式，也是平衡工作与家庭责任的一种手段。

为了确保在国际谈判时得到专业的对待，女性应当穿着得体，因为许多文化中的人都很关注仪表。在亚洲、欧洲和拉丁美洲许多国家都需要穿着比较保守的深色、优质的高级套装（西装裙套装更为合适），外加皮包以及深色的中等高度的高跟皮鞋。着装应当简洁优雅，传统保守的颜色和款式要比明亮新潮的颜色和款式更为可取。在购物和观光时的休闲着装也应当较为保守并且是柔和的颜色。

> 一位美国商务女性情人节那天在日本做报告时穿了红色的连衣裙。很显然，她并不知道在日本红色并不适合出席商务场合；红色被认为过于鲜艳。日方听众感到很震惊，他们只好坐下来盯着看。这位女士的穿着是十分不恰当的，这被看作无礼的表现（Wilen，2000）。

除了穿着得当，想要在国际型谈判小组中获得成功的女性应当对讨论的问题有所了解，并且扩充关于对手使用的语言方面的知识。女士们应当研究一下将要洽谈业务国家的习俗，包括其对待女性的态度，并且准备好调整自己的态度和行为以符合对方国家人民的预期。例如，在一些文化里年长的男性会像家长一样对待女性并保护她们，因此女性不应因这样的行为而感到被冒犯（Hodge，2000；Martin & Chaney，2012）。

关于国际谈判小组中女性成员的一些成功经验包括行为举止应专业而自信、耐心并且富有热情、尊重对方的文化习俗、意识到谦虚的重要性、展示出合作的态度以及具有幽默感（Axtell，Briggs，Corcoran，& Lamb，1997）。

如果女性在进行国际谈判之前就建立了自己的经验、能力、权威，那些国外的高管将会意识到女性在美国的商务领域中扮演了怎样重要的角色，从而给予她们专业的对待（Hodge，2000）。

11.1.8 环境

谈判地点的环境对于跨文化谈判来说尤为重要。如果在其中一方的办公室举行会议，那么作为东道主的这一方对另一方就有了控制权和责任。当谈判在其中一方的国家进行时，这一方就拥有了“主场”优势——获得信息和人力资源的优势。此时他们要比在对方国家进行谈判时更为坚定自信。这一现象的原因之一就是环境的作用。我们所接受的教育是，在别人的家里或者办公室表现得不客气是很不礼貌的。作为主办方的谈判者或许也会有这种优越感，因为是对方到自己这里来（Lewicki et al.，2011）。避免这一竞争力的办法就是选择一个中间地点。中间地点消除了这种主场的心理优势。

> 1972年2月，美国总统尼克松访华，中美双方将要展开一次具有重大历史意义的国际谈判，因此中方在周恩来总理的亲自带领下，对谈判过程中会涉及的环境进行了周密的计划与安排，甚至连宴会上选择哪几首中美民间乐曲都进行了精心挑选，力图营造出和谐融洽的谈判氛围。在欢迎尼克松总统一行的国宴上，军乐队首先奏响了《美丽的亚美利加》这首由周总理亲定的曲子。尼克松总统十分惊讶，他没想到在大洋彼岸——中国北京，能够听到他最喜爱的，也是他在自己就职典礼上指定演奏的乐曲，因此在敬酒时他还特意向乐队表示感谢。这也将这场宴会推向了高潮，中美双方都处在一派和睦融洽的氛围中。从中可以看出，很多时候一个细小的安排，会对谈判氛围产生很大的影响，也能够展现出策划人高超的谈判艺术。英国政界领袖欧内斯特·贝文（Ernest Bevan）曾说：“在不舒服的环境下，人们可能会违背本意，言不由衷。”

如果进行谈判的房间使得一方感觉很舒服而另一方却觉得不舒服，那么进行谈判的房间在谈判中就扮演着重要的角色。选择地点时要考虑文化的差异。所要考虑的细节包括房间内的布置摆设、人与人及小组与小组之间的座位距离以及房间内的气氛是正式的还是随意的。

桌椅的摆放也会有所区别。有些文化会根据人们的头衔安排座位。这种文化中的人们会希望对方小组的成员数目与自己的相同，并且是同等的级别。日本人就对美国人派一个级别较低的年轻人与自己公司的高管进行会晤感到十分惊讶。因为日本人要在对方的公司与对手进行谈判，所以让大家都认识他的谈判对手是很有必要的。图 11－2 和图 11－3 给出了两种会议座位的安排（Funakawa，1997）。

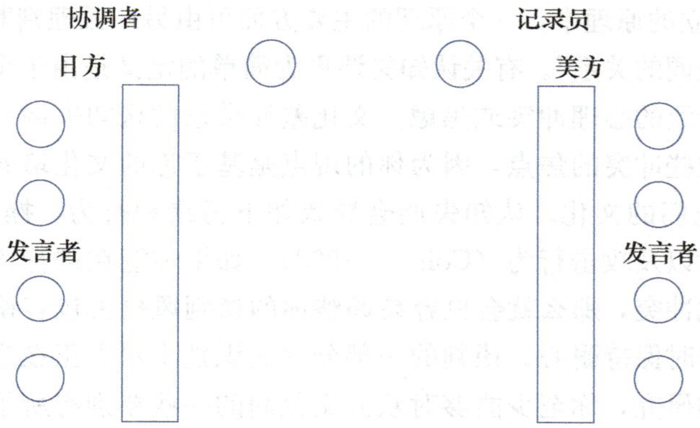

图 11－2　座位安排 1

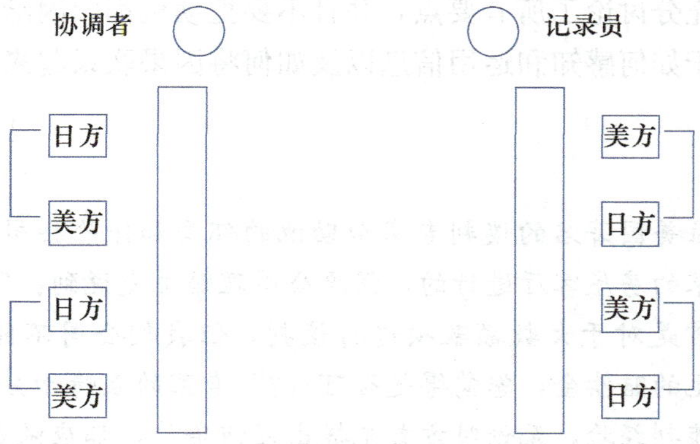

图 11－3　座位安排 2

11.1.9　关系及实质性的冲突

能够识别出你所卷入的冲突是很重要的。问题包括实质性的和关系型的。实质性问题包括对资源的使用和控制。关系型问题集中在长期的友谊或者合作关系上。谈判应当采用能够维系未来关系的方式进行。

冲突可以从谈判双方的视角看，也可以仅从一方的视角看。冲突的产生原因可能涉及陷入僵局、产生行为差异、缺乏共同目标、出现沟通问题、翻译人员能力较差、出现语义的误解、保密、缺乏反馈或者采取了不熟悉的策略。这些因素中有些是由于他们对现实的感知和对那些与他们的文化信仰相矛盾的信息无意识地封闭所导致的。谈判瓦解或者陷入僵局可以通过谈判者反复重申自己的观点识别出来。这时谈判者可能不会再说任何有建设性的话而只是让时间流逝，又或者通过使用非谈判策略使对方改变态度（Brett，2007）。

杰维斯（Jervis，2000，p. 442）对**认知失调**（cognitive dissonance）做出了如下定义："如果两个对立的原理中，一个原理的主要方面可由另一原理判断出来，那么这两个原理就是处于失调的关系"。有关认知失调更为简单的定义是由于个人的认知和行为间的不一致性所导致的心理冲突或焦虑。文化差异带来的认知失调、逻辑和推理上的不同通常是导致这些冲突的焦点，因为你的观点是基于你的文化培养建立的，而对手的观点则是基于他们的文化。认知失调会导致如下情绪和行为：挫折、退步、辞职、压抑、无意识投射以及攻击行为（Cohen，1998）。如果你能在进行谈判之前就意识到可能会产生的文化冲突，那么就会更容易调整你的谈判风格去包容谈判双方的民族优越感并在解决差异时保持耐心。谈判的一部分就是识别出对方正在想什么，通过对对方文化心理倾向的研究，你至少能够对双方文化间的一些差别有所了解。当谈判者的文化思维方式不同时难以进行充分的沟通。在一种文化下，其价值观和信仰通常会存在内部一致性。而在跨文化谈判时，人们必须知道不要将自己的文化思维方式投射到对方身上。要确保充分讨论了所有要点，并且不要把动机都归因给对方，因为实际上这是不存在的。关于如何感知和运用信息以及如何将因果联系起来，不同文化之间是不同的。

有一次，一位美国著名的谈判专家帮助他的邻居和保险公司沟通一些赔偿事项。谈判是在专家的房屋客厅进行的，保险公司理赔员先说到："先生，我知道您是谈判专家，通常是对于大数额款项进行谈判，但我们公司不能接受您的要价，只能拿出 100 美元的赔偿金，您觉得是否可行？"专家的表情十分严肃，没有立刻开口说话。根据谈判经验，无论对方首先提出任何条件，都应做出不满意的反应，这是由于只要对方第一次提出调整价格后，就还可能提出第二次、第三次。理赔员在专家的沉默中没有沉住气，说到："不好意思，这样吧，我加到 200 美元如何？""抱歉，我无法接受这个价格，再加一点。"于是理赔员说："好吧，最多只能赔偿 300 美元。"专家又沉默了一阵，说："300 美元吗？我不知道。"理赔员的语气变得稍显慌张，又把价格降到 200 美元。就这样反复了几次，最终这次理赔谈判以 950 美元的价格达成协议，而实际上邻居心中期待的赔偿额只有 300 美元。专家觉得"嗯，我不知道"这一句话在谈判中能起到很大的效用。

谈判实则是协商沟通的过程，两方都在随时观察对方对于上一句话的反应，从而不断调整自己的原有方案。若一方用沉默或是“不知道”的方式，不明确表明自己的态度，这样会让另一方感到心中没底，从而不断加价。实际上，“我不知道”这几个字实则表明不告知你想要的信息，是一种不传递信息的信息传达。

为了对行为差异做好准备，一定要训练自己对差别的感知能力并据此调整自己的论证。开发“一个有效并且一致的精神相互参照系统”（Fisher，1997，p. 122），它能够自动调整你的反应，这样可以节约时间和金钱并避免产生问题。和我们的日常活动不同，尽管在国际环境中想要在各种情况下都有内在的反应是不可能的，但如果建立一种机制来对差别进行扫描、分类、编码并存储，那么你可以更迅速地做出回应。也就是说，养成另一种思维习惯。这种新的认知结构允许我们共享一种清楚明确的文化以及行为和思维方式。因为我们的认知结构已被自己的文化设定，重新设定会扰乱现有的系统。我们的思维会试着自行调节认知失调使它适应现行的认知系统，而不是通过识别出差异并形成更多的认知储备来扩展我们的认知系统（Fisher，1997）。

同一文化背景下人们的生活方式多种多样，用来解释文化的词汇也变幻多端。当文化不同时，人们使用的词汇也有所不同。美国是强烈个体导向的社会。而由于日本是群体导向的社会，因此在日本同样是个人词汇就会有负面的含义。在美国，教育意味着学术成就并且与就读情况相联系。而在西班牙文化里，教育包括以礼待人、良好的教养，当然也同样包括就读情况和学术成就。公平竞争的理念就是一个例子，这一概念在其他任何语言中都不存在，却在美国的商务、运动以及生活中的其他方面经常使用。因为公平竞争是一个与文化相关联的短语，所以不能期望其他文化理解它的含义。手势、音调及抑扬顿挫会使翻译工作更为复杂（Cohen，1998）。

普兰肯（Planken，2005，p. 386）进行的一项研究显示，谈判中的安全话题领域包括：

1. 开场白：问候、询问其他人的感觉如何、介绍、交换名片及个人的工作经历。
2. 商务关系：前期谈判合同和现有企业关系的历史。
3. 未来业务发展：未来的合作和交易。
4. 经营环境：市场、目标顾客群、竞争者及经济状况。
5. 产品信息：产品特征、生产信息、产品范围及其分布。
6. 公司信息：管理情况，公司历史，核心活动如配送、促销、人事或价格策略。
7. 邀请：午餐、饮酒、喝咖啡以及到公司或者工厂参观。
8. 非商务性话题：旅行、体育、新闻、文化、语言、业余爱好、度假以及家庭。

普兰肯（Planken，2005）也发现有抱负的年轻谈判者比有经验的谈判者更多地使用“你”这个词，不过他们都用“我们”这个词，这显示了包容性。

11.2 影响跨文化谈判的成见

在一种文化下人们看待自己的方式与其他文化背景下的人对其实际的看待方式常常影响着跨文化谈判。（第 1 章中包括了关于所选文化下人们的成见的讨论。）施耐德和巴索克斯（Schneider & Barsoux，2002）指出，美国人看待自己的方式与外国人看待他们的方式存在差异（见表 11－1）。

表 11－1 对美国人的看法

美国人对自己的看法	外国人对美国人的看法
不拘礼节、友好、随意	散漫、过于个性、使人感到亲近
平等主义	不看重地位
直接、有进取心	直率、粗鲁、具有压迫性
有效率	过于看重时间、机会主义
目标/成就导向	承诺较多但实现的较少
利润导向	物质主义
机智、有独创性	工作导向、交易比人更重要
个人主义的、先进的	自以为是、认为新的就是好的
有活力、在工作中肯定自己	被动
热情、更喜欢强行推销	虚伪、可怕
开放	软弱、不值得信任

因此，美国的谈判者应当考虑这一观念上的差距，齐心协力去改变其中一些负面的成见，比如在谈判中进行互动时表现出的粗鲁以及过于看重时间。

11.3 谈判风格的比较

跨文化谈判者的选择要十分谨慎。在自己的文化背景下可以很好地完成谈判的人，在进行跨文化谈判时却未必会成功。跨文化谈判者应能够确定其对手来自什么样的文化背景。谈判者必须能够掌握局势，并且识别对手是否受其文化影响或者呈现出一些与自己文化相反的文化特征。在跨文化谈判中能够对角色行为进行识别并且知道给予适当的尊重是很重要的（Moran & Stripp，1991）。表 11－2 给出了不同文化的谈判风格的简单对比（Elashmawi & Harris，1998；Ruch，1989）。

表 11－2　不同文化的谈判风格

要素	美国	日本	阿拉伯国家	墨西哥
团队组成	市场导向	职能导向	专家委员会	友谊导向
成员人数	2～3	4～7	4～6	2～3
空间倾向	对抗性的；竞争式的	展现出和谐的关系	显示地位的	亲近、友好的
密切关系的建立	很短的时期；直奔主题	较长时期；直到关系和谐	长时期；直到建立信任	较长时期；讨论家庭
信息交换	文件形式；按部就班；采用多媒体形式	信息量大；专注于信息接收方	较少着重于技术，更多强调关系	较少着重于技术，更多强调关系
说服手段	时间压力；节约成本或获利的损失	继续对关系的引用；组内关联	中间人；表现殷勤	强调家庭和社会所关注的事物；造福子孙后代
语言的使用	公开/直接；有紧迫感	间接；表现出感激和合作	奉承；富有感情；宗教式	谦恭；和蔼
第一次出价	平价上下浮动 5%～10%	上下浮动 10%～20%	上下浮动 20%～50%	平价
第二次出价	增加一揽子报价；给更多的好处	降低 5%	降低 10%	加大激励力度
最终出价	一揽子报价	不再让步	降低 25%	一揽子报价
决策过程	高管团队	集体决策	小组推荐	高级管理人员及秘书
决策者	高管团队	小组达成一致	高级管理人员	高级管理人员
风险承担	经过计划的；个人承担责任	低的团队责任	基于宗教的	个人承担责任

11.4　有效谈判者的特征

有效的谈判者要善于观察、有耐心、适应性强并且善于倾听。他们会欣赏特定情况下的幽默，但只在适当的时候小心使用幽默。好的谈判者思维敏捷。他们会仔细思考之后再发言，并且以适合的、有礼貌的方式发言。进行国际谈判的商务人士要知道在同一文化背景下可以进行和谐的谈判，而不同文化有其独特的谈判风格（Berger，2006）。他们会对即将与之进行谈判的国家做足功课，并且了解对方的历史、习俗、价值观以及信仰。有效的谈判者知道在许多文化中历史应当受到尊重，而展现出对一个国家的过去有所了解可以为顺利进行谈判铺平道路。好的谈判者要赞扬那些值得赞扬的历史，并且避免对谈判者或者其国家做出任何评论。他们信守承诺并且总能以真诚的态度谈判（Sebenius，2002a）。

谈判者是无法摆脱自身的文化习惯的。即使是专业的训练，也无法抹去这种从童年就开始存在的根深蒂固的知觉（Cohen，1998）。然而这些知觉是不能说出来的，谴责他人的行为或习惯只是由于它们不符合你的文化习惯，这样你是无法得到任何东西的。这些因素如社交能力、性别、年龄、跨文化交往的经验以及背景，在特定文化背景下是非常重要的，因此在选择谈判者时需要考虑这些因素。

著名谈判家卡拉斯（Karrass）博士说："在生意上，你得到的不是你应得的，而是你谈判来的。为什么要回答'不'呢？成功人士不会这样做。他们会通过谈判为双方达成更好的交易来得到自己想要的。"（Karrass，1996）

11.5 跨文化谈判中协议的重要性

协议（protocol）在理解应该采取什么样的谈判策略方面很重要。利普托特（Leaptrott，1996）给出了协议的三种基本分类：部落式的、集体主义式的以及多元式的。部落式协议包括家庭单位、密切的关系以及与过去的联系。集体主义式协议是部落式协议的一个扩展，它包含更大的群体，例如城镇、国家或种族。多元式社会有许多不同的群体以及群体之间的结合，个人可以随意按自己的喜好加入这些群体。大多数国家都符合这三种类型中的一种。表 11－3 给出了这三种协议类型的对比。中国、非洲国家和印度是基本还处于部落式协议的国家，因为它们是或者曾经是农业社会。在这种文化下一个人的承诺对于建立关系来说比任何事情都重要。集体主义式文化也很重视关系，例如日本、希腊、西班牙以及印度尼西亚。多元式社会的例子有美国、英国及法国。

表 11－3　部落式、集体主义式及多元式文化的特征

领域	部落式	集体主义式	多元式
个人责任	养家以及遵守社会规则	团队贡献，荣誉，服从	个人发展，成就，独立
对他人的期望	相互支持以及绝对忠诚	谦逊，尊重，支持	诚实，业绩，能力
与他人的交流	与陌生人交往时冷漠、正式；与朋友交往时热情、友好、信任	不会坚决反对，友好但对陌生人不明显；忠诚，坚守友谊	不拘礼节，直接进行沟通
崇尚的个人特质	地位，实力，精明	有实力但很谦虚，聪明，知识渊博	创造力，个人成就，地位
对外国人的态度	谨慎，防备，正式，不信任	小心谨慎，攻击性，防御性	开放，好奇，没有敌意

续表

领域	部落式	集体主义式	多元式
工作的原因	工作是为了活着	工作是为了活着	活着是为了工作
人生目标	赢得集体的尊重，对家庭有所贡献	工作上获得成功，让对手做出让步	成功超越目标
对胜利的定义	得到自己想要的	零和博弈，有赢有输	零和博弈或双赢博弈
商务环境	严格的垂直等级制度，领导不可接近，较低级别员工开放式办公，管理人员在办公室内办公	共享权力，没有特别突出的人，开放式办公，办公地点很重要	扁平式组织结构，私人空间，为高层管理者提供最好的空间
业务经营	必须掌握控制权，易指使他人，限制通信	责任分配；战略和仪式很重要；通信开放、共享	直接，对陌生人拘谨，通信较多
学习方式	推广可视化、数据和训练；重复有助于学习	展示，向擅长的人学习	详细的信息，语言文本，认证
反馈	避开细节，不追求一定说得通，主观性反馈	群体内进行，必须达成共识，没有否定	直接，特定，客观，非个人指向
决策	高层决策；骄傲，情感优先于客观	达成共识，高层进行最终决策	独立，合理的流程，中层管理者批准
对时间、行程安排、计划和变化的态度	线性时间，过程导向，允许变化，没有详尽的计划	过程导向，没有规定必要的时间限制，将变化看作错误	线性时间，守时，详尽的计划，渴望变化
解决问题的方法	对过失的评价胜过对问题的解决，并且过失者承担后果	逃避问题；有人会丢面子；冲突；不承认问题	快速、合理的处理；事后进行分析

这三种风格有些方面很相近，而有些方面确实很不同。这就使得对政策、交流、协商和结果的影响因素的使用方法根据谈判涉及的两种文化而各不相同。此外，要牢记从对方文化的角度考虑的同时保持自己文化下的观点，这将能在许多情况下避免出现问题。

尽管所有的文化都要求诚实、有勇气、尊重人格、公平和友爱，但在不同文化下这些价值观可能会有完全不同的含义（Samovar，Porter，& McDaniel，2009）。事实上你很难去评定两种文化是否对这些需求有相同的定义。如果没有达到期望并且感知又是错误的，那么将导致严重的后果（Ping，2000）。

11.6 群体导向与个体导向

理想情况下群体导向可以得到一种对大家都有好处的解决方法，因为它会尽可能地考虑所有的观点。与**群体导向**（group-oriented）的谈判者进行谈判要根据细节确定适当的解决方法。你的身份归属于你所在的群体。群体必须在所有的决策上都达成共识，而这或许在整个谈判会议中都无法完成。群体中的个体要避免做出个人决策。非群体导向的人可能会觉得群体导向的谈判者好像是在拖延时间、对谈判不感兴趣并且在进行模棱两可的陈述。群体导向的文化倾向于认为合同是有弹性的（Hofstede & Hofstede，2005）。

日本是世界上群体导向倾向最为严重的国家之一，或许是由于他们在地理上与其他文化隔离多年，然而，考虑到现在他们已与其他文化互动多年，日本人对不同的谈判策略适应得非常好。尽管日本文化与美国文化差异很大，但他们的确拥有相同的职业道德——赞同努力工作。即使最初的管理风格十分不同，随着日本公司的合资企业及日本公司的子公司成为美国经济的一部分，美国公司也开始运用一些日本管理理念。双方文化都理解了彼此文化之间存在的差异，并且试图去克服。其他群体导向的文化包括中国、波利尼西亚、印第安以及非洲（Hofstede & Hofstede，2005）。这种群体式的方法注重采取行动时要保守并且经过深思熟虑，所有可能的情况都要考虑进去（Berger，2006）。

巴西人尽管非常善于社交，但也认为群体比个人重要，主张保全颜面并且在商务活动中比较间接。巴西人也很灵活；他们认为要想聪明并且富有想象力，就必须能够根据新的发展做出相应的调整（Moran et al.，2011）。

如果你是**个体导向**（individual oriented）的，你将只关注对你的公司最好的合同，而不在意这个协议对另一公司是否有利。如果你的小组中有一个以上的谈判者，那么将可能会由一个人来控制谈判，并对所讨论的各个问题做出决策。通常在谈判会议开始之前就会发生很多与对方成员的对决。个体导向的人通常会严格地翻译合同。

> 阿莫科（Aramco）在沙特阿拉伯的一项运输业务上赔了钱。最后，一个阿拉伯人买下了经销权并建立了自己的系统。由于对自己国家的人非常了解，他制定出了一系列复杂的、强化的火车和司机的日程表。他甚至会因为每个丢失的阀盖而惩罚司机，并奖励那些没有任何零件损失的人。所有事情包括曲轴箱的油位、检修计划、时刻表都会被检查并记录下来。结果是每吨英里的成本降至美国人管理时的 1/3（Weaver，2000，p. 14）。

美国文化大概是世界上最为个人主义的文化之一。另一种个人主义的文化是拉丁美洲。根据布雷特（Brett，2007）所说，一场拉丁美洲国家的谈判经常就是一场内部员工为了职位和权力而进行的争论。其他非常个人主义的文化包括英国、法国、澳大利亚及加拿大（Hofstede & Hofstede，2005）。

11.7 面对面策略

面对面策略（face-to-face strategies）是亲自进行谈判，而不是通过邮件、传真、电话、电报、律师或其他中间机构进行。许多文化下的人都只进行以面对面为基础的谈判。尤其是日本人，他们不喜欢在进行多次面对面的会议之前就通过电话或书面形式做出决策。在欧洲许多国家以及印度和日本，合同会被认为损害了对合作伙伴的信任。他们十分重视面对面的相处以及口头协议（Moran et al.，2011）。阿拉伯人也同样十分重视信任和关系的建立；大多数谈判都会被分解成多次不同的会议（Alon & Brett，2007）。

下面给出了一些面对面谈判时谈判者的行为：

- **刺激**（irritators）——被反复使用的短语，例如“慷慨的出价”。
- **相反提议**（counterproposals）——有经验的谈判者较少立即做出相反的提议。
- **论据稀释**（argument dilution）——当一个论据就足够的时候使用多种论据；这是一种有经验的谈判者较少使用的技术。
- **回顾谈判**（reviewing the negotiation）——通常由更有经验的谈判者完成（Moran et al.，2011）。

11.8 媒体担任的角色

典型的媒体——电视、广播和报纸——对理解多文化举足轻重。你对其他文化的看法大多是通过媒体获得的。媒体可以通过各种不同的方式被利用，包括对政党候选人及公务员的支持和诋毁，以及对许多信息的定义和曲解。媒体人也代表了一种文化并且有着文化偏见，他们对商业有种成见。通过存有偏见的美国的知觉网格，其他的文化普遍由各种媒体展现出来。

广告商组成了世界上最大的谈判者阵营——他们都为了消费者的购买力进行竞争。广告客户广泛地使用媒体，并且他们已经明白了这一点：如果做广告的目的是成功促销产品，那么就需要针对文化差别采用不同的广告传递方式和内容（Prosser，1985）。

电影是文化定式的一大宣传者。许多时候，对于一种文化的错误感知就来自在国外播放的电影或电视剧所表现的主旨。外国人对美国人的许多文化定式（例如美国人都持有枪支）都来自电影和电视剧。同样，美国人对其他文化的看法（例如所有伊斯兰教信徒都不喝含酒精的饮料）也是基于电影和电视上的信息获得的。因为对其他文化的感知通常都是通过媒体获得的，并且这些感知可能或被带到谈判桌上，所以意识到媒体担任的角色是十分重要的。

经营较好的跨国公司为进入不同的市场，在做广告等宣传方面，一方面会保持自身品牌核心价值的统一性，另一方面会在形式上入乡随俗，根据不同地区的文化背景进行策划。宜家就是一个典范，它的广告经常脑洞大开，全面展现其高端的设计和实惠的价格。但在不同的国家，会呈现不一样的风格。如在泰国，宜家的广告更显夸张无厘头，而到了英国就散发出文艺气息，在德国是精致严谨风，进入法国则是浪漫氛围，在美国宣传“英雄主义”，在马来西亚变成热辣的东南亚风情，来到重视“家”的中国，风格又变为温情的家庭生活……

11.9 个人建构

个人建构（personal constructs）指的是个体的信仰系统及态度。个体的信仰系统、态度或个人建构在不同文化间是不同的，并且在一种特定的文化下通常也因人而异。你下意识所期待发生的事情是以你的生活经历为基础的。世界上不会有两个拥有相同生活经历的人。即使文化定式能够提供关于该文化中人们普遍具有的行为的线索，它依然很危险。

“物以类聚”这一词语之所以如此有影响力，就是因为我们确实喜欢和那些与自己相似的人相处。这也是人们说“在美国的时候，行为举止就应当像美国人一样”的原因之一。然而，发表这些言论的美国人却不懂得他们在访问其他国家时应当接纳并且适应该国的行为方式。当然，如果没有大量的时间和强烈的意愿，要做到入乡随俗是很困难的。

有人提出疑问，一个人在另一个国家变得“本土化”是否可能（Brett，2007）。这或许是不可能的，但可以学习其文化、习俗和传统并保持对这些的敏感性。如果人们愿意根据对方的文化而改变自己的沟通风格，那么对方也会积极地回应，然而，如果团体的可区别性受到威胁，另一种文化也可能会受到威胁。适当的适应或许会改善关系，而较大的适应就可能会带来负面影响。适当的适应反映了对对方文化的尊重和敏感。那些选择做出较大适应的人可能无意间被持有相同观点却选择根本不去适应的人认为是对该文化的贬损（Brett，2007）。

布雷特（Brett，2007）着眼于文化原型中的文化变异并允许这两种变异文化有所重叠，在两种文化有重叠的地区里的人就是在这两种文化下最为相像的人。即使这些人处在各自文化的末端，他们之间也要比和他们自己文化中的大多数人更相近。

所有人在很大程度上都是民族中心主义的。因为失去了种族优越感就意味着变化，而变化是一个非常强大的构念。变革阻力是一种普遍的现象（Hendon，Hendon，& Herbig，1999）。谈判是在所涉及国家的政治、经济、社会以及文化体系下进行的，这些都是谈判的环境因素。

与谈判有关的文化体系可能是相似的，也可能是相异的。谈判在“4C”中发生：共同利益（common interest）、利益冲突（conflict interests）、妥协（compromise）以及标准（criteria）（Moran & Stripp，1991）。

阿方索·洛佩兹-瓦斯克斯（Alfonso Lopez-Vasquez）将拉丁美洲式的工作风格带到英国的工作场所中并进行了研究。他的主要发现之一就是美国人和拉丁美洲人对彼此都有误解和担忧。美国人的失误之一是他们就像两种文化之间没有差别那样对待拉丁美洲的工人。如果要想让工作正常运转，美国人就必须理解文化的差异（Staa，1998）。

共同利益（common interest）就是谈判双方共享、持有或者想要对方拥有的一些东西。如果没有共同目标，就没有必要进行谈判。**利益冲突**（conflicting interests）的领域包括支付、分配、利润、合同责任以及质量。**妥协**（compromise）包括双方存在分歧的领域，尽管双赢对双方是最好的，但妥协可能并不会产生这一结果。**标准**（criteria）包括进行谈判的条件有哪些。

沟通会被误解困扰。当同时考虑愿景、环境、“4C”和谈判情境时，产生误解的可能性就会增加。当谈判者来自不同文化时，他们会有不同的思维模式或对情境做出反应的认知系统。例如，如果两种文化对正确的企业伦理观有着十分不同的观点，那么表面上看起来总是很相似的道德和伦理行为也会使谈判混乱。例如，日本人认为合同是一种适应性的工具，而不是像大多数美国人所理解的那种严格的法律文件。尼日利亚人、墨西哥人发现在恰当的方面进行贿赂有助于业务顺利运行，而这种行为在美国人看来却是不道德的。

商务人士的思维方式已经发展到比较稳定的阶段，并且能与来自本地文化本领域的其他商务人士很好地相处。当意识到认知失调是由不同文化导致的时候，你就会失去内心的平静，你需要努力使内心重新平静下来。意识到自己被自己的思维方式限定很重要，意识到其他文化的人有同样的问题也至关重要。当与来自其他文化的人谈判时，你会发现一些无法共享的理念，这时就产生了认知失调。主题越抽象，就越难以对方的思维方式去思考问题（Fisher，1997）。

下面的例子给出了认知失调是如何发挥作用的，以及如何让事物去适应我们已有的思维方式。

在西方，人们被直角包围——房间、窗户、门、家具以及建筑。如果有人问你房间内文件柜的形状是什么，你会回答是矩形。然而，如果你不是直接从上面或正面看这个物体，而是从其他角度去看，它将不会是 90 度角。因为从经验上看你知道这些应当是 90 度角，你知道这是一个矩形的物品。现实中存在着你已经试着相信的先入为主的认知。如果你被放在一个被设计成用来规避我们感官的房间，它不是按比例建造的，你将会试着使房间内的物品转变成符合你的认知模式。要人们按照事实本来的样子而不是事物在他们脑海中的样子去看待它们几乎是不可能的（Fisher，1997）。

如果友谊和信任很重要，那么就有必要策划大量的社交活动。在谈判开始之前或谈判达成解决方案之前，这些社交活动对建立人际关系来说是必需的。在许多文化中，人们都是与家人和朋友进行商务往来，而且从长期来看人际关系是很重要的。而在其他文化里，对商务关系来说友谊并不重要。下面对于美国和其他一些国家的谈判策略进行总结，对那些在这些国家里经商的人来说这将是个起点。正如之前所强调的，避免持有成见是很重要的。在其他文化中生活和工作的人可以基于对那些已被证实有效的策略的直接了解，相应地改变自己的策略。

巴西

巴西人的谈判风格有如下特征：他们遵循的是多元时间模式而不是单一时间模式，这意味着他们可以同时处理多项业务。巴西人十分情绪化，他们是非对抗性和保留颜面的文化。他们的谈判风格是间接的。巴西人以富有弹性而著名，或许是其国家经济的不确定性（例如，利率、通货膨胀率及汇率的波动）和巴西法律的持续更改所导致的。巴西被认为是风险规避文化，因此在谈判中对方持有小心谨慎的态度并不罕见。当要解决问题的时候，其他文化中的谈判者可能会对巴西人的弹性感到惊讶。巴西人并不轻易认输，而是会一直寻找解决问题的方法。事实上，巴西人以“即兴创作专家”而闻名（Moran，Harris，& Moran，2011；Morrison & Conaway，2006）。

加拿大

就谈判策略而言，和贯穿各省的变化一样，加拿大有两个主要团体。这两个主要的团体是说法语的魁北克省和加拿大的其余地区。

说法语的加拿大人没有其他加拿大人那么开放，并且他们的民族优越感更为强烈。加拿大人见多识广，善于分析，喜欢客观信息。在解决问题的过程中说法语的加拿大人思维更直接，而说英语的加拿大人更注重抽象或推理。尽管不如美国谈判者那么直接，他们还是带着强烈的自我决定意识进行谈判。在控制情绪方面，加拿大人与英国人更为相似，而与美国人差别较大，并且他们认为生意伙伴不必成为朋友。他们依据专业能力和成功的谈判经验选择谈判者。然而说法语的加拿大人更倾向于根据性别、年龄和社会地位评判谈判者的资格。他们比说英语的加拿大人更注重礼节。在加拿大，明智并及时地利用时间很重要。信任也是很重要的一部分（Moran et al.，2011）。加拿大人通常选择偏向于个体导向的谈判策略。加拿大的大部分地区是部落式文化，也有少部分地区是多元式文化（Leaptrott，1996）。

中国

当与中国人谈判时，应当记住他们主张双赢的谈判策略，这可以使双方都获得成功以增进合作关系。中国人偏重于采用合作式的谈判方法而不是讨价还价策略。事实上他们认为那些采用有输有赢的策略，以牺牲他人的利益为代价来使自己获得高额利润的谈判者是奸商。然而这并不意味着所有的中国谈判者都很无私。可以使用妥协性策略，重要的是确保和谐与稳定绝不能被谈判破坏。双方都应当愿意做出妥协以获得并保持和谐的关系。对他们来说，谈判的环境也同样重要，他们通常需要选择中立的地点（Zhao，2000）。因为中国谈判小组会有很多成员，所以另一方应相应地匹配人员。同时也应当事先制定出座位安排——这个座位安排应当反映出小组成员的地位和级别。

由于对中国人来说语言及非语言信息要比正式的书面或者法律文件更为重要，因此即使是书面内容也全都需要进行讨论。中国人的习惯是先大体上达成协议之后再敲定细节，而美国人却习惯从细节开始最终达成协议。在中国不赞成贿赂（Zhao，2000）。总的来说，对中国人而言建立关系很重要，他们偏向于群体导向，更喜欢面对面谈判。中国被认为是集体主义式文化（Leaptrott，1996）。

法国

在与法国人开始谈判之前，很重要的一点是找一个好的法语翻译人员，该翻译人员要能在翻译语言的基础之上对其高语境和非语言的沟通进行解释。法国人希望谈判者拥有恰当的社会和教育背景以及进行决策的权力。如果事先没有培养关系，那么法国谈判者对对方不太信任就不足为奇了，因此谈判者要获得法国人的信任。因为法国是笛卡尔哲学逻辑导向的，因此谈判者应当有完整详细的展示演说。谈判者除了他们想要推销的产品，还要准备许多不同的方案。法国人不介意谈判发展为辩论。

与直接和底线导向的美国人相反，法国人的谈判风格是间接式的。他们认为质量比速度重要，因此谈判者不要急于完成谈判而是应在谈判中花费足够必要的时间。法国人不在用餐时谈判，他们认为应当享受用餐时间（Asselin & Mastron，2000）。法国是个人主义式的谈判风格，他们也喜欢面对面进行谈判。法国正朝着多元式社会努力，然而法国南部却更偏向于部落式社会（Leaptrott，1996）。

德国

德国的谈判风格非常严肃。德国人强调严格且不变的合同。在德国，公司、雇主协会和工会在谈判中都有着各自的角色。然而，随着德国的统一，这些社会合作关系正在发生改变。

德国人的策略是在简单介绍之后就立即开始谈判。他们的谈判过程有条不紊地缓慢进行，并且不会掺杂一点幽默在里面。他们不会为“有根据的推测”感到吃惊，不过最好承认信息的缺失。尽管和德国人的谈判有些缓慢，但他们也很直接。谈判者可以在谈判过程中知道他们有意见的地方在哪（Samovar et al.，2009）。德国人是个人主义的，也喜欢面对面谈判。德国被认为是一个多元式社会（Leaptrott，1996）。

日本

在日本，坐到谈判桌之前谈判就已经开始了。双方成员间的谈话可以在饭店、酒吧、高尔夫球场以及办公室进行，通过这种谈话就会产生诱导性需求。然后日本人会在谈判开始之前就在谈判桌上与对方达成共识。比起通常用来交换意见或报价的用途，谈判桌更像是一种仪式（Sebenius，2002a）。日本人寻求双赢的谈判情境。

对日本人来说，谈判是一场地位的游戏，也就是地位相同的人在非正式的情况下对商业问题进行讨论。双方公司的权力级别是很重要的。与中等或小型公司相比，较大的公司通常在谈判中相对地拥有更多的权力。展示出对长期关系的承诺并且保持热情是应该使用的重要策略。日本人会尽可能地掌握一切关于对方谈判团队成员和公司的信息。为了与日本人成功地进行谈判，充足地准备数据和信息并尽可能地了解日本人就显得十分重要。当发生争议时，双方都应当暂停一下来讨论备选方案。在与其同事讨论之前，日本人通常没有权力做出妥协（Nishiyama，2000）。日本人的群体导向非常强烈，他们通常会运用媒介而且喜欢面对面谈判。日本是集体主义式文化（Leaptrott，1996）。

墨西哥

在墨西哥做生意，联系、介绍以及建立关系是很重要的。这种联系通常伴随着双方良好意愿的交流。或许贿赂（la mordida）的行为在美国谈判者看来是很不道德的，在墨西哥这却是一种解决问题的好方法。然而，随着墨西哥工资水平的增长，这种 la mordida 式的做法看来是将要减少了。在所有大型组织里，决策由高层管理人员而不是由委员会做出（Hinkelman，1994）。

在墨西哥，谈判者的选择以地位、家庭关系、个人或政治影响力以及教育情况为依据。对墨西哥人来说礼仪十分重要，但他们不过分担心时间问题，不过对于约见要保证准时。他们会认为情感论据是有说服力的，他们会在最初推测你是否值得信任，然后通过人际互动去验证。

在墨西哥，和有输有赢的策略相比，他们更喜欢双赢的谈判策略。因为已经形成了友谊，因此每一方都希望双方都能有所获益。墨西哥人喜欢在进行谈判之前就事先掌握问题。谈判应选择中立的地点。与墨西哥人谈判耐心极为重要，双方应在互相寒暄之后再开始正式的对话。谈判中的讨价还价被看作墨西哥人游戏的一部分。在陈述提案的时候应当使用客观事实。不要一开始就拿出最佳提案；要给讨价还价留有余地。大多数墨西哥管理者都认为个人承诺要比书面协议重要得多（Hinkelman，1994）。墨西哥人的谈判风格倾向于集体导向，他们喜欢面对面进行谈判。墨西哥是部落式社会（Leaptrott，1996）。

荷兰

从17世纪开始，荷兰在贸易上就十分活跃。那里的人会因所居住的区域（北部或南部）不同而形成截然不同的性格，或者喜欢安静，或者喜欢社交。总体说来他们都是诚实的谈判者。因为都有良好的组织性，所以他们不喜欢混乱。他们愿意接受意见而不会觉得受到新情况的威胁。这也导致荷兰人直接、务实，但不喜欢争吵。他们认为问题的解决是集体的功劳。他们以职业来衡量社会地位，这一点与美国人一样，因此美国谈判者不会感到有所不同。由于荷兰人认为谈判需要团队合作，他们的谈判过程会比美国慢，但一旦在达成共识的基础上做出决策后，谈判进展将会十分迅速，并且他们也希望对方如此。荷兰是最多元式的国家（Leaptrott，1996；Morrison & Conaway，2006）。

新加坡

对新加坡人来说年龄很重要。尽管在学校进行的是集体主义式教育，新加坡却有着三种十分不同的文化，分别是由中国、马来西亚和印度影响形成的，因此个人的价值体系差异很大。在商务领域，群体的共识是很重要的。对新加坡人而言家庭十分重要。社会地位基于政治权力、财富和教育情况衡量（Morrison & Conaway，2006）。

韩国

因为韩国人具有很强的等级和地位意识，所以你的谈判成员要与对方成员的地位相匹配。在韩国的谈判中，个人提问比较多见，而这也可以帮助你去确定你的组织内部的级别和地位。韩国人虽然很重视社会和谐，但却很善于直接地表达情感，甚至在谈判中会有点咄咄逼人。不过韩国人接受不了过于直接的行为。他们认为对竞争的批评是不恰当的。强烈建议你用当地外贸代理机构的代表来介绍你团队的成员，因为在开展业务之前应先发展关系，所以与韩国人进行任何交易都要分多步进行。他们的逻辑方向本质上是循环性的，这使得他们会不按顺序地对条款进行讨论。谈判会强调逻辑性和交易的利润结构。谈判中的每个韩国人都需要对方有一个与之相对应的人。韩国是集体主义式文化（Leaptrott，1996；Morrison & Conaway，2006）。

英国（英格兰、苏格兰、威尔士及北爱尔兰）

英国人在谈判中十分实事求是，他们对客观事实感兴趣，并且认为表露情感是不合适的。英国人不会轻易在任何问题上改变观点，他们十分善于分析，一般不重视在谈判中所处的地位。尽管他们个人主义比较严重，但还是毫无疑问地遵守公司政策。商务中并不需要友谊，并且英国人在谈判中不难说“不”。像美国谈判者一样，英国人以最后期限为导向（Morrison & Conaway，2006）。在谈判策略上他们是个人主义的。

英国一家啤酒公司的副总裁在南美洲商务旅行途中，收到总部发来的邮件，让他在回国前去牙买加和当地的一家甜酒出口公司洽谈生意。然而他之前没有办理到牙买加公务旅行的签证，在以游客身份进入牙买加时被卡，经过他的积极争取移民局派了一位警察监督他在牙买加的所有行动。奇妙的是，这位副总裁在离开牙买加前在警察的监督下竟然与甜酒出品商谈成了合作。期间到底发生了什么？

副总裁住的酒店设有一个游泳池，旁边设置了酒吧供客人们休闲聊天。警察只见他十分随意地与一位身穿比基尼的女郎一同喝酒，还和酒吧服务员闲聊。但其实是甜酒出口商装扮成了服务员，他的秘书则是那位女郎。这样的商业技巧展现出了英国人的智慧，喝啤酒是英国的习惯，这位商人借此机会将英式文化特色发挥得淋漓尽致。

美国

美国人十分关注完成交易。他们的谈判策略倾向于以利润为导向并且很直接，他们的展示会直中要点。美国谈判者在与对方谈判之前不需要建立人际关系，许多美国人甚至不会与工作上有来往的人发展人际关系。他们在用餐中、打高尔夫时或者几乎其他任何时间都会工作。由于美国是个多文化融合的国家，种族、地区、性别和年龄上都存在多样性，因此美国谈判者会很随意。他们对事实和数字反应良好，但是许多美国人都难以解释高语境的非语言暗示。美国谈判者喜欢从一个强势的位置进行讨价还价，这有时会导致在讨价还价中他们处于优势而对手处于劣势的局面。美国人的谈判策略偏于个体导向，多数时候他们会使用媒介（Morrison & Conaway，2006）。美国是多元式社会（Leaptrott，1996）。

关键词

论据稀释（argument dilution）
权力优势（authority advantage）
授权（authority）
平衡性授权（balanced authority）
认知失调（cognitive dissonance）
共同利益（common interest）
妥协（compromise）
利益冲突（conflicting interests）
相反提议（counterproposals）
标准（criteria）
文化噪声（cultural noise）
面对面策略（face-to-face strategies）
群体导向（group-oriented）
个体导向（individually oriented）
刺激（irritators）
感知（perception）
个人建构（personal constructs）
权力（power）
协议（protocol）
回顾谈判（reviewing the negotiation）

练习

说明：正确的圈 T，错误的圈 F。

1. T　F　一国的文化对该国所有的人来说都是一样的。
2. T　F　为了使权力具有意义，应当接受权力。
3. T　F　就像在美国一样，女性可以在日本、沙特阿拉伯和法国进行谈判。
4. T　F　跨文化商务谈判的环境不重要。
5. T　F　有效的谈判者应当善于观察、有耐心、适应能力强，并且是好的倾听者。
6. T　F　不同的协议会影响谈判。
7. T　F　相关标准（包括更改谈判者的标准）要在合同责任中有所体现。
8. T　F　美国人倾向选择群体导向的策略。
9. T　F　荷兰是集体主义的文化。
10. T　F　如果美国人只派一个人与日本人谈判，日本人会认为美国公司是认真的。

问答

1. 为什么根据情境选择成员如此重要？
2. 解释权力和权威如何影响谈判。
3. 口译和翻译人员在谈判过程中扮演了怎样的角色？
4. 解释性别如何影响谈判的成功。在哪种文化下谈判中的女性会得到平等对待，而哪种文化不会？
5. 当谈判在自己的国家、对方国家、中立国家进行时，谈判的情境和环境对参与者会产生怎样的影响？
6. 关系和实质性冲突会怎样影响谈判？
7. 文化定式是我们对一种文化的理解。谈判中的文化定式的优点和局限性是什么？
8. 讨论与群体导向和个体导向的人进行谈判的区别，并分别给出例子。
9. 解释媒体是如何影响跨文化沟通的，并举出媒体引发的文化定式的例子。
10. 解释什么是个人建构以及它是如何影响谈判过程的。
11. 利益冲突是如何影响谈判的？
12. 当与具有如下文化特征的人进行谈判时，你会使用怎样的谈判策略：在谈判环境较好时比较感性，不看重事实和细节，认为地位很重要？
13. 请举出你拥有的三种个人建构，它们将你与你的国家文化氛围中的多数人区别开来。解释这会使得对你的国家文化已有定式的人产生怎样的困惑。
14. 美国人与加拿大人、墨西哥人或日本人进行谈判会比较容易吗？为什么？
15. 请给想要在跨文化谈判中获得成功的女性一些建议。

案例

采用下列步骤分析案例：(1) 仔细阅读案例，注意细节；(2) 阅读案例后面的问题；(3) 重读案例，留意或突出回答要用到的细节；(4) 辨别案例的相关事实、基础假设和关键问题；(5) 列出问题可能的答案；(6) 选择最符合逻辑的答案。你的老师可能会让你以书面形式提交案例问题的答案。

案例1

教师将班级分为两个谈判小组。一个小组来自美国；另一个来自墨西哥。要从你所在国家（美国或墨西哥）的文化角度回答问题。美国公司希望能降低其产品的成本，相信这可以通过在墨西哥生产制造实现。而由于美国公司没有在墨西哥生产的经验，因此想与墨西哥的Agua制造公司进行谈判。Agua公司的产能过剩，该公司的管理者非常想为美国公司生产产品。谈判将在墨西哥进行，这样也便于美国人对其设备进行参观和评估。

请分别从墨西哥小组和美国小组的角度回答下列问题。你或许需要研究美国和墨西哥的文化背景。要注意即使在美国出生长大，有时你也无法像他人看待你一样看待自己。

1. 请说出谈判的角度、环境及谈判情境。
2. 你认为共同利益、利益冲突和折中点在哪？成功的标准是什么？
3. 你的谈判战略和策略是什么？
4. 在这种情境下文化有多重要？

案例2

一个美国女主管被派往沙特阿拉伯与当地公司进行合同谈判。她身穿深色商务套装，十分保守，并尽可能使妆容完整、发型正式。她发现阿拉伯人态度十分冷淡。她被问到上级什么时候会到，这让她感到十分不受重视。

问题：她犯了什么错误？

怎样做可以改变这一情境？

案例3

你的公司已经决定启用一家出口管理公司来处理公司产品所有海外的销售和金融业务。以什么样的方式进行会使之成为优势或劣势？这与公司的规模有关吗？

案例4

一组来自纽约的高效率商务人士抵达墨西哥进行展示。他们为自己安排好了时间，有详细的日程、一份很长的合同，并为合资公司制定了具体计划。他们分发了这些材料，并表明他们的时间很紧，因此会议必须按计划完成，这样他们才能赶上飞机。墨西哥人在整个展示过程中都只是静静地坐着。展示之后，纽约人在返程的路上庆祝自己的成功，而墨西哥人却觉得他们没法与这些纽约人合作。为什么双方对会议的看法如此不同？

案例 5

你正在前往印度去与一家公司就合作生产协议进行谈判。你从未见过印度公司的谈判代表，但事先已通过邮件和电话与对方联系过。你预计需要在印度待多长时间来达成协议？你对对方的谈判风格和文化有哪些了解？

活动

1. 描述在沙特阿拉伯谈判中，假期和宗教扮演了什么角色。

2. 查阅一本关于文化礼仪的书，比如马丁和钱尼的《全球商务礼仪》(*Global Business Etiquette*)，并写一篇一页纸左右的概要，内容是关于馈赠礼物在与日本人和中国人进行谈判时扮演了怎样的角色。

3. 查阅一本关于非语言沟通的书，比如阿克斯特尔的《手势：世界上肢体语言的行为规范及禁忌》(*Gestures: The Do's and Taboos of Body Language Around the World*)，并写一篇一页纸左右的概要，内容是关于与来自南美国家（自选其中一个国家）的人进行谈判时非语言沟通所扮演的角色。

4. 从最近出版的《华尔街日报》或者当地的报纸中，找一篇关于美国与其他国家进行谈判的文章。对这篇文章做一个简短的口头总结报告。

5. 讨论在与不同文化背景的人谈判时，讨价还价所起的作用。

6. 划出下列情节中的不当行为：墨西哥谈判小组邀请 ABC 公司的谈判团队在一家墨西哥餐厅用晚餐。ABC 公司的一些成员并不喜欢墨西哥食品。在饭店，来自 ABC 公司的汤姆觉得太热了并且很不舒服，所以在就座前他脱掉外套并松开了领带。现在他觉得舒服多了，并开始和对方的两名成员聊天。当墨西哥谈判小组的胡安提及汤姆并称他为汤姆博士时，汤姆打断了胡安，告诉他叫自己汤姆就可以了。汤姆询问对方小组的领导是否有什么方法能让对方对今天讨论的问题有所让步。服务员上了第一道菜，是有鸡爪在里面的鸡汤。汤姆在看见鸡爪的时候就畏缩了，并把碗推到了一边。

7. 下面是一个自我评估的练习，练习之后有结论的解释。

关于谈判技巧的自我评估练习

请回答下面关于你与他人互动时做法的问题。请根据你典型的日常活动作答。请尽可能坦诚。对每个问题下面给出了五个答案，请根据你的选择将答案的号码填入计分表中。

1. 你认为自己从未（或很少）像题中描述的那样做。

2. 你认为自己偶尔（但不会经常）像题中描述的那样做，也就是相同情况下比大多数人要少些。

3. 你认为自己对于题中描述的做法处于平均水平，也就是和相同情况下大多数人的做法一样。

4. 你认为自己经常像题中描述的那样做，也就是相同情况下比大多数人要稍多些。

5. 你认为自己非常多地像题中描述的那样做，也就是相同情况下比大多数人要多得多。

问题

1. 我关注整体局势或问题。
2. 我根据自己的价值观对事实进行评价。
3. 我相对不情绪化。
4. 我认为大多数情形下事实是显而易见的。
5. 我喜欢解决新问题。
6. 我关注人们互动时彼此之间发生的事。
7. 我倾向于仔细分析事物。
8. 在争论时我保持中立。
9. 我工作时会爆发能量，但有时也会松懈。
10. 我对他人的需求和感觉很敏感。
11. 我会无意伤害他人的感情。
12. 我很擅长记录讨论内容。
13. 我能很快根据事实做出推断。
14. 我会寻找双方的共同点并做出让步。
15. 我会运用逻辑解决问题。
16. 讨论问题时我会知道大部分细节。
17. 我相信瞬间的灵感。
18. 我强烈坚持原则。
19. 我善于使用循序渐进的方法。
20. 我会为他人阐述信息。
21. 我会获得一些错误的事实。
22. 我会努力让人们高兴。
23. 我会很系统地阐述观点。
24. 我认为事实与经验相关。
25. 我擅长洞察基本点。
26. 我喜欢和谐。
27. 我会权衡利弊。
28. 我有耐心。
29. 我会为自己的未来规划。
30. 我会让个人的喜好和意愿影响我的决策。
31. 我会找出因果关系。
32. 我关注目前需要注意的是什么。

33. 当他人变得不确定或者气馁时，我的热情会带领他们继续前进。
34. 我对表扬很敏感。
35. 我会做出有逻辑性的陈述。
36. 我依赖经过证实是有效的方法来解决问题。
37. 我会从一个想法换到另一个。
38. 我经常讨价还价。
39. 我能很好地自己想出办法。
40. 我的论据十分精准。
41. 我会引领大家看到某种情况的积极方面。
42. 我会根据感情和感觉达成“公平”的交易。
43. 我会为我赞成的提议提出清晰的论据。
44. 我不相信灵感。
45. 我说话的方式会传递给他人一种兴奋感。
46. 我会根据在沟通中所得到的相应地给予反馈。
47. 我会提出有意义的提议或建议，即使它们并不受欢迎。
48. 我很务实。
49. 在分析一种情况时我富有想象力和创造力。
50. 我会将合理的论据整合起来。
51. 我会积极征求他人的意见和建议。
52. 我会将我的陈述存档。
53. 我的热情富有感染力。
54. 我会基于他人的意见提出自己的意见。
55. 我的提议需要他人的注意。
56. 我喜欢用归纳法（从实践到理论）。
57. 我有时会情绪化。
58. 我会用含蓄或公开的威胁使他人顺从。
59. 当我不同意他人的观点时，我会有技巧地指出其观点中的不足之处。
60. 我会低调地做出回应。
61. 为了试图劝服他人，我会引出他们对感动和新奇的需求。
62. 我会让他人觉得他们有值得贡献的东西。
63. 我会提出敏锐的想法。
64. 我会现实地面对困难。
65. 在不利或困难的情况下我会指出积极的可能性。
66. 我会表现出耐心和对他人感觉的理解。
67. 我会使用与将要发生的问题有关的论据。
68. 我被认为是脚踏实地的人。
69. 我经常会有超现实的想法。

70. 我会对他人的想法和贡献给予信任。
71. 我喜欢组织和计划。
72. 我善于提出相关事实。
73. 我拥有富有魅力的声音。
74. 当产生争执时，我会寻找有共识的部分。
75. 我会对我的反应保持一致。
76. 我会快速注意到应当注意的事物。
77. 当激动人心的时刻过去之后我会退出。
78. 我喜欢和谐与合作。
79. 谈判时我很冷静。
80. 我会想尽办法得出结论。

得分表

将每个问题的得分（1，2，3，4，5）填入下表。完毕后，将它们纵向相加，会得到四个总分数。

1. ______	2. ______	3. ______	4. ______
5. ______	6. ______	7. ______	8. ______
9. ______	10. ______	11. ______	12. ______
13. ______	14. ______	15. ______	16. ______
17. ______	18. ______	19. ______	20. ______
21. ______	22. ______	23. ______	24. ______
25. ______	26. ______	27. ______	28. ______
29. ______	30. ______	31. ______	32. ______
33. ______	34. ______	35. ______	36. ______
37. ______	38. ______	39. ______	40. ______
41. ______	42. ______	43. ______	44. ______
45. ______	46. ______	47. ______	48. ______
49. ______	50. ______	51. ______	52. ______
53. ______	54. ______	55. ______	56. ______
57. ______	58. ______	59. ______	60. ______
61. ______	62. ______	63. ______	64. ______
65. ______	66. ______	67. ______	68. ______
69. ______	70. ______	71. ______	72. ______
73. ______	74. ______	75. ______	76. ______
77. ______	78. ______	79. ______	80. ______
IN：______	NR：______	AN：______	FA：______

谈判风格解析

将你的四个得分填入下图。将四个点连接起来就能形成你的谈判风格解析。

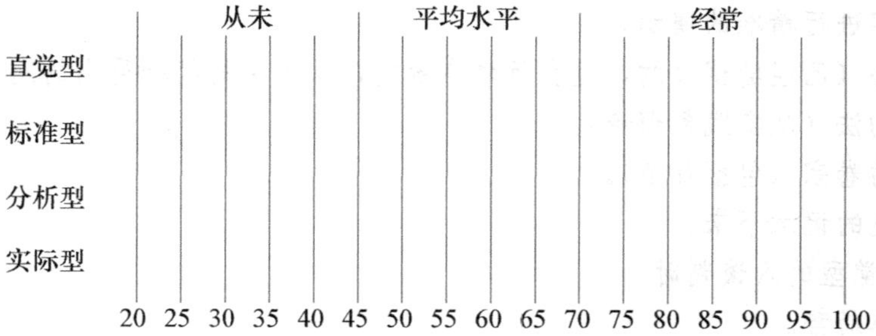

IN——直觉型

基本假设："想象力能解决任何问题。"

行为表现：进行热情洋溢的陈述，关注整体情境或问题，准确描述基本问题，做出预测，在分析形势时富有想象力和创造力，经常从一个想法换到另一个，超越事实，总是有新想法，时而前进时而退缩，快速根据事实进行推理，有时会得到错误的事实，善于演绎。

关键词：原则、基本点、明天、创造性、想法。

NR——标准型

基本假设："谈判就是讨价还价。"

行为表现：根据自己的一套价值观判断、评估事实，或赞成或反对，或同意或不同意，使用负载词，进行讨价还价，提出奖励，进行激励，根据感情和感觉达成"公平"的交易，要求，询问，威胁，使用权力、地位、权威、关系，寻求妥协，进行有效陈述，关注人和人们的反应，判断，重视沟通以及团体共同完成。

关键词：错误、正确、好、坏、喜欢。

AN——分析型

基本假设："逻辑能得出正确的结论。"

行为表现：形成推理，得出结论，并将它们运用在谈判中，为赞同自己或反对他人的立场进行争论，直接，瓦解、分解、分析每个情境的因果关系，确定各部分间的关系，用逻辑整合事情，组织，充分权衡利弊，发表统一的声明，使用线性推算法。

关键词：因为、然后、从而、因此、为了。

FA——实际型

基本假设："事实会为自己说话。"

行为表现：以中立的方法指出事实，对所说的保持关注，提醒人们的观点，知道所谈论问题的大部分细节并与他人共享，阐明并将事实与经验联系起来，低调做出回应，寻找证据，将自己的陈述存档。

关键词：意义、定义、解释、阐明、事实。

与不同风格的人进行谈判的指南

1. 与实际型的人谈判时

要对事实进行精准的演示。

参考过去（已经尝试过的，过去行之有效的，从过去的经验得出的）。

采用归纳法（从实践到理论）。

了解你的卷宗（包括细节）。

将你所说的记录下来。

2. 与直觉型的人谈判时

关注整体局势。

将自己的规划放眼于未来（寻求机会）。

激发伙伴的想象力和创造力。

快速响应（思维跳跃）。

以他人的反应为基准。

3. 与分析型的人谈判时

争论时运用逻辑。

寻求因果关系。

在紧要关头分析形势或问题的多种因素间的关系。

有耐心。

从各自支持和反对的视角分析各种备选方案。

4. 与标准型的人谈判时

在谈判开始时建立良好的关系。

对他人所说的话表示出兴趣。

确定对方的价值观并据此做出相应的调整。

准备好必要时做出妥协。

考虑对方的感受。

参考文献

Alon, I., & Brett, J. M. (2007). Perceptions of time and their impact on negotiations in the Arabic-speaking Islamic world. *Negotiation Journal*, 23 (1), 55–73.

Anderson, E., & Weitz, B. (1989). Determinants of continuity in conventional industrial channel dyads. *Marketing Science*, 8 (4), 310–323.

Asselin, G., & Mastron, R. (2000). *Au Contraire*! Yarmouth, ME: Intercultural Press.

Axtell, R. E. (1998). *Gestures*. New York: John Wiley & Sons, Inc.

Axtell, R. E., Briggs, T., Corcoran, M., & Lamb, M. B. (1997). *Do's and taboos around the world for women in business*. New York: John Wiley.

Berger, K. P. (2006). *Private dispute resolution in international business: Negotiation, mediation, arbitration, Volume II: Handbook*. The Netherlands: Kluwer Law International.

Bradenburger, A. M., & Nalebuff, B. J. (1996). *Co-opetition*. New York: Doubleday.

Brett, J. M. (2007). *Negotiating globally: How to negotiate deals, resolve disputes, and make decisions across cultural boundaries* (2nd ed.). San Francisco, CA: Jossey-Bass.

Brett, J. M., & Okumura, T. (1998). Inter-and intracultural negotiations: U. S. and Japanese negotiators. *Academy of Management Journal*, 41 (5), 495−510.

Cai, D. A., Wilson, S. R., & Drake, L. E. (2000). Culture in the context of intercultural negotiation: Individualism-collectivism and paths to integrative agreements. *Human Communication Research*, 26 (4), 591−617.

Casse, P. (1981). *Training for the cross-cultural mind* (2nd ed.). Washington, DC: Sietar.

Chaisrakeo, S., & Speece, M. (2004). Culture, intercultural communication competence, and sales negotiation: A qualitative research approach. *Journal of Business & Industrial Marketing*, 19 (4), 267 − 282. Retrieved September 6, 2004, from the Emerald.

Cohen, R. (1998). *Negotiating across cultures*. Washington, DC: United States Institute of Peace Press.

D'Amico, L. C., & Rubinstein, R. A. (1999). Cultural considerations when "setting" the negotiation table. *Negotiation Journal*, 15 (4), 389−395.

Elashmawi, F., & Harris, P. (1998). *Multicultural management 2000*. Houston, TX: Butterworth-Heinemann.

Engholm, C. (1991). *When business east meets business west*. New York: John Wiley & Sons, Inc.

Fisher, G. (1980). *International negotiation*. Yarmouth, ME: Intercultural Press.

Fisher, G. (1997). *Mindsets: The role of culture and perception in international relations*. Yarmouth, ME: Intercultural Press.

Funakawa, A. (1997). *Transcultural management*. San Francisco, CA: Jossey-Bass.

Hendon, D. W., Hendon R. A., & Herbig, P. (1999). *Cross-cultural business negotiations*. Westport, CT: Praeger.

Hinkelman, E. G. (Ed.). (1994). *Mexico business: The portable encyclopedia for doing business in Mexico*. San Rafael, CA: World Trade Press.

Hodge, S. (2000). *Global smarts: The art of communicating and deal making anywhere in the world*. New York: John Wiley & Sons.

Hofstede, G., & Hofstede G. J. (2005). *Cultures and organizations* (2nd ed.). New York: McGraw-Hill.

Jervis, R. (2000). Cognitive dissonance and international relations. In G. E. Weaver (Ed.), *Culture, communication, and conflict* (pp. 442–443). Boston: Pearson Publications.

Karrass, C. L. (1996). *In business, you don't get what you deserve; you get what you negotiate*. Los Angeles, CA: Stanford Street Press.

Leaptrott, N. (1996). *Rules of the game: Global business protocol*. Cincinnati, OH: Thomson Executive Press.

Lewicki, R. J., Saunders, D. M., & Barry, B. (2011). *Essentials of negotiation* (5th ed.). New York: McGraw-Hill.

Lorange, P., & Roos, J. (1991, January/February). Why some strategic alliances succeed and others fail. *Journal of Business Strategy*, 12, 25–30.

Martin, J. S., & Chaney, L. H. (2012). *Global business etiquette: A guide to international communication and customs* (2nd ed.). Westport, CT: Praeger.

Moran, R. T., Harris, P. R., & Moran, S. V. (2011). *Managing cultural differences* (8th ed.). Burlington, MA: Butterworth-Heineman.

Moran, R. T., & Stripp, W. G. (1991). *Dynamics of successful international business negotiations*. Houston: Gulf.

Morrison, T., & Conaway, W. A. (2006). *Kiss, bow, or shake hands* (2nd ed.). Holbrook, MA: Adams Media Corporation.

Nishiyama, K. (2000). *Doing business with Japan*. Honolulu, HI: University of Hawaii Press.

Nooteboom, B., Berger, H., & Noorderhaven, N. G. (1997). Effects of trust and governance on relational risk. *Academy of Management Journal*, 40 (2), 308–338.

Ping, M. D. (2000). Culture and business: Interacting effectively to achieve mutual goals. In G. R. Weaver (Ed.), *Culture, communication, and conflict* (pp. 518–526). Boston: Pearson Publishing.

Planken, B. (2005). Managing rapport in *lingua franca* sales negotiations: A comparison of professional and aspiring negotiators. *English for Specific Purposes*, 24 (4), 381–338.

Prosser, M. H. (1985). *The cultural dialogue*. Washington, DC: Sietar.

Ruch, W. V. (1989). *International handbook of corporate communication*. Jefferson, NC: McFarland.

Samovar, L. A., Porter, R. E., & McDaniel, E. R. (2009). *Communication between cultures* (7th ed.). Belmont, CA: Wadsworth/Thomson Learning.

Saxton, T. (1997). The effects of partner and relationship characteristics on alliance outcomes. *Academy of Management Journal*, 40, 443-461.

Schneider, S. C., & Barsoux, J. L. (2002). *Managing across cultures* (2nd ed.). Upper Saddle River, NJ: Prentice Hall.

Schneider, S. C., & De Meyer, A. (1991). Interpreting and responding to strategic issues: The impact of national culture. *Strategic Management Journal*, 12 (4), 307-320.

Sebenius, J. K. (2002a). The hidden challenge of cross border negotiations. *Harvard Business Review*, 80 (3), 76-86.

Sebenius, J. K. (2002b). In practice: Caveats for cross border negotiators. *Negotiation Journal*, 18 (2), 121-133.

Staa, D. (1998). No need for inter-American culture clash. *Management Review*, 87 (1), 8.

Teegen, H. J. (1998). Authority and trust in cross border partnerships: Mexican firm perspectives. *Journal of International Management*, 4 (3), 223-229.

Teegen, H. J., & Doh, J. P. (2002). U. S. -Mexican alliance negotiations: Impact of culture on authority, trust, and performance. *Thunderbird International Business Review*, 44 (6), 749-775.

Tiampati, M. (2004). Soda extraction threatens Magadi Maasai. *Cultural Survival Quarterly*, 28 (3). Retrieved November 18, 2004, from the ProQuest.

Tinsley, C. (1998). Models of conflict resolution in Japanese, German, and American cultures. *Journal of Applied Psychology*, 83 (2), 316-323.

Vrluyten, S. P. (2002, October). *Intercultural incidents and vignettes*. Distributed at the Association for Business Communication Conference, Cincinnati, OH.

Weaver, G. R. (Ed.). (2000). *Culture, communication, and conflict: Readings in intercultural relations* (2nd ed.). Boston: Pearson Publishing.

Wilen, T. (2000). *International business: A basic guide for women*. n. p.: Xlibris Corporation.

Zhao, J. J. (2000). The Chinese approach to international business negotiation. *Journal of Business Communication*, 37 (3), 209-237.

第12章

影响国际商务和旅行的法律

学习目标

学完本章后，你将能够：

1. 理解本国法和东道国法的差异。
2. 理解为什么不同国家的合同有不同的含义。
3. 理解道德和法律的关系。
4. 了解为什么颁布国际法。
5. 理解不成文法的重要性。
6. 了解法律如何影响国际旅行。

法律文化研究指的是社会以及社会如何形成其法律文化的研究。法律文化的元素包含立法风格、审判程序、判决（听证并判案）以及地位、作用和被法律专家和政府官员接受的程度（Blankenburg，1988）。文化与法律的发展有关。布雷特（Brett，2007）认为社会道德行为有可能不包含在成文法中，并且有时经济活动的发展会快于法律的发展。当今，国际贸易强调灵活性并表现出了变化的趋势，因此参与国际贸易的国家开始以跨国视角思考法律问题。

对一国法律的理解可以洞察该国人民的道德和哲学的思维方式。法律是社会所相信并看重的东西（Fisher，1997）。当法律或条约被制定或更改时，它们并不能总是代表所有人的意愿，并且需要时间来接受。

世界上有196个国家或地区（该数字受到质疑），因此有着大量影响国际商务的法律。法律用于管理商品进入或离开一个国家的流通。当一个公司参与到国际商务中时，公司代表所能合法做的事情要受到本国和公司希望开展业务的国家两方面的控制。每个国家都可以在其边界内按其意愿合法地做事，而不受他国干涉。**《国家行为准则》**（Act of State Doctrine）合法地保护这个权利。

2016 年 2 月 11 日，日本铃木汽车（铃木）宣布同德国大众汽车（大众）就赔偿等问题达成一致，并且在铃木支付完巨额赔偿后，双方结束合作关系。至此，经历了 5 年纠葛的铃木和大众终是劳燕分飞。2015 年 8 月 29 日，英国伦敦国际商务仲裁院经过长达三年半的延判，确认大众应当放弃所持有的铃木股权，解除两家公司“不成功的”联盟协定。2015 年 9 月 17 日，铃木正式回购大众所持其 19.89%的股权（1.227 7 亿股），按照 9 月 16 日股票收盘价 3 842.5 日元，总价值为 4 717.4 亿日元，约合 39 亿美元。

不过，这 39 亿美元回购股权费用只是“分手费”的一部分，英国伦敦国际商务仲裁院在 2015 年 8 月不仅确认双方关系是“失败的”，还裁定大众有权向铃木索赔，因后者未按照盟约协定为车辆采用大众柴油发动机。加上回购股权的费用，铃木的“分手费”可能达到 40 亿美元甚至更高。而 2015 年第二季度大众营业利润同比增长 4.9%至 34.92 亿欧元，按当时汇率折合 39.2 亿美元，这意味着铃木支付的金额几乎相当于大众一个季度的营业利润水平。

12.1 本国法和东道国法

两个不同国家人们之间的商务沟通受两国法律的约束。由于存在大量的国家和法律，东道国法与本国法的知识都很重要。**本国法**（home-country laws）是指管理本国居民商务活动以及与其他国家进行商务活动的法律、条约或条例。**东道国法**（host-country laws）是指管理你想开展业务的国家本国商务活动的法律、条约或条例。

进口和出口在大多数国家都会受到某种程度上的管制。因此，有一个熟悉你开展业务所在国法律的律师很重要，同样有一个熟悉本国法律和与外国签订协议的法律的律师也很重要。

美国公民在商业活动中要遵守三条重要的法律：反分流要求、反抵制法规和反垄断法（Axtell，1994）。**反分流要求**（antidiversion requirement）规定了提单和发票必须清楚地显示承运公司，不能将装货转移到美国政府所限制的国家。**反抵制法规**（antiboycott regulations）禁止美国公司参与其他两个国家间的抵制活动，即禁止美国公司通过拒绝与友邦进行贸易来参与外国的抵制活动；同样，也禁止向友好国家或被列为黑名单的公司提供它们的业务关系信息。**反垄断法**（antitrust laws）的主要作用是确保竞争的公平和为美国消费者带来低价的商品。其对出口公司的影响体现在以下几个方面：对外国公司的兼并与收购、原材料的采购契约和让与、知识许可证（即“知识信息”）、分销渠道、用于研究的合作组织、生产和施工。

反垄断立法使得美国企业很难互相兼并，因此，我们看到更多的兼并在海外进行。大多数兼并有着广泛的国际分支机构。公司的所在地决定了其要向哪个国家缴纳所得税（Garten，2000）。

12.1.1 书面资料法

大多数国家同样也管理书面资料。美国有一些法律负责管理送往特定国家的资料：

- **《出口管理法》**（Export Administration Act of 1985）要求商务信函中的技术信息有联邦许可。
- **《国际经济应急授权法》**（International Emergency Economic Powers Act of 1977）管理那些传递给外国人的以研究为导向的信息。

12.1.2 科技法

科技法一直受到许多国家的重视。墨西哥、巴西、委内瑞拉和美国都有管理如何转移技术知识的法律。联合国的**世界知识产权组织**（World Intellectual Property Organization，WIPO）在世界范围内推广知识产权，并为185个成员（WTO，2012）管理着23项条约。法律领域的知识产权许可得益于**《保护文学和艺术作品伯尔尼公约》**（Berne Convention for the Protection of Literary and Artistic Works）（WTO，2012），所有公约签署国家或地区的版权受该法约束。到2011年8月为止，有165个国家或地区签署了《保护文学和艺术作品伯尔尼公约》。商标在35个签署**《马德里公约》**（Madrid Convention）的国家或地区中受到保护，然而美国并不是签署国（WTO，2012）。

12.1.3 劳动法

每个国家之间的就业管制都有所不同。大多数国家法律管理着工资、工作时间、劳资关系、居留签证和工作许可证。限制外国人所从事工作的数量和类型是大多数国家通常的做法，不过每个国家之间仍存在很大差异。一些国家要求外国人在国民中占一定比例；其他一些国家要求先证明本国中无人能胜任这项工作；还有一些国家允许外国人工作一段时间。对潜在员工可以合法提问的问题也因国家不同而千差万别。在美国，雇主可以问应聘者是否愿意加班，而在其他国家则不可以问。

12.1.4 美墨联营工厂法

墨西哥有一个美墨联营工厂项目，这个项目受**美墨联营工厂产业规划开发运营总统令**（Presidential Decree for the Development and Operation of the Maquiladora Industry Program，1983）管理。这个项目允许组装产品零件的设备、机器和原材料免税进入墨西哥，然后最终产品再被运回原产地。《美国关税代码》只允许向运回国内最终产品的最后附加值征税。环太平洋地区和欧洲国家都从这个项目中受益。这个项目需要考虑的一个重要因素是法律形式的差异。虽然墨西哥毗邻美国，但美国实行普通法（除路易斯安那州），而墨西哥实行民法。这个差别表现在诉讼过程中依据的是民法而非**先例**（precedent）（在先前法院判决中对法律的解释）（Jarvis，1990）。

12.2 国际法

国际法院（International Court of Justice）或**国际法庭**（World Court）是联合国的一个主要机构，它提供了一种途径来解决国家间而不是公司间的分歧。联合国有三个法律机构：联合国国际贸易法委员会（United Nation Commission on International Trade Law，UNCITRAL）、**国际委员会**（International Commission）、联合国大会第六委员会（Sixth Committee of the General Assembly），它们制定国际商务法，比如《海洋法公约》（航行规则中的国家权力）（UNCTIRAL，2004；United Nations Documentation，2004）。

美国国际法协会与国际文化法协会合作，关注世界上不同文化间产生的冲突和冲突各方的义务。美国国际法协会已经参与到法律差异中，这些法律差异涉及家庭和社会规范、民间风俗、民间艺术、宗教信仰、艺术、建筑风格、媒体、体育运动、娱乐、音乐、语言、文学、戏剧、舞蹈和其他表演艺术。目前这个协会正在筹划国际体育立法。这个协会的目标之一是用一种通用的语言制定一部通用的国际法（Nafziger，2006）。

欧盟（European Union，EU）、《**北美自由贸易协议**》（North American Free Trade Agreement，NAFTA）和**世界贸易组织**（World Trade Organization，WTO）是三个意在使跨国组织间享受平等待遇的跨国协议或组织。在最近几年中，像欧盟和《北美自由贸易协议》这类国际贸易协议开始激增。似乎这个世界将会按照地区的、大洲的和半球的贸易协议来划分，最终关税将不复存在（参见第 10 章）。一些关心国际商务的协会发起了一项促进协议和法律发展的运动，这些协议和法律一律被世界贸易实践接受。发起这项运动的协会包括**国际商会**（International Chamber of Commerce）、**国际贸易术语**（International Commercial Terms，incoterms）、**联合国欧洲经济委员会汽车法规标准条件**（ECE Standard Conditions）、《**海牙公约**》（Hague Convention）和

《维也纳协议》（Vienna Agreement）。

统一的法律并未带来一致公正的司法实践。目前的法官缺乏在国际贸易中的训练或经验。即使在协议的签署成员内，司法实践对各个协议的解释也不尽相同。当前，跨国公司必须具有灵活性，同时愿意学习相关的国际合同。本国法通常和东道国法没有什么共同之处。因为不同的文化有不同的价值观念，同样具有不同的法律观念也就不足为奇了。目前公司律师所面临的变化是中东欧国家、俄罗斯联邦和欧盟的程序变革，它们将采取自由的市场经济，或联合起来形成使用新规则的新经济单位。

准国际法（quasi-international laws）是管理法律实体和不具有国家地位的机构（如私营公司）之间关系的条例。国际制裁就是准国际法。**国际制裁**（sanctions）禁止美国公司在目标国家内从事商务活动。

Maximov 申请执行已被撤销仲裁裁决案的申请人是一名俄罗斯商人马克西莫夫（Nikolay Maximov），被申请人是俄罗斯钢铁集团 Novolipetsky Metal Lurgichesky Kombinat（NMLK）。申请人持有俄罗斯公司 OJSC Maxi-Group 的超半数股权，被申请人意欲从申请人处购买 OJSC 公司 50%加 1 股的股权。申请人与被申请人间的争议主要在于所转让股权的价格问题。仲裁庭最终支持了申请人的请求，裁决由被申请人向申请人支付 89 亿卢布。裁决做出后，被申请人向莫斯科地区联邦仲裁法庭申请撤销该份仲裁裁决，并获法院支持。随后，申请人试图通过上诉的方式推翻这一撤销判决，但最终被俄罗斯联邦最高仲裁法庭驳回。尽管如此，申请人仍然向英国、法国、荷兰等国家的地方法院申请强制执行被申请人于这些国家境内所拥有的财产。2012 年，巴黎法院承认并执行了该裁决，而阿姆斯特丹地区法院则拒绝执行。2017 年 7 月 27 日，英国法院判决拒绝执行该裁决。这个案件是一起关于外国仲裁裁决遭仲裁地法院撤销后，执行地法院是否有义务执行该仲裁裁决的典型案例。由于涉及多国法院对《纽约公约》第 5 条和第 7 条的解释，可在一定程度上反映一国法院适用《纽约公约》以及对待国际商事仲裁之司法态度，值得中国国际仲裁界关注。

国际商务中的谈判对决定遵守哪些法律起着重要作用。谈判合同最终将有益于定义一个国际法律体系。实际上，**麦考利论文**（Macaulay's thesis）阐明，跨文化的商务文化认为长期双赢关系的发展比律师煞费苦心起草的合同更为重要。麦考利解释道，商务活动缺乏法律方面的考虑是由于组织间长期的关系和发展起来的相互依赖性，以及他们对有关组织的重要性。这就是说少有组织因国际合同被起诉，他们宁愿被忽视、抑制，做出妥协而非对簿法庭。麦考利（Macaulay，1976）在其论文中引用了卢曼（Luhmann）的主题化过程。**主题化**（thematization）是一种过程，通过这种过程可以形成相互沟通和满意的环境，这个过程可能与法律、经济、政权、功利主义或宗教相关。

参与者维持他们之间关系的方式称为**治理结构**（governance structure）（Blegvad，1990；Macaulay，1976）。有四种类型的治理结构：（1）**市场治理**（market governance），这种治理结构是以合同为基础的；（2）**三方治理**（trilateral governance），这种治理结构多了一个仲裁人；（3）**双边治理**（bilateral governance），这种治理结构的细节可能不是很清楚，但它很重视持续的经济关系；（4）**统一治理**（unified governance），在这种治理结构中，不存在提前谈判的情况，具有最大的灵活性，并且单方为多方制定规定。参与者到底采用何种治理结构取决于交易的频率、市场替代性、公司对不确定性的承受程度以及公司间的关系。消费者的交易与市场治理结构相符。三边治理结构适用于涉及特殊的商品或服务的情况，或者适用于关系建立费用昂贵的情况。双边治理十分适用于包含不确定性的长期关系，并且这种不确定性是由于商品或服务的融合而产生的情况。统一治理适用于单一组织存在多个下属公司的情况（Blegvad，1990）。

组织对长期经济关系的渴望与日俱增，这是因为这种私下管理的关系比国际法和公共治理更受欢迎。然而，现有的统计资料还比较少，这个领域仍然在发展。现代商业渴望以未来发展为目标的解决方案和合作，而不是法律的约束。时间将会说明经济准则是否要有同法律一样的效力，或是法律是否必须规范私人治理。

跨国企业毫无疑问是今天的趋势。虽然许多年前就出现了这个论断，但是它在今天出现更为恰当。同时，问题也在不断出现：企业效忠于哪个国家？当今的公司有什么权利？这些国家是否几乎都扮演着主权国家的角色？当公司的产品在国内市场达到饱和后，产品将被移到海外销售，同时也在海外生产。虽然在扩张的早期这是一种优势，但在发展的晚期这将导致缺乏优势。随着许多公司在更多国家有分支，其中任何一个国家的政府对这些公司的控制都将变弱。同时，这些公司要向很多国家纳税。因此，这些国际公司正在努力推进有关商标、专利和其他相关活动的国际协议的达成。另外，美国的劳动力正与世界上其他国家的劳动力竞争求职。如果公司不能收取一个高于美国劳动力成本的价格，它们就需要寻找成本更低的生产方式（Vernon，1971）。

2010 年 1 月，黑龙江国际经济技术合作有限公司、北京首钢矿业投资有限公司、秦皇岛秦龙国际实业有限公司等三家中国企业就其与蒙古国政府的矿业投资争端，请求依照《联合国贸易法委员会仲裁规则》设立临时仲裁庭。申请人认为，蒙古国政府撤销其矿业许可证的行为违反了 1991 年签订的中蒙双边投资保护协定（中蒙 BIT）和蒙古国的有关外资法律。2015 年末，以国际法院法官彼得·汤卡（Peter Tomka）为首席的三人仲裁庭在荷兰海牙开庭审理了本案。2017 年 6 月底，仲裁庭做出裁决，中蒙 BIT 仅允许将“涉及征收补偿款额的争议”提交仲裁，关于东道国是否实施了非法征收的争议只能由东道国国内法院审理，最终一致裁定对本案无管辖权。

随着中国企业境外投资数量和规模不断增长，投资者与东道国的争端近几年也有所增加。本案是基于中蒙 BIT“仲裁条款”提起仲裁，而在中国与外国缔结的大多数 BIT 中均采用了相同或类似条款。如果本案裁决形成示范，则中国企业境外投资利益保护堪忧，这也需要理论界和实务界共同研究。

12.3　合同

在美国，**合同**（contract）被定义为参与者做某事的一种协议，它可以是口头的、书面的，或是隐含在行为中的。如果供应商认为客户需要并且客户将接受某些商品而将这种商品运送给客户，那么客户就与这个供应商订立了合同。采购订单通常采用书面形式的合同，必须包含这样一条陈述：“本合同由买卖双方订立（和口头合同订立的日期）。”合同这个词是具有法律强制性的，特别是在美国（Murrray，1992）。

在美国，只要参与者承认制定了口头合同，口头合同就具有了法律强制性，而不管是否有书面合同。同样，如果合同是针对定制生产的产品，并且购买的特殊材料只能用于这种产品，那么口头合同也是具有法律强制性的。另外，由于货物的运输和验收而部分达成的口头合同也同样具有法律强制性（Lewicki，Saunders，& Barry，2011）。

在日本，合同同样可以是口头的、书面的或是隐含在行为中的，但它总是可以重新谈判。因为日本公司的员工习惯于在综合商社（综合商社是很难加入的，这里的人们会一直互相关照）中工作，综合商社中问题的讨论和解决是不受法律干预的。

苏联在解体之前，几乎是不需要合同的。当时商品是分配的，不管公司是否需要，他们都必须接受运送过来的商品。通过改革，如今公司有权拒绝不需要的分配，并可以修改或取消合同。当俄罗斯开始采用产权理论时，这个国家的人们意识到购买者和消费者所承担的最终成本。通过允许公司计划和定制所需要的商品，中央计划和绑定的年度生产计划不再起作用了。如今，俄罗斯公司的运作方式与西方公司一样，公司需要为运营成本、收入、支出和利润负责（Kroll，1989）。目前，俄罗斯的公司采用了许多美国公司所使用的机制来执行协议，比如法院、调解和谈判。然而，私人信任对于俄罗斯商人来说仍然十分重要（Hendley，Murrell，& Ryterman，1999）。

法国里昂的商人雷内·拉封丹（Reney Lafontaine）被任命为一家法国子公司的部门经理，工作地位于沙特阿拉伯首都利雅得。他手下管理着多名法国籍男性和女性员工，还有约 12 名沙特阿拉伯籍男性员工。在接到任命前，雷内从未到过沙特阿拉伯。上任 1 个月后，他在公司下班后举办了一个聚会。现场布置的有各种食物、酒水等，场面其乐融融，进展顺利。这时，突然有警察闯入，不由分说地逮捕了在场的人。进入监狱后，雷内得知他们被指控为非法消费酒类及卖淫，他对卖淫的指控表示十分不解，之后有人才告知他未婚法国女性出席这种聚会被视为卖淫行为。于是他只能想方设法与法国大使馆联系，并希望能在 1 小时左右的时间解救他们出去，但最后法国大使馆花费了将近 24 小时才将这个事件解决。

由于不同国家存在巨大差异，因此建议找法律顾问来对在个别国家以恰当的方式进行合同谈判给你提供建议。与你进行商务往来的国家的合同法书籍也同样建议向法律顾问求助。不熟悉外国法律及其变化将会给国际投资带来风险。

即使在欧洲，如果不知道如何正确地问问题也将是一个很大的麻烦。2000 年，一家美国公司通过意大利的律师在意大利并购了一家制造企业。当业务量在世界范围内下滑，并且其产品定价受石油价格严重影响时，这家公司决定在 2003 年出售意大利业务。最终这项业务并未成功出售，因此公司决定关闭这家公司。这项任务被交给公司的律师处理。然而，律师却没有告诉这家美国公司，这家公司的意大利工会可以在公司关闭完成之前罢工，并且美国公司将有责任向他们支付一整年的工资！

Panama 公司成功谈成了一个合同，这个合同使它可以从巴西合资公司定期获得红利。Panama 公司是合资公司的小股东。合同执行几年后，合资公司的大股东 Cities 公司决定废除合同，这使合资公司停止发放红利。为此，Panama 公司发起了多起诉讼来保护其财务地位，却最终由于遗漏了一些通常并不重要的部分而导致合同不具有法律效力。这些部分在国内一般并不关键，在国际商务中却是十分重要的……Panama 公司甚至在原始协议中包含了这些部分，指出 Cities 公司在任何情况下都必须遵守合同，这本应使 Panama 公司坐享其成。

Panama 公司和 Cities 公司间协议遗漏的主要事项为：（1）如果双方关系破裂了，哪个法院或法庭将仲裁它们之间的纠纷；（2）哪套规则或哪个国家的法律将用于决定双方各自的权利和义务（McCubbins，1994，p. 95）。

12.4 全球专利

全球专利问题对涉及专利产品或专利方法的公司很重要。以前，因为不可能在世界上所有国家申请专利，所以公司倾向于在世界上关键国家和地区申请专利（“Global patent protection”，1997）。全世界已经有 60 个国家或地区签署了《专利法条约》，这使得这些国家或地区的新产品更容易被保护。2006 年 3 月，在新加坡签订了《商标法新加坡条约》，至今已有50个国家或地区签署该条约。目前，有50个国家或地区执行《商标法新加坡条约》（WTO，2012）。

明尼苏达州的专利代理人 Fredrikson & Byron P. A. 公司的菲利普·戈德曼（Philip Goldman）说，全球专利保护之所以重要，是因为专利是有地域性的。“它们只允许专利权人在授予专利权的国家或地区保护专利免受侵犯。因此，这种情况很平常：某国家的一位方法专利拥有者无奈地任由他的竞争者在其他国家（在该国，专利权人不受保护）使用这种方法，并且将最终产品运回该国销售。”（“Global patent protection”，1997，p. 23）

目前，申请专利的公司需要向美国专利局提交一份专利申请书。申请书上的起始日期是十分重要的，因为它是在国外申请该专利的起点。在国外申请该专利必须是自起始日期一年以后。如果专利在其他国家注册的起始时间早于美国专利申请书上的时间，那么其他发明者将无法竞争这些专利。这种做法受到**《专利合作条约》**（Patent Cooperation Treaty）的保护。专利在国外通过之前，公司需要在国内外专利的起诉和维持上花钱。为了确保有一个恰当的依据保护发明和防止外国人注册专利，专利代理人必须做很多工作。并不是所有的国际专利都要求相同的专利信息。为此，如果公司的专利代理人了解其他国家要求哪些条款，并将这些条款（比如公制度量）提前加入进去，这将为公司节约大量的时间和金钱。在专利授权之后，它们需要被重新评估是否仍然具有成本效益。

条约凌驾于所有的国内法之上。美国《宪法》第六条规定：“所有合众国已经缔结及将要缔结的一切条约，皆为全国之最高法律；每个州的法官都应受其约束，任何一州宪法或法律中的任何内容与之抵触时，均不得有违这一规定。”国家确实应该认识到自己的主权。他们需要记住所有的贸易都应该是互利共赢的，记住条约应该是以良好的科学为基础，而不是基于痴心妄想或糟糕的政治（Bentacourt，1997）。

12.5 非成文法

各国对法律的解读通常存在很大差异。例如，高语境国家认为情境比法律的字面意义更为重要。在高语境的国家，很少重视书面文字；相反是以具体情境决定是否要遵守该法，个人对情境的解读比外在的规章制度更为重要。口头协议被认为是固定的，而书面合同则被认为是灵活的。日本便是这样一个高语境文化的国家。在低语境文化中，比如美国，要依据书面内容来办事。法律是固定不变的，不考虑情境因素。在美国，法律决定人们应该如何互相交流。考虑到对待法律态度的差异，美国和日本在谈判中常常出现需要努力理解对方的问题。虽然许多协议对双方都是清晰的，但是在协议执行的时候还会产生许多问题。

非成文商法在一些国家称为**抽屉法规**（drawer regulations）（见图 12－1），比如巴西，在这个国家不成文的操作规范比法律更常用（Rachid，1990）。

图 12－1　抽屉法规

有时，对法律的解读可能是一个问题或是一种解决方法，这要根据个人的立场来判断。当欧盟因几个月的贸易问题斗争而惩罚美国时，就发生了这样一个问题。欧盟判定美国的肉类检验不合格，因此叫停了美国向欧盟的肉类销售。因为加拿大曾称其肉类检验与美国是一样的，因此欧盟必须决定是否也要中断加拿大肉类的进口。为了将加拿大肉类与美国肉类区别开来，加拿大的检查员说“一样的”是指“相同的或更好的”，这样加拿大的肉类进口仍然可以继续。

12.6　道德和法律

因为世界上的人们有文化差异，所以在一个文化中认为道德的行为在另一种文化中就可能被认为不道德。米斯纳（Missner，1980）告诫道，当你在谈判时，理解道德判断与实用性判断之间的差异很重要。

道德判断是基于一些关于是非的道德行为标准。实用性判断是基于那些最容易、最好或最有效实现目标的准则。莱维奇等人（Lewicki et al.，2011）认为判断是主观的，同时对于道德和非道德行为的衡量是相对的而非绝对的。理性的人们不同意道德和非道德行为之间存在清晰的界限。

在商业世界里存在四个非道德行为的诱因：利益、竞争、公平和广告（Missner，1980）。道德谈判的三个维度是：手段/目的、相对性/绝对性、讲实话。手段/目的由效用衡量。一种行为的道德价值和价值要根据其产生的结果判断，这种结果就是效用。谈判中的参与者和谈判环境决定了谈判者是否要采用利用的、操纵的或狡猾的策略。相对/绝对的问题涉及两个极端：每件事都是相对的，或者每件事都不能偏离规则。虽然大多数人处于相对和绝对的极端之间，但是他们仍在争论两个极端中间的哪一点是正确的。当然，这和涉及连续体中哪一点是正确的有关。

讲实话准则认为当你在谈判时不管是隐瞒信息、有意的误述、夸大还是欺骗，都是不诚实的。很难判断一个人在谈判中是不是诚实和公正的，同时判断其是否易受伤害也很困难。跨文化谈判中还有以下问题：不同的商业方法、不同的文化和不同的谈判礼仪。虽然做不道德的决定是为了增加权力和控制，但是不管这个决定是在快速、偶然、认真评估后做出的，还是基于文化价值做出的，这个决定都是重要的（Lewicki et al.，2011）。

美国政府对国际商务中的贿赂和财务造假采取了强硬的立场。**《反海外腐败法》**（Foreign Corrupt Practices Act of 1977）要求美国公司准确地说明并报告国际交易，同时禁止通过贿赂来获得业务优势。贿赂包括礼物和娱乐。当你的公司因送出某个礼物而获得一些好处时，礼物就是一种贿赂。例如，一个美国公司为了加快新建筑工地电缆的安装，"在桌底下"给墨西哥公共事业官员一笔作为私人使用的钱，这就是贿赂。当美国公司与来自没有"送礼"问题（美国人称为贿赂）文化的公司竞争时，这个规定经常将美国公司置于不利的境地。许多美国公司对贿赂采取强硬的政策。休斯飞机公司的一位元老比尔·波梅兰兹（Bill Pomeranz）表明在过去这么多年里，休斯公司因没有贿赂只失去了两个合同。不过，比尔·波梅兰兹指出他们是市场的领导者，因此能够比其他公司，包括那些行贿的公司，提供更多价值。当被问及为什么他的公司在贿赂问题上坚持不退让时，他回答道："这是非法的。不管这是不是一些人从事商业活动的方式，它仍然是非法的，并且公司有严格的道德准则，禁止非法行为。"许多《财富》世界500强公司都同意该公司的观点（Engholm & Rowland，1996）。

由于在一些国家需要支付佣金来加快交易，需要雇用专业的中间人确保将小费给合适的人以避免审批和交付延期。当然，美国人不会卷入支付这些佣金的事件中，这个责任将留给当地的合资伙伴或经销商（Engholm，1991）。

大量针对国际企业家的刊物可以在 http://bookstore. gpo. gov/advserarch. jsp 找到。其中的一些话题如下：

- 识别哪些是在美国合法而在其他国家非法的行为。
- 检查译文是否简明。
- 如果可能，陈述处理分歧的司法权。
- 通过仲裁人处理分歧；识别仲裁机构。
- 陈述将不被遵守的外国法律条款。
- 陈述双方的利益。
- 以文本形式保存协议。

能帮助经销商的另一个信息源是《出口管理条例》，登录 http://bookstore. gpo. gov/advserarch. jsp 可以订阅。

如果你的组织对全球化感兴趣，可以联系美国商务部，它可以帮助小公司开发和执行出口策略，登录 export. gov 或拨打 800－872－8723。在 ExIm. gov 上美国进出口银行可以解决支付问题和其他问题。

《主权相符原则》（Doctrine of Sovereign Compliance）是一部国际法律原则，当两国的法律主张不同时，你可以通过这个原则在本国内维护你在东道国内的工作。例如，一位在加拿大工作的美国经理需要和古巴进行贸易，但是在美国这样做是非法的。如果被起诉，这个经理可以通过主权相符原则进行辩护。这个辩护是必需的，因为《敌国贸易法》规定美国公民或公司即使在本国以外也要遵从美国法律。不受美国法律管辖的权力称为**治外法权**（extraterritoriality）。

《出口贸易法》（Export Trading Act of 1982）允许那些不能进行合资经营的公司可以在英国、荷兰和日本发展相似的贸易公司（Axtell，1994）。通用汽车公司、福特公司和克莱斯勒公司就与欧洲和日本的汽车制造商联合生产并销售汽车。

阿克斯特尔（Axtell，1994）所使用的一个例子充分说明了国家间对法律和道德实践的观点有多么不同。

一位拉丁美洲企业家曾经批评美国在国际商务中对待道德的态度，他给我提供了一种十分不同的道德视角。“考虑‘走私’这个词，”他说，“在美国，这是一个十分不好的词。它表明私运是违反法律的。然而，在我的国家，这个词对应的西班牙语单词是 contrabando。它来自 contrabandido 这个词，它的字面意思是‘反抗土匪’。当我还是一个小孩，住在我们国家的一个村庄时，我们被教导强盗、土匪是土地和商店的所有者。我记得甚至将糖果带进我们村庄都是非法的，同时我们被教导要支持走私糖果，因为这是反抗强盗的一种方式。因此，你可以看到，我们的文化将走私看作一件好的事情。这或许可以解释为什么不同大陆间存在不同的价值观和不同的道德观念。”

国际商务沟通受到公司经营业务国的法律影响，同时也受到不断增多的国际法机构的影响。因为法律和法规源于文化信仰、价值观，并成为它们的一部分，所以，对法律问题的假设、解读和讨论都会造成跨文化商业谈判的沟通问题，除非双方都做好了充分准备。

12.7 国际旅行和法律

当你在国外旅行时，你的**护照**（passport）是你所携带的最重要证件。护照是你的国籍的证明。为了获得护照，你必须有一份出生证明的复印件和两张近期的照片，同时第一次你必须亲自申请。另外，你需要完成一个在线申请表格。如果你已经满 16 岁，你的第一本护照将花费 85 美元。你的护照有效期是 10 年，目前的更新费用是 55 美元。预防起见，你最好复印一份你的护照，这样如果护照丢失或被偷的话，你可以将复印件交给大使馆，你会更快得到一个替代品。由于处理申请需要一段时间（当前处理护照申请是基于你离开美国的时间），因此最好在你真正需要之前获得护照（http://www.travel.state.gov）。

国籍（citizenship）是本国人或一个国家的入籍成员被赋予特定权利和义务的证

明。如果你父母是这个国家的公民，而你出生在其他国家，或者你是你所认为祖国的入籍公民（或者你加入其他国籍并将其当作祖国），这样你的国籍证明将比较混乱。如果你所旅行的国家因为你在这个国家出生或者你的父母是这个国家的公民，而认为你是他们国家的公民，那么该国家将要求你服兵役或缴纳所得税。

签证（visa）使你有权为特定的目的进入并待在一个国家一段时间。如果你是游客，大多数国家不要求有签证，但如果是为了商业目的，签证就是必要的。你所访问的国家签发签证，然后签证可以从这个国家的大使馆或领事馆获得。**领事馆**（consulate）由一个国家的政府派遣到其他国家的人员组成，是为了促进他们祖国的商业利益。

所有的国家都有**海关**（customs），来执行其进出口法，有权搜查并没收任何你所携带的物品。因此，一定要从你们国家大使馆获得一份包括所有禁止带回本国的物品的清单。东道国的大使馆可以提供一份受限物品的清单，当你回国时，你将被要求申报从国外购买并带回国内的所有物品的价值。大多数国家都有要收取关税的项目，**进口税**（duties）也是一种关税。东道国的大使馆还可以给你需要携带的处方药免疫要求和证明。美国公民应该知道如果在离开之前没有向美国海关官员登记的话，他们将不能携带超过 1 000 美元合法出国（Axtell，1994）。

在国外开车，你需要知道你可能要用到什么类型的许可证，同时还要熟悉这个国家的驾驶法规。如果你获得了一本国际驾照，它将帮助你了解国际驾驶规则。

美国的一些税收规则如下：

● 美国对暂住公民的外国收入征税；许多国家则对外国的商业收入免税。

● 美国国税局在公司和股东两个层面上对公司收入征税；大多数国家合并这两种税。

● 美国的外国税额扣除非常复杂；其他国家有简化的系统。

● 美国将外国子公司给国内母公司的贷款当作红利；其他主要的工业国家却不这样做。

● 美国对国内外收入间的分配和费用分担规则与其他工业国家不同。

● 美国的最低税负制使得在国外已被征税的收入再次被征税。

● 美国的跨国公司不能利用东道国的税收激励政策，因为针对发展中国家的条约不适用于它们。

● 如果其他国家与美国一样狭窄地定义合格居民，那么美国跨国公司将很难在那些没有与美国签订税收条约的国家中进行有效的竞争（Zelade，1996，p. 6）。

为了避免在其他国家违反法律，请遵守以下建议（Axtell，1990）：

1. 因为世界上的政治动荡，当你抵达外国时请向美国大使馆或领事馆登记。

2. 如果你有麻烦，可以在法律、医疗或经济困境方面求助大使馆或领事馆。

3. 美国的领事可以到监狱里看你，给你一份律师列表、通知你的家人和保护你不被虐待。但这个领事不能释放你，或提供保释金或罚款。

4. 记住当你在一个国家时，你将受到这个国家法律的约束。

5. 如果要待上很长一段时间，你必须到地方当局登记。你可能会被要求留下护照一个晚上或完成一份数据表。

6. 到授权的销售点兑现支票和购买机票；避免去黑市或在很多国家都可以看到的货币兑换街进行兑换。

7. 拍照前要请求许可。

8. 公证人在许多国家比在美国更有权力。

9. 常见的违法行为包括从一个国家带走历史数据或历史文物、违反海关法、违反移民法、醉酒并行为不检和商业欺诈。

10. 如果你需要开车，先要获得国际驾照。旅行社能够在这方面提供帮助。许多国家要求驾驶者有保险证明。你的美国保险通常在其他国家不被承认。

11. 在所有国家，倒卖毒品都是严重犯罪行为。外国对这种行为的惩罚可能比美国还严重，甚至是死刑。

12. 将记录信用卡号码和旅行支票号码的清单放在安全的地方，以防丢失或被偷。

13. 复制一份《安全出国旅行指南》，该指南可以在 http://bookstore.gpo.gov/advserarch.jsp 上获得。

14. 以下电话号码和地址将可能有所帮助：

- The U. S. State Department，2201 C Street NW，Washington，DC 20520，202-647-4000，http://www.state.gov
- Amnesty International USA，5 Penn Plaza，14th Floor，New York，NY 10001，212-807-8400，http://www.amnestyusa.org
- International Legal Defense Counsel，1429 Walnut Street，Philadelphia，PA 19102，215-977-9982

15. 你可能需要着重关心健康状况。可以通过拨打 1-888-232-3299 获得一份由疾病控制与预防中心提供的《国际旅行的健康信息》。这份资料提供了好几个国家的疾病和免疫建议及有关健康风险的信息。国际 SOS 救援中心（1-800-523-8930/215-244-1500）是一个健康提供中心，它处理烦琐的语言、保险、旅行或任何其他你所需要的信息，也提供旅行健康保险。

12.8　特定国家的旅行建议

在你到外国旅行之前，你要知道需要什么文件、什么酒店可以提供住宿、哪种交通方式适合使用、哪些法律影响行为（比如，法定饮酒年龄）和其他确保人身安全和舒适的信息，这样你的旅行将会很愉快。莫里森和科纳韦（Morrison and Conaway，2006）的《亲吻、鞠躬还是握手》（*Kiss，Bow，or Shake hands*）、马丁和钱尼的《全球商务礼仪》和《成功之道》（*Passport to Success*）和 *CultureGrams*（2010）都包括使国际旅行变得更容易的特定国家信息。由于篇幅所限，不能提供大量国家的广泛调查，为此以下旅行建议仅限于与美国进行国际贸易最多的 10 个国家。

巴西

从入境日期起 6 个月内，护照是必需的，并且要有效。如果旅行计划包括参观城市之外的地区，游客需要检查是否接种了推荐的霍乱、伤寒和黄热病疫苗。

酒店住宿条件差别很大。要确认有电视、空调等便利设施。酒店等级是服务质量的一个指标，从一星到五星。不推荐汽车旅馆。

公共交通包括公共汽车、出租车以及较大城市中的地铁。不推荐城市公交。圣保罗和里约热内卢间的火车是很便宜、舒适的交通工具。

更多有关在巴西旅行的信息可以通过以下方式找到：

Embassy of Brazil
3006 Massachusetts Avenue NW
Washington，DC 20008
(202) 238-2805
www. brasilemb. org
Brazilian Tourism Office
2141 Wisconsin Avenue，Suite M
Washington，DC 20007
(202) 471-4020
www. braziltour. com

加拿大

自从 2001 年“9 · 11”事件后，美国公民要有护照才能从美国或其他国家到加拿大旅行。虽然对于长达 180 天的观光是不需要签证的，但是美国公民必须有护照证明其国籍。

大城市的酒店住宿条件与美国差不多。使用小电器不需要电压连接器和插头适配器。

蒙特利尔和魁北克省的公共交通系统非常好。蒙特利尔地铁系统是世界上最好的地铁系统之一。地下系统包括长达几英里的地下购物中心，不需要去地面就可以买到你需要的任何东西。在北方，由于公共交通工具不能抵达许多偏远地区，为此国内空中交通工具用于到达这些地区。在加拿大开车的人应该记得将雷达检测器留在家中，因为它们在这个国家是非法物品，如果被发现将会被没收。

更多有关在加拿大旅行的信息可以通过以下方式获得：

Canadian Consulate General
1251 Avenue of the Americas
New York，NY 10020-1175
212-596-1628

http://www.canada-ny.org
Embassy of Canada
501 Pennsylvania Avenue NW
Washington, DC 20001
(202) 682-1740
http://www.canadianembassy.org

中国

美国公民到中国需要护照，该护照有效期最好超过旅行期至少 6 个月，同时签证也是必要的。在当今的中国，不论是大型商场还是路边小摊，几乎随处都能看到蓝色和绿色的二维码，这是几乎每个中国人都知道的微信支付和支付宝的收款码，它们的出现让中国经济进入了无现金也可出门的时代。只要扫描二维码，输入需要支付的金额，就能直接从零钱或是银行账户中实现付款。

同时，现在中国随处都有 WiFi 设置，不论是购物中心还是社区小商店，都能看到有 WiFi 连接标志。不过很多时候游客很难连接这些网络，因为它要求输入中国电话号码来接收连接验证码。

公共交通系统遍布整个国家。全国各大城市均有便利的地铁系统、公共汽车和出租车。整个国家被公路和铁路系统连接到一起。目前，中国已经建成了全球最大规模的高速铁路网和高速公路网。截至 2018 年底，中国的铁路营运里程为 13.17 万千米，规模居世界第二，公路里程达 484.65 万千米，客运总量达 1 793 820 万人次，此外，中国沿海规模以上港口货物吞吐量为 922 392 万吨。

高铁作为中国新四大发明之首，不断突破其运行速度。2014 年，由中国南车制造的 CIT500 型高铁，实验速度高达 605 千米/小时，打破了法国高速列车 574.8 千米/小时的世界纪录。它的官方名字为更高速度试验列车，该列车身呈灰色，中间有黑色的条纹及“CRH”的标志，外形如“宝剑出鞘”，为列车的安全性、可靠性等提供研究平台。列车头型的设计灵感来源于中国古代的兵器“剑”，车尾则是“火箭”造型，如此概念设计的结合实现了头车降低阻力、尾车升力接近于零的最优技术匹配。中国速度正在刷新世界对中国高铁的认知。

更多关于中国的信息可以通过以下方式获得：
Embassy of China
2300 Connecticut Avenue NW
Washington, DC 20008
202-328-2500
http://www.china-embassy.org
China National Tourist Office
350 Fifth Avenue, Suite 6413
New York, NY 10118

888-760-8218

http://www.cnto.org

德国

到德国旅行需要有效的护照，不过美国公民不需要签证就可以在这个国家旅行长达 3 个月。不要求接种疫苗。

如果你待在一家酒店，房间的价格通常包含欧式早餐，加热需要额外收费。当你在预订酒店时，请咨询浴室设施。有一些房间不能洗澡，所以你将需要使用公共洗浴设施。在酒店里使用小电器需要电压转换器和插头适配器。

公共交通工具包括公共汽车、有轨电车、地铁、火车和出租车。公共交通车票需要提前购买。因为列车员会在旅途中时常检查你的车票，所以要将你的车票准备好以便检查。在德国开车需要国际驾照。除了高速公路上的加油站，德国的加油站都是充分竞争的，可以在附近商店找到性价比最优的汽油。

不遵守交通规则在德国是非法的，沿着高速公路骑车、徒步或搭便车都是非法的。莱茵河附近城镇的自来水含有危险的化学物质，不要饮用，只能喝瓶装水。

更多有关在德国旅行的信息可以通过以下方式获得：

Embassy of Germany

4645 Reservoir Road NW

Washington，DC 20007-1998

202-298-4000

http://www.germany-info.org

German National Tourist Office

122 East 42nd St.

New York，NY 10168

212-661-7200

http://www.visits-to-germany.com

日本

虽然少于 90 天的观光不需要签证，但是当美国公民到日本旅行时需要有效的护照。不要求接种疫苗。

在大城市可以找到大量西式风格的酒店。这些酒店通常有私人浴室，但是在居住设施上有一些差异。例如，水龙头和门把手的旋转方向与美国的不同。厕所是男女共用的，与美国人所习惯的使用方式不同。日本的插座适用于小电器。

日本的公共交通工具包括火车、地铁和公共汽车。运行在主要城市间的子弹头列车提供准时和一流的服务。较大的酒店和商业区有出租车。

更多有关在日本旅行的信息可以通过以下方式获得：

Japan National Tourist Organization

One Rockefeller Plaza，Suite 1250
New York，NY 10020
212-757-5640
http://www. jnto. go. jp
Embassy of Japan
2520 Massachusetts Avenue NW
Washington，DC 20008
202-238-6700
http://www. us. emb-japan. go. jp

墨西哥

美国公民可以在只有护照而没有签证的情况下在墨西哥待上 3 个月。虽然不要求接种疫苗，但是当在这个国家的特定地区旅行时，最好还是接种疫苗。

在旅游胜地和较大的城市有大量的酒店住宿。许多人从美国到墨西哥旅游，同时墨西哥人会在圣诞节和复活节期间度假，这些时候最好提前预订酒店。

墨西哥的公共交通工具多种多样，从墨西哥城的地铁到拥挤的公共汽车。对于长途旅行，火车是不错的选择，比如墨西哥城和蒙特雷间的火车。在墨西哥的大多数地方开车是不明智的。开车很危险，特别是在晚上，因为有骑车者、强盗，并且当你的车出故障时不能得到帮助。另外，你需要知道在各种各样的检查点，一位穿军装或警服的人可能会让你停下来，向你索要金钱、香烟或其他贿赂之后才允许你继续前行，如果不能提供这些贿赂，会使你的车和行李因被搜查而造成旅程长时间的拖延。

更多有关在墨西哥旅行的信息可以通过以下方式获得：

Mexican Government Tourist Office
405 Park Avenue，Suite 1002
New York，NY 10022
212-755-7261
http://www. visitmexico. com
Embassy of Mexico
1911 Pennsylvania Avenue NW
Washington，DC 20006
202-728-1600
http://www. sre. gob. mx/English

荷兰

美国公民到荷兰旅行需要护照，并且如果旅行时间短于 6 个月，可以不用签证。需要考虑接种破伤风和甲肝、乙肝疫苗。

酒店十分舒适并提供能良好服务。英语在酒店和商店中广泛使用。荷兰是欧洲拥有最好公共交通系统的国家之一。列车网络十分有效，公共汽车和有轨电车十分常见，在阿姆斯特丹和鹿特丹有地铁。大多数人拥有汽车，司机必须小心在同一道路上的大量骑自行车者，自行车在荷兰十分流行。

到荷兰旅行的吸烟者需要注意，自2004年1月起，在办公室、火车和各种各样的公共场所吸烟是都非法的。

更多旅行信息可以通过以下方式获得：

Embassy of The Netherlands
4200 Linnean Avenue NW
Washington，DC 20008
202-244-5300
http://www.nertherlands-embassy.org

The Netherlands Board of Tourism for American and Canadian Tourists
355 Lexington Avenue，19th Floor
New York，NY 10017
212-370-7360
http://www.holland.com

新加坡

新加坡有学生签证和商务签证。一位商务旅客必须有一封来自一家已注册新加坡公司的介绍信，新加坡大使馆也可以提供这样一封信。在新加坡工作的实际签证需要花费一些时间，并且有很多不同的形式。学生签证用于在新加坡学习。在你的停留日期之外，你的护照至少还要有6个月的有效时间。签证会在你停留90天以后需要。

新加坡的大部分地区都有地铁，很方便。交通设施十分现代化，并且分布广泛。这个城市被评为全世界最干净的城市。许多主要的连锁酒店在这个城市都有美国风格的酒店。

更多关于在新加坡旅行或工作的信息可以联系：

Singapore Embassy
3501 International Place NE
Washington，DC 20008
1-202-537-3100
www.mfa.gov.sg/washington

韩国

到韩国旅行的美国公民需要一本在预计逗留时间外还有6个月有效期的护照。不超过30天的旅行不需要签证。

城市交通由铁路和公共汽车实现。可以在市区使用公共汽车、出租车和私家车。在首尔可选择的交通工具包括地铁、快速巴士和出租车，这些都十分便宜且便利。

2004 年 2 月，韩国测试了第一辆子弹头列车，最高时速达到 300 千米，这使釜山和首尔间的旅行时间缩短了一半。

在韩国，除了西式风格的酒店，叫作 yogwans 的韩国风格旅馆也十分受欢迎。虽然职员不说英语，但是他们乐于助人，让旅客感到受欢迎。这些旅馆的布置与西式风格酒店十分不同，使用公共洗手间，没有餐厅，最好在预订之前考虑这些差异。

更多关于在韩国旅行的信息可以联系：

Embassy of the Republic of Korea
2320 Massachusetts Avenue NW
Washington，DC 20008
202-939-5600
http://www.koreaembassyusa.org
Korea National Tourism Orgnization
One Executive Drive
Suite 100
Fort Lee，NJ 07024
201-585-0909
http://www.knto.or.kr

英国（英格兰、苏格兰、威尔士和北爱尔兰）

到英国旅行需要有效的护照。不过，如果旅行时间短于 6 个月，美国公民可以不用签证。不要求接种疫苗。

如果住在酒店，你可能会被问到是否需要将早餐送到你的房间。较大的酒店一般会将欧式早餐包括在房间价格内。在英国，使用小型美国电器需要电压转换器和插头适配器。

公共交通工具包括地铁（在这个国家称为 Underground）和出租车。在英国开车，不需要国际驾照，记住人们是在道路的左侧开车的。在农村地区，加油站很少，因此当你看到一个加油站时请加满油。

英国的法定饮酒年龄是 18 岁，在餐厅喝酒的法定年龄是 16 岁。英国警察都十分友好并且乐于助人，可以向他们问路或寻求旅行问题的帮助。

更多关于在英国旅行的信息可以通过以下方式获得：

British Tourist Authority
551 Fifth Avenue，Suite 701
New York，NY 10176
800-462-2748
http://www.visitbritain.com
The British Embassy
3100 Massachusetts Avenue NW

Washington，DC 20008
202-588-6500
http://www. britainusa. com
The U. S. Embassy in the UK is at 24 Grosvenor Square
WiA 1AE
London
44-207-499—9000

美国

进入美国需要护照，并且从进入日期起，护照至少要有 6 个月的有效期。更长时间的旅行则需要签证。

酒店住宿按照欧洲标准，十分宽敞，提供私人浴室和中央暖气/中央空调，同时大部分房间有熨斗/烫衣板和电吹风。一些房间还有保险箱、迷你吧和互联网接入。

由于有四通八达的高速公路系统，私家车旅行变得十分流行，乘飞机旅行也十分常见。在较大的城市，许多人使用公共交通系统。因为火车通常更多地运输货物而非乘客，所以火车旅行局限在市郊往返列车和一些横穿全国的路线。在较大的城市有公共汽车、出租车和汽车租赁服务。开租赁来的车需要强制系安全带，并且要携带车辆登记证和驾照。

关于美国的更多信息可以通过以下方式获得：

U. S. Department of State
2201 C Street NW
Washington，DC 20520
(202) 647-6575
www. state. gov

当在其他国家旅行时，最好的建议是遵守东道国的法律，并且对所有遇到的人谦恭有礼并热心帮助。记住这是他们的国家，如果你不能赞扬他们的国家，就请保持沉默（Axtell，1990）。

关键词

《国家行为准则》（Act of State Doctrine）
反抵制法规（antiboycott regulations）
反分流要求（antidiversion requirement）
反垄断法（antitrust laws）
《保护文学和艺术作品伯尔尼公约》（Berne Convention for the Protection of Literary and Artistic Works）
双边治理（bilateral governance）
国籍（citizenship）
领事馆（consulate）
合同（contract）
海关（customs）
《主权相符原则》（Doctrine of Sovereign Compliance）

抽屉法规（drawer regulations）
进口税（duties）
联合国欧洲经济委员会汽车法规标准条件（ECE Standard Conditions）
欧盟（European Union）
《出口管理法》（Export Administration Act of 1985）
《出口贸易法》（Export Trading Act of 1982）
治外法权（extraterritoriality）
《反海外腐败法》（Foreign Corrupt Practices Act of 1977）
治理结构（governance structure）
《海牙公约》（Hague Convention）
本国法（home-country laws）
东道国法（host-country laws）
国际贸易术语（International Commercial Terms）
国际商会（International Chamber of Commerce）
国际委员会（International Commission）
国际法院（International Court of Justice）
《国际经济应急授权法》（International emergency Economic Powers Act of 1977）
麦考利论文（Macaulay's thesis）
《马德里公约》（Madrid Convention）
市场治理（market governance）
护照（passport）
《专利合作条约》（Patent Cooperation Treaty）
先例（precedent）
美墨联营工厂产业规划开发运营总统令（Presidential Decree for the Development and Operation of the Maquiladora Industry Program，1983）
准国际法（quasi-international laws）
国际制裁（sanctions）
主题化（thematization）
《敌国贸易法》（Trading with the Enemy Act of 1917）
三方治理（trilateral governance）
统一治理（unified governance）
《维也纳协议》（Vienna Agreement）
签证（visa）
国际法庭（World Court）
世界知识产权组织（World Intellectual Property Organization）
世界贸易组织（World Trade Organization）

练习12.1

说明：将以下术语与其定义相匹配。

________	1. 准许在特定时间，为特定目的待在一个国家	A. 双边治理
________	2. 非成文商法	B. 领事馆
________	3. 契约关系	C. 合同
________	4. 包括仲裁人	D. 海关
________	5. 不存在提前谈判，单方为多方制定规定	E. 抽屉法规
________	6. 为了促进商业利益被派到其他国家的人	F. 东道国法
________	7. 执行一个国家的进出口法	G. 麦考利论文
________	8. 证明国籍的文件	H. 市场治理

________ 9. 具有法律效力的多方做事协议　　I. 护照
________ 10. 认为长期的文化关系比书面的法律合同更重要　　J. 三方治理
K. 统一治理
L. 签证

练习12.2

说明：将法律与其主要条款相匹配。

________ 1. 禁止通过贿赂获得业务优势　　A.《国家行为准则》
________ 2. 禁止有关军用物资信息的传递　　B.《伯尔尼公约》
________ 3. 每个国家在其国界内按其意愿做事的合法权利　　C.《反海外腐败法》
________ 4. 保护注册国的商标　　D.《主权相符原则》
________ 5. 要求商务信函中的技术信息有联邦许可　　E.《出口管理法》
________ 6. 承认签署国的版权　　F.《国际经济应急授权法》
________ 7. 防止以研究为导向的信息落入外国人之手　　G. 国际委员会
________ 8. 影响出口公司对外国公司的并购　　H.《马德里公约》
________ 9. 有关国际商务法的某个联合国机构　　I.《敌国贸易法》
________ 10. 管理本国和东道国的不同法律主张　　J. 美国反垄断法
K. 世界贸易组织

问答

1. 说明本国法和东道国法的差异。
2. 描述低语境文化和高语境文化是如何看待合同的。
3. 全世界的道德是否一样？说明原因。
4. 说明四种治理结构间的差异。
5. 为什么在去其他国家经商之前很难学习该国的非成文法？
6. 说明国籍的重要性。你的答案需要包括国家间对国籍解读的差异会如何影响个人。
7. 护照与签证的区别在哪？
8. 谁管理跨国公司的运营？
9. 为什么在外国经商时，法律顾问是重要的？

案例

采用下列步骤分析案例：（1）仔细阅读案例，注意细节；（2）阅读案例后面的问题；(3) 重读案例，留意或突出回答要用到的细节；(4) 辨别案例的相关事实、基础假设和关键问题；(5) 列出问题可能的答案；(6) 选择最符合逻辑的答案。你的老师可能会让你以书面形式提交案例问题的答案。

案例 1

在 20 世纪早期，一位著名医生的父母在其未出生前从俄罗斯移居国外，但是在他们所有孩子出生后，他们才成为入籍公民。他们也将姓改成了听起来像英文的姓。这个医生在 20 世纪五六十年代期间行医，会讲 7 种语言，并能够用这 7 种语言写作。他对他所研究领域的研究与教育非常着迷。当他成为世界教育研讨会的参与者时，他被邀请到俄罗斯做演讲。这个医生拒绝了这个邀请。是什么法律、文化和政治问题使他做出这个决定?

案例 2

你的公司将你派到另一个国家去建立一个制造工厂。和你一起工作的一位政府代表告诉你获得开工的许可证需要 6 个月时间。你解释道你有一个开始生产的最后期限，这个最后期限为 9 个月后，因此只有 3 个月的时间是不充裕的。他解释道如果有报酬的话，某些人可以使这个过程加快。你必须决定这样做是否非法。你将怎么回应? 说明为什么你选择这个答案，以及你所考虑的法律。

案例 3

法国飞机制造商空中客车公司和美国飞机制造商波音公司达成了一项协议，共同制造载客数为 600 人的飞机。哪个国家的法律将规范这种飞机的制造? 哪里将处理一些分歧产生的诉讼? 什么样的格式模板将被使用? 应该采用哪种治理结构?

案例 4

一家大型公司大量使用一种优质汽油的衍生物。由于优质汽油的成本上升以及裂解过程所产生其他衍生物使用的减少，这种衍生物的成本正不断增加。如果这种成本的大量增加使得产品成本大幅上升，替代产品将出现。该公司的采购员在没有上级的许可下，与供应商达成口头协议，同意以目前的价格购买这种衍生物 6 个月的供应量。与此同时，研发部门发现在 2 个月以后将有比这种衍生物更便宜的替代品。这个采购员被告知在 2 个月后开始购买这种替代品。这种衍生物已经被订购且供应商已经开始生产的额外 4 个月将带来什么法律影响?

案例 5

最近，哈利伯顿做了一个决定，将公司营运总部搬到阿拉伯联合酋长国的迪拜。当这个公司不再被纳入美国之后，他们必须做哪些法律方面的改变? 被纳入美国或被纳入阿拉伯联合酋长国，税收将有什么不同? 美国政府提高公司所得税将带来什么影响?

活动

1. 将一起与国际法相关的突发事件与班上的同学分享。

2. 确保你获得所选择国家护照和签证的方式是安全的。在你去哪里旅行时，你怎样找到这个国家的非成文法？

3. 采访来自其他文化的学生，让他们辨别至少一部在他们国家与在美国不同的法律。

4. 请一位国际法教师向全班讲述不同文化中的合同差异。

5. 准备与国际法相关的一系列书籍或期刊论文。

6. 使用以下网站，找出美国、中国、墨西哥、加拿大或美国的其他主要贸易伙伴所涉及的协议：http://www.llrx.com/features/trade.ht。

参考文献

Axtell，R. (1990). *The do's and taboos of hosting international visitors*. New York：Wiley.

Axtell，R. (1994). *The do's and taboos of international trade*. New York：Wiley.

Bentacourt，P. (1997，November 10). Tread carefully with international treaties；they override all law. *Business Journal Serving Fresno & the Central San Joaquin Valley*，(322223)，34.

Blankenburg，E. (1988，October 4－7). *Zum Begriff "Rechtskultur."* Paper presented at the 24th meeting of the German Sociological Association，Zurich.

Blegvad，B. (1990). Commercial relations，contract，and litigation in Denmark：A discussion of Macaulay's theories. *Law and Society Review*，24 (2)，397－411.

Bowler，M. (1997，July 7). Keeping up with international law. *San Diego Business Journal*，18 (27)，1A.

Brett，J.M. (2007). *Negotiating globally：How to negotiate deals，resolve disputes，and make decisions across cultural boundaries* (2nd ed.). San Francisco，CA：Jossey-Bass.

CultureGrams，USA，Canada，Brazil，China，Germany，Mexico，Japan，United Kingdom，Singapore，South Korea，Netherlands. (2010). Ann Arbor，MI：ProQuest CSA.

Engholm，C. (1991). *When business east meets business west*. New York：Wiley.

Engholm，C.，& Rowland，D. (1996). *International excellence*. New York：Kodansha International.

Fisher，G. (1997). *Mindsets：The role of culture and perception in international relations*. Yarmouth，ME：Intercultural Press.

Garten，J.E. (2000，November 13). As business goes global，antitrust should，too. *Business Week*，(3707)，38.

Global patent protection can be cost-effective, achievable. (1997). *New Hampshire Business Review*, 19 (9), 23.

Hendley, K., Murrell, P., & Ryterman, R. (1999). Law, relationships, and private enforcement: Transactional strategies of Russian Enterprises. *Journal of Economic Literature*. Retrieved November 8, 2004, from the Google.

Jarvis, S. S. (1990). Preparing employees to work south of the border. *Personnel*, 67 (6), 59-63.

Kroll, H. (1989). Property rights and the Soviet enterprise: Evidence from the law of contract. *Journal of Comparative Economics*, 13 (1), 115-133.

Lewicki, R. J., Saunders, D. M., & Barry, B. (2011). *Essentials of negotiation* (5th ed.). New York: McGraw-Hill.

Macaulay, S. (1976). An empirical view of contract. *Wisconsin Law Review*, 465-482.

Martin, J. S., & Chaney, L. H. (2009). *Passport to success: The essential guide to business culture and customs in America's largest trading partners*. Westport, CT: Praeger.

Martin, J. S., & Chaney, L. H. (2012). *Global business etiquette: A guide to international communication and customs* (2nd ed.). Westport, CT: Praeger.

McCubbins, T. F. (1994). Three legal traps for small businesses engaged in international commerce. *Journal of Small Business Management*, 32 (3), 95-103.

Missner, M. (1980). *Ethics of the business system*. Sherman Oaks, CA: Alfred.

Morrison, T., & Conaway, W. A. (2006). *Kiss, bow, or shake hands* (2nd ed.). Holbrook, MA: Adams Media Corporation.

Murray, J. E. (1992, March 19). What exactly is a contract? *Purchasing*, 25, 27, 29.

Nafziger, J. A. R. (2006). *The development of international cultural law*. Proceedings of the Annual Meeting of the American Society of International Law, 317-322.

Rachid, R. (1990, June 15). Unwritten laws govern business in some nations. *Journal of Commerce*, 384 (27250), 5A (1).

Roberts, P. C. (1997, November 24). A growing menace to free trade: U. S. sanctions. *Business Week*, 3554, p. 28.

United Nations Commission on International Trade Law. (2004). Retrieved November 19, 2004, from http://www.uncitral.org

United Nations Documentation. (2004). Retrieved November 19, 2004, from http://www.un.org

Vernon, R. (1971). *Sovereign at bay: The multinational spread of U.S. Enterprises*. New York: Basic Books.

World Trade Organization. (WTO). (2012). Retrieved February 2, 2012, from http://www.wipo.int/treaties/index.html

Zelade, R. (1996). Past rules, present problems. *International Business: Strategies for the Global Marketplace*, 9 (10), 6.

图书在版编目（CIP）数据

跨文化商务沟通：第 6 版：中国版/（美）莉莲·钱尼等著；张莉，王丹译．--北京：中国人民大学出版社，2021．10

（国际商务经典译丛）

ISBN 978-7-300-29850-4

Ⅰ．①跨… Ⅱ．①莉…②张…③王… Ⅲ．①商业管理-公共关系学-高等学校-教材 Ⅳ．①F715

中国版本图书馆 CIP 数据核字（2021）第 190929 号

国际商务经典译丛

跨文化商务沟通（第 6 版·中国版）

［美］莉莲·钱尼 ［美］珍妮特·马丁 张莉 王丹 著

张莉 王丹 译

Kuawenhua Shangwu Goutong

出版发行	中国人民大学出版社		
社　　址	北京中关村大街 31 号	**邮政编码**	100080
电　　话	010－62511242（总编室）		010－62511770（质管部）
	010－82501766（邮购部）		010－62514148（门市部）
	010－62515195（发行公司）		010－62515275（盗版举报）
网　　址	http://www.crup.com.cn		
经　　销	新华书店		
印　　刷	固安县铭成印刷有限公司		
开　　本	787 mm×1092 mm　1/16	**版　　次**	2021 年 10 月第 1 版
印　　张	22.25 插页 1	**印　　次**	2024 年 12 月第 3 次印刷
字　　数	474 000	**定　　价**	78.00 元

PEARSON　　ALWAYS LEARNING

尊敬的老师：

您好！

为了确保您及时有效地申请培生整体教学资源，请您务必完整填写如下表格，加盖学院的公章后传真给我们，我们将会在2～3个工作日内为您处理。

请填写所需教辅的开课信息：

采用教材			□中文版　□英文版　□双语版
作　者		出版社	
版　次		ISBN	
课程时间	始于　年　月　日	学生人数	
	止于　年　月　日	学生年级	□专　科　□本科1/2年级 □研究生　□本科3/4年级

请填写您的个人信息：

学　校			
院系/专业			
姓　名		职　称	□助教 □讲师 □副教授 □教授
通信地址/邮编			
手　机		电　话	
传　真			
official email（必填） （eg：xxx@ruc.edu.cn）		email （eg：xxx@163.com）	
是否愿意接受我们定期的新书讯息通知：　□是　□否			

系/院主任：＿＿＿＿＿＿（签字）

（系/院办公室章）

＿＿＿＿年＿＿＿＿月＿＿＿＿日

资源介绍：

——教材、常规教辅（PPT、教师手册、题库等）资源：请访问 www.pearsonhighered.com/educator；（免费）

——MyLabs/Mastering 系列在线平台：适合老师和学生共同使用；访问需要 Access Code；（付费）

100013 北京市东城区北三环东路36号环球贸易中心D座1208室

电话：(8610) 57355169　　传真：(8610) 58257961

Please send this form to：Service.CN@pearson.com

Website：www.pearsonhighered.com/educator

中国人民大学出版社　管理分社

教师教学服务说明

中国人民大学出版社管理分社以出版工商管理和公共管理类精品图书为宗旨。为更好地服务一线教师，我们着力建设了一批数字化、立体化的网络教学资源。教师可以通过以下方式获得免费下载教学资源的权限：

★ 在中国人民大学出版社网站 www.crup.com.cn 进行注册，注册后进入“会员中心”，在左侧点击“我的教师认证”，填写相关信息，提交后等待审核。我们将在一个工作日内为您开通相关资源的下载权限。

★ 如您急需教学资源或需要其他帮助，请加入教师 QQ 群或在工作时间与我们联络。

中国人民大学出版社　管理分社

教师 QQ 群： 648333426(工商管理)　114970332(财会)　648117133(公共管理)
教师群仅限教师加入，入群请备注（学校+姓名）

联系电话： 010-62515735，62515987，62515782，82501048，62514760

电子邮箱： glcbfs@crup.com.cn

通讯地址： 北京市海淀区中关村大街甲 59 号文化大厦 1501 室（100872）

管理书社　　人大社财会　　公共管理与政治学悦读坊